"十三五"国家重点图书出版规划项目
陕西出版资金资助项目

秦直道

主编 王子今

QIN ZHI DAO

秦直道与汉匈战争

宋 超　孙家洲 著

陕西师范大学出版总社

图书代号：SK18N0270

图书在版编目（CIP）数据

秦直道与汉匈战争 / 宋超，孙家洲著 . —西安：陕西师范大学出版总社有限公司，2018.6
（秦直道 / 王子今主编）
ISBN 978-7-5613-9848-7

Ⅰ . ①秦… Ⅱ . ①宋… ②孙… Ⅲ . ①古道—研究—陕西—秦代 ②匈奴—战争史—研究—中国—秦汉时代 Ⅳ . ① K928.78 ② K289

中国版本图书馆 CIP 数据核字（2018）第 035930 号

秦直道与汉匈战争
QIN ZHIDAO YU HAN-XIONG ZHANZHENG

宋　超　孙家洲　著

选题策划 /	刘东风　侯海英
责任编辑 /	杜莎莎　赵荣芳
责任校对 /	谢勇蝶　张　姣
出版发行	陕西师范大学出版总社

（西安市长安南路 199 号　邮政编码 710062）

网　　址 /	http://www.snupg.com
印　　刷 /	重庆新金雅迪艺术印刷有限公司
开　　本 /	787mm×1092mm　1/16
印　　张 /	21.25
插　　页 /	2
字　　数 /	280 千
版　　次 /	2018 年 6 月第 1 版
印　　次 /	2018 年 6 月第 1 次印刷
书　　号 /	ISBN 978-7-5613-9848-7
定　　价 /	230.00 元

读者购书、书店添货或发现印刷装订问题，请与本公司营销部联系、调换。
电话：（029）85307864　85303629　　传真：（029）85303879

"秦直道"丛书编委会

编委会主任：王子今

编　　委：王子今　辛德勇　张廷皓　吴宏岐
　　　　　徐卫民　孙家洲　宋　超　焦南峰
　　　　　张在明　徐君峰　马　啸　孙闻博
　　　　　高彦平　刘东风　侯海英

总　序

司马迁撰著《史记》，完成了被翦伯赞称作"一部以社会为中心的历史"，"中国第一部大规模的社会史"①的史学经典。徐浩说，《史记》"纵贯上下数千年，横及各国各阶层，举凡人类全体之活动，靡不备载"，又"叙述社会中各种现象"，并且"反春秋时代内其国而外诸夏、内诸夏而外夷狄之狭小眼光，为匈奴等民族作列传"。②李长之也曾经肯定《史记》的文化贡献，他指出，司马迁"是要在人类的生活经验之中而寻出若干范畴来"。③朱希祖也说，《史记》避免了一般史书"不载民事""未睹社会之全体"的痼病，能够"大抵详察社会，精言民事"。④《史记》超越了中国传统史学专注于政治史的撰述范式，给予历史整体特别是物质生产史、物质生活史以及下层社会的生存境况与心理体验相当多的关切。我们还注意到，对于交通史的关心和记述，也是司马迁《史记》"高气绝识"⑤、"雄

---

① 翦伯赞：《中国史纲》第2卷，大孚出版公司1947年版，第656页。
② 徐浩：《廿五史论纲》，人民文学出版社1949年版，第42—43页。
③ 李长之：《司马迁之人格与风格》，开明书店1948年版，第238—240页。
④ 朱希祖：《中国史学通论》，独立出版社1943年版，第71—72页。
⑤ 吕祖谦：《大事记解题》卷一二"著书百二十篇"条，明刻本。

视千古"①、"卓识远见"、"立意深长"②的表现之一。秦人重视交通的史迹,在司马迁笔下成为可以使历史观察者聚焦的显著现象。秦始皇兼并天下之后,辛苦巡行,又大举启动交通建设,形成了以驰道联结全国,各个地区各能通达,重要地点皆得"毕至"③的规模宏大而交通效能亦达到很高水准的交通网。秦王朝统治时期,是中国交通事业取得显著进步的重要历史阶段,而秦始皇执政后期规划发起的直道工程,更在中国古代交通史册上书写了极辉煌的一页。

司马迁在自己的史学著述中保留了对秦始皇直道的珍贵的历史记忆。《史记》卷六《秦始皇本纪》写道:"三十五年,除道,道九原抵云阳,堑山堙谷,直通之。"④又《史记》卷一五《六国年表》:"(三十五年)为直道,道九原,通甘泉。"⑤秦始皇去世,秘不发丧,车队经直道返回咸阳,"行从直道至咸阳,发丧。太子胡亥袭位,为二世皇帝"⑥。"鲍鱼车返,龙祖仙游"⑦,直道的规划者最终以极其特殊的方式经行这条道路。直道于是也成为秦帝国最高权力由"始皇帝"向"二世皇帝"交递过程的象征性符号。《史记》卷一一〇《匈奴列传》记载:"始皇帝使蒙恬将十万之众北击胡,悉收河南地。因河为塞,筑四十四县城临河,徙適戍以充之。而通直道,自九原至云阳,因边山险堑溪谷可缮者治之,起临洮至辽东

---

① 黄震:《黄氏日抄》卷四七《读史二·汉书·司马迁》,1757年(清乾隆二十二年)汪佩鄂刊本。
② 陈子龙:《史记测议·序》,聚锦堂刻。
③ 汉文帝时,贾山言治乱之道,借秦为喻,称《至言》,其中写道:"为驰道于天下,东穷燕齐,南极吴楚,江湖之上,濒海之观毕至。道广五十步,三丈而树,厚筑其外,隐以金椎,树以青松。为驰道之丽至于此,使其后世曾不得邪径而托足焉。"见《汉书》卷五一《贾山传》,中华书局1962年版,第2328页。
④ 《史记》,中华书局2013年版,第322页。
⑤ 《史记》,第902页。
⑥ 《史记》卷六《秦始皇本纪》,第333页。
⑦ 彭孙贻:《烛影摇红·汶上感怀》,见《茗斋集》卷一五《诗余附》,《四部丛刊续编》景写本。

万余里。又度河据阳山北假中。"①明确指出了直道对于"击胡"即抗击北方草原强势民族之军事战略的特殊意义。

在秦代服务于全国政治军事总格局的交通规划中，直道有非常重要的地位。从秦始皇三十五年（前212年）"为直道"到三十七年（前210年）载运秦始皇尸身的车队"行从直道至咸阳"，直道修筑大致只有两年的时间。虽然有"道未就"的说法②，但是显然已经具备可以通行帝王乘舆的规格。直道工程量非常浩巨而工期短暂，体现了秦帝国超高等级的行政效率。秦直道，可以看作秦政的纪念。

司马迁是著名的重视实地考察、喜爱游历的史学家。王国维说："是史公足迹，殆遍宇内。所未至者，朝鲜、河西、岭南诸初郡耳。"③在《史记》卷八八《蒙恬列传》篇末，司马迁记录了亲身行历直道的体验："太史公曰：吾适北边，自直道归，行观蒙恬所为秦筑长城亭障，堑山堙谷，通直道，固轻百姓力矣！"④我们今天行走在秦直道遗存之宽广坚实的路面上，都会想到司马迁"吾适北边，自直道归"的经历以及"堑山堙谷，通直道，固轻百姓力矣"的深沉感叹。脚踏路草黄尘，感受太史公当年的步履，可以体会史家名言的亲切。而天风林籁，也响应着古今的共鸣。如果没有司马迁对于秦始皇直道的高度关注、亲身踏察与具体记述，也许后世人们对这条堪称伟大工程之卓越成品的古代道路会长期处于无知境界，心持冷漠态度。司马迁之后二千余年，我们基本没有看到对秦直道予以特别关注的文史论著。正史所谓"直道"，含义往往已经大为不同。如《汉书》"直

---

① "通直道"，司马贞《索隐》："苏林云：'去长安八千里，正南北相直道也。'"《史记》，第3468—3469页。
② 《史记》卷八八《蒙恬列传》："始皇欲游天下，道九原，直抵甘泉，乃使蒙恬通道，自九原抵甘泉，堑山堙谷，千八百里。道未就。"第3097页。
③ 王国维：《太史公行年考》，见《观堂集林》卷一一，上海古籍书店1983年9月据商务印书馆1940年版影印，第4页。
④ 《史记》，第3100页。

道行"①，"直道而行"②，"直道而不曲"③，"直道"已经是另外的含义。《汉书》卷九一《货殖传》："此三代之所以直道而行，不严而治之大略也。"颜师古解释说："直道而行，谓以德礼率下，不饰伪也。"④此所谓"直道"言政治道德、政治道理、政治道行、政治道义，其实已经与交通道路没有什么直接的关系了。后世虽然也有称作"直道"的交通工程，如《魏书》卷二《太祖纪》："车驾将北还，发卒万人治直道，自望都铁关凿恒岭至代五百余里。"⑤但是这样的"直道"，其工程规模、文化作用和历史影响，已经完全不能与秦始皇直道相比。

对秦始皇直道的科学研究自20世纪70年代始。内蒙古自治区的考古学者对秦始皇直道北段进行了实地调查。史念海先生的历史地理学名作《秦始皇直道遗迹的探索》，宣示秦直道研究的学术路径正式开启。此后，许多学者开始关心这一学术主题。历史地理学研究者和交通史志研究者结合文献研究与田野考察，相继发表了一系列值得重视的学术成果。陕西、甘肃、内蒙古的考古学家和许多珍视并致力于保护古代文化遗存的人文学者分别进行了多次秦直道遗迹的艰苦调查。靳之林、王开、徐君峰等先生坚持数年的秦直道考察，为秦直道研究提供了值得重视的第一手资料。陕西省考古研究院张在明教授主持的秦直道发掘，获得了重要成果。他在陕西富县进行的发掘，列名2009年度全国十大考古新发现。民间热爱中国历史文化、关注秦始皇直道的人们，也曾经发起多种形式的对于秦直道保护和考察极有意义的活动。如"善行天下"公益徒步活动组

---

① 《汉书》卷八一《孔光传》，第3356页。
② 《汉书》卷五《景帝纪》，第153页；《汉书》卷七七《盖宽饶传》，第3247页；《汉书》卷九九下《王莽传下》，第4194页。
③ 《汉书》卷三六《刘向传》，第1947页。《后汉书》卷五一《庞参传》："竭忠尽节，徒以直道不能曲心，孤立群邪之间，自处中伤之地。"中华书局1965年版，第1691页。
④ 《汉书》，第3680页。
⑤ 《魏书》，中华书局1974年版，第31页。

委会策划并实践的多次对秦始皇直道北段的徒步考察，以及史军、刘敬伟、于恬恬、荣浪2014年9月至10月自淳化至包头对秦始皇直道全程的徒步考察等。

陕西师范大学出版总社的朋友们，特别是刘东风社长、侯海英女士为推进秦始皇直道的研究精心策划，精心操作，推促学界朋友合力完成了这套"秦直道"丛书。对于有识见的出版家的这一功德事，秦史研究者、历史地理研究者、中国古代交通史研究者，以及所有关心中国历史文化的朋友都会由衷感激。陕西师范大学出版总社组织的秦直道遗迹考察（2013年8月7日至17日），集合了数十名历史学者和考古学者，行历陕西淳化、旬邑—甘肃正宁、宁县—陕西黄陵、富县、甘泉，取得了诸多收获。这样的工作，也成为"秦直道"丛书编撰的重要的学术基础之一。

"秦直道"丛书包括徐卫民、喻鹏涛著《直道与长城——秦的两大军事工程》，徐君峰著《秦直道道路走向与文化影响》，张在明、王有为、陈兰、喻鹏涛著《岭壑无语——秦直道考古纪实》，徐君峰著《秦直道考察行纪》，王子今著《秦始皇直道考察与研究》，宋超、孙家洲著《秦直道与汉匈战争》，马啸、雷兴鹤、吴宏岐编著《秦直道线路与沿线遗存》，孙闻博编《秦直道研究论集》。丛书编写的学术构想，不强求作者学术意见的简单一致。可以看到，不同的学术见解，例如对于所谓"东线说"和"西线说"的不同认识，分别呈示于作者们各自的论著中。我们愿意学习当年《古史辨》的编者以宏大胸怀同时发布相互对立的学术观点的做法，以方便读者一览学术全局，明了学术流变，自主学术分析，产生学术判断，形成学术新知。应当说明，尽管若干学术意见不一，但是对学术规范的信守，对科学真知的追求，对实证原则的遵循，是"秦直道"丛书作者们共同的理念。

相信随着今后秦直道研究工作的进展，特别是秦直道考古工作新收获的取得，一些学术疑问能够得以澄清，若干学术共识应当可以逐步达成。

"秦直道"丛书被列入"十三五"国家重点图书出版规划项目、2012年陕西出版资金资助项目。

史念海先生长年在陕西师范大学工作。"秦直道"丛书今天由陕西师范大学出版总社推出，也许符合史先生的心愿。

"秦直道"丛书郑重面世，可以看作对史念海先生的一种纪念。

在以"秦直道"丛书献呈史念海先生灵前的时候，作为学生、晚辈和学术追随者，我谨再次诚挚地向这位中国历史地理学的学术导师、秦始皇直道研究的先行者深心致敬！

王子今
2017年3月15日于北京大有北里

前　言

公元前三四世纪，战国七雄为争夺霸权苦斗不休，而一个强悍的游牧民族——匈奴却趁势在大漠南北崛起，对北边与匈奴毗邻的秦、赵、燕三国均产生了不同的影响。游牧民族所特有的突袭的作战方式，具有极大的灵活性与突然性，致使防御匈奴突袭变得极其困难。构筑起永久性的防御工事，则是有效地防御匈奴骑兵突袭的可行方式。秦、赵、燕三国相继修建长城，以抵御来自北方以匈奴为主的游牧民族的侵扰。

秦始皇统一六国之后，为了缓解来自北境匈奴方面的军事压力，于三十三年（前214年）命内史蒙恬统率三十万大军北逐匈奴，将匈奴逐出毗邻帝国都城咸阳所在内史地区的河南地，建置郡县，徙民实边，修筑长城。三十五年（前212年），秦始皇为了有效地沟通九原郡与都城咸阳的联系，又命蒙恬主持监建工程浩大的北起今内蒙古包头，南至今陕西淳化的一条南北长达七百多公里的重要军事通道——秦直道。由于这条道路大体南北相直，故称作"直道"。从三十三年蒙恬于河南地置郡县，筑"河上"长城，到三十五年修筑沟通九原边郡与中央王朝联系的直道，正体现出秦始皇在指挥蒙恬经营河南地时的战略远见与缜密规划。秦长城与秦直道这一横一纵两大军事工程的修筑，标志着秦帝国在北部边境已经构筑起一道抵御匈奴南下的坚固防线，不仅改变了自战国以来，匈奴在北境，特别是在河南地极为活跃的态势，也为其后汉朝依托秦长城，通过秦直道反击匈奴奠定了基础。

然而，史料中关于秦直道记载之匮乏，与其在历史上的重要地位极不相符。曾随从汉武帝行历秦直道全程的司马迁，虽然记录了直道的起点与终点，但在汉初盛行一时的"过秦"视野之下，除了感叹直道工程浩大，就是指斥蒙恬轻蔑民力，助始皇为虐云云，却没有提及行经直道的任何一个地点，这为后人研究直道的具体走向留下不尽遗憾。从某种意义上来说，今天关于直道走向的争论与此不无关系，直道走向几乎成为一个难解的历史之谜。

1975年，著名历史地理学家史念海先生发表了《秦始皇直道遗迹的探索》一文，认为秦直道由陕西淳化县北梁武帝村秦林光宫遗址北行，至子午岭上，循子午岭主脉北行，直到定边县南，再由此东北行，进入鄂尔多斯草原，在昭君坟附近渡过黄河，最终到达包头市西南秦九原郡治所。史先生的研究首次勾画了秦直道的具体走向，将秦直道的研究引向高潮。1984年5月，长期在延安体验生活的著名画家靳之林先生对秦直道进行全程徒步考察，首次勾勒出与史念海先生认定的"直道"不同的路线：秦直道始于陕西淳化县梁武帝村，经旬邑、黄陵、富县、甘泉、志丹、安塞、榆林一直向北延伸直达内蒙古包头西。这条"直道"的路线由于较史先生所认定的"直道"偏东，可视为秦直道东线说的代表。

从现在学界研究的成果看，关于秦直道南北端的起讫点没有争议：南端起于今陕西省淳化县北梁武帝村的秦林光宫，北端终于秦九原郡故治今包头市昆区南郊的麻池古城。但是，关于秦直道中段的路线却分歧甚大，形成所谓秦直道东西两线说。所谓"西线"是指史念海先生1975年复原的直道路线；"东线"是指靳之林、王开等学者20世纪80年代所复原的直道路线。虽然现在关于秦直道的走向，西线说与东线说相持不下，但随着长期以来直道考察工作的不断深入与考察资料的陆续刊布，秦直道东线说得到学界越来越多的认同。本书主要是持秦直道东线说。

秦直道基本筑就之时，秦与匈奴关系又发生重大变化。秦二世夺位后，蒙恬被迫自杀，秦人经营多年的北境防御体系崩溃，匈奴趁机重夺河南地。公元前202年，汉王刘邦在洛阳称帝，随后迁都长安，活动于河南并控制秦直道北端的匈奴对关中及都城长安的威胁，立即就凸现出来。

汉高祖刘邦在汉匈首次战争——平城之战失利后，于高祖九年（前198年）采纳刘敬的建议，与匈奴缔结和亲之约。刘敬奉命出使，除了以"公主"嫁与单于，厚赠奁资，主要的条款有三项：一是每年都要奉送一定数量的金、絮、缯、酒、米等物品；二是汉朝开放关市，准许汉匈双方物资交流；三是约为兄弟，以长城为界，互不侵犯。此后终高祖之世，中经惠帝、吕后、文帝、景帝，直至武帝元光二年（前133年）发动对匈奴战争时止，和亲是汉廷对匈奴的最基本的一项政策，一直实行了六十多年。从刘敬出使匈奴后向刘邦报告活动于河南的匈奴白羊、楼烦王部的情况看，刘敬出使匈奴时很可能经过秦直道的某些路段，因此对河南地的匈奴情况比较了解。如果这一推测不误的话，刘敬应是第一位经过秦直道出使匈奴的汉朝使者。

文帝时期，汉匈关系再度呈现紧张态势。文帝三年（前177年）五月，匈奴右贤王部入侵河南地，汉文帝初次亲临秦直道的南端起点甘泉宫，部署反击匈奴事宜。匈奴退兵之后，汉文帝从甘泉前往高奴（今陕西延安），终至太原，有可能行经直道的部分路段。而发生在文帝十四年（前166年）的匈奴入侵事件，则是匈奴出动兵力最多、入侵程度最为严重的一次。匈奴老上单于十四万骑入朝那、萧关，匈奴候骑竟然快速深入雍县（今陕西凤翔南）与甘泉宫，似乎不能排除利用直道南端某些路段进逼甘泉宫的可能。

匈奴右贤王部所面对的河南地正是秦直道的北端起点；而活动于河南地的匈奴白羊、楼烦王诸部为右贤王所辖，他们控制着秦直道的北段大部分路段，"去长安近者七百里，轻骑一日一夜可以至秦中"，成为匈奴威胁西汉京畿地区安全的一支最重要的力量。匈奴通过秦直道，在河南地屡次发动大规模侵扰的行为，促使深受其害的汉廷君臣不得不重新考虑防御匈奴的策略，而秦人对待匈奴的一些具体措施，特别是蒙恬对河南地的经营，成为汉人效法的蓝本。汉武帝决策反击匈奴后，对抗击匈奴具有决定意义的首次战役，就是围绕着河南地的争夺展开的。

景帝时期，汉匈关系已经发生了一些微妙的变化，虽然边境偶有匈奴小规模侵扰，但像文帝时期那样大规模入侵内地的现象再没有出现。武帝即位之初，继续与匈奴和亲，北境之上出现了一段短暂的和平时期。但是，汉匈之间经过长达六七十年的战争与冲突积累下来的宿怨，绝非恢复"明和亲约束"就能够化解的。凭借"文景之治"积蓄下来的巨额财富，以及吴楚之乱平定后形成的强有力的中央集权，汉匈双方的力量对比已经发生变化，以元光二年（前133年）马邑之战为标志，汉匈战争终于全面爆发。

元光二年汉军马邑伏击匈奴失败后，匈奴军臣单于汲取因深入塞内而几乎全军覆灭的教训，重施在北边郡进行骚扰掠夺之故技，不再给汉军设伏围歼的机会。在这种形势下，汉武帝重新筹划抗击匈奴的策略，将目光转移至尚在匈奴白羊、楼烦王控制下的河南地。元朔二年（前127年），车骑将军卫青等击逐匈奴楼烦、白羊王，夺取河南地。汉武帝采纳谋士主父偃的建议，在秦原九原郡分置朔方（治朔方，今内蒙古乌拉特前旗东南）与五原（治九原，今内蒙古包头西）二郡，重新修缮秦时所筑长城，同时从内地徙民十多万人充实朔方。至此，秦直道全程再度为汉廷所控制，重新成为沟通边郡与朝廷联系的通道。

元封元年（前110年）冬十月，汉武帝平定南越后，亲率大军，自秦直道南端起点云阳出发,"至朔方,临北河。勒兵十八万骑,旌旗径千余里,威震匈奴"。此次武帝巡行北边,往返均取道于直道以求便捷,为三个月后再次出巡做准备。而元封元年春正月武帝的出巡,当是武帝诸多出巡中历时最久、行程最远的一次出巡,史载汉武帝"北至碣石,巡自辽西,历北边至九原。五月,乃至甘泉,周万八千里云"。司马迁所谓"吾适北边,自直道归"云云,是史料中最为明确的关于汉武帝由五原经直道返回甘泉宫的记载。

太初三年(前102年),为了强化秦直道的防御力量,汉武帝使光禄勋徐自为出五原塞筑"光禄城",将五原郡的防线再向正北推出数十里或数百里之遥。为报复汉筑塞外列城的军事行动,匈奴也数次突入五原郡等北边郡,"行坏光禄所筑亭障"。而汉军则通过秦直道征调兵力,出五原郡抗击匈奴。征和三年(前90年)三月,武帝晚年最后一次大规模出兵中,贰师将军李广利就是率大军出五原郡击匈奴的。是役之后,汉匈双方围绕直道北端起点五原的争夺基本告一段落。直至昭帝元凤三年(前78年),匈奴三千余骑侵入五原,这是史书所见匈奴最后一次大规模侵扰五原郡,自此之后匈奴"希复犯塞"。

西汉年间,汉军最后一次出五原的军事行动发生于汉宣帝本始三年(前71年)春。汉宣帝遣五路汉军与乌孙共攻匈奴。五路汉军中,虎牙将军田顺将三万余骑出五原,祁连将军田广明将四万余骑出西河。西河与五原均位于直道北部的通道之上,且是役征发的主力是"关东轻锐士","五将军师发长安",因此不能排除,至少出五原的三万余骑与出西河的四万余骑,可能经由直道或直道部分路段出塞击匈奴。

从上述汉匈围绕五原郡的反复争夺,不难看出双方对直道北端起点五原郡的重视程度。汉军以五原郡为出发地,显然不是地广人稀又饱经战事的边郡所能独力支持的,其中许多军事行动应是通过直道来完成军队调动及物资转输的。

本始三年，汉与乌孙联合出击匈奴，在汉匈战争史上是一个标志性事件。经过是役的打击，匈奴加速衰败，又因匈奴最高统治层争夺单于之位发生分裂，开启了宣帝五凤年间匈奴争夺单于位之内讧。五凤四年（前54年），呼韩邪单于在其兄郅支单于的压迫下，被迫再次放弃单于庭南撤。为了与郅支单于相抗衡，呼韩邪单于决计附汉。

甘露三年（前51年）春正月，呼韩邪单于由五原郡入塞，经秦直道至甘泉宫朝见汉宣帝，受到汉宣帝隆重接待，表明汉朝正式承认呼韩邪单于为匈奴族最高首领，确立了匈奴隶属于汉朝的政治关系。甘露三年二月，呼韩邪单于回归匈奴后，主要是在临近五原郡的塞外活动，希冀在事态紧急时，通过秦直道沟通与朝廷的联系。黄龙元年（前49年）春正月，呼韩邪单于第二次来朝，同样是由五原入塞，经秦直道至甘泉宫朝见汉宣帝；于同年二月到漠南，仍然留居于光禄塞下，依托汉塞防备郅支单于。

元帝即位后，呼韩邪单于继续得到汉朝的全力支持。建昭三年（前36年），代理西域都护、骑都尉甘延寿，副校尉陈汤奉命出使西域，矫制征发西域诸国兵及汉军四万多人，远征康居，最后击杀郅支单于。此役是西汉年间对匈奴的最后一战，与汉廷敌对的匈奴残余势力从西域被清除。

郅支单于败亡之后，呼韩邪单于上书元帝"愿入朝见"。公元前33年春正月，呼韩邪单于第三次由五原入塞，经秦直道至长安朝见汉元帝。在长安期间，呼韩邪单于表示"愿婿汉氏以自亲"，元帝遂将王昭君赐予呼韩邪单于。呼韩邪单于号王昭君为"宁胡阏氏"。元帝为了庆祝诛灭郅支单于以及呼韩邪单于来朝，汉匈不再以兵革相见，边境从此永远安宁，改元"竟宁"，以志纪念。通过已筑就一百多年的直道的沟通，汉匈民族终于摆脱"胡笳互动，牧马悲鸣"的境地，迎来一个"三世无犬吠之警，黎庶亡干戈之役"的时代，而遗存至今的直道，正是这段历史默默无语的见证者。

自匈奴呼韩邪单于在宣元年间归附汉朝，汉元帝遣王昭君出塞和亲之后，汉匈之间一直保持着和平相处的友好关系。呼韩邪单于死后，每位新单于继位，都要遣名王入朝贡献或遣子入侍，这已成为汉匈和平交往的惯例。成帝河平四年（前25年），复株累若鞮单于朝正月，是为匈奴第二位朝汉的单于。哀帝元寿二年（前1年）正月，匈奴乌珠留单于与乌孙大昆弥伊秩靡同至长安朝贺正月。匈奴与乌孙的首领同时入朝，这在西汉历史上是仅有的一次。

两汉之际，汉匈关系再度发生巨变。王莽代汉建新后，急于消弭汉朝对匈奴周边民族之影响，树立新朝威信，派遣大批五威将军为使者，周游四边，宣扬新朝奉天代汉的符命，收缴汉朝颁行的印绶，更以新室的印绶。新朝使者至西域后，一律贬原西域诸"王"为"侯"；而至单于庭的新朝使者，则更改汉印文"单于玺"为"单于章"。这种无端贬低匈奴与西域诸国地位的举动，激起匈奴与西域诸国强烈不满。匈奴乌珠留单于遣数万骑勒兵朔方塞下，向王莽示威。王莽更急于立威匈奴，于始建国二年（10年）募卒三十万，准备十道并出攻逐匈奴，甚至预分匈奴土地人民为十五份，企图立呼韩邪子孙十五人为单于。乌珠留单于则针锋相对，出兵侵扰北边，大肆杀掠。至此，"自宣帝以来，数世不见烟火之警，人民炽盛，牛马布野"的边地，再次沦为汉匈两大民族厮杀的战场，史称"数年之间，北边虚空，野有暴骨矣"。

东汉初年的汉匈关系，与西汉初年极为相似。匈奴趁两汉战乱之机坐大势力，不仅重占西域，而且联合北边割据势力彭宠、卢芳等及乌桓大肆侵扰北境，五原郡再度成为汉匈双方争夺的重点之一。不过这种动荡局势并没有持续许久，因为匈奴内部再次发生分裂。建武二十四年（48年）正月，漠南八部大人共议立比为"呼韩邪单于"。以比祖父呼韩邪单于附汉得安，故而沿袭其号，以示与汉和好之意；单于比甚至仿效呼韩邪单于通过秦直道朝汉故事，亲至五原塞外，表示要"永为蕃蔽，扞御北虏（指北匈奴）"。

建武二十六年（50年）春，光武帝遣中郎将段郴等使南匈奴，于五原西部塞设南单于庭，始置"使匈奴中郎将"，率兵护卫南单于。同年秋，南单于比遣子入侍，光武帝依诸侯王之制，授南单于比黄金质玺绶，另赐衣裳、冠带、车马、黄金、锦绣、缯布等财物珍宝。不久，因南单于与北匈奴交战不利，光武帝命将南单于庭徙至西河郡美稷（今内蒙古准格尔旗西北），设置官府，命中郎将段郴等驻居西河郡，护卫南单于，并允许北地、朔方、五原、云中、定襄、雁门、代郡、上谷等八郡由南匈奴部众放牧居住，南匈奴诸部王也率领其部众协助诸郡县戍守，侦察北匈奴动静。

永元元年（89年）六月，窦宪、耿秉率八千骑与南匈奴左谷蠡王师子万骑出朔方鸡鹿塞（今内蒙古磴口西北），与南单于等部于稽落山（阿尔泰山东段北面的一支）大败北单于军。北单于率残部逃遁，窦宪率大军随后追击，又大破北匈奴诸部。窦宪统率大军出塞三千多里，大获全胜，令幕府中护军班固作铭，勒石纪功。班固声称此役之后，可以"一劳而久逸，暂费而永宁"。事实确实如此。此役是汉匈长达三百年的战争中最后一次战略大决战。北匈奴经过这次沉重打击之后，主力部队损失殆尽，在漠北的统治实际上已经崩溃，北单于被迫西迁，离开匈奴人曾经纵横三百年的大漠，开始了坎坷的西迁历程。永元三年（91年），汉军再次围击北匈奴于金微山（今阿尔泰山）。此时北单于没有任何抵抗能力，与汉军一触即溃，只得再次率残余部众突围而逃。此次汉军出塞五千多里，是汉匈战争爆发以来汉军出塞作战行程最远的一次，也是汉匈最后一次大会战。汉匈两大民族在大漠南北角逐争雄三百年的战争，自此永久地画上了休止符。

目 录
Contents

001 / **第一章　匈奴的兴起与秦直道的修筑**

003 /　　　第一节　匈奴的兴起与赵、秦对河南地的争夺
018 /　　　第二节　蒙恬修筑秦直道
037 /　　　第三节　秦直道之平议

063 / **第二章　西汉初年围绕秦直道的争夺**

065 /　　　第一节　冒顿单于统一匈奴
077 /　　　第二节　平城之战与汉匈和亲
094 /　　　第三节　秦直道与汉初的边境战争

121 / **第三章　秦直道与汉匈战争的全面爆发**

123 /　　　第一节　马邑之战与汉匈战争全面爆发

133 /　　第二节　河南之战与置郡河南地
145 /　　第三节　河西之战与漠北之战
163 /　　第四节　武帝后期汉匈关系的再调整

181 / **第四章　秦直道与汉匈和亲**

183 /　　第一节　匈奴内讧与复议和亲
197 /　　第二节　呼韩邪单于三次朝汉
213 /　　第三节　匈奴与乌孙共朝汉

223 / **第五章　新莽与两汉之交的南北对峙及直道北端的战争**

225 /　　第一节　王莽"新室"时期北部边境形势的恶化与战争的爆发
246 /　　第二节　"光武中兴"时期北部边境的战争

267 / **第六章　南北匈奴分裂后的汉匈战争**

269 /　　第一节　匈奴分裂局面的形成
281 /　　第二节　错综复杂的汉匈战争

311 / **后记**

Contents

001 /　Chapter 1　The Rise of Xiongnu and Construction of Qin Zhidao

003 /　　1. The Rise of Xiongnu and Wars between State Zhao and Qin in Fighting for Henan (the South of Yellow River) Region
018 /　　2. Meng Tian Being Commanded to Be in Charge of the Construction of Qin Zhidao
037 /　　3. Comments on Qin Zhidao

063 /　Chapter 2　Wars in Relation with Qin Zhidao in the Early West Han Dynasty

065 /　　1. Modu Chanyu's Unification of Xiongnu People
077 /　　2. Battle of Pingcheng and Inter-marriage between the Han and Xiongnu Imperial Families
094 /　　3. Qin Zhidao and Wars on the Borderling in the Early Han Dynasty

121 /　Chapter 3　Qin Zhidao and the Breakout of Han-Xiongnu Wars

123 /　　1. Mayi Battle and the Breakout of Han-Xiongnu Wars
133 /　　2. Battle of Henan and the Establishment of Prefectures in Henan Region

145 /   3. Battle of Hexi (the West of Yellow River) and Battle of Mobei (the North of Gobi)
163 /   4. The Readjustment of Han-Xiongnu Relation in Late Years of Emperor Wu in the Han Dynasty

181 / **Chapter 4   Qin Zhidao and Inter-marriage between the Han and Xiongnu Imperial Families**

183 /   1. Internal Conflict and Reconsideration of Inter-marriage
197 /   2. Huhanye Chanyu's Three Visits to the Court of the Han Dynasty
213 /   3. Xiongnu and Wusun together Showing Respect to the Court of the Han Dynasty

223 / **Chapter 5   The Tension between the South and the North at the Turn of the Western Han Dynasty and the Eastern Han Dynasty as Well as the Wars around the Northern End of Qin Zhidao**

225 /   1. The Worsened Situation in the Northern Border and the Breakout of Wars during Wang Mang's Reign
246 /   2. Wars on the Northern Border during the Years of Emperor Guangwu

267 / **Chapter 6   Han-Xiongnu Wars after the Split of Xiongnu**

269 /   1. The Formation of the Split of Xiongnu
281 /   2. The Intricate Han-Xiongnu Wars

311 / **Afterword**

插图目录

001 / 第一章　匈奴的兴起与秦直道的修筑

005 /　　图 1-1　明人眼中的匈奴形象
010 /　　图 1-2　赵武灵王时长城图
015 /　　图 1-3　秦昭襄王时长城图
019 /　　图 1-4　秦始皇像
028 /　　图 1-5　秦末汉初河套附近地区边界示意图
041 /　　图 1-6　秦直道南端起点碑正面与反面
042 /　　图 1-7　子午岭上秦直道图
045 /　　图 1-8　秦直道图
046 /　　图 1-9　秦直道全线走向图
047 /　　图 1-10　秦始皇直道路线图
049 /　　图 1-11　秦直道考察路线图
050 /　　图 1-12　秦直道示意图
052 /　　图 1-13　直道歧义图
055 /　　图 1-14　秦直道走向示意图

063 / 第二章　西汉初年围绕秦直道的争夺

074 /　　图 2-1　匈奴等部

078 /	图 2-2	汉高祖像
102 /	图 2-3	汉文帝像
105 /	图 2-4	汉甘泉宫遗址
114 /	图 2-5	汉景帝像

121 / 第三章　秦直道与汉匈战争的全面爆发

124 /	图 3-1	汉武帝像
132 /	图 3-2	山东长清孝堂山祠堂西壁的"胡汉战争图"摹本
138 /	图 3-3	汉高阙塞遗址
171 /	图 3-4	位于内蒙古乌拉特后旗的汉内长城遗址

181 / 第四章　秦直道与汉匈和亲

189 /	图 4-1	汉宣帝像
202 /	图 4-2	鸡鹿塞遗址

223 / 第五章　新莽与两汉之交的南北对峙及直道北端的战争

239 /	图 5-1	"最北方的汉式宫殿"复原模型图
242 /	图 5-2	"最北方的汉式宫殿"考古遗址所在地留影

267 / 第六章　南北匈奴分裂后的汉匈战争

279 /	图 6-1	内蒙古包头市麻池古城遗址留影
295 /	图 6-2	石城子遗址
296 /	图 6-3	疏勒城遗址留影
304 /	图 6-4	班固撰文的《封燕然山铭》摩崖石刻

第一章  匈奴的兴起与秦直道的修筑

秦始皇二十六年（前221年），秦统一六国。为了缓解来自北境匈奴方面的军事压力，秦始皇于三十三年（前214年）命内史蒙恬统率三十万大军北逐匈奴，将匈奴逐出毗邻帝国都城咸阳所在内史地区的河南地①，建置郡县，徙民实边，修筑长城。三十五年（前212年），又命蒙恬主持监建工程浩大的北起今内蒙古包头，南至今陕西淳化的一条南北长达七百多公里的军事通道——秦直道。由于这条道路大体南北相直，故称作"直道"。这一横（长城）一纵（直道）两大军事工程的修筑，标志着在秦帝国北部边境已经构筑起一道抵御匈奴南侵的坚固防线。秦长城与秦直道的修筑，不仅改变了自战国以来，匈奴在北境，特别是在河南地极为活跃的态势，也为其后汉廷依托秦长城，通过秦直道反击匈奴奠定了基础。

---

① 关于河南地的地理概念，学者意见或不一致。史念海先生认为："秦时的河南地应是在阴山之下的黄河以南，其南直抵秦昭襄王的长城。涉及到这条长城的主要是朝那和肤施间的一段。也就是说朝那之西不能超越的过多。至于东西两侧大体以黄河为限。只是在其西侧，今宁夏和内蒙古两自治区接壤处的南北，还是要越过黄河的。"（《新秦中考》，载《中国历史地理论丛》1987年第1期）史念海先生所定义的河南地，以秦代政区计，大抵包括九原郡、云中郡黄河以南地区，上郡、北地郡秦昭襄王所修长城以北地区，是广义的"河南地"。本书所谓"河南地"，以史念海先生的河南地定义为准。

第一节 匈奴的兴起与赵、秦对河南地的争夺

公元前三四世纪，正值战国中后期，齐、楚、燕、韩、赵、魏、秦等七国为争夺霸权苦斗不休，而一个强悍的游牧民族——匈奴却趁势在大漠南北悄然兴起。匈奴的兴起，对北边与匈奴毗邻的秦、赵、燕三国均产生了不同的影响，在一定程度上改变或影响了三国的发展态势。三国之中，偏居于东北一隅、势力最为弱小的燕国，对活动于其北边的匈奴基本采取守势；经过"胡服骑射"改革，实力陡增的赵国则雄心勃勃，不仅将其势力拓展至整个北河①，而且觊觎河南地②，企图自九原南下而袭秦；至于定都于咸阳的秦国，

---

① 北河，"清以前黄河自今内蒙古磴口以下，分为南北二支，北支约当今乌加河，时为黄河正流，对南支而言，称为北河"〔《辞海》（缩印本）"北河"条，上海辞书出版社2010年版，第90页〕。此处所云为狭义"北河"。而广义"北河"如同谭其骧《北河》一文所云："黄河自宁夏北流过磴口折而东流，西东流向一段对南北流向一段而言，彼为'西河'，此为'北河'，是为广义。"〔谭其骧：《长水集》（下），人民出版社1987年版，第331页〕

② 河南地，首见于《史记》卷六《秦始皇本纪》："始皇乃使将军蒙恬发兵三十万人北击胡，略取河南地。"唐人张守节《正义》曰："今灵、夏、胜等州，秦略取之。"（中华书局1959年版，第252页）唐灵州治所在今甘肃吴忠市东北，夏州治所在今内蒙古乌审旗南，胜州治所在今内蒙古托克托西南。三州的北境均抵广义的北河，而其南境基本上以秦昭襄王时所修长城为限（参见谭其骧主编：《中国历史地图集》第5册，中国地图出版社1982年版，第40—41页）。可见从唐人的角度观察，北起广义的北河，南至秦昭襄王时所修长城，黄河所流经的这一片广袤的区域皆属于"河南地"。

由于毗邻河南地,对于来自其北境的匈奴及赵国的威胁更为敏感,秦昭襄王修筑"拒胡"长城就是一个明显的例证。唯因如此,秦、赵与匈奴三方均将争夺的焦点集中于河南地,最终以秦始皇攻逐匈奴,修筑长城与直道而暂告一段落。

一、战国后期匈奴的兴起

"匈奴"之名,较早见于《史记·匈奴列传》。司马迁详细追述了匈奴族早期的历史:"匈奴,其先祖夏后氏之苗裔也,曰淳维。……居于北蛮,随畜牧而转移。"裴骃《集解》引晋灼语曰:"尧时曰荤粥,周曰猃狁,秦曰匈奴。"① 从此,这个居于中国北部边境、强悍善战的游牧民族就以"匈奴"之名出现在中国历史舞台之上。②

匈奴族的兴起并非偶然,而是中国北方游牧民族长期兼并融合的结果。中国大漠南北广袤的草原地带,自古以来就是北方游牧民族生息活动的基地,同时也是游牧民族与中原农业民族相互交往、爆发冲突与战争的主要场所。根据史书记载,从远古时起,就有许多游牧民族活跃于北边大漠之上。据说黄帝时就曾北逐过荤粥。在夏代,荤粥与夏为邻,与华夏族有密切的交往。殷商时,匈奴传说中的先祖淳维由中原奔向北边,此时鬼方强盛,成为商王朝的劲敌。商王武丁经过三年的征战,才击溃了鬼方的侵犯。西周时,猃狁强大起来,不断进行侵扰,给内地人民带来许多灾难与痛苦。

春秋战国时期,北边游牧民族被统称为"戎狄"。这些戎狄,有的分布在黄河流域,有的分布在大漠南北,其中除了白狄的一支建立了"中山国",其余的在黄河流域的戎狄,或是被各强大的诸侯国所兼并,或是被逐至大漠,与原先居住在那里的戎狄相

---

① 《史记》卷一一〇《匈奴列传》,第 2879、2880 页。
② 关于"匈奴"这个族称最早出现于何时,陈序经先生考证后认为:"战国末年,虽然已有人用匈奴这个名词,但是并未被普遍采用……匈奴这个族称与这个民族的历史,无疑地要以司马迁的《史记·匈奴列传》为研究这个问题的最早的系统材料。"(陈序经:《匈奴史稿》,中国人民大学出版社 2007 年版,第 113—114 页)

第一章　匈奴的兴起与秦直道的修筑

融合。

秦汉之际，匈奴又被称为"胡"。正是在北边游牧民族长期兼并融合的基础之上，匈奴族才能于战国中后期兴起于大漠。尽管学术界对匈奴的起源问题还存在着不同的看法，有东胡说、西羌说、突厥说、夏人说等等，迄今尚无定论，但许多学者认为，匈奴族的形成与这些北方游牧民族有着密切的渊源关系。

在四野寥廓的大漠之上，自然条件决定了匈奴人的经济生活只能以畜牧与狩猎为主。为了追逐丰盛的水草，匈奴人常常四处迁徙，过着漂泊不定的游牧生活。辽阔的草原绝不是和平安宁的净土，不知潜伏着多少危险。恶劣多变的自然环境，凶猛野兽的突然袭击，邻族的偷袭侵掠，锻炼了匈奴族剽悍善战、争强好胜的民族性格，也养成了匈奴人自幼就擅长骑射的特长。（见图1-1）而匈奴擅长骑射的这一特点，直接推动了赵武灵王"胡服骑射"的军事改革，甚至引发了其后中原王朝与北部游牧民族均以骑兵为主的战争模式的变革。

匈奴族虽然在很早以前就组成了氏族部落和部落联盟，但在匈奴头曼单于之前，匈奴的部落联盟尚处于极不稳定的阶段。当时大漠南北分布着许多大大小小的氏族与部落，这些氏族与部落时大时小，聚散离合，由各自的君长所统治，互不辖属。据司马迁估计，这一过程大约经历了一千多年，到了战

图1-1　明人眼中的匈奴形象
（王圻、王思义撰辑：《三才图会·人物》，明万历三十七年原刊本）

国后期及秦统一前后，匈奴才进入头曼单于统治时期，部落联盟才趋于稳定。"单于"这一称号，就是从部落联盟时期开始出现的。而匈奴历史上的第一个单于——头曼单于，就是由部落联盟会议共同推定的匈奴族的首领。① 匈奴族由许多部落构成，各部落中又包含着若干氏族，其中最著名的是挛鞮氏，单于都出于此氏族。异姓氏族中以呼衍氏、兰氏、须卜氏、丘林氏四姓最有名望，世代与单于联姻。举凡废立、战和、祭祀等大事，都由各部落大人会议决定。

头曼作为见诸史册的第一位匈奴单于，对于匈奴族的兴起具有重要作用，《史记·匈奴列传》详细描述了头曼单于面临的形势：

> 当是之时，东胡强而月氏盛。匈奴单于曰头曼，头曼不胜秦，北徙。十余年而蒙恬死，诸侯畔秦，中国扰乱，诸秦所徙適戍边者皆复去，于是匈奴得宽，复稍度河南与中国界于故塞。②

可见在头曼单于统治时期，在东胡与月氏两大强大部落的压迫下，向河南地一带拓展应是匈奴人现实的选择。《汉书·地理志》"五原郡·稒阳"条下自注曰："北出石门障得光禄城，又西北得支就城，又西北得头曼城"③。西汉的稒阳县位于今内蒙古包头东，稒阳又作固阳，其历史可以上溯至战国魏惠王十九年（前351年），《史记·魏世家》载，魏于是年"筑长城，塞固阳"④。魏固阳塞位于今内蒙古包头东北，秦时为九原郡辖地，可能在西汉置五原郡稒阳县时移治于今内蒙古包头东。头曼城之得名是否与头曼单于有关，现有的史料虽然不能完全证实，但从《匈奴列传》所描述头曼单于的活动区域看，匈奴很可能于战国后期在固阳塞外已经建立了一个比较稳定的统治中心，并且渡过黄河，一度占

---

① 匈奴头曼单于在位时间史载不详，陈序经认为："头曼是被蒙恬所攻击而北徙。头曼既不能胜秦，北徙十余年，那么头曼在秦始皇未统一之前已立为单于当无可疑。"（陈序经：《匈奴史稿》，中国人民大学出版社2007年版，第174页）

② 《史记》卷一一〇《匈奴列传》，第2887—2888页。

③ 《汉书》卷二八下《地理志下》，中华书局1962年版，第1620页。

④ 《史记》卷四四《魏世家》，张守节《正义》按："魏筑长城，自郑滨洛，北达银川，至胜州固阳县为塞也。"第1845页。

据了河南地,只是在秦始皇时蒙恬的打击下被迫放弃河南地而北徙。但十余年后,随着秦末"诸侯畔秦,中国扰乱"动荡形势的出现,匈奴再次占据河南地,直到汉武帝元朔二年(前127年)被最终逐出河南地,匈奴在河南地的活动时间可能长逾百年。围绕河南地的争夺,成为秦汉王朝与匈奴战争的焦点之一。

二、赵武灵王自九原南下"窥秦"

战国中后期,虽然诸国主要面临着争夺霸权、统一天下的战争,但由于"当是之时,冠带战国七,而三国边于匈奴"①。燕、赵、秦三国与匈奴毗邻,匈奴对三国的侵扰较之其他诸国更为严重。燕、赵、秦三国纷纷采取或修筑长城或军事袭击等措施,试图消弭匈奴的侵扰和威胁。

约在公元前312年,面对强齐"取蓟八城"及匈奴驱驰楼烦(约今山西西北部)之下的威胁,即位不久的燕昭王卑礼下士,问政于谋士郭隗,图谋富国强兵之策。②战国后期,燕国曾经"为质于胡"的贤将秦开归国后,"袭破走东胡,东胡却千余里。……燕亦筑长城,自造阳至襄平,置上谷、渔阳、右北平、辽西、辽东郡以拒胡"。③造阳位于今河北沽源北,襄平位于今辽宁辽阳市。从燕长城的走势看,主要目的是防御活动于燕国北境的游牧民族"东胡"。

---

① 《史记》卷一一〇《匈奴列传》,第2886页。
② 参见《史记》卷八〇《乐毅列传》。《乐毅列传》张守节《正义》引《说苑》云:"燕昭王问于(郭)隗曰:'寡人地狭民寡,齐人取蓟八城,匈奴驱驰楼烦之下。以孤之不肖,得承宗庙,恐社稷危,存之有道乎?'"(第2428页)这大概是较早见诸史籍的匈奴威胁中原诸国的记录。据《资治通鉴》卷三《周纪三》载,燕昭王问政于谋士郭隗事在周赧王三年,即公元前312年。(中华书局1956年版,第93页)虽然《乐毅列传》与《资治通鉴》只记燕昭王招贤士图报齐大败燕国之事,并未言及匈奴;但《正义》所引《说苑》系西汉时人刘向所编,所谓"匈奴",应是指是时活动于燕国北边的"东胡"而言;至于《说苑》所谓"匈奴驱驰楼烦之下"云云,应是有所依据。因此,笔者以为此条材料的可靠性似乎不应当轻易怀疑,只是当时燕昭王招贤士主要原因是"未尝一日而忘报齐也"(《史记》,第2427页),匈奴的侵扰尚在次要位置。
③ 《史记》卷一一〇《匈奴列传》,第2886页。秦开事迹史书记载甚少,燕国筑城置郡的具体时间不详。张维华推测:"秦开归燕伐'胡'之事,如不在燕孝王之时(前257—前255年),即在燕王喜即位(前254—前222年)之初年,……则燕在其侵地置郡县,建长城,亦当自此开其始,以时间论之,乃为战国时最晚出现之一条长城。"(张维华:《中国长城建置考》上编,中华书局1979年版,第124页)

在边于匈奴的秦、赵、燕三国中，赵国所面临的形势可能最为复杂（秦国形势详后）。对赵国威胁最大的当是位于其西边的强秦及位于其腹心地带的中山国，正如赵武灵王于十九年（前307年）召楼缓谋议"变服骑射"时所说：

> 我先王因世之变，以长南藩之地，属阻漳、滏之险，立长城，又取蔺、郭狼，败林人于荏，而功未遂。今中山在我腹心，北有燕，东有胡，西有林胡、楼烦、秦、韩之边，而无强兵之救，是亡社稷，奈何？夫有高世之名，必有遗俗之累。吾欲胡服。①

赵武灵王所谓"先王""立长城"事，系指赵肃侯十七年（前333年）"围魏黄，不克。筑长城"事，张守节《正义》曰："刘伯庄云：'盖从云中以北至代。'按：赵长城从蔚州北西至岚州北，尽赵界。又疑此长城在漳水之北，赵南界。"②可见赵肃侯时所筑长城的走向，诸注家意见并不一致。③不过，对于赵肃侯筑长城的意义，《赵国史稿》的看法比较中肯："肃侯十五年，赵再次出兵包围了魏国黄邑（今河南内黄西北），但没有攻克。这使赵肃侯认识到向中原发展只会带来诸侯们的激烈反对，并不能有效地扩张疆土而使赵国走向强盛。在攻打黄邑战役结束后，赵国在南部边疆筑起长城。……赵国南进以向中原发展的战略至此结束。此长城的修建，也标志着赵国一个时期的结束。"④由于赵国"南进"策略的适时中止以及向北发展战略重心的转移，赵武灵王决意不顾群臣发对，颁布"胡服令"，即所谓"胡服骑射"："变服骑射，以备燕、三胡、秦、韩之边"⑤。而攻略位于赵国腹心地区的中山

---

① 《史记》卷四三《赵世家》，第1806页。
② 《史记》卷四三《赵世家》，第1802页。
③ 据张维华考证，"此长城在漳水北岸，西起自武安城西南，向东延伸到今河北省磁县南，转而折向东北，到达今河北肥乡西南"（转引自沈长云、魏建震、白国红等：《赵国史稿》，中华书局2000年版，第153页）。参见张维华《中国长城建置考》上编《赵长城》之"赵肃侯所筑长城"及所附"赵肃侯赵南界长城图"，中华书局1979年版，第90—102页。
④ 沈长云、魏建震、白国红等：《赵国史稿》，中华书局2000年版，第151页。
⑤ 《史记》卷四三《赵世家》，第1809页。

国，以及控制位于其西北的北河地区，正是赵国实行这一战略重心转移的首要目标。

赵武灵王二十年（前306年），"王略中山地，到宁葭，西略胡地，至榆中"①。宁葭位于今河北石家庄西北，属于中山国的要镇之一；而榆中泛指今内蒙古东胜、伊金霍洛旗一带，属于广义的北河地区，正是所谓"林胡"的主要活动区域。赵武灵王"略中山地"与"西略胡地"，拉开了赵国自"胡服骑射"改革之后"北进"的序幕。至赵武灵王二十六年（前300年），"复攻中山，攘地北至燕、代，西至云中、九原"②，基本既消除了位于腹心的中山之患，又实现了"身胡服将士大夫西北略胡地"，不遗余力向北河地区扩张，"从云中、九原直南袭秦"的战略目的。③

为了经营新攻略的北河之地，赵国不惜代价修筑长城，"自代并阴山下，至高阙为塞。而置云中、雁门、代郡"④。高阙，大体位于今内蒙古杭锦后旗北，⑤黄河至此从南北转向西东流，这一黄河即是广义的北河。可见西端止于高阙的赵长城，已经将整个北河囊括其中。而北河远离赵国政治重心所在的邯郸，可见除了对匈奴的防范，从北边加强对秦国的压迫，也是赵国经营北河的一个重要战略目的。⑥（见图1-2）

---

① 《史记》卷四三《赵世家》，第1811页。
② 《史记》卷四三《赵世家》，第1811页。
③ 《史记》卷四三《赵世家》，第1812页。
④ 《史记》卷一一〇《匈奴列传》，第2885页。《史记》仅言是时赵置云中、雁门、代郡三郡，九原是否置郡，语焉不详。有学者认为是时的九原似乎没有置郡，而属于赵国在北河地区建置的一个军事重镇。（参见沈长云、魏建震、白国红等：《赵国史稿》，中华书局2000年版，第168—171页）本书从其说。
⑤ 关于高阙及赵长城的走向，参见谭其骧主编《中国历史地图集》第1册，中国地图出版社1982年版，第37—38页。
⑥ 关于赵武灵王修筑长城的时间，张维华认为："（司马）迁述武灵筑长城事，未有确定之年代。按《史记·赵世家》之记载，武灵十九年定易服之议，二十年，略'胡'地，至榆中，二十六年，攘地北至燕、代，西至云中、九原。惠文王元年，……直南袭秦；……九原、云中之经营，当武灵二十五、六年之际，似已略具规模，则武灵长城之建立，必在二十五、六年之后，盖可知矣。"（张维华：《中国长城建置考》上编，中华书局1979年版，第102—103页）张氏考定赵武灵王长城修筑的时间，更能证实赵修长城兼有防范匈奴与压迫秦人的双重目的，而且后一个目的更为重要。

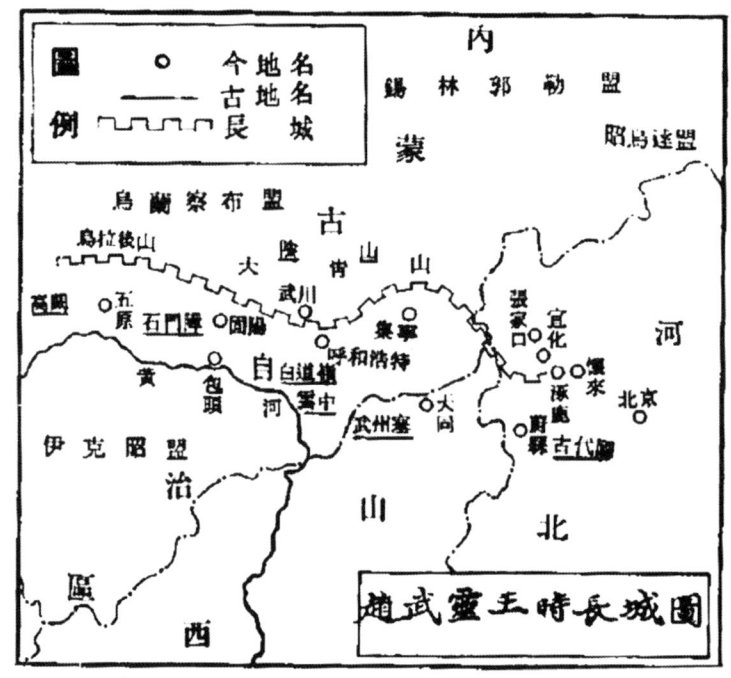

图 1-2 赵武灵王时长城图

（张维华：《中国长城建置考》上编，中华书局 1979 年版，第 108—109 页）

赵武灵王二十七年（前 299 年），赵武灵王传位于其子赵惠文王，自号"主父"，并采取了一个更具传奇色彩的行动——自九原南下窥秦。《史记·赵世家》载：

> 主父欲令子主治国，而身胡服将士大夫西北略胡地，而欲从云中、九原直南袭秦，于是诈自为使者入秦。秦昭王不知，已而怪其状甚伟，非人臣之度，使人逐之，而主父驰已脱关矣。审问之，乃主父也。秦人大惊。主父所以入秦者，欲自略地形，因观秦王之为人也。①

九原位于今内蒙古包头市西，正是秦直道的北端终点。赵武

---

① 《史记》卷四三《赵世家》，第 1812—1813 页。关于赵国欲从云中、九原南袭秦国的可行性，辛德勇认为，尽管"看起来取道过于迂远，似乎不可理解，实际上是因为赵国据有的今山西、陕西两省之间壶口以上的南流黄河河道，正流经地理学上所谓'山陕峡谷'之中，两侧河岸险峻，水流湍急，不太适于大兵团跨越通行；而云中、九原两郡南部的东流黄河河段，流速舒缓，岸线平坦，是展开大规模渡河军事行动的理想地点，九原、云中两郡，便是控制这一战略要津的桥头堡"（辛德勇：《张家山汉简所示汉初西北隅边境解析——附论秦昭襄王长城北端走向与九原云中两郡战略地位》，载《历史研究》2006 年第 1 期）。可资参考。

灵王从九原南下至咸阳窥秦的具体道路,特别是赵武灵王此时是否经过已经为秦国所控制的上郡,史载不详。但由九原南下经上郡直趋咸阳,无疑是当时最为便捷的通道。尽管史书对赵武灵王自九原南下窥秦所经过的道路均未涉及,但这一事实本身至少可说明,在战国晚期,从九原,包括广义的北河至咸阳,是有道路可以供通行之用的。

自赵武灵王"胡服骑射"改革之后,赵国一跃成为战国后期一个重要的军事强国。尽管悼襄王(前244—前236年在位)时,在强秦的连续军事打击与匈奴的不断骚扰之下,赵国国力早已呈颓败之势,但名将李牧依然能依托赵武灵王时所筑长城及"胡服骑射"改革后积蓄的军事实力,"大破杀匈奴十余万骑。灭襜褴,破东胡,降林胡,单于奔走。其后十余岁,匈奴不敢近赵边城"①。可见,经过"胡服骑射"改革的赵军,在与匈奴的对抗中仍然保持着强大的军事实力。

三、秦昭襄王筑长城"拒胡"

秦立国于西垂所谓戎狄之间,从始为诸侯时起,就以武力为开疆拓土的手段。公元前770年,"周避犬戎难,东徙雒邑,襄公以兵送周平王。平王封襄公为诸侯,赐之岐以西之地。曰:'戎无道,侵夺我岐、丰之地,秦能攻逐戎,即有其地。'与誓,封爵之"。秦人正是利用周平王这一口惠无实的允诺,开始了以武力建国的道路。至秦穆公(前659—前621年在位)时,东攻强晋,"是时秦地东至河",西伐戎王,"益国十二,开地千里,遂霸西戎",②经过多年的武力开拓,终于从周旋于戎狄之间的蕞尔小国,一跃成为临河而立,可与东方诸国争胜决雄的西垂大国。

---
① 《史记》卷八一《李牧列传》,第2450页。
② 均见《史记》卷五《秦本纪》。所谓"秦地东至河",张守节《正义》曰:"晋河西八城入秦,秦东境至河,即龙门河也。"所谓"益国十二",又有"并国十四"之说,《正义》引"韩安国云'秦穆公都地方三百里,并国十四,辟地千里',陇西、北地郡是也"。(第179、189、194、195页)

秦人这一由西向东发展的态势，从秦都邑迁徙的动向中也可以窥测出来。秦人最初都于西垂，至秦孝公十二年（前350年）最终定都咸阳。尽管秦都城有九、八、七、六诸说，但基本分布形势是由西渐东的。① 秦人定都咸阳，东境推至西河，问鼎中原的态势已经形成，诚如商鞅对秦孝公所云："秦据河山之固，东向以制诸侯，此帝王之业也。"② 对于秦人这一段以武力"东略"的历史，王蘧常曾以情文并茂的文字予以精彩描绘：

> 秦崛兴西陲，千余年间，浸炽浸昌。由西极东，其国势乃如蛟龙之起陆。初结蟠于深山大泽，禽兽之与伍，戎狄之与居；渐宛俾于陇坂之间。……其后平戎至岐，横有宗周畿内八百里之地，其势如得风云，走雷电，骧然伸首，衡虑中原，则襄公始受岐、酆，文公卜居汧、渭是已。及夫献、孝以来，如应龙附翼，殆欲天飞，则献公迁栎、孝公徙咸阳，实为翦除六国，混一华夏之始是已。③

尽管秦人的总体战略目标是"翦除六国，混一华夏"，但对来自其北境游牧民族的威胁也不是完全没有防范意识。尤其在赵武灵王"胡服骑射"，改革军事制度，势力一度强盛之后，更是重视其北境安全。北河，自然也是秦人关注的重点地区。

《史记·秦本纪》记载：秦惠文王更元五年（前320年），"王游至北河"④。这是史料所见秦王最早巡游北河的记录，早于赵武灵王自九原南下窥秦二十多年。秦惠文王所游至的"北河"，尽管尚不清楚是指狭义的北河还是广义的北河，但据《集解》引徐广语"戎地，在河上"以及张守节《正义》按语"王游观北河，至灵、夏州之黄河也"来看，此次秦惠文王出巡，很可能已经到

---

① 关于秦都城的研究，可参见徐卫民《秦都城研究》第2章"秦都城概论"，陕西人民教育出版社2000年版，第7—32页。
② 《史记》卷六八《商君列传》，第2232页。
③ 王蘧常：《秦史》卷一一《郡县考·都邑》，上海古籍出版社2000年版，第100页。
④ 《史记》卷五《秦本纪》，第207页。

达了狭义的北河地区。① 至于秦惠文王"游至北河"的具体路线，虽然史载也不详，但从魏惠王后元七年（前328年）在秦人的压迫之下，"魏尽入上郡于秦"②来看，秦惠文王由秦都咸阳出发，经过新近控制的上郡"游至北河"，应是一条最为便捷的路线。

虽然秦惠文王十年（前328年），"魏纳上郡十五县"③于秦，但当时主要活动于秦地与河南地之间的义渠戎国，是雄踞一方的少数民族政权，曾多次与秦国发生军事冲突，上郡仍处于冲突之中。据《秦本纪》记载，早在秦厉共公三十三年（前444年），秦即首次"伐义渠，虏其王"④。其后，秦与义渠的冲突不断。特别是秦孝公十二年（前350年）徙都咸阳，秦惠文王十年占据上郡后，义渠戎国不仅可以直接南向威胁秦都咸阳，亦可东向威胁新入秦之上郡。因此，让义渠彻底臣服，当为是时秦国的一项重要任务。关于秦与义渠之关系，《史记·匈奴列传》记载甚详：

> 魏有河西、上郡，以与戎界边。其后义渠之戎筑城郭以自守，而秦稍蚕食，至于惠王，遂拔义渠二十五城。惠王击魏，魏尽入西河及上郡于秦。秦昭王时，义渠戎王与宣太后乱，有二子。宣太后诈而杀义渠戎王于甘泉，遂起兵伐残义渠。于是秦有陇西、北地、上郡，筑长城以拒胡。⑤

---

① 唐灵州治所在今甘肃吴忠市东北，夏州治所在今内蒙古乌审旗南。虽然灵州与夏州的北境均抵广义的北河地区，但从秦惠文王从灵州至夏州"游观北河"的记载看，似乎不能排除秦惠文王是次出巡曾途经狭义北河地区的可能。
② 《史记》卷四四《魏世家》，第1848页。关于魏上郡，《正义》引《括地志》云："'上郡故城在绥州上县东南五十里，秦魏之上郡地也。'按：丹、鄜、延、绥等州，北至固阳，并上郡地。魏筑长城界秦，……东北至胜州固阳县，东至河西上郡之地，尽入于秦。"（第1849页）唐胜州固阳县位于今内蒙古包头北，将战国时魏上郡的北境划至包头地区，这一传统观点自20世纪30年代以来就遭到一些学者的质疑。吴良宝认为："战国时期魏上郡属县可以确定的有'高奴、肤施、言阳、雕阴、定阳'五地"（吴良宝：《战国时期魏国西河与上郡考》，载《中国史研究》2006年第4期）。可见，战国时魏上郡北境可能在今陕西榆林一线，并未深入于北河地区。
③ 《史记》卷五《秦本纪》，第206页。关于魏上郡十五属县的考证，可参见上引吴良宝《战国时期魏国西河与上郡考》一文。
④ 《史记》卷五《秦本纪》，第199页。
⑤ 《史记》卷一一〇《匈奴列传》，第2885页。

秦昭襄王时所筑的"拒胡"长城，其具体走向，史念海先生认为："这条长城究竟从什么地方开始，没有确实记载。以理度之，当起于今甘肃岷县。今岷县于秦时为临洮县。临洮县为秦始皇时所筑的长城的起点。实际也就是秦昭襄王时所筑的长城的起点。……根据这些记载，大致可以勾画出这条秦长城经过的地方。它是由现在甘肃岷县城西十公里处开始兴筑，沿洮河东岸，到今临洮县境，绕县城东行，至宁夏固原县附近，再东经甘肃环县北，循陕西志丹、安塞等境的横山山脉东行，分为二支，一支经绥德县西，再北达于榆林县南境，而止于秦上郡治所肤施县附近，一支经陕西靖边县东，再北折而东行，经榆林县东北、神木县北，达于内蒙古托克托县十二连城附近黄河岸旁。"① 彭曦先生认为，秦昭襄王长城"西端由甘肃临洮县起，经渭原、陇西、通渭、静宁，进入宁夏的西吉县，经固原、彭阳县，再次进入甘肃庆阳地区的镇原县，经环县、华池县，进入陕西的吴旗县，经志丹、靖边、横山、榆林、神木县，进入内蒙古准格尔旗，东端达托克托县南的黄河故道"②。两位先生所论虽有详略之分，但所述秦昭襄王时所筑长城的大体走向基本一致。（见图1-3）

秦昭襄王长城贯穿陇西、北地、上郡三郡，除了陇西郡位于秦都咸阳的西部，距河南地较远，北地、上郡两郡的北境都邻近北河。这不仅凸现出秦国对可能来自河南地的游牧族侵扰的重视，而且对于秦国都城咸阳所在的内史地区来说是一道有效的屏障。

如果从另一角度考察，秦昭襄王时攻灭义渠戎国，筑长城以拒胡，不仅是秦戎文化融合的成果，也是秦国真正开始面对活动

---

① 史念海：《黄河中游战国及秦时诸长城遗迹的探索》，见《中国长城遗迹调查报告集》，文物出版社1981年版，第60—62页。史先生在分析这条秦长城在横山山脉上分为二支的原因时说："其实这是适应了军事上一定的需要。后来明代的边墙分支更多，道理也是相仿佛的。这条长城由怀宁河中游北行，经过无定河西的一段，只是为了保护当时上郡治所肤施县及其后方的安全，所以没有再向无定河东岸展筑。"（第62页）

② 彭曦：《战国秦长城考察与研究述略》，载《宝鸡师院学报》（社会科学版）1991年第3期。

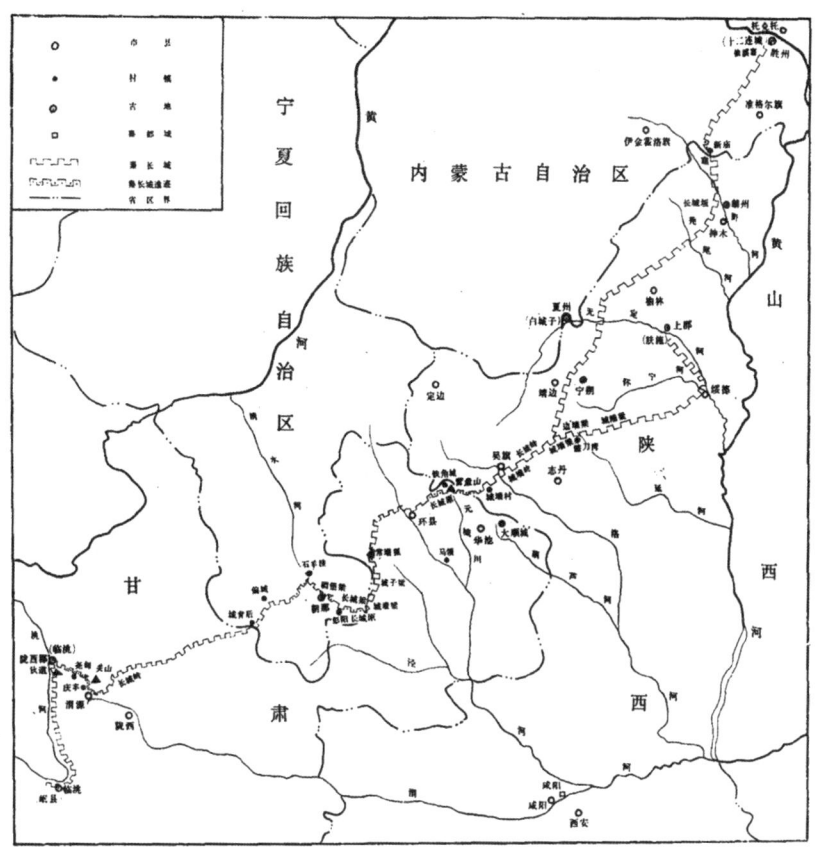

图 1-3 秦昭襄王时长城图

(史念海:《黄河中游战国及秦时诸长城遗迹的探索》,见《中国长城遗迹调查报告集》,文物出版社 1981 年版,第 61 页)

于河套地区的游牧民族,特别是此时已经逐渐崛起并于河南地活动的匈奴族。正如学者所说:"戎族居地,多在泾、洛、渭流域的河谷,极宜农耕。故各戎族早于商周时即已成为半农半牧的文化。其中尤以义渠戎在诸戎之中的文化领先,……戎族在未与秦完成融合之前,她是北方游牧民族文化和中原农业文化之间的'中介'。一旦这个'中介'失去,中原华夏与北部牧业各族的衡冲便加剧了,这是历史发展的必然。秦与北方匈奴的矛盾加剧,正是秦戎文化融合之后的惠文王至昭王时期。"① 正因如此,秦昭襄王才在攻灭义渠戎国后修筑长城以"拒胡"。但从秦昭襄王长城由西而东北

---

① 彭曦:《战国秦长城考察与研究述略》,载《宝鸡师院学报》(社会科学版) 1991 年第 3 期。

的走向看，其长城仅东端深入河南地，其西端与中段距离河南地则相对较为遥远。这似乎可以表明，是时活动于河南地的匈奴，并没有形成统一的实体，尚不足以对秦国构成任何实质性的威胁。史书所谓的"拒胡"，主要强调的是秦人筑城防范的意思。况且秦国是时的主要国策是兼并山东六国，兵锋东指，至于防范活动于其长城北境的匈奴，自然被置于一个较为次要的地位。

虽然秦昭襄王已筑长城"拒胡"，但对于北河及河南地形势的变化仍密切关注，史料中也屡见秦国国君自咸阳北上巡视北河的记载。从秦惠文王于更元五年（前320年）"游至北河"始，秦昭襄王二十年（前287年），秦王再次巡游北河。《秦本纪》载："王之汉中，又之上郡、北河。"① 汉中郡是秦惠文王更元十三年（前312年）时攻取的楚地，治所在今陕西汉中，位于咸阳西南。显然，秦昭襄王在巡视收复未久的汉中郡后返回咸阳，然后再北上经上郡巡视北河。时隔三十三年，两位秦王先后经河南地巡游北河，反映了秦人对北河及河南地的重视程度。由于上郡北向可以直趋九原（包括北河地区），因此，秦直道是否经过上郡，正是学术界争论的焦点之一（详后）。

除了赵武灵王由九原南下"窥秦"，以及秦惠文王、秦昭襄王由咸阳经上郡"游北河"，通过位于北河的九原，东向赵、燕两国施加军事压力也是秦国的一项选择。主张合纵抗秦的苏秦见燕文公时曰：

> 燕东有朝鲜、辽东，北有林胡、楼烦，西有云中、九原，……夫燕之所以不犯寇被甲兵者，以赵之为蔽其南也。……且夫秦之攻燕也，逾云中、九原，过代、上谷，弥地数千里，……今赵之攻燕也，发号出令，不至十日而数十万之军军于东垣矣。……故曰秦之攻燕也，战于千里之外；赵之攻燕也，战于百里之内。……是故愿大

---

① 《史记》卷五《秦本纪》，第212页。

王与赵从亲,天下为一,则燕国必无患矣。①

无独有偶,主张连横合秦的张仪也以秦军可以"下甲云中、九原"攻燕的同样理由,说服燕昭王绝赵合秦:

> 大王之所亲莫如赵。……夫赵王之很戾无亲,大王之所明见,且以赵王为可亲乎?赵兴兵攻燕,再围燕都而劫大王,大王割十城以谢。今赵王已入朝渑池,效河间以事秦。今大王不事秦,秦下甲云中、九原,驱赵而攻燕,则易水、长城非大王之有也。……是故愿大王孰计之。②

苏秦说燕文公及张仪说燕昭王,《资治通鉴》分别系年于燕文公二十九年(前333年)与燕昭王元年(前311年),是时不论赵国还是秦国,均没有向九原、云中一带拓展势力的动向。苏秦、张仪所谓秦"逾云中、九原"攻燕云云,当是游士施展才智,用以打动人主、猎取利益的一种说辞,但联系公元前320年秦惠文王"游至北河",前299年赵武灵王自九原南下窥秦,以及秦昭襄王于前287年"之上郡、北河"等史实,可以推论九原与咸阳之间,理论与实际上应当存在着可以供君主巡行以及军队调动的道路。因此,不能排除秦直道的某些路段,有可能是利用原有由咸阳至九原的道路"重修"而成。③

---

① 《史记》卷六九《苏秦列传》,第2243—2244页。秦之攻燕,为何要"逾云中、九原,过代、上谷,弥地数千里",《史记》诸注家无说,《资治通鉴》卷二《周纪二》胡三省注曰:"燕南与赵接境;战于百里之内,言其近也。秦欲攻燕,自蒲、潼下兵,则为赵所隔,故必径上郡之西,出云中、九原然后至燕,故云战于千里之外。"(第66页)

② 《史记》卷七〇《张仪列传》,第2297—2298页。

③ 参见王北辰:《古桥门与秦直道考》,载《北京大学学报》(哲学社会科学版)1988年第1期;曾磊:《秦直道为重修说》,载《湖南科技学院学报》2008年第7期。

第二节　蒙恬修筑秦直道

公元前221年，秦始皇统一六国，建立起一个地域辽阔的强盛帝国，而其北境的匈奴也进入一个新的发展阶段，见诸史乘的匈奴首位单于头曼，应较此时更早些就出现于历史舞台之上，并且已经渡过北河，控制了河南地。不仅将上郡、陇西等边郡置于直接侵扰之下，而且遥遥威胁着秦朝的都城咸阳所在的内史地区。秦与匈奴隔秦昭襄王时所修"拒胡"长城相对峙的态势，昭示着秦与匈奴之间的战争势不可免，夺取河南地自然成为秦始皇用兵匈奴的首要目标。

一、秦始皇攻略河南地

公元前221年，秦始皇（见图1-4）横扫群雄，一统六国后，首先采取措施整齐秦制："分天下以为三十六郡，郡置守、尉、监。更名民曰'黔首'。大酺。……一法度衡石丈尺。车同轨。书同文字。"其次是对秦帝国疆域"四至"做出规划："东至海暨朝鲜，西至临洮、羌中，南至北向户，北据河为塞，并阴山至辽东。"[①]其中"东至""西至"暂且不论，"南至"与"北据"则与是时尚未宾服的南方百越与活跃在北方的匈奴密切相关。

[①]《史记》卷六《秦始皇本纪》，第239页。

第一章 匈奴的兴起与秦直道的修筑

所谓"北向户",亦作"北户",裴骃《集解》曰:"《吴都赋》曰'开北户以向日。'刘逵曰:'日南之北户,犹日北之南户也。'"《史记会注考证》卷六《秦始皇本纪》引卢文弨语:"北户,地名,见《尔雅》。此下琅邪台颂亦有'南尽北户'之语。'向'字衍。"①宋人邢昺疏《尔雅·释地》"北户"曰:"北户者,即日南郡是也。"日南郡是武帝平定南越后设置的九郡之一。可见在秦人的观念中,即

图1-4 秦始皇像
(王圻、王思义撰辑:《三才图会·人物》,明万历三十七年原刊本)

便是远僻岭南的越地也应在设置郡县的范围之内。②可见,"北向户"不论做何种解释,均是泛指岭南百越活动的区域。

至于"北据河为塞,并阴山至辽东",其所述的地理位置十分清楚,唐人张守节《正义》解释曰:"谓灵、夏、胜等州之北黄河。阴山在朔州北塞外。从河傍阴山,东至辽东,筑长城为北界。"显然,秦始皇统一六国之后,已经将秦帝国的北界推至北河与阴山之间。不过,是时匈奴人的活动范围已经跨越阴山,并且渡过北河深入河南地,尽管从史籍上尚没有发现匈奴侵扰中原的记载,然而匈

---

① 司马迁撰,[日]泷川资言考证,[日]水泽利忠校补:《史记会注考证附校补》卷六《秦始皇本纪》,上海古籍出版社1986年影印本,第162页上。
② 关于"北户"(或"北向户"),也有人认为传统解释皆误。因为此时秦尚未统一岭南,所谓"北户"应在五岭北麓,因当地南面是高山,房屋多坐南朝北,门户向北开,故名。参见《中国历史大辞典·秦汉史卷》"北响户"条,上海辞书出版社1990年版,第118页。

019

奴在河南地的存在，显然对秦都咸阳所在的关中地区构成一种潜在的威胁。这种状况当然不能为秦始皇所接受，也与秦"并一海内，以为郡县"的立国制度相违背。

因此，秦始皇平定百越与攻逐匈奴不过是一个时机的问题，其势必不可免。秦始皇统一后的前两次出巡，主要目的是为南越与匈奴问题预做部署。

秦始皇二十七年（前220年），即秦统一后的第二年，秦始皇首次出巡就西北行，"巡陇西、北地，出鸡头山，过回中"①。陇西郡治狄道位于今甘肃临洮，北地郡治义渠位于今甘肃庆阳西南，但在"鸡头山"与"回中"的地理位置确定上则出现了分歧。王恽认为："出现了两处鸡头山和回中宫。一处鸡头在今甘肃省陇南西和县，第二处鸡山头，是《后汉书·隗嚣传》里说的'王孟塞鸡头道'；按李贤说在'原州（今固原）高平县西百里亦有鸡头山，在京西北八百里，黄帝鸡山之所'。《中国历史地名辞典·鸡头山》条，只指此而未涉及西和县。这样，鸡头山问题就清楚了。"即秦始皇所过"鸡头山"位于今宁夏固原南。"回中"的问题似乎更为复杂，王恽接着论述道："回中（宫）却说法不一。《史记》〔集解〕引用后汉人应劭的话说，'回中在安定高平'（今固原）；又引三国魏人孟康的话，'回中在北地'（秦时固原隶北地郡）。〔正义〕却引用《括地志》说，'回中宫在雍州西四十里'。《史记·匈奴传》记：'汉孝文皇帝十四年，匈奴单于十四万骑入朝那、萧关，杀北地都尉卬，……使骑兵入烧回中宫'。由此回中宫，引出了不少争议。有的论者用陕西陇县'回中宫'来否定固原的回中宫。唯《甘肃古代史》（兰州大学出版社1989年第1版123页），记事注在今宁夏固原。……秦统一后，在固原曾建有回中宫，其遗址在何处？根据我的考察，大约就在今固原县城北十里许，在秦长城附近。今村名叫十里铺这个地方就有数处大面积遗迹。"②由

---

① 《史记》卷六《秦始皇本纪》，第241页。
② 王恽：《"回中宫"与"萧关"辨析》，载《固原师专学报》1992年第1期。

此可见，秦始皇所过的"回中"，主要有陕西陇县与宁夏固原两说，且陕西陇县说历史更为悠久，唐人张守节《正义》引《括地志》云："回中宫在岐州雍县西四十里。"并据此勾画出秦始皇统一后首次出巡的路线："始皇欲西巡陇西之北，从咸阳向西北出宁州，西南行至成州，出鸡头山，东还，过岐州回中宫。"①

尽管"回中"的地理位置存在两种不同的说法，但是由于"鸡头山"的地理位置已经确定，可以据此推测秦始皇首次出巡的目的：所谓"出鸡头山"，自然是经过"鸡头山"继续北行，而"鸡头山"之北正是扼守秦昭襄王时所修长城的北地郡重镇朝那县（今宁夏固原东南），而长城以北则是为匈奴所占据的河南地。朝那最初见诸《史记·匈奴列传》，冒顿单于趁秦汉混乱之际，"悉复收秦所使蒙恬所夺匈奴地者，与汉关故河南塞，至朝那、肤施（秦上郡郡治，今陕西榆林东南）"②。秦始皇统一后的首次出巡，即经陇西至北地郡扼守长城的军事重镇朝那县，显然具有部署北境防范匈奴侵扰的意图。

虽然秦始皇首次巡行北境意图如此明确，但对刚刚统一不久的秦帝国而言，向已被征服的山东六国展示秦之强盛，消弭六国遗民反抗之企图，是秦始皇所面临的更为重要的任务。就在首次巡行北境之后，秦始皇于二十八年（前219年）开始首次东巡。史载：

> 始皇东行郡县，上邹峄山。立石，与鲁诸儒生议，刻石颂秦德，议封禅望祭山川之事。乃遂上泰山，立石，封，祠祀。下，风雨暴至，休于树下，因封其树为五大夫。禅梁父。刻所立石，……于是乃并勃海以东，过黄、腄，穷成山，登之罘，立石颂秦德焉而去。南登琅邪，大乐之，留三月。乃徙黔首三万户琅邪台下，复十二岁。作琅邪台，立石刻，颂秦德，明得意。……始皇还，过彭城，……

---

① 《史记》卷六《秦始皇本纪》，第241—242页。谭其骧主编《中国历史地图集》第2册标注"鸡头山"位于今宁夏固原南，"回中"位于今陕西陇县西北，中国地图出版社1982年版，第5—6页。
② 《史记》卷一一〇《匈奴列传》，第2890页。

> 乃西南渡淮水，之衡山、南郡。浮江，至湘山祠。逢大风，几不得渡。上问博士曰："湘君何神？"博士对曰："闻之，尧女，舜之妻，而葬此。"于是始皇大怒，使刑徒三千人皆伐湘山树，赭其山。上自南郡由武关归。①

此次秦始皇东巡，行临渤海固然有求仙寻药的意图，但更为重要的是"立石刻，颂秦德，明得意"，具有明显的政治军事意图。值得注意的是，此次东巡秦始皇南下曾至湘山。湘山一名君山，又名洞庭山，在湖南岳阳西洞庭湖中。在秦始皇六次出巡中，"这次东巡，曾到达今湖南中北部的湘山祠。湘山祠是祭祀湘君之庙，而'湘君当是舜'，传说舜南巡，病死于苍梧之野，即今湖南、广西交界一带。20世纪70年代长沙马王堆三号汉墓出土的地图上也标有舜庙，所以，湘中南、桂北部是舜庙较多的地区，而今始皇曾历湘山祠，可说是接近了岭南的毗邻地区了。秦始皇的第二次出巡，深入江南地最远，距岭南地区最近，其目的显然是与征服岭南地区有关"②。就在这次巡行后的次年，即始皇二十九年（前218年），秦开始发动征服岭南的战争，更证明了始皇此次巡行一个主要目的就是部署征服岭南的军事行动。③

统一后秦始皇六次巡行郡县的主要目的在于"以示强，威服海内"，即向新统一的六国展示秦之强盛，以消弭六国遗民反抗的企图；而始皇首次出巡的北地、陇西皆在原秦国北境，所"示强"的对象当然与六国无涉，而是活动于河南地，毗邻北地、陇西的匈奴人。不过，此时匈奴并没有侵掠强大秦国边境的实力，短时期内也没有出现可能侵掠的迹象，因此始皇北巡郡县，安排防御匈奴的部署更多是预防性的。即使是宣称在"六合之内，皇帝之土"的范围内，"人迹所至，无不臣者"的秦始皇，似乎也没有让匈奴"臣服"的奢望。

---

① 《史记》卷六《秦始皇本纪》，第242—248页。
② 张荣芳、黄淼章：《南越国史》，广东人民出版社1995年版，第16—17页。
③ 关于秦始皇征南越的年代有多种说法，此处采纳《南越国史》的观点，参见该书第2章第2节，广东人民出版社1995年版，第18—30页。

而岭南则不然，秦始皇将其纳入郡县体制的意图十分坚决明确，其中关键就在于岭南一直被秦朝君臣视为在帝国的疆域之内，所谓"南尽北户"即是一个明显的例证，而不在于越人是否对秦王朝的统治构成威胁。虽然越族历史相当悠久，曾多次与中原诸国交战，以至春秋五霸之首齐桓公竟有"天下之国，莫强于越"①之叹。但是，即使在越人势力最为强盛的越王勾践时期，越人也没有威胁到远在关中的秦国，更何况越为楚所灭后，岭南越人群龙无首，各部落间"好相攻击"②，势力内耗而分散，更谈不上对统一后的秦王朝有多大威胁。但是秦始皇仍然在统一后不久即出动五十万大军征服岭南，并在初战受挫、士卒死伤众多的不利局势下毫不动摇，继续经营南越，开灵渠，运军粮，易将帅，"发诸尝逋亡人、赘婿、贾人略取陆梁地，为桂林、象郡、南海，以適遣戍"③，经历数年战争与相持之后，终于在三十三年（前214年）征服岭南，将岭南也纳入郡县体制之内，原因盖出于此。因此，则不难理解始皇为什么首先出兵征服远僻南方一隅、对帝国威胁不大的南越，而不是先兴兵攻逐邻近帝国重心所在的关中地区、势力远比南越强劲的匈奴。

三十二年（前215年），就在南越问题即将尘埃落定之时，秦始皇第四次出巡，正式揭开了北逐匈奴、收复河南地的序幕。史载：

> 始皇之碣石，使燕人卢生求羡门、高誓。刻碣石门。坏城郭，决通堤防。……因使韩终、侯公、石生求仙人不死之药。始皇巡北边，从上郡入。燕人卢生使入海还，以鬼神事，因奏录图书，曰："亡秦者胡也。"始皇乃使将军蒙恬发兵三十万人北击胡，略取河南地。④

---

① 黎翔凤撰：《管子校注》卷二三《轻重甲》，梁运华整理，中华书局2004年版，第1416页。
② 《汉书》卷一下《高帝纪下》，第73页。
③ 《史记》卷六《秦始皇本纪》。"陆梁"，《正义》释曰："岭南之人多处山陆，其性强梁，故曰陆梁。"（第253页）
④ 《史记》卷六《秦始皇本纪》，第251—252页。

"碣石"位于今河北秦皇岛西南,秦时属于北边郡辽西郡,从辽西郡以西依次为右北平、渔阳、上谷、代郡、雁门、上郡等北边郡。从上引本纪所记秦始皇的第四次出巡,尽管尚不清楚秦始皇从咸阳"之碣石"的具体路线,但其返程,本纪明确记录是"巡北边,从上郡入",由此则不难断定,秦始皇的第四次出巡是从辽西郡经右北平等北边郡,最终从上郡返回咸阳,其目的主要是巡视北边郡,并在返回咸阳后立即展开北逐匈奴的军事行动,"始皇乃使将军蒙恬发兵三十万人北击胡,略取河南地"。

攻逐匈奴与征服南越,是秦统一后两次最大规模的军事行动,与秦始皇第一次、第二次以及第四次出巡有密切关系。特别是秦始皇二十八年(前219年)首次东巡的次年,秦开始了征服南越的军事行动;而三十二年秦始皇"巡北边,从上郡"归咸阳之后,立即派遣蒙恬等率大军北击匈奴。至三十三年(前214年),秦始皇不仅成功地将南越纳入郡县体制,而且将匈奴逐出河南地,开始筑长城,修直道,经营河南地,从中可以体味出始皇在处理南越、北胡问题上颇为精心的部署,并不像《淮南子·人间训》所说始皇"利越之犀角、象齿、翡翠、珠玑"而伐南越,见"亡秦者胡也"① 之谶语而击匈奴那样盲目而随意。不过,征伐南越与北逐匈奴,毕竟是秦统一后两次最大规模的用兵,给饱经战乱之后亟须休养生息的百姓带来巨大的痛苦。这也是汉人在指斥秦政之失时,经常将征伐南越与北逐匈奴相提并论的一个重要原因。

二、蒙恬修筑秦直道

秦始皇三十二年(前215年),始皇遣内史蒙恬发兵三十万② 北击匈奴,略取河南地。蒙恬,先世战国齐人,祖父蒙骜自秦昭

---

① 何宁撰:《淮南子集释》卷一八《人间训》,中华书局1998年版,第1289页。
② 关于蒙恬所率击匈奴的人数,《史记·秦始皇本纪》与《蒙恬列传》皆作"三十万"(第252、2565页),而《匈奴列传》作"十万之众"(第2886页),《资治通鉴》卷七《秦纪二》"秦始皇三十二年"条采纳"三十万"说(第242页)。本书采纳三十万人说。

襄王时由齐至秦，后代世为秦将。祖父蒙骜、父亲蒙武皆为秦国的重要将领，曾攻略韩、赵、魏、楚诸国，为秦统一立下功勋。蒙恬正是以这样的家世为依托，于秦始皇二十六年（前221年）为将军，统兵攻齐，参与了秦统一六国的最后一役，以功拜为内史。正因为蒙恬出身于秦国声名显赫的军事家族，所以被秦始皇委以重任，率三十万大军北逐匈奴。

蒙恬北逐匈奴的战争进行得十分顺利。次年，蒙恬便"西北斥逐匈奴"，夺取了河南地。在秦强大兵力的威胁下，匈奴头曼单于只能被迫放弃活动有年的河南地"北徙"。《秦始皇本纪》载：

> 三十三年，……西北斥逐匈奴。自榆中并河以东，属之阴山，以为（三）〔四〕十四县①，城河上为塞。又使蒙恬渡河取高阙、阳山、北假中，筑亭障以逐戎人。徙谪，实之初县。②

"榆中""高阙"已见前述，此处不再赘述。"阳山"，《蒙恬列传》裴骃《集解》引徐广语曰："五原西安阳县北有阴山。阴山在河南，阳山在河北。""这里的'河'即指黄河；河南岸为阴，北岸为阳，所以'阳山'就是黄河北岸之山，这正是现在横贯河套北部的狼山山脉。"③至于"北假"，《秦始皇本纪》裴骃《集解》引晋灼语曰："《王莽传》云'五原北假，膏壤殖谷'。北假，地名也。"张守节《正义》引郦道元注《水经》云："'黄

---

① 《秦始皇本纪》原作"三十四县"（第253页），而《六国年表》《匈奴列传》皆作"四十四县"，点校者可能正是据此而改，因此出现两说。关于（三）与〔四〕，《史记》附《点校后记》："或某字疑某字之讹。……并不删去原字，只给加上个圆括弧，用小一号字排；认为应增的就给增上了，增上的字加个方括弧，以便识别。"（第1—2页）

② 《史记》卷六《秦始皇本纪》，第253页。《蒙恬列传》与《匈奴列传》记蒙恬经营河南地的经过大抵同《秦始皇本纪》，仅详略或有小异。《蒙恬列传》载："秦已并天下，乃使蒙恬将三十万众北逐戎狄，收河南。筑长城，因地形，用制险塞，起临洮，至辽东，延袤万余里。于是渡河，据阳山，逶蛇而北。"（第2565—2566页）《匈奴列传》载，蒙恬悉收河南地后，"因河为塞，筑四十四县城临河，徙適戍以充之。而通直道，……又度河据阳山北假中"（第2886页）。此处论述主要据《秦始皇本纪》，兼及《蒙恬列传》与《匈奴列传》，是为说明之处。

③ 唐晓峰：《内蒙古西北部秦汉长城调查记》，载《文物》1977年第5期。

河径河目县故城西,县在北假中。'北假,地名。按:河目县属胜州,今名河北。《汉书·地理志》云属五原郡。"①《正义》所谓"河目县故城",《大清一统志》卷四〇八《古迹·九原故城》"河目故城"条在叙述其沿革时说:"在故九原城,西汉置属五原郡,后汉末省。《水经注》:'河水自阳山南,南屈径河目县左。'王泰《括地志》:'汉五原郡河目县在北假中。'按:河目故城当在阳山南,高阙东南,北河之间。"②史念海认为:"用现在的地理说,北假就是内蒙古五原、临河诸县所在地的后套。这里到现在还是富庶的地区,可见当时的记载是不错的。"③明确了"榆中""高阙""阳山""北假"等地理概念之后,可以知晓在秦始皇三十三年(前214年),蒙恬不仅成功收复了河南地,而且渡过黄河(指广义的北河),控制了黄河北岸与阴山南麓之间的区域,并将秦廷最北边的防线推至阴山南麓,成为保证河南地安全的一道屏障。

虽然赵武灵王时曾经将长城修到高阙塞,并且设置九原县,但这不过是欲从九原南下袭秦的一个战略设想,不仅没有付诸实践,也没有真正控制过广袤的河南地。而蒙恬收复并经营河南地,则是统一后的秦中央王朝第一次有效地控制边塞地区,在农耕民族与游牧民族之间建立起一道有效的防御体系,并深刻影响到其后汉与匈奴围绕河南地的争夺。

在蒙恬收复河南地之后,对于河南地的经营也随之展开。秦在新辟河南地之上设置"四十四县","徙谪,实之初县"。《索隐》曰:"徙有罪而谪之,以实初县,即上'自榆中属阴山,以为三十四县'是也。故汉七科谪亦因于秦。"《史记会注考证》引沈家本语曰:"此亦有罪而迁,为实边计。高帝十一年诏云:'秦

---

① 《史记》卷六《秦始皇本纪》,第254页。
② 《大清一统志》卷四〇八《古迹·九原故城》"河目故城"条,文渊阁《四库全书》本。关于阳山与北假的地理方位,可参见谭其骧主编《中国历史地图集》第2册,第5—6页;关于"河目",《中国历史地图集》第2册标注在今内蒙古乌梁素海东(第17—18页)。
③ 史念海:《新秦中考》,载《中国历史地理论丛》1987年第1期。

徙中县之民南方三郡,使与百粤杂处。'即此事也。此策汉亦用之。后世言实边者,多主此策。"①除了秦朝首开徙民实边政策,关于所置四十四个"初县"的分布,《秦始皇本纪》曰"自榆中并河以东,属之阴山",《匈奴列传》言"筑四十四县城临河",应当是沿着黄河南北岸设置。虽然大部分县名今已不可考,但在众多"初县"的基础上,秦设置了九原郡。

秦在新收复河南地设置郡县的同时,在蒙恬的主持下,"城河上为塞",即修筑长城。筑城的主力自然是蒙恬所率的征发匈奴的三十万大军,最多时可能达到五十万人。②为了加快修筑长城的进度,秦始皇三十四年(前213年),"適治狱吏不直者,筑长城及南越地"③。在谪发的名义下,因"不直"而参与筑长城者亦不在少数。特别是三十五年(前212年),扶苏因劝谏触怒始皇,"使扶苏北监蒙恬于上郡"④。扶苏以始皇长子的尊贵身份监军上郡,也显示出秦始皇对蒙恬经营河南地的信任与寄托。史称"是时蒙恬威震匈奴。始皇甚尊宠蒙氏,信任贤之。而亲近蒙毅,位至上卿,出则参乘,入则御前。恬任外事而毅常为内谋,名为忠信,故虽诸将相莫敢与之争焉"⑤。

关于蒙恬所筑长城的分布及走向,据《蒙恬列传》载:"秦已并天下,乃使蒙恬将三十万众北逐戎狄,收河南。筑长城,因地形,用制险塞,起临洮,至辽东,延袤万余里。于是渡河,据阳山,逶蛇而北。"不过,在"延袤万余里"的秦长城中,筑于"河上塞"自然是其中最为重要的一段。⑥关于这一段长城的走向,辛德勇先生认为:"早在20世纪70年代,唐晓峰即已考察探明,在今狼

---

① 《史记会注考证附校补》卷六《秦始皇本纪》,第167页上。
② 《淮南子·人间训》载:"秦皇……因发卒五十万,使蒙公、杨翁子将,筑修城。"(《淮南子集释》卷一八《人间训》,第1288页)
③ 《史记》卷六《秦始皇本纪》,第253页。
④ 《史记》卷六《秦始皇本纪》,第258页。
⑤ 《史记》卷八八《蒙恬列传》,第2566页。
⑥ 关于"延袤万余里"的秦长城,学界研究成果甚夥,但在其走向及分布等问题上也存在着诸多争议。参见杨婷:《秦始皇及战国秦长城研究综述》,载《中国史研究动态》2014年第2期。

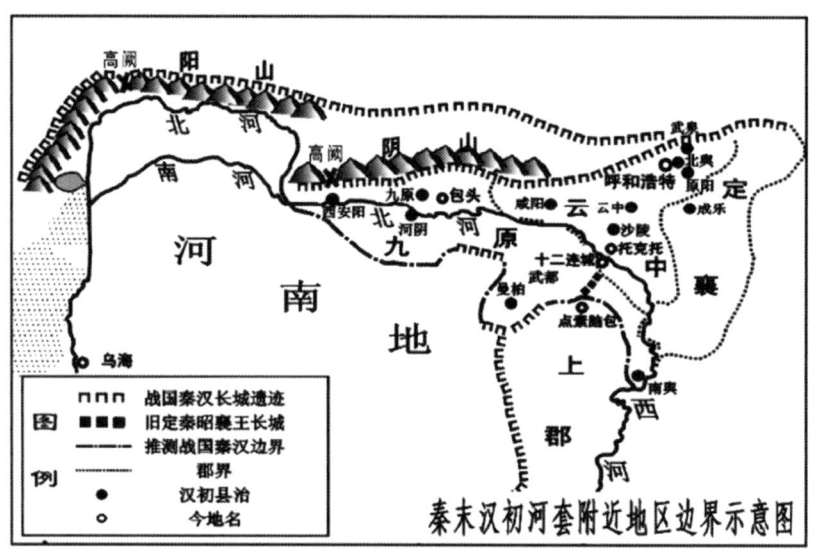

图 1-5 秦末汉初河套附近地区边界示意图
(辛德勇：《张家山汉简所示汉初西北隅边境解析——附论秦昭襄王长城北端走向与九原云中两郡战略地位》，载《历史研究》2006年第1期)

山山脉及其迤西的乌拉后山北坡残存有明显的秦代长城。与阴山南麓的赵武灵王长城以土筑为主不同，阳山上的秦长城主要是用石块垒砌而成，而且在沿线建有与《史记·秦始皇本纪》所记'亭'、'障'相符的守望设施。这道阳山长城的作用，主要是防护河套垦区不受匈奴的侵害。这道长城在河套地区以南，仍然是与原来的黄河防线相衔接，故可统称之为'黄河—阳山'防线。"①（见图1-5）史党社、田静赞同辛文的意见，认为秦始皇三十三年（前214年）在"略取河南地"并向"西北斥逐匈奴"后，"具体的'城河上为塞'、'因河为塞'的情况，当如辛德勇所理解的，就是筑三十四（四十四）座县城以为堡垒，东端当一直到今乌拉特前旗一带，与赵长城相接，辛德勇名之为'黄河—阴山'防线。这条防线利用了原来的赵长城，就是现在所称的赵北长城的那条，至今在阴山南麓东西绵延尚存"②。

---

① 辛德勇：《张家山汉简所示汉初西北隅边境解析——附论秦昭襄王长城北端走向与九原云中两郡战略地位》，载《历史研究》2006年第1期。
② 史党社、田静：《关于秦始皇长城西端起首地"临洮"的几种说法简评——兼论秦始皇"万里长城"之所指》，见《秦汉研究》第1辑，三秦出版社2007年版，第146页。

秦在河南地设置郡县,徙民实边,征以大量民役"城河上为塞",只是经营河南地的第一步;而因此消耗的巨大的人力与物力,显然不是仅凭河南地就能支持的。因此,修筑一条新的道路,沟通九原边郡与秦关中地区的联系也就提到日程之上。秦始皇三十五年(前212年),由蒙恬主持的另一项巨大的工程——秦直道开始修筑。

关于秦直道修筑的原因,《秦始皇本纪》载:

> 三十五年,除道,道九原抵云阳,堑山堙谷,直通之。①

所谓"除道",从本意讲即修治道路,或作"修除道路"。在古代社会,由政府主持的重要道路的修治,常常与"国之大事"联系在一起。《周礼注疏》记"掌达国道路至于四畿"的"野庐氏"时曰:"凡国之大事,比修除道路者。"唐贾公彦疏:"大事,谓若征伐、巡守、田猎、郊祀天地。王亲行所经,并须修除道路及修庐,校比民夫,使有功效。"②可见,凡主持"除道"之官,须要及时督课民役,及时修治君主征伐、巡守、田猎、郊祀天地时所要经过的道路以及可能留宿的庐舍。虽然《史记》三家注于"除道"无解,但将其郑重地记录在《秦始皇本纪》之中,显然将直道的修筑视为"国之大事",不可避免地要与秦始皇的巡游联系在一起。《蒙恬列传》载:

> 始皇欲游天下,道九原,直抵甘泉。乃使蒙恬通道,自九原抵甘泉,堑山堙谷,千八百里。道未就。③

秦始皇"欲游天下",必然要注意到道路的通行能力、规模与舒适度。二十七年(前220年)秦始皇巡行陇西、北地后,下令"治驰道"。王子今先生认为:"因而开启了在中国古代交通史进程中意义重要的全国交通建设的宏大工程。'治驰道'的设计,应当最初来自'陇西、北地'交通规划。现在看来,这一决策可能

---

① 《史记》卷六《秦始皇本纪》,第256页。
② 《周礼注疏》卷三六《秋官司寇下·野庐氏》,中华书局1980年版,第884页下。
③ 《史记》卷八八《蒙恬列传》,第2566—2567页。

与秦始皇此次出巡中经历的'穷险'交通条件的切身体验有关"①。况且直道的南端终点虽然在云阳的秦甘泉宫（今陕西淳化西北），但其北端起点则在遥远、荒芜的九原县，显然并不是秦始皇游冶天下的理想去处。正如前述，秦统一后秦始皇第二次至第四次的巡行，虽然不乏求仙访药之举，但"颂扬秦德""示强海内"则是不变的主题。特别是第二次东巡后部署征伐南越，第四次"巡北边"后立即遣蒙恬北逐匈奴，更体现出始皇巡行背后所具有的强烈的政治、军事目的。从三十三年（前214年）蒙恬于河南地置郡县，筑"河上"长城，到三十五年（前212年）修筑沟通九原边郡与中央王朝联系的直道，正体现出秦始皇在指挥蒙恬经营河南地时的战略远见与缜密规划。

三、秦始皇之死与匈奴重返河南地

秦始皇三十七年（前210年）是一个在秦与匈奴历史上都具有特殊意义的年份。一代雄主秦始皇在统一后的第六次巡行途中溘然长逝，其少子胡亥在丞相李斯、中车府令赵高等人的扶持下，通过政变夺取皇位，胁迫是时在上郡监军的公子扶苏与统率三十万大军防范匈奴的蒙恬自杀，致使蒙恬悉心构筑的河南地防线一朝溃散，已经北徙十余年的匈奴趁机重返河南地。

秦二世胡亥是秦始皇的少子，本与皇位无缘，只因一个偶然的机遇才登上了皇位。三十七年的巡行，是统一后秦始皇第六次，也是最后一次出巡，是历时最久、行程最远的出巡，《秦始皇本纪》载：

> 三十七年十月癸丑，始皇出游。左丞相斯从，右丞相去疾守。少子胡亥爱慕请从，上许之。十一月，行至云梦，望祀虞舜于九疑山。浮江下，观籍柯，渡海渚。过丹阳，至钱唐。临浙江，……上会稽，祭大禹，望于南海，而立石刻颂秦德。……还过吴，从江乘渡。并海上，北

---

① 王子今：《秦始皇二十七年西巡考议》，见《秦汉交通史新识》，中国社会科学出版社2015年版，第38页。

至琅邪。……自琅邪北至荣成山,……至之罘,见巨鱼,射杀一鱼。逐并海西。至平原津而病。始皇恶言死,群臣莫敢言死事。上病益甚,乃为玺书赐公子扶苏曰:"与丧会咸阳而葬。"书已封,在中车府令赵高行符玺事所,未授使者。七月丙寅,始皇崩于沙丘平台。丞相斯为上崩在外,恐诸公子及天下有变,乃秘之,不发丧。……高乃与公子胡亥、丞相斯阴谋破去始皇所封书赐公子扶苏者,而更诈为丞相斯受始皇遗诏沙丘,立子胡亥为太子。更为书赐公子扶苏、蒙恬,数以罪,赐死。……遂从井陉抵九原。会暑,上辒车臭,乃诏从官令车载一石鲍鱼,以乱其臭。行从直道至咸阳,发丧。太子胡亥袭位,为二世皇帝。九月,葬始皇郦山。①

秦始皇在第六次出巡中突然病逝于沙丘平台(今河北广宗西北,秦时属巨鹿郡),遗诏令公子扶苏即位,而此时扶苏则远在上郡监护蒙恬戍边大军。随同始皇出行的少子胡亥与中车府令赵高及丞相李斯合谋伪造遗诏,立胡亥为太子,赐扶苏、蒙恬死。秦始皇死后爆发的这一场宫廷政变,不仅改变了秦朝的历史走向,也改变了秦与匈奴隔黄河对峙的态势,为匈奴复返河南地埋下伏笔。

秦始皇病死于沙丘平台后,其灵柩没有直接西归咸阳,反而向北经井陉(今河北井陉北)、九原行经直道归咸阳,对这一反常举动,"有学者予以解释说:'他们故意从北边转了一大圈,为的是掩人耳目,也为等待扶苏的消息';也有学者认为,这是秦始皇事先安排好的路线,赵高、李斯等人在逼迫扶苏自杀后,'仍按原计划巡行,从井陉、九原,行经直道回到咸阳'"。程龙博士则认为:"以上两种解释似乎都有违常理……秦始皇灵柩从沙丘经井陉,绕行九原取直道归咸阳的全过程并不是为了掩人耳目或者按原计划巡行,而是赵高、李斯等人面对当时军事政治形势

---

① 《史记》卷六《秦始皇本纪》,第260—265页。

所能作出的唯一选择。"① 程龙的考证与研究很有道理，但笔者以为似乎仍有可以继续讨论之处。

前文已经提及，秦始皇的每次出巡都有强烈政治、军事目的与计划性。始皇三十二年（前215年）的第四次出巡，在"巡北边"后，"从上郡入"，随即遣蒙恬展开了北逐匈奴的军事行动；而且"道九原，直抵甘泉"的直道经过两年多时间的修筑，基本具备了通行的条件。因此，可以推测始皇三十七年（前210年）的出巡，本来就有巡视河南地防务与考察直道通行情况的计划，只是因始皇病故于沙丘而无法亲自巡行而已。

值得注意的是，秦始皇行至琅邪郡（治今山东诸城东南）时"道病"，遣随行的蒙毅"还祷山川"。② 始皇的车辇则继续沿东海北行，至胶东郡之罘山（今山东烟台北）后，可能由于病势逐渐沉重，于是由之罘山向西直驱平原津（今山东平原北）。一方面令公子扶苏迅速赶回咸阳"与丧"；另一方面并没有按原计划继续北上，而是在渡过平原津后径直向西，希望迅速返归咸阳，只是途中病故于沙丘。裴骃《集解》引徐广语曰："沙丘去长安二千余里"。张守节《正义》引《括地志》曰："'沙丘台在邢州平乡县东北二十里。……'邢州去京一千六百五十里。"③ 不论是"二千余里"还是"一千六百五十里"，均要比绕行九原经直道回咸阳近得多。

---

① 程龙：《论秦始皇灵柩何以经九原归咸阳》，见《秦直道——探索与研究》，内蒙古人民出版社2006年版，第270、279页。

② 《史记》卷八八《蒙恬列传》载，蒙毅"还祷山川，未反。始皇至沙丘崩，秘之，……毅还至，赵高因为胡亥忠计，欲以灭蒙氏，……胡亥听而系蒙毅于代（代郡，治今河北蔚县东北）。前已囚蒙恬于阳周（今陕西子长北）。丧至咸阳，已葬，太子立为二世皇帝"。问题是蒙毅祷山川后为什么会被系于代？张守节《正义》以为"因祷山川至代而系之"（第2567—2568页）。《史记会注考证附校补》引日人中井积德语曰："上文云'毅还至'，是道中会胡亥也。乃系于代者，亦以道路之便，管事之要耳，非要至代者而系之也。"（第1586页下）两相比较，中井积德的解释似乎比较合理。"要"，当作"胁迫"解。蒙毅奉命"祷山川"，由于不知始皇途中病故的消息，故按原计划与始皇车队会合于代地，因此才被胡亥系于代，并不是蒙毅被"胁迫"至代而系之。从蒙毅系于代事也可以证实，始皇此次出行确有经直道返归咸阳的计划。

③ 《史记》卷六《秦始皇本纪》，第264—265页。唐邢州郡平乡县位于今河北广宗西南。

《史记会注考证》引顾炎武语,表明秦始皇此次巡行原本有经直道返归咸阳的计划:

> 始皇崩于沙丘,乃又从井陉抵九原,然后从直道以至咸阳。回绕三四千里而归者,盖始皇先使蒙恬通道,自九原抵甘泉,堑山堙谷,千八百里。若径归咸阳,不果行游,恐人疑揣,故载辒辌而北行。但欲以欺天下,虽君父之尸臭腐车中而不顾,亦残忍无人心之极矣。①

顾氏所论颇有道理,秦始皇死后,如果"径归咸阳,不果行游,恐人疑揣",这正是丞相李斯等人"为上崩在外,恐诸公子及天下有变,乃秘之,不发丧"的原因。从七月始皇之死沙丘到九月下葬郦山,两个月左右的时间足够胡亥、赵高、李斯等人一方面按原计划奉始皇辒车继续北行,另一方面伪造诏书,剪除公子扶苏与蒙恬、蒙毅兄弟。尽管直道"未就",但经过两年多时间的修筑,基本上具备供始皇辒车及扈从通行的条件。具有讽刺意味的是,直道第一次的全程通行竟以秦始皇"尸臭腐车中"的方式结束。

秦二世元年(前209年)春,即位不久的胡亥见其父始皇"巡行郡县,以示强,威服海内",忧虑"今晏然不巡行,即见弱,毋以臣畜天下",因此"东行郡县,李斯从。到碣石,并海,南至会稽,而尽刻始皇所立刻石,石旁著大臣从者名,以章先帝成功盛德焉。……遂至辽东而还。……四月,二世还至咸阳"。② 据王子今先生推测,此次秦二世东巡"由辽东至咸阳行程,不能完全排除经由直道的可能"③。

笔者以为王子今先生的这一推测是很道理的,并且可以进一步补充说,胡亥此次"至辽东而还",很可能没有迂远取道九原,

---

① 《史记会注考证附校补》卷六《秦始皇本纪》,第171页下。
② 《史记》卷六《秦始皇本纪》,第267—268页。关于秦二世"东行郡县"的原因、起讫时间、巡行距离及速度等问题,可参见王子今《秦二世元年东巡史事考略》(见《秦文化论丛》第3辑,西北大学出版社1994年版)、靳金龙《秦二世元年巡行探析》(见《秦汉研究》第5辑,陕西人民出版社2011年版)等。
③ 王子今:《秦直道的历史文化观照》,载《人文杂志》2005年第5期。

而是效仿始皇三十二年（前215年）"巡北边，从上郡入"的行程。曾经扈从始皇辒车通行直道全程的胡亥，在短短数月后又一次过上郡由直道返归咸阳，似乎与安抚此时已经取代被迫自杀的蒙恬，成为三十万戍边大军新统帅的王离不无关系。

王离，内史频阳县（今陕西富平东北）人，祖父王翦、父亲王贲均是秦国名将，在秦灭楚、灭魏、灭齐诸役中立下卓越战功。王翦未尝封侯①，王贲以功封为通武侯，王离则被封为武城侯。王氏家族与蒙氏家族一样，都是秦国最为显赫的三世勋阀世家。在始皇二十八年（前219年）东巡的"琅邪台刻辞"所列随行群臣中，武城侯王离名列首位，居其父通武侯王贲之上，②足见秦始皇对王离倚重之深。而以王离这样一位重臣为蒙恬的"裨将"，其中或有监视蒙恬之意图。

蒙恬统率三十万大军屯戍北边，是秦统一后一次重要的战略部署，正如蒙恬在劝谏扶苏先不要自杀而"复请"时所说："臣将三十万众守边，公子为监，此天下重任也。"③这一重任，大体如李开元先生所分析的那样："一是负责帝国的北部边防，防备击退到蒙古高原的匈奴骑兵卷土重来；二是作为帝国首都地区的北部屏障，防止对关中地区的可能袭击。"④因此，蒙恬死后，裨将王离继续留在上郡统率戍边大军，北境与匈奴也维持着相对稳定的状态。不过，这一平衡的态势很快被随后爆发的陈胜、吴广起事所打破。

秦二世元年（前209年）七月，陈胜、吴广起事反秦，号曰"张

---

① 《史记》卷七三《王翦列传》："翦将兵六十万人，始皇自送至灞上。王翦行，请美田宅园池甚众。始皇曰：'将军行矣，何忧贫乎？'王翦曰：'为大王将，有功终不得封侯，故及大王之向臣，臣亦及时以请园池为子孙业耳。'始皇大笑。"（第2340页）《辞海》（缩印本）"王翦"条曰："后封武成侯。"（上海辞书出版社2010年版，第1937页）可备一说。本书从《史记》。

② 《史记》卷六《秦始皇本纪》，第246页。王离排名居其父王贲之前，诸注家无解，唯有清人梁玉绳发出这样的疑问："离为贲子，何以叙于上？"（《史记会注证附校补》卷六《秦始皇本纪》，第164页上）

③ 《史记》卷八七《李斯列传》，第2551页。

④ 李开元：《复活的历史——秦帝国的崩溃》，中华书局2007年版，第145页。

楚",天下云起响应,"武臣自立为赵王,魏咎为魏王,田儋为齐王。沛公起沛。项梁举兵会稽郡"①。同年冬,陈胜所遣周章等将已经攻至距秦都咸阳近在咫尺的戏(今陕西渭南西南)。二世震惊之余,急令少府章邯率修筑郦山始皇陵的刑徒击退周章军,杀周章于曹阳(今河南三门峡西南),暂时缓解了咸阳的危机。随后"二世益遣长史司马欣、董翳佐章邯击盗,杀陈胜城父,破项梁定陶,灭魏咎临济。楚地盗名将已死,章邯乃北渡河,击赵王歇等于巨鹿(今河北邢台东)"②,由此触发了著名的巨鹿之战。

从是时秦军与各地的反秦武装对峙的形势看,秦军只是一时占据上风,不仅没有彻底击溃各地的反秦武装,兵力不足的窘态反而日益显现。史称:"盗贼益多,而关中卒发东击盗者毋已。右丞相(冯)去疾、左丞相(李)斯、将军冯劫进谏曰:'关东群盗并起,秦发兵诛击,所杀亡甚众,然犹不止。盗多,皆以戍漕转作事苦,赋税大也。请且止阿房宫作者,减省四边戍转。'"③自秦始皇南北用兵之后,遣蒙恬率三十万大军屯戍北边,又遣五十万大军征服岭南,"整个秦帝国的军事布防,成一外重内轻的格局"④。秦二世即位后虽然曾注意到这一问题,"尽征其材士五万人为屯卫咸阳",所谓"关中卒",主要是指屯戍咸阳的"材士五万人"。显然,面对天下"盗多"的现实,区区五万"关中卒"与临时赦免的郦山徒是不敷其用的。冯去疾、李斯、冯劫等重臣所谓"减省四边戍转",主要是指屯戍北边的王离大军,这也是此时秦廷唯一可以调动的主力部队。

二世二年(前208年)后九月,秦少府章邯在攻破楚地项梁后,移兵围攻赵王歇、大将军陈馀与右丞相张耳,此时驻守上郡的王离与两位部将苏角、涉间也参与了此役。据《史记·张耳陈馀列传》载,章邯攻破邯郸后,赵王歇与张耳逃入巨鹿城,"陈馀北收常山兵,

---

① 《史记》卷六《秦始皇本纪》,第269页。
② 《史记》卷六《秦始皇本纪》,第270页。
③ 《史记》卷六《秦始皇本纪》,第271页。
④ 李开元:《复活的历史——秦帝国的崩溃》,中华书局2007年版,第115页。

得数万人，军巨鹿北。章邯军巨鹿南棘原。筑甬道属河，饷王离。王离兵食多，急攻巨鹿。巨鹿城中食尽兵少，张耳数使人召前陈馀，陈馀自度兵少，不敌秦，不敢前"①。陈馀虽然领数万之众，却慑于王离所率秦军之声势而"不敢前"；章邯统率的秦军则专护供给王离军的粮道。作为秦军的主力王离军兵力如何，史无明言，但从王离"兵食多"来看，很可能分散于漫长北境防线上的秦军，绝大多数通过直道集中于上郡，然后由王离率领东渡黄河，通过太原、邯郸诸郡围攻巨鹿，而困守于巨鹿的赵王歇与张耳"食尽兵少"，形势岌岌可危。二世三年（前207年）十二月，奉楚怀王令救赵的上将军项羽以破釜沉舟之势渡过漳河，"于是至则围王离，与秦军遇，九战，绝其甬道，大破之，杀苏角，虏王离，涉间不降楚，自烧杀"②。随着最后一支可以依赖的军事力量——王离大军的覆亡，秦帝国的时日也就屈指可数了。

早在蒙恬、扶苏被迫自杀后，河南地的军事防务已经出现了混乱的状态，正如《匈奴列传》所谓"诸秦所徙适戍边者皆复去，于是匈奴得宽，复稍度河南"。当王离所率屯戍大军调离后，本来已经岌岌可危的河南地形势彻底崩溃，是时杀父自立的冒顿单于趁秦末汉初群雄逐鹿中原之际，"西击走月氏，南并楼烦、白羊河南王。悉复收秦所使蒙恬所夺匈奴地者，与汉关故河南塞，至朝那、肤施，遂侵燕、代"。③

公元前202年，汉王刘邦以胜利者的身份登上皇位之时，汉匈双方开始围绕着河南地与秦直道展开了更为激烈的争夺。

---

① 《史记》卷八九《张耳陈馀列传》，第2579页。
② 《史记》卷七《项羽本纪》，第307页。
③ 《史记》卷一一〇《匈奴列传》，第2887、2890页。

第三节　秦直道之平议

秦直道是为防御北边匈奴势力南侵而兴修的一项规模浩大的交通工程，对于巩固秦帝国及以后王朝的北边防御、促进华夏民族与周边少数民族的经济文化交流发挥了积极作用，在秦汉交通史以及汉匈交往史上具有重要的地位。但令人遗憾的是，史料中关于秦直道记载之匮乏，与其在历史上的重要地位极不相符。曾随从汉武帝行历秦直道全程的司马迁，虽然记录了直道的起点与终点，但在汉初盛行一时的"过秦"视野之下，除了感叹直道工程浩大，就是指斥蒙恬"固轻百姓力矣"，助始皇为虐云云，却没有提及行经直道的任何一个地点，这为后人研究直道的具体走向留下不尽遗憾。从某种意义上来说，今天关于直道走向的争论与此不无关系，直道走向几乎成为一个难解的历史之谜。

一、秦直道的东、西两线说

《史记》中关于秦直道修筑情况的记载甚为简略，仅有《秦始皇本纪》"（始皇）三十五年（前212年），除道，道九原抵云阳，堑山堙谷，直通之"，《六国年表》"（始皇三十五年）为直道，道九原，通甘泉"，《匈奴列传》"始皇帝使蒙恬将十万之众北击胡，悉收河南地。因河为塞，筑四十四县城临河，徙適戍以充之。而通直道，自九原至云阳"，以及《蒙恬列传》"乃使蒙恬通道，自九原抵甘泉，堑山堙谷，千八百里。道未就"等寥寥数语。① 至于《史记》诸注家，《六国年表》与《蒙恬列传》于直道路线均无说，却将注释重点放在直道的北端起点"九原"与南端终点"云阳"之上。如《秦始皇本纪》裴骃《集解》先释"九原"曰："《地理志》五原郡有九原县。"又释"云阳"，引徐广语曰："《表》云道九原，通甘泉。"而解释最为详尽的则是《匈奴列传》张守节《正义》所引唐初之地理著作《括地志》：

云："胜州连谷县，本秦九原郡，汉武帝更名五原。云阳雍县，秦之林光宫，即汉之甘泉宫在焉。"又云："秦故道在庆州华池县西四十五里子午山上。自九原至云阳，千八百里。"②

从上引《史记》纪、表、传记载及诸注家的注释来看，关于秦直道的起点九原以及终点云阳、直道之得名以及直道"千八百里"的长度意见基本一致，而对直道的具体走向，特别是直道途经的具体地名则记载阙如。个中原因何在，值得讨论。

值得注意的是，《匈奴列传》司马贞《索隐》引苏林语曰："去长安八千里，正南北相直道也。"苏林，生卒年不详，汉末魏初时人，其云直道"去长安八千里"，明显与《史记》关于直道"千八百里"的记载相差甚远。"八千里"这一数字，很可能是苏林本人的误写，也可能是裴骃《索隐》的误引。不过，令人疑惑的是后人对这一数字皆未提出疑问，似乎从一个侧面反映出自东汉末年以降，由于直道——秦与西汉年间相当重要的军事交通要道——实际通行功能的逐渐削弱以及北边形势的变迁，后人对秦直道长度的记载准确与否，似乎也并不太关注。

---

① 以上引文见《史记》，第256、758、2886、2566—2567页。
② 《史记》卷一一〇《匈奴列传》，第2886页。又见李泰等著，贺次君辑校《括地志辑校》卷一《胜州·连谷县》与《庆州·华池县》，中华书局1980年版，第47、49页。关于《括地志》，《括地志辑校》"前言"曰："《括地志》五百五十卷，《序略》五卷，是唐初魏王李泰主编的一部规模巨大的地理书。……可惜的是，全书在南宋时亡佚。唐张守节作《史记正义》，主要依靠《括地志》以解释古代地名，其他唐、宋人的著作，也多征引《括地志》作地理方面的疏证诠解。……这反映了它的内容价值。"（第1—2页）

"秦故道"除见《括地志》"在庆州华池县西四十五里子午山上"外,又见《元和郡县图志》卷三《关内道·宁州·襄乐县》:

> 秦故道,在(襄乐)县东八十里子午山。始皇三十年,向九原抵云阳,即此道也。①

唐庆州华池县即今甘肃省华池县东华池村,唐宁州襄乐县即今甘肃宁县的湘乐镇。宁州与庆州是南北毗邻的两个州,襄乐县与华池相去不远,特别是"秦故道"位于"华池县西四十五里"与"(襄乐)县东八十里""子午山"上的记载,反映了穿行于甘肃与陕西界山"子午岭"的"秦故道",就是"自九原至云阳"的"秦直道"。但从另一角度考察,张守节《正义》所引《括地志》似乎可以反映出,至少到了唐代初期,"秦直道"这一称谓逐渐为人们所遗忘,已经为"秦故道"所替代。

编纂于贞观年间的《括地志》与撰于元和年间的《元和郡县志》,是目前所能见到的最早明确记述直道经行地点的文献。辛德勇先生认为:"单纯从文献学角度看,唐人在编纂《括地志》和《元和郡县志》等地理书时,完全可能拥有东汉以来的文献作资料依据,这些文献,来源有早有晚,其可信性有大有小,唐朝的编纂者既然没有注明,现在已经无从一一辨识。假如没有其他与此相违异的史料,完全可以依据唐朝人的记载,来复原相关秦汉地理内容。"②不过,唐人眼中的"秦故道"是否就是秦始皇时期所修的秦直道,仅从文献学上考察似乎尚难确认。特别是自中唐以后,不仅秦直道,甚至连"秦故道"也几乎再无文献记载,更为寻求秦直道的具体走向笼罩上一层神秘的面纱。

1974年7月,内蒙古自治区考古工作者首先在伊克昭盟发现一段秦直道遗迹,揭开了秦直道调查的序幕。1975年,著名历史

---

① 李吉甫:《元和郡县图志》卷三《关内道三·宁州·襄乐县》,贺次君点校,中华书局1983年版,第66页。"始皇三十年",清人张驹贤《考证》曰:"按《史记》,宜作'三十五年'。"(第84页)

② 辛德勇:《秦汉直道研究与直道遗迹的历史价值》,载《中国历史地理论丛》2006年第1期。

地理学家史念海先生发表了《秦始皇直道遗迹的探索》①一文，首次研究和勾画了秦直道的具体走向，从而将秦直道的研究引向高潮。据赵力扬先生等统计，截至 2013 年，有关秦直道的系列学术研究成果，"如期刊论文、学位论文、专著、会议论文、新闻报道等共 58 篇（部），其中总论性文献有 9 篇（部），主要讨论直道起终点的有 13 篇（部），主要讨论直道路线及修建情况的有 21 篇，主要讨论直道性质与意义的有 15 篇"②。可见，秦直道走向问题始终是学界关注的重点之一。

从现在学界研究的成果看，关于秦直道南北端的起讫点没有争议。若以秦直道的南北走向看，南端起于今陕西省淳化县北梁武帝村的秦林光宫（见图 1-6），北端终于秦九原郡故治今包头市昆区南郊的麻池古城，反之亦然。但是，关于秦直道中段的路线却分歧甚大，形成所谓秦直道东西两线说，至今尚无定论。辛德勇先生认为："西线"是指史念海先生 1975 年复原的直道路线；"东线"是指靳之林、王开等学者 20 世纪 80 年代所复原的直道路线，由于"这一派拟定的直道路线，与史念海确定的路线相比，要偏东很多，相对而言，不妨姑且将这两类复原方案，分别称之为东线和西线"。③张在明等先生也认为：

秦直道研究的最大分歧点是秦直道中段的东西线之争。

东线说认为，秦直道北上至兴隆关后，向东走蚰蜒岭，再向北，经陕北，至终点包头。

西线说认为，秦直道至兴隆关后，继续向北，再转西北，经甘肃和陕西定边，再折向东北，经内蒙古，回归旧有的秦直道，至终点包头。

东线说的秦直道基本南北笔直，是弓弦。西线说的秦

---

① 史念海《秦始皇直道遗迹的探索》一文首发于《陕西师大学报》1975 年第 3 期，《文物》1975 年第 10 期转载。
② 赵力扬、葛立、黄桂林：《秦汉直道研究进展及相关问题分析》，载《三门峡职业技术学院学报》2015 年第 3 期。
③ 辛德勇：《秦汉直道研究与直道遗迹的历史价值》，载《中国历史地理论丛》2006 年第 1 期。

图 1-6　秦直道南端起点碑正面与反面（笔者宋超摄于 2013 年 8 月）

直道向西转了一个大弯，是弓背。①

以下按研究成果发表时间分别简述如下。

（一）秦直道西线说

秦直道西线说，是 1975 年史念海先生将对秦直道子午岭段的实地考察与文献搜集研究相结合首先提出的。史念海先生认为："直道有一半在子午岭上。子午岭位于陕北与陇东之间，作南北走向，为泾、洛两河的分水岭。……子午岭可分为南北两段：北段为黄土梁状丘陵，多已开垦为农田；南段为土石山区，大部遍布灌木丛林。南北两段大致可以甘肃华池县东南的东华池附近作为分界线。在华池县东境的一部分另叫做老爷岭。南北两段共长三百余里，东西宽度由数里到数十里不等。"②（见图 1-7）

关于子午岭南段的直道遗迹，史先生认为：

> 直道由林光宫开始，就进到甘泉山。甘泉山为子午岭

---

① 张在明等：《2+2=4：秦直道发现道路四叠层与东西线之争——2010 年秦直道考古收获之一》，载《中国文物报》2011 年 8 月 12 日第 4 版。

② 以下多处引文见史念海先生《秦始皇直道遗迹的探索》，载《文物》1975 年第 10 期。

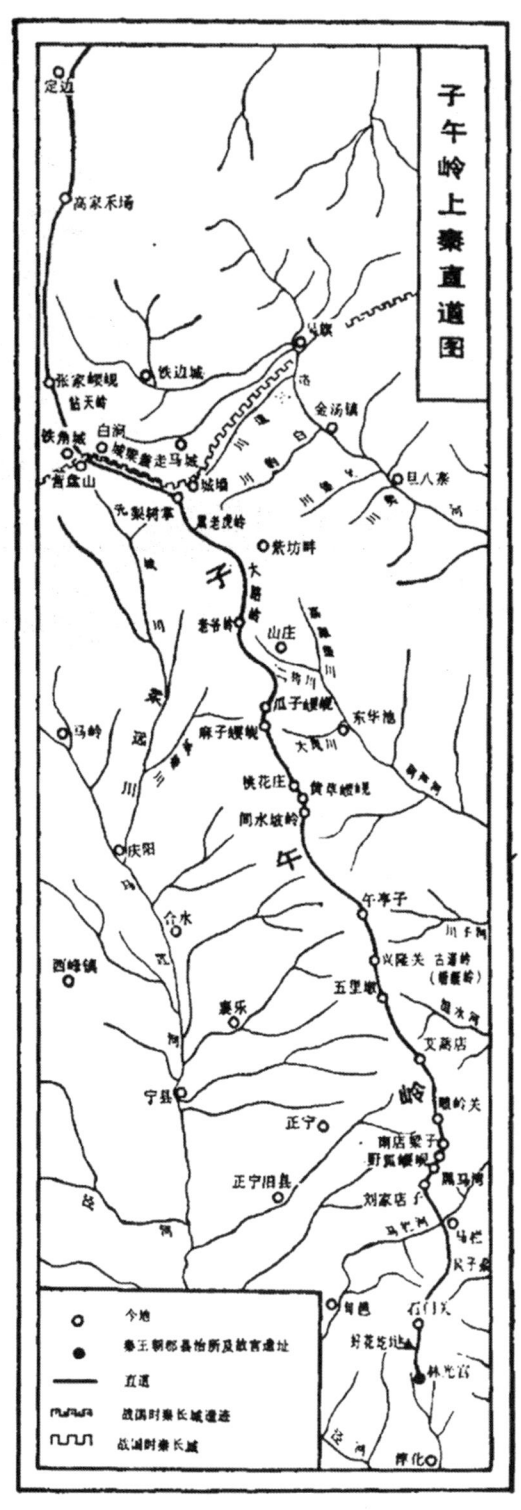

图 1-7 子午岭上秦直道图
（史念海：《秦始皇直道遗迹的探索》，载《文物》1975 年第 10 期）

南端的一个支岭，也就是说直道离林光宫后就进到子午岭，循岭北行。在直道修成将近百年的时候，西汉的大史学家司马迁曾从头到尾走过一次，但在《史记》有关的纪传中，只记载了它的起讫点，不够具体。子午岭南段直道的具体记载，始见于唐代。据那时的记载，直道在襄乐县东八十里子午山上。襄乐县就是现在甘肃宁县襄乐镇。襄乐镇东八十里是艾蒿店和五里墩之间一段子午岭，那里直道的遗迹一直保存到现在。

关于子午岭北段的直道遗迹，史先生认为：

> 直道在经过了阎水坡岭和黄草崾岘以后，并不是如现在林区简易公路那样下到凤川河畔，再东北到东华池，而是由黄草崾岘北随子午岭主脉转向西北，经过桃花庄，由麻子崾岘和瓜子崾岘绕过大凤川河源头。据唐代初年的记载，庆州华池县西四十五里子午山有秦时的故道。唐华池县就是现在华池县的东华池镇。由东华池往西四十五里，正是麻子崾岘附近。……
>
> 子午岭主脉绕过大凤川源头后，再绕过城壕川（柔远川的支流，柔远川又为马莲河的支流）就改称老爷岭。老爷岭一直趋向西北，在吴堡川（洛河的支流）源头、华池县紫坊畔公社西北，改称黑老虎岭。黑老虎岭并不很长。再向西北，到定边县张崾岘公社，又有一段称为钻天岭。除此之外，随处异名，都是以梁相称，不再使用岭的名称。子午岭的名称既不再使用，一般也就不把这一段算在子午岭数里。但主脉依然存在，仍是洛河与泾河的分水岭，直至定边县南境，始到平地。

在该文的第六部分"直道的修成及其所起的作用"中，史念海先生认为"大致可以勾画出直道的全部路线"：

> （秦直道）由陕西淳化县北梁武帝村秦林光宫遗址北行，至子午岭上，循主脉北行，直到定边县南，再由此东北行，进入鄂尔多斯草原，过乌审旗北，经东胜县西南，在昭君坟附近渡过黄河，到达包头市西南秦九原郡治所。一半路程修筑在山头岭上，一半路程修筑在平原

草地。这是一个巨大的工程。这个工程的修筑始于秦始皇三十五年（公元前212年），到三十七年（公元前210年）九月以前，秦始皇死后的辒辌车就由直道回到咸阳。仅仅在这两年半中，选线、施工等工程就全部完成，这是两千多年以前我国劳动人民创造的历史奇迹！

对于史念海先生勾画的秦直道路线图（见图1-8），辛德勇先生认为："在同年出版的《中国历史地图集》内部发行本上，所绘直道走向，与史念海复原的路线，基本相同；及至1982年，《中国历史地图集》出版正式发行本时，依然沿承了这一绘法。所以，这一观点，可以说代表了中国历史地理学界的主流看法。不知这是不是在地图集付印之前，吸收了史氏的见解，还是依据同样史料所得出的相近结论。"[1] 如辛先生所言，《中国历史地图集》秦"关中诸部"所绘的秦直道的走向，与史先生所勾画的秦直道路线基本一致。[2]

但是，按照史先生所考察的直道走向，"直道是由云阳通到九原，则循着子午岭主脉经过定边县南，岂不是绕了一个大圈子？这怎么能够说是直道？"史先生自问自答：

> 其实直道虽有"直通之"的意思，但在一千八百里的长途中，一定要像古代诗人所说的"周道如砥，其直如矢"，是不可能的。选择山路不免跋涉，但是到了山顶之后，虽然群峰起伏，主脉却并没有倏高忽低的现象。循此前进，较之山下穿行河谷要方便些。秦始皇正是接受了以前和当时人们的实践经验，才选择这条路线的。何况子午岭的南北两端都已接近平地，上山下山都比较平缓。秦始皇修筑直道，是出于军事目的，若行军于河谷之中，迂回曲折，难免贻误军机。山路虽远，却较平夷，易趋于事功。

史念海先生的文章发表之后，在学术界引起强烈反响，得到

---

[1] 辛德勇：《秦汉直道研究与直道遗迹的历史价值》，载《中国历史地理论丛》2006年第1期。

[2] 参见谭其骧主编：《中国历史地图集》第2册，中国地图出版社1982年版，第5—6页。

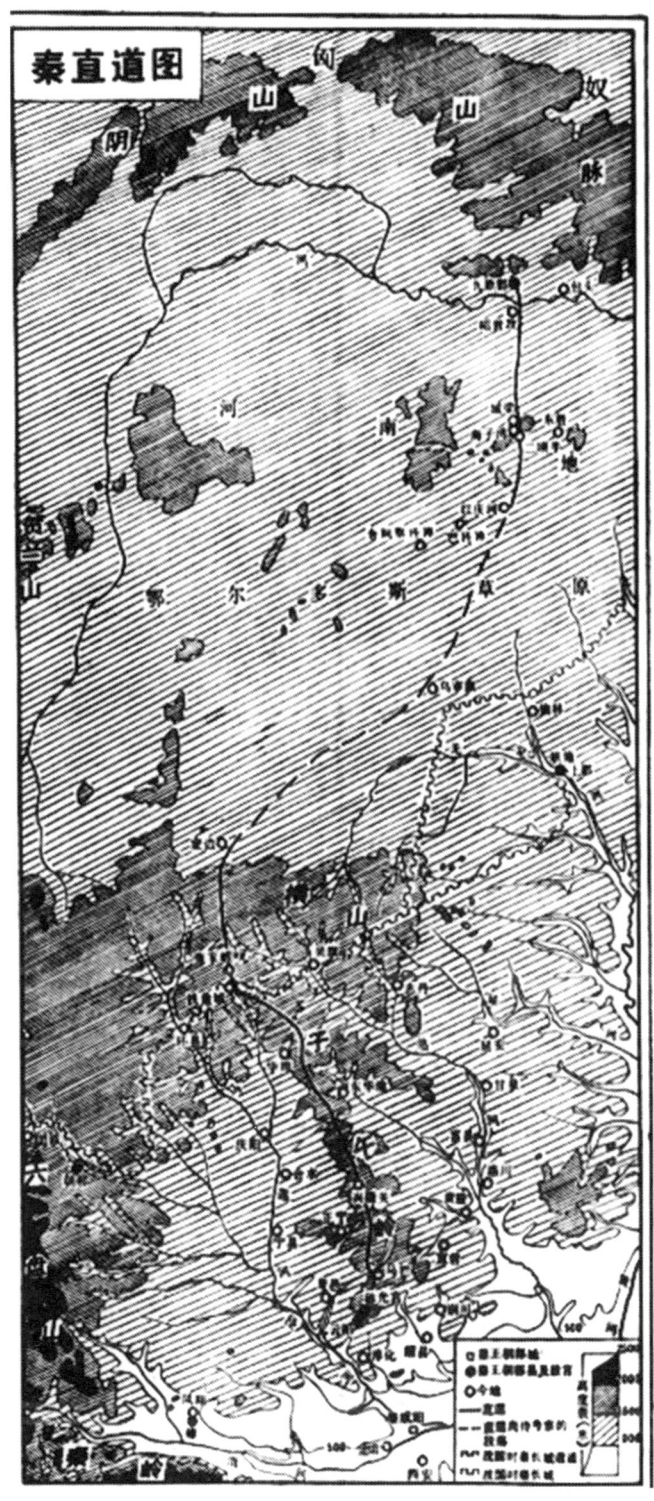

图 1-8 秦直道图
(史念海:《秦始皇直道遗迹的探索》,载《文物》1975 年第 10 期)

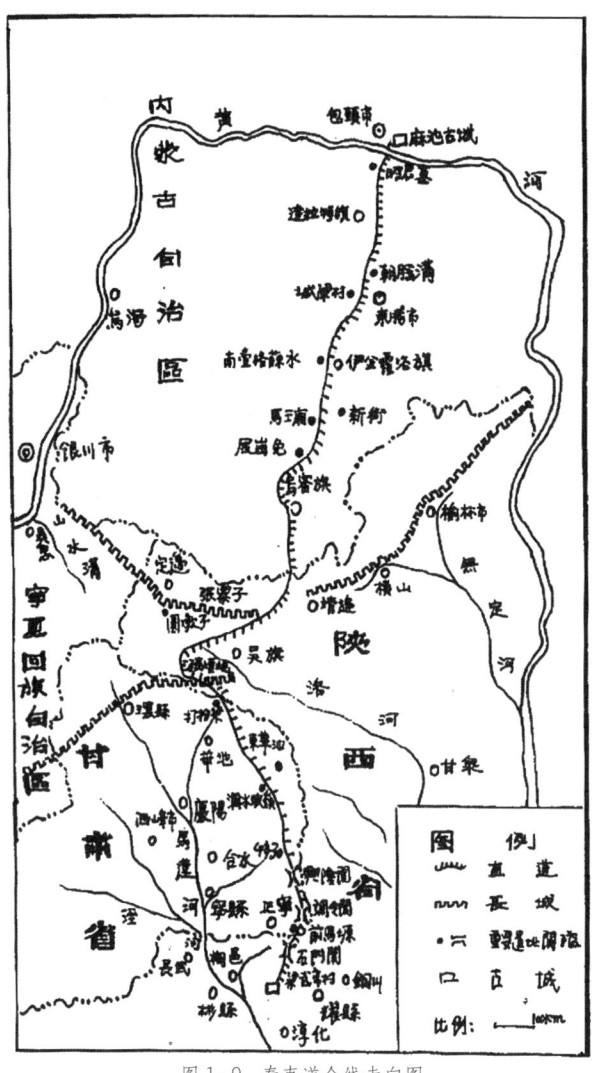

图 1-9 秦直道全线走向图
（钟圣祖等：《秦直道考察》，兰州大学出版社 1996 年版，第 83 页）

许多学者的支持。①"陕西师范大学吴宏岐教授撰文《秦直道修筑的起讫时间与工程分期》和《略论秦直道》支持这一观点。李仲立、刘得祯先生通过实地考察在《考古与文物》发表《甘肃庆阳地区秦直道考察记》一文，也认为直道一直是沿子午岭岭脊走向。李仲立又撰文《秦直道新论》，运用子午岭沿线的考古发现，论证了子午岭的地理优势，以及秦直道经过子午岭的历史必然性"。甘肃省文物局钟圣祖等先生编写《秦直道考察》一书，通过三年实地考察，"获得了大量的第一手资料，有力地支持了直道是沿子午岭岭脊走向的观点，弥补了 1975 年史念

---

① 陕西师范大学吴宏岐先生支持史先生这一观点，并就如何理解史书所谓的"直道"说："秦直道作为一条新修的特殊道路，是由九原直通云阳，并未绕道经过上郡，全长'千八百里'，约合今 700 余公里，其道路北口与南口大体南北相对，所以才有'直道'的名称。"（吴宏岐：《秦直道及其历史意义》，载《陕西师范大学继续教育学报》2000 年第 1 期）

海提出'直道循子午领主脉北上'观点时'子午岭北段的直道遗迹稀少'的不足"①。不过,《秦直道考察》所考察的"秦直道的基本走向"虽然支持史念海先生的观点,但在秦直道具体行经路线上还是稍有差别。(见图1-9)

(二)秦直道东线说

自1975年史念海先生对秦直道子午岭段进行实地考察,研究并勾画出秦直道的大致走向之后,1984年5月,长期在延安体验生活的著名画家靳之林与孙相武先生对秦直道进行全程徒步考察,从而勾勒出与史念海认定的"直道"大不相同的路线。这一条"直道"路线由于较史先生所认定的"直道"偏东(见图1-10),可视为秦直道东线说:

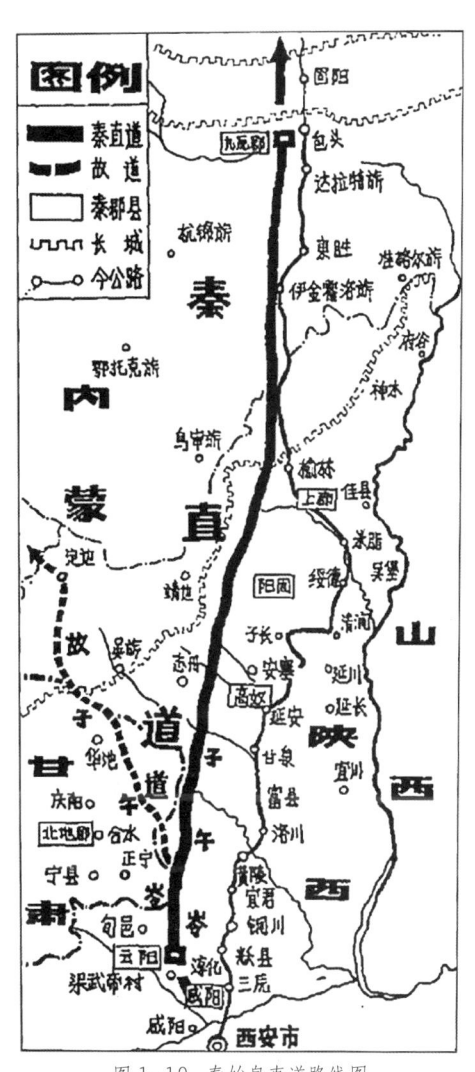

图1-10 秦始皇直道路线图
(卜昭文:《靳之林徒步考察秦直道记》,载《瞭望》1984年第43期)

> 靳之林把自己亲自踏勘的这两条古道加以比较后认为,陕西一侧的古道就是"秦直道"。因为它的走向虽然蜿蜒曲折,但基本上是直的,是符

合"直道"含义的;甘肃一侧的古道在地图上的位置,则是绕了一个大弯,不能说是"直道"。按规模,甘肃一侧的古道标准宽度只有四米左右,可走一辆卡车;陕

---

① 参见张多勇:《秦直道研究综论》,载《甘肃社会科学》2005年第5期。

西一侧的古道标准宽度为十三米，可并行三辆卡车，规模要宏伟得多。尤为重要的是甘肃古道两侧发现的多是宋代历史文化遗迹，而陕西古道两侧多为秦汉历史文化遗址。……

陕西省的考古专家认为，这种比较印证的考察和在考察的同时考察古道两侧历史文化遗迹的方法是科学的。据此，靳之林根据两条古道的走向、规模和历史文化遗址及有关史书、县志记载，划出一条由陕西淳化县梁武帝村，经旬邑、黄陵、富县、甘泉、志丹、安塞、榆林一直向北延伸直达内蒙古包头西的"秦直道"位置。他认为沿子午岭主脉折向甘肃的古道可能是秦通向西北的故道，而不是"秦直道"。①

由于靳之林先生所认定的秦直道路线，只见于《瞭望》《光明日报》等报刊上发表的记者卜昭文先生撰写的新闻专稿，而没有考证性论文具体论述，因此，"究竟哪一条路线是真正的'秦直道'，仍然难以捉摸"②。

曾于1985年与靳之林先生一同考察秦直道的孙相武先生，1986年10月至12月，又与戴晓、白新民两位先生组成宜君秦直道考察队，基本沿着1985年曾经考察的直道路线继续调查："从咸阳市北出发至内蒙古包头市西，在考察中发现了五座行宫，九个兵站遗址和许多的'五里一墩'的烽火台。……我们沿着直道所经之地进行考察的结果，与《史记》记载直道走向相符。从驰道发端地秦都咸阳至直道终点内蒙古包头九原郡，共二千一百里（约合今八百公里），其道有五分之一在关中地区，有五分之二在子午岭支脉上，有五分之二在鄂尔多斯草原上。"③（见图1-11）

对于孙相武等先生所描述的考察秦直道路线，有学者认为："他不仅误把直道的起点由秦云阳林光宫南移到咸阳，在直道中途饰添了若干新发现的如'池阳宫'、'高奴宫'等遗址，而且所描

---

① 卜昭文：《靳之林徒步考察秦直道记》，载《瞭望》1984年第43期。
② 王开：《"秦直道"新探》，载《成都大学学报》1989年第1期。
③ 孙相武：《秦直道调查记》，载《文博》1988年第4期。

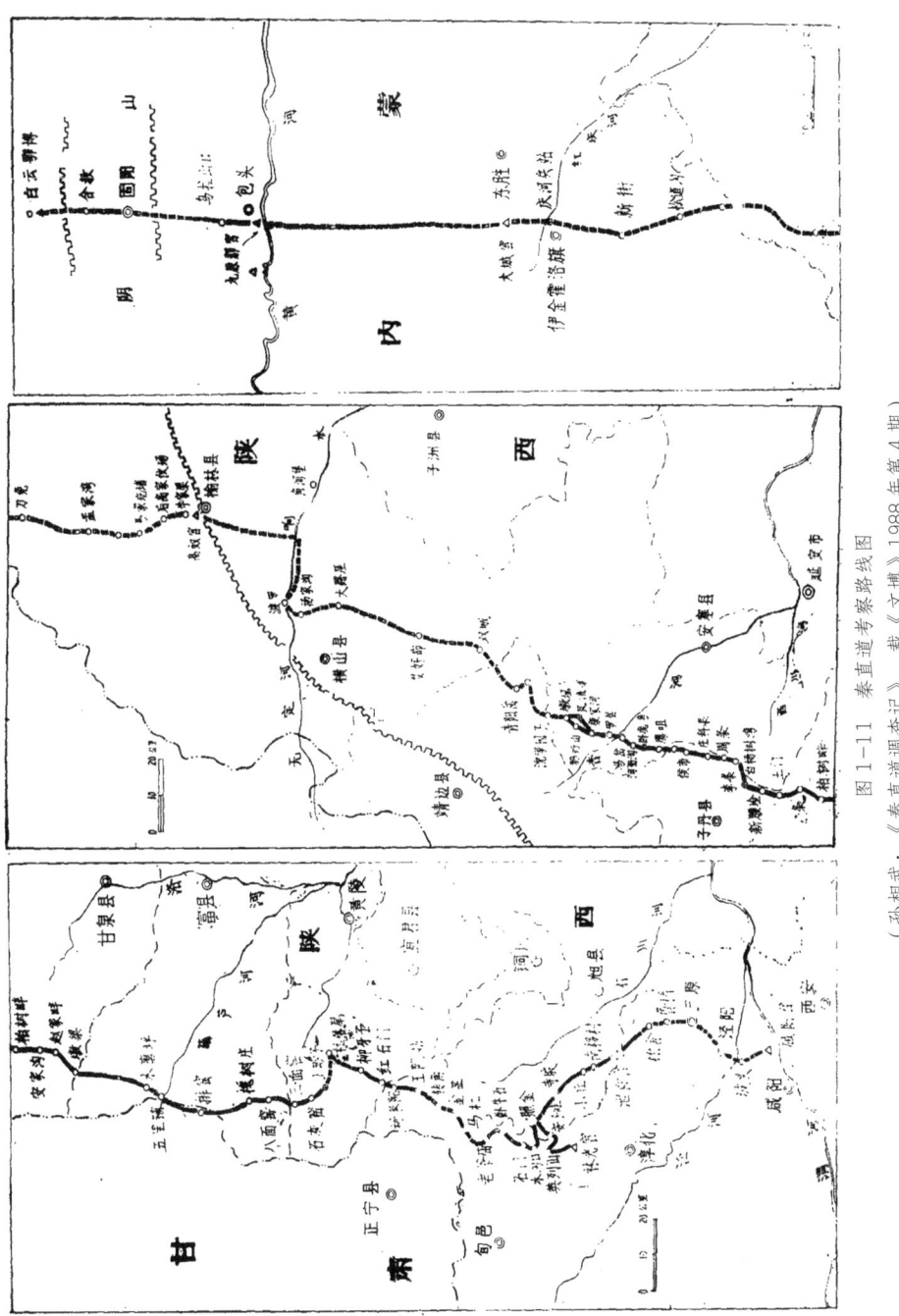

图1-11 秦直道考察路线图
（孙相武:《秦直道调查记》，载《文博》1988年第4期）

绘的直道路线也有其它异于其师靳之林之处。如所绘直道经安塞、靖边、横山到无定河南岸今波罗乡地之后,忽急转向东行数里,大约到今响水乡附近,过无定河,又北趋所谓的位于今榆林市附近的'高奴宫'去了,又自成'一家之言'。"①

1986年6月中旬至7月下旬,陕西省交通史志编写委员会办公室的王开先生,为了编写《陕西古代道路交通史》,对靳之林先生认定的直道路线又进行了部分段落考察,对秦直道的走向(见图1-12)进行了如下描述:

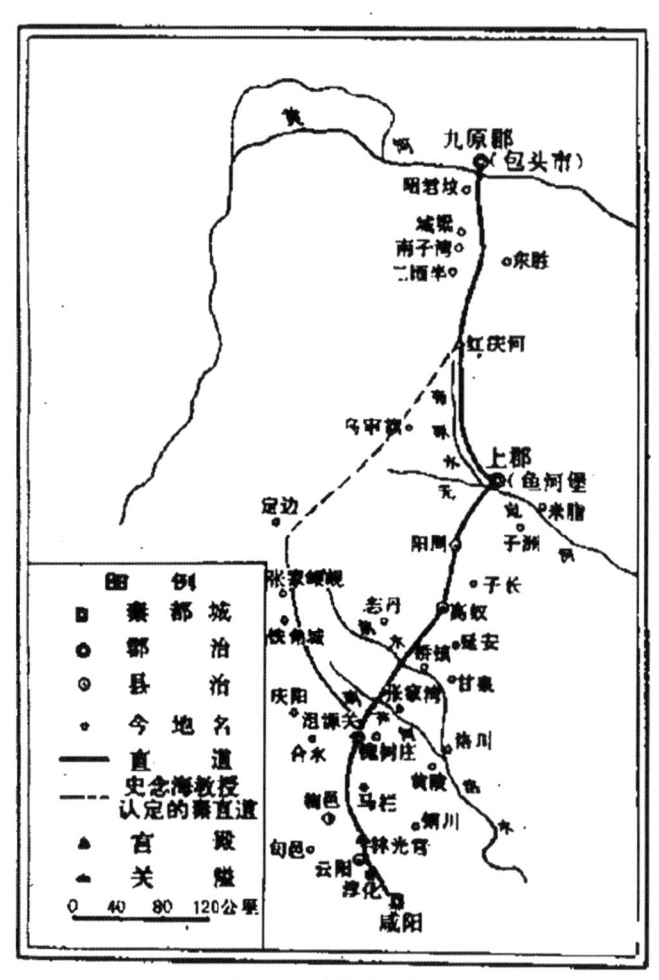

图1-12 秦直道示意图
(王开主编:《陕西古代道路交通史》,人民交通出版社1989年版,第59页)

---

① 吕卓民:《秦直道歧义辨析》,载《中国历史地理论丛》1990年第1期。

"秦直道"是由咸阳通往北境阴山间最捷近的道路。道起甘泉山南侧的秦林光宫（汉甘泉宫），沿子午岭山巅北行，经今淳化县鬼门口、旬邑县石门关、黄陵县艾蒿店、沮源关，折古道岭（又名蚂蜒岭）北去，经富县槐树庄，张家湾西侧，甘泉县桥镇乡方家河，志丹县安条林场、侯氏乡等地进入安塞县境；又沿横山南麓并穿越横山入榆林县境，复沿榆溪河侧过毛乌素沙漠入鄂尔多斯草原，再经内蒙古自治区东胜市西侧、昭君坟东侧，渡过黄河，达包头市西。全长700余公里，大体南北相直，故称"直道"。①

对于靳之林、王开、贺清海等先生提出的秦直道东线走向问题，史念海先生发表《直道和甘泉宫遗迹质疑》一文，分别以"直道是否南北笔直""经过上郡治所肤施的大道，是秦始皇以前的旧道，也是秦始皇全国驰道的组成部分，与直道无关""经过今富县、志丹、安塞等县的圣人道为赫连勃勃所修筑，并非秦始皇的直道""汉文帝和汉武帝由甘泉的出巡并非完全遵循直道""直路县和除道县""沮源关北沿子午岭西北行的道路不是秦通向西北的故道，也不是宋代的古道"等为题再次发表意见，其结论是：

秦始皇所修筑的直道的遗迹所在，虽有争论，但这条道路仍当是肇始于今陕西淳化县北梁武帝村，由此登上子午岭，顺岭北行，经过今陕西定边县和内蒙古自治区东胜县，而至于包头市西。舍此别无他途。……

经过富县、志丹、安塞等县的古道，乃是十六国时期夏国赫连勃勃所建筑的以"圣人道"为名的道路，并非秦始皇的直道，……

通过上郡治所肤施的大道，包括北至五原，南至阳周、高奴等处的路段，乃是秦始皇以前旧有的道路，秦始皇时作为全国驰道的一个组成部分，是经过悉心修筑的。……这条路是秦始皇三十二年巡行北边走过的。直道则是兴筑于秦始皇三十五年。这中间只隔了两年。说

---

① 王开主编：《陕西古代道路交通史》，人民交通出版社1989年版，第50页。

直道是在驰道的旧基上翻修的,没有史书的根据,因而这样的说法也是不能成立的。①

文中附有"直道歧义图"(见图1-13),分别将史念海(即以双虚线表示的"直道尚待考察的段落")、靳之林、王开先生所定秦直道走向的"歧义"直观地表现出来。从中可以看出,靳之林与王开先生虽然都主张秦直道东线说,但在秦直道是否经过秦上郡重镇高奴、阳周与郡治肤施问题上是存在分歧的。

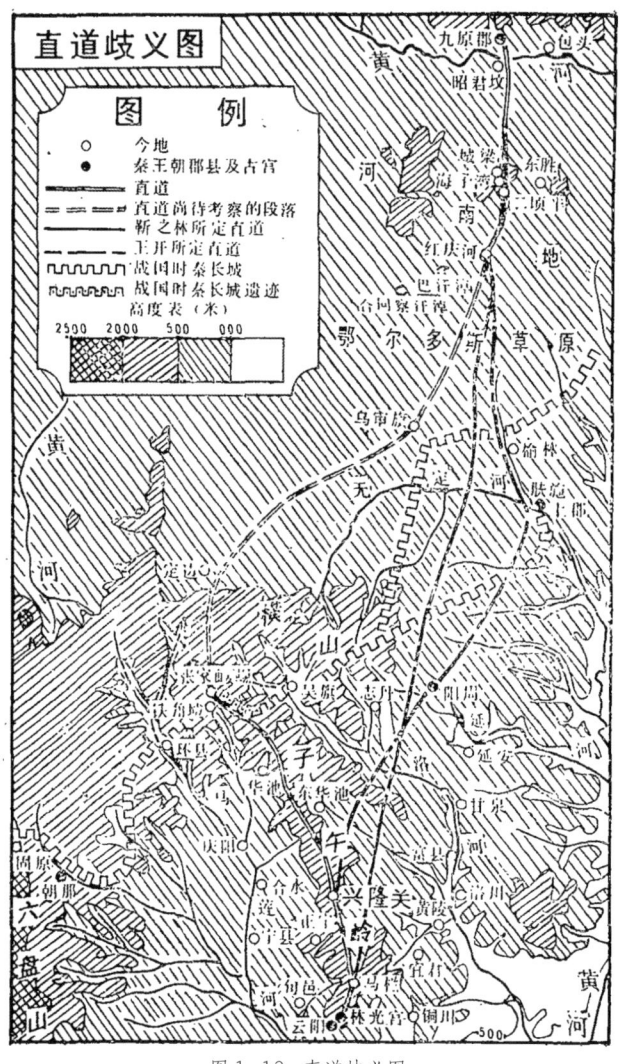

图1-13 直道歧义图
(史念海:《直道和甘泉宫遗迹质疑》,载《中国历史地理论丛》1988年第3期)

---

① 史念海:《直道和甘泉宫遗迹质疑》,载《中国历史地理论丛》1988年第3期。

2010年出版的由刘庆柱、白云翔先生主编的《中国考古学·秦汉卷》对"秦直道的走向"问题进行了较为全面的总结:

> 秦直道的南、北起迄点分别位于陕西省淳化县北梁武帝村的秦林光宫和内蒙古自治区包头市南的麻池古城,对此学术界基本无异议。南、北起迄点的确定,为探索秦直道的走向确立了基点。通过近三十年的调查,大体确定秦直道南段主要在子午岭主脉上通过,北段大部分通行于鄂尔多斯高原上,基本上是南北"直通之"。由于子午岭北段无遗迹可寻或所发现的古道时代难定,目前尚存在很大争论。鄂尔多斯高原上的直道受风沙侵蚀严重,不少地段已无踪迹可寻。
>
> 史念海认为,秦直道"由陕西淳化县北武帝村秦林光宫遗址北行。至子午岭上,循主脉北行,直到定边县南,再由此东北行,进入鄂尔多斯草原,过乌审旗北,经东胜县西南,在昭君坟附近渡过黄河,到达包头市西南秦九原郡治所",后来的调查者基本支持这一观点,但具体行经路线仍稍有差别。从南、北起迄点来看,上述路线在定边县南绕了一个大弯,并非南北"直通之",因此,这一路线受到部分学者的怀疑。内蒙古交通厅秦直道遗迹考察组认为,秦直道至沮源关(兴隆关)后,不是向西北行,而是折向古道岭东北,经富县槐树庄西侧北去。而出沮源关沿子午岭西侧北去的一条古道,即西北至定边的古道,靳之林则认为是宋代路线。秦直道出子午岭后,由安塞进入陕西靖边、横山、榆林三县,由榆林城西北马合乡进入内蒙古鄂尔多斯草原区。
>
> 陕西省有关学者对直道作了进一步的调查与考证后认为,陕西境内的秦直道由淳化,经旬邑、黄陵、富县、甘泉、志丹、安塞、靖边至榆林,由神木县西北角的昌鸡兔进入内蒙古自治区的伊金霍旗。此线大体呈南北走向,路基为堑山或夯筑,路面南段宽10~20米,北部宽20~60米,靖边段局部最宽达160米。
>
> 直道自陕西省神木县西北角的昌鸡兔进入内蒙古自治

区的伊金霍洛旗,大致行经台格苏木、红庆河乡和台吉召乡,在合同庙乡西北进入东胜市境内。经东胜漫赖乡二顷半村、海子湾村、柴登乡城梁村,经张家梁村北进入达拉特旗境内。在达拉特旗境内向北经青达门乡艾来五库沟东、豆家梁村东、林家塔村西,至高头窑乡吴四圪堵止。吴四圪堵以北是一片盐碱荒滩,难寻直道遗迹。直道大致在黄河南岸昭君坟附近过河,终止于秦九原郡治所在地,即今包头市西南麻池古城。

根据近年来陕西、内蒙古两省的考古调查结果,秦直道除部分地段有小的弯曲外,其他地段基本上是南北直线走向。[1](见图1-14)

如果将图1-14与图1-12进行粗略比较,《中国考古学·秦汉卷》所绘的"秦直道走向示意图",与王开先生认定秦直道经过上郡高奴、阳周与郡治肤施三县的观点有所不同,而在三县稍微偏西的地方经过,似乎更接近靳之林先生所定的秦直道的走向(见图1-10)。

长期以来,关于秦直道的走向,西线说与东线说相持不下,但直道考察工作的不断拓展与考察资料的陆续刊布,不仅将秦直道走向的研究引向深入,也使秦直道东线说得到学界越来越多的认同。

二、"过秦"视野下的秦直道

汉元年(前206年)十月,沛公刘邦率部攻破武关,进军至霸上,秦王子婴"系颈以组,白马素车,奉天子玺符,降轵道旁"[2]。一个曾经幻想传之万世、金城永固的庞大帝国,不过十五年就灰飞烟灭,为继秦而立的汉人留下了无尽的"过秦"话题。

秦朝的诸多失政,包括秦始皇对匈奴的政策在内,自秦朝灭

---

[1] 刘庆柱、白云翔主编:《中国考古学·秦汉卷》,中国社会科学出版社2010年版,第71页。

[2] 《史记》卷六《秦始皇本纪》,第275页。"轵道",《集解》引苏林语曰:"亭名,在长安东十三里。"(第276页)

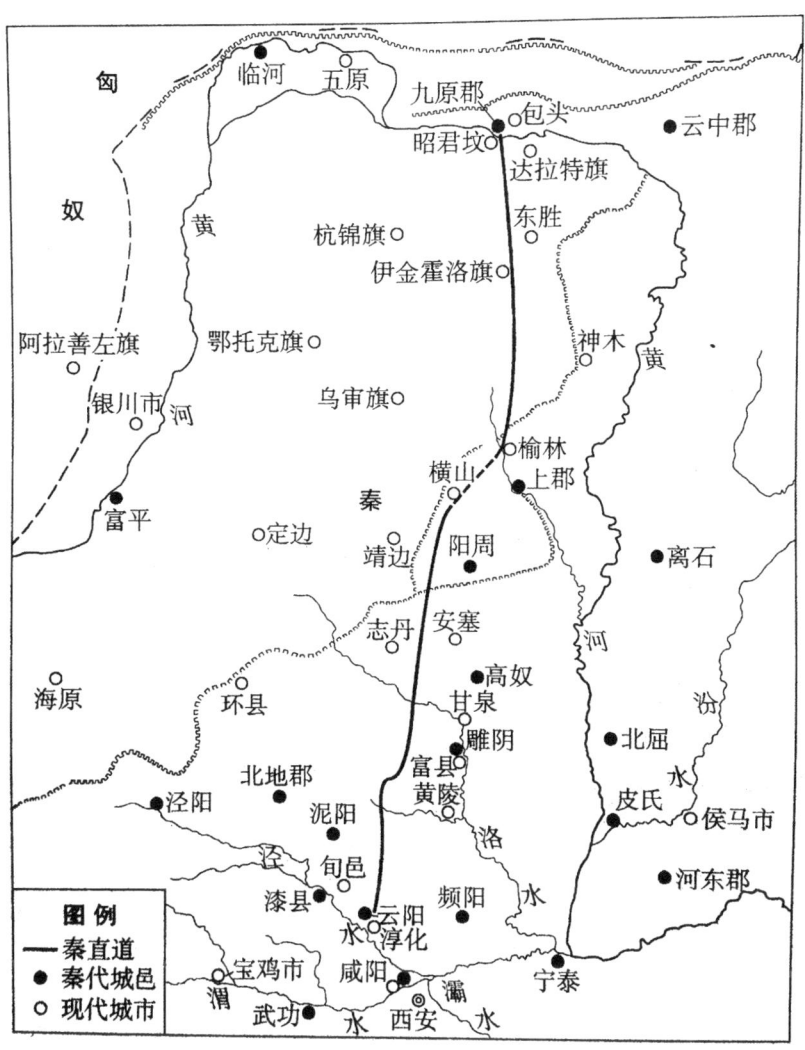

图 1-14 秦直道走向示意图

（刘庆柱、白云翔主编：《中国考古学·秦汉卷》，中国社会科学出版社 2010 年版，第 72 页）

亡后就成为汉人议论的热点之一。陆贾奉高祖刘邦之命检讨"秦所以失天下"认为：

> 秦始皇设刑罚，为车裂之诛，以敛奸邪，筑长城于戎境，以备胡、越，征大吞小，威震天下，将帅横行，以服外国，蒙恬讨乱于外，李斯治法于内，事逾烦天下逾乱，法逾滋而天下逾炽，兵马益设而敌人逾多。秦非不欲治也，然失之者，乃举措太众、刑罚太极故也。①

---

① 王利器撰：《新语校注》卷上《无为第四》，中华书局 1986 年版，第 62 页。

自陆贾发其端，西汉初期许多政论家、思想家，无不视秦始皇严刑酷法、筑长城、伐匈奴为秦朝灭亡之重要原因。贾谊在著名的《过秦论》中，首先提出"过秦"之概念，斥责秦政之"过"曰：

> 及至始皇，奋六世之余烈，振长策而御宇内，吞二周而亡诸侯，履至尊而制六合，执敲朴而鞭笞天下，威振四海。南取百越之地，以为桂林、象郡；百越之君，俯首系颈，委命下吏。乃使蒙恬北筑长城而守藩篱，却匈奴七百余里，胡人不敢南下而牧马，士不敢弯弓而报怨。……天下已定，始皇之心自以为关中之固，金城千里，子孙帝王万世之业也。……一夫作难而七庙隳，身死人手，为天下笑者，何也？仁义不施，攻守之势异也。①

汉文帝时，太子家令晁错在奏言"守边备塞，劝农力本"时，将秦始皇轻蔑民意、恣意征发"谪戍"攻逐匈奴、"筑塞河上"，视为导致陈胜起事，"天下从之如流水"，最终亡秦的一个重要原因：

> 臣闻秦时北攻胡貉，筑塞河上，南攻杨粤，置戍卒焉。其起兵而攻胡、粤者，非以卫边地而救民死也，贪戾而欲广大也，故功未立而天下乱。……夫胡貉之地，积阴之处也，木皮三寸，冰厚六尺，……秦之戍卒不能其水土，戍者死于边，输者偾于道。秦民见行，如往弃市，因以谪发之，名曰"谪戍"。先发吏有谪及赘婿、贾人，后以尝有市籍者，又后以大父母、父母尝有市籍者，后入闾，取其左。发之不顺，行者深怨，有背畔之心。……今秦之发卒也，有万死之害，而亡铢两之报，死事之后不得一算之复，天下明知祸烈及己也。陈胜行戍，至于大泽，为天下先倡，天下从之如流水者，秦以威劫而行之之敝也。②

---

① 贾谊撰，阎振益、钟夏校注：《新书校注》卷一《过秦上》，中华书局2000年版，第2—3页。钟夏按："王念孙曰：'《吕氏春秋·适威篇》注曰："过，责也。"《甘茂传》："秦楚争强，而公孙过楚以收韩。"案：过楚，谓责楚也。'是则过秦即责秦。"（第3页）

② 《汉书》卷四九《晁错传》，第2283—2284页。颜师古注引文颖语释"木皮三寸，冰厚六尺"曰："土地寒故也。"

《淮南子·人间训》也将秦朝灭亡之祸与秦始皇遣蒙恬等"发卒五十万"筑长城、攻匈奴事联系起来：

> 秦皇挟录图，见其传曰："亡秦者胡也。"因发卒五十万，使蒙公、杨翁子将，筑修城，西属流沙，北击辽水，东结朝鲜，中国内郡挽车而饷之。……当此之时，男子不得修农亩，妇人不得剡麻考缕，羸弱服格于道，大夫箕会于衢，病者不得养，死者不得葬。于是陈胜起于大泽，奋臂大呼，天下席卷而至于戏。刘、项兴义兵随，而定若折槁振落，遂失天下。祸在备胡而利越也。欲知筑修城以备亡，不知筑修城之所以亡也；发适戍以备越，而不知难之从中发也。①

武帝元光元年（前134年），齐人主父偃上书言政事，"八事为律令，一事谏伐匈奴"曰：

> 昔秦皇帝任战胜之威，……欲攻匈奴，李斯谏曰："不可。夫匈奴无城郭之居，委积之守，迁徙鸟举，难得而制也。轻兵深入，粮食必绝；踵粮以行，重不及事。得其地不足以为利也，遇其民不可役而守也。胜必杀之，非民父母也。靡弊中国，快心匈奴，非长策也。"秦皇帝不听，遂使蒙恬将兵攻胡，辟地千里，以河为境。地固泽卤，不生五谷。然后发天下丁男以守北河。暴兵露师十有余年，死者不可胜数，终不能逾河而北。……男子疾耕不足于粮饷，女子纺绩不足于帷幕。百姓靡敝，孤寡老弱不能相养，道路死者相望，盖天下始畔秦也。②

武帝元朔五年（前124年），淮南王刘安因被削二县事"为反谋益甚"，其宾客伍被亦引蒙恬事为鉴，劝其勿出"亡国之语"：

> 昔秦绝圣人之道，杀术士，燔《诗》《书》，弃礼义，尚诈力，任刑罚，转负海之粟致之西河。当是之时，男子疾耕不足于糟糠，女子纺绩不足于盖形。遣蒙恬筑长城，东西数千里，暴兵露师常数十万，死者不可胜数，僵尸

---

① 《淮南子集释》卷一八《人间训》，第1288—1291页。
② 《史记》卷一一二《主父偃列传》，第2954页。

千里，流血顷亩，百姓力竭，欲为乱者十家而五。①

从以上诸多引文不难看出，在西汉初期相当长的一段时间内，指谪"亡秦之失"成为朝野检政议政之中心，特别是秦始皇遣蒙恬修筑长城与攻逐匈奴，无疑是秦诸多"暴政"中最为浓烈的一笔。这些激烈的"过秦"言论虽然只是言及蒙恬修筑长城、攻逐匈奴，并没有与秦直道的修筑联系在一起，但是，秦始皇三十三年（前214年）蒙恬统率三十万大军北逐匈奴后，立即修筑长城，并于三十五年又主持修建工程浩大的秦直道，在如此短的时间之内长城与直道相继动工，所消耗的人力物力自然相当惊人。特别修筑长城是在所谓"积阴之处也，木皮三寸，冰厚六尺"，乃苦寒至极的"胡貉之地"，"暴兵露师十有余年，死者不可胜数"。因此，去秦不远的诸多汉人不约而同地将秦始皇遣蒙恬攻逐匈奴与修筑长城视为天下"畔秦"之始，当是有所依据的。

至于秦直道的修筑原因，司马迁将之归结为"始皇欲游天下，道九原，直抵甘泉"，于是方有蒙恬"堑山堙谷，千八百里"修筑直道之举。虽然司马迁没有明确言及"直道"等同于专供天子游冶的"驰道"②，但将修筑直道与秦始皇"欲游天下"联系在一起，显然有这一层含义在内。其实，将"驰道"之修与"始皇欲游天下"相联系，在秦人看来是极为正常之事。秦丞相李斯受赵高诬陷下狱后，试图上书秦二世，自述有大罪七，实则为表功乞怜，其中就有两项涉及匈奴与驰道事："地非不广，又北逐胡、貉，南定百越，以见秦之强。罪二矣。……治驰道，兴游观，以见主之得意。罪六矣。"③而在"过秦"思潮影响下的汉人眼中，驰道的修筑，也是导致秦朝动乱的一个重要原因。文帝之时，颍川人贾山著《至言》，"借秦为喻"，"言治乱之道"，曾激烈抨击秦"驰道"曰：

为驰道于天下，东穷燕齐，南极吴楚，江湖之上，濒海之观毕至。道广五十步，三丈而树，厚筑其外，隐以金椎，

---
① 《史记》卷一一八《淮南王刘安列传》，第3086页。
② 《史记》卷六《秦始皇本纪》载，始皇二十七年（前220年）"治驰道"。《集解》引应劭语曰："驰道，天子道也，道若今之中道然。"（第241—242页）
③ 《史记》卷八七《李斯列传》，第2561页。

树以青松。为驰道之丽至于此，使其后世曾不得邪径而托足焉。①

贾山所描述的"东穷燕齐，南极吴楚"两条驰道的走向，以及"江湖之上，濒海之观毕至""道广五十步……为驰道之丽"，其中没有一词涉及秦直道。这似乎不是贾山的疏漏，可能表明"未就"的秦直道尚不能与规模宏大且经秦始皇亲身"游观"的"驰道"等量齐观。因此，汉时的"过秦"论者，均没有单独提及"直道"当在情理之中。

综观汉代的"过秦"言论，直接涉及"直道"者，只有曾随武帝巡视北边，"自直道归"的司马迁一人。唯因如此，司马迁对耗费民力无数的长城、直道对秦之失政的影响，有更为直观的切身感受，而这一点正是一般泛泛而论的"过秦"者所缺少的经历：

> 吾适北边，自直道归，行观蒙恬所为秦筑长城亭障，堑山堙谷，通直道，固轻百姓力矣。夫秦之初灭诸侯，天下之心未定，痍伤者未瘳，而恬为名将，不以此时强谏，振百姓之急，养老存孤，务修众庶之和，而阿意兴功，此其兄弟遇诛，不亦宜乎！何乃罪地脉哉？②

从上引司马迁语可以看出，在汉人眼中，蒙恬"筑长城亭障，堑山堙谷，通直道"，本身就是一个完整的防御匈奴的体系，而在这个体系之中，"固轻民力"最甚的则属修筑绵延万里的长城，而"堑山堙谷"的直道尚在次要地位。

所谓"地脉"说，语出蒙恬。蒙恬被秦二世拘于阳周时，曾试图上书自表心迹曰："自吾先人，及至子孙，积功信于秦三世矣。今臣将兵三十余万，身虽囚系，其势足以倍畔，然自知必死而守义者，不敢辱先人之教，以不忘先主也。"但是在使者拒绝上报秦二世时，"蒙恬喟然太息曰：'我何罪于天，无过而死乎？'良久，徐曰：'恬罪固当死矣。起临洮属之辽东，城堑万余里，此其中不能无绝地脉哉？此乃恬之罪也。'乃吞药自杀"。③蒙恬

---

① 《汉书》卷五一《贾山传》，第2328页。
② 《史记》卷八八《蒙恬列传》，第2570页。
③ 《史记》卷八八《蒙恬列传》，第2569—2570页。

所谓"绝地脉"而獾罪,显然是自以为无罪却又无从为自己辩白的愤懑之语,与前引李斯上书以"又北逐胡、貉"与"治驰道,兴游观"为"罪"出于同一种心态。从中可能反映出,在筑长城、通直道、北逐匈奴这样重大的事件面前,秦人与汉人的看法完全是相左的。

汉人诸多的"过秦"言论,强调以秦政为鉴,提倡"与民休息",实行"无为而治",避免重蹈亡秦覆辙,这一点无疑是正确的。但从中似乎也反映出当时的许多人,包括陆贾、贾谊、晁错、司马迁这样的有识之士在内,对于秦始皇决策修筑长城,出兵攻逐匈奴的必要性尚缺乏全面的认识;而且这种认识的产生,从秦人与匈奴的关系方面考察,表明至少在汉人的眼中,是时匈奴并没有对秦帝国产生实质性的威胁,秦始皇的行为无异于"举措太众","贪戾而欲广大",甚至是信图谶而击胡,利宝物而征粤的荒唐之举。①

备受汉人指摘的秦筑长城、通直道、攻逐匈奴等举措,尽管是秦统一之后消耗国力最巨,也是造成秦朝遽亡的重要因素之一,但从秦人的角度考察,当时似乎并没有引起秦廷君臣的特别关注。秦始皇于三十三年(前214年)攻逐匈奴后,曾在三十七年(前210年)再次东巡,刻石会稽,昭扬功德。这篇成文最晚,也是《史记》中所载六篇刻石中最为完整的刻辞,也没有涉及这方面的内容,通篇强调的仍是秦统一六国的赫赫功勋:

> 六王专倍,贪戾傲猛,率众自强。暴虐恣行,负力而骄,数动甲兵。阴通间使,以事合从,行为辟方。内饰诈谋,外来侵边,遂起祸殃。义威诛之,殄熄暴悖,乱贼灭亡。圣德广密,六合之中,被泽无疆。②

"会稽刻石"的宗旨,与秦始皇二十九年(前218年)尚未攻逐匈奴时的"之罘刻石"所宣扬的"六国回辟,贪戾无厌,虐

---

① 《史记·秦始皇本纪》亦云:"始皇巡北边,从上郡入。燕人卢生使入海还,以鬼神事,因奏录图书,曰'亡秦者胡也'。始皇乃使将军蒙恬发兵三十万人北击胡,略取河南地。"(第252页)可见持此种观点的在汉人中甚众。
② 《史记》卷六《秦始皇本纪》,第261—262页。

杀不已。皇帝哀众，遂发讨师，奋扬武德。义诛信行，威燀旁达，莫不宾服"①的精神完全一致。

秦廷君臣之所以持如此观点，与秦统一后所面临的形势密切相关。秦的统一只是大规模兼并战争的结束，而更为棘手的制度规划、弹压六国遗民反抗等任务，则是秦廷君臣关注的焦点。统一六国后秦始皇的六次巡行中，除了二十七年（前220年）巡行陇西、北地是在秦国故地，其余五次无不是针对原来的山东六国而发，其目的正如秦二世胡亥所云："先帝巡行郡县，以示强，威服海内。"而防范活动于帝国北境的匈奴，尚被置于一个次要的地位。②

再从《史记·秦始皇本纪》所载秦统一后两次重要朝议的结果看：二十六年（前221年），秦始皇将丞相绾等请立诸子为王的奏言下群臣议，最终采纳廷尉李斯"皆为郡县"，"置诸侯不便"的建议，"分天下以为三十六郡，郡置守、尉、监。更名民曰'黔首'。……一法度衡石丈尺。车同轨。书同文字"。三十三年（前214年），秦始皇又下群臣议博士淳于越"师古"之说，复纳丞相李斯的建议："史官非秦记皆烧之。非博士官所职，天下敢有藏《诗》、《书》、百家语者，悉诣守、尉杂烧之。有敢偶语《诗》《书》者弃市。以古非今者族。吏见知不举者与同罪。令下三十日不烧，黥为城旦。所不去者，医药卜筮种树之书。若欲有学法令，以吏为师。"前者为帝国划定了单一的郡县体制，整齐了因诸国分立而混乱不一的各项制度；后者则确定了"以法治国""以吏为师"的帝国统治思想。尽管秦始皇被时人认定为"天性刚戾自用，起诸侯，并天下，意得欲从，以为自古莫及己"，而群臣"皆受成事，倚辨于上。上乐以刑杀为威，天下畏罪持禄，莫敢尽忠"。③但在涉及帝国的政体制度、统治思想等重大问题时，朝臣的议政无疑对秦始皇的决策也起到了重要的影响作用。

值得注意的是，当秦始皇决意修筑长城、直道，起兵攻逐匈

---

① 《史记》卷六《秦始皇本纪》，第249页。
② 参见宋超：《秦汉时期北河战略地位考察》，见《秦汉文化比较研究》，三秦出版社2002年版，第490—503页。
③ 以上几处引文见《史记》卷六《秦始皇本纪》，第239、255、258页。

奴（包括南越）时，对于秦统一之后规模最大的一次征发行动，从现存的史料看，秦始皇似乎没有下群臣议，群臣也未对此发表过意见。前引主父偃于武帝时上书言政事，述及丞相李斯曾经劝谏秦始皇"不可"。对于李斯是否劝谏始皇，后人基本上持否定态度。宋人吕祖谦曰："李斯方助始皇为虐，必无此谏。"甚至推测《史记》之所以如此记载，是因为"赵高继（李）斯，其虐尤甚，故人以斯为忠，得此虚美也"。① 明末时人徐孚远亦曰："李斯谏伐胡，本传不载，非实事也。意者欲沮蒙恬之功，故为正言邪？"② 吕氏与徐氏的看法并非全无道理，李斯不以"北逐胡、貉"与"治驰道，兴游观"为"罪"，秦另一重臣蒙恬自然也不以"绝地脉"为"非"。显然，李斯与蒙恬的态度正是秦朝君臣的共同看法。再从秦人早就认定的帝国疆域的"四至"范围来看，"地东至海暨朝鲜，西至临洮、羌中，南至北向户，北据河为塞，并阴山至辽东"，秦人出兵攻逐是时已经渡河而南，活动于河南地的匈奴人，征服自立于岭南的粤人，应是早已确定的基本国策，只不过是在秦始皇三十二年（前215年）方将之付诸实践而已。③ 因此不论李斯是否有此谏言，秦始皇出兵攻逐征服北胡南越势在必行；作为百官之首的丞相李斯"必无此谏"，似乎也在情理之中，但这与李斯"方助始皇为虐"并没有必然的联系。

可见，汉人普遍认定导致秦亡的重要原因之一南攻北伐、筑城修道的行为，从秦人角度考察，不过是在攻灭六国之后，继续扫荡"六合之中"尚未"宾服"者行动的延续，秦廷君臣没有为此发生重大的争议，曾详细记录统一后秦廷两次重要朝议结果的司马迁，也没有在《史记》纪传中留下相应的记录，原因可能正在于此。

---

① 吕祖谦：《大事记解题》卷七，见《吕祖谦全集》第8册，浙江古籍出版社2008年版，第491页。
② 《史记会注考证附校补》卷一一二《主父偃列传》，第1835页下。
③ 参见宋超：《"癣疥之疾"与"心腹之患"——南越匈奴与秦汉王朝关系比较研究》，见《佗城开基客安家》，中国华侨出版社1997年版，第263—278页。

第二章 西汉初年围绕秦直道的争夺

在秦二世胡亥的统治之下，早已危机四伏的秦王朝更加岌岌可危。秦二世元年（前209年）七月，陈胜、吴广在大泽乡（今安徽宿州东南）起事，首义反秦，天下云起响应。与秦王朝末世光景形成鲜明对照的，是匈奴在冒顿单于的统率下重整旗鼓，进入了一个新的发展阶段。公元前202年，历经五年的楚汉战争终于落下了帷幕，汉王刘邦称帝，初都洛阳，不久迁都长安，建立了西汉王朝。经过秦末长期战争的消耗，中原大地早已是残破不堪，民生凋敝，亟须休养生息；而在长城之北、千里草原之上，匈奴则是一番兴盛发达的景象，成为西汉王朝北疆最为强劲的对手，被肥美的水草滋养得膘肥体壮的战马正在仰天长嘶，三十万"控弦之士"跃跃欲试。围绕着对秦直道的控制，西汉初年，汉匈双方展开了激烈的争夺。

第一节 冒顿单于统一匈奴

　　冒顿是匈奴头曼单于的长子,最初以单于继承人的身份被遣往当时游牧于敦煌、祁连之间的月氏做人质。按照匈奴部落联盟的习惯,盟主单于之位的继承者由诸部落大人会议共同推选;而此时头曼单于因其所宠爱的阏氏生下了少子,萌发了废长立幼的意图。为了扫除少子继位的最大障碍,头曼单于发兵急攻月氏,企图借月氏之手杀死长子冒顿。冒顿及时察觉到危险的降临,盗取月氏的宝马,突破月氏人的围堵截杀,逃归匈奴。头曼废长立幼的举措虽然没有如愿,但冒顿这种果敢壮勇的举动又重新博得他的欢心,于是命令冒顿统率万骑,但单于继承的问题仍是悬而未决。

　　经过这样一系列变故,冒顿暗中培育自己的势力,志在夺取单于之位。冒顿制作鸣镝,勒习骑射,严明号令,以鸣镝自射其"善马"与"爱妻",左右不敢射者立斩之,终于训练出一支唯自己马首是瞻的骑兵队伍。公元前209年,冒顿趁随其父头曼单于射猎之机,"以鸣镝射头曼,其左右亦皆随鸣镝而射杀单于头曼,遂尽诛其后母与弟及大臣不听从者。冒顿自立为单于"①。自此之

---

① 《史记》卷一一〇《匈奴列传》,第2888页。

后，冒顿单于牢牢掌握了匈奴的统治权，部落大人会议虽然存在，但在单于继承问题上已经丧失了发言权。单于世袭作为一种制度终于确立下来，为挛鞮氏这一匈奴最为显贵的氏族所垄断，或父死子继，或兄终弟及，其他氏族再无染指可能。

一、东灭东胡与西击月氏

冒顿夺取单于之位后，立即展开了大规模的征服邻近各族的战争。当时位于匈奴东部的东胡与西部的月氏势力都很强盛，从东、西两面威胁着匈奴的安全，特别是东胡，素来轻视匈奴。东胡王在得知冒顿杀父自立后，自认为匈奴内部不稳，趁机索求匈奴千里马及冒顿所宠爱的阏氏，在冒顿满足了东胡王的要求之后：

> 东胡王愈益骄，西侵。与匈奴间，中有弃地，莫居，千余里，各居其边为瓯脱。东胡使使谓冒顿曰："匈奴所与我界瓯脱外弃地，匈奴非能至也，吾欲有之。"冒顿问群臣，群臣或曰："此弃地，予之亦可，勿与亦可。"于是冒顿大怒曰："地者，国之本也，奈何予之！"诸言予之者，皆斩之。冒顿上马，令国中有后者斩，遂东袭击东胡。东胡初轻冒顿，不为备。及冒顿以兵至，击，大破灭东胡王，而虏其民人及畜产。①

"东胡"作为族名可能最早见于成书于先秦时代的《逸周书》。《逸周书·王会》曾提及"东胡黄罴""匈戎狡犬"云云。所谓"王会"，系记"周成王成周之会的盛况及各方国的贡献"。②据《逸周书》之记载，可能早在西周初年，"东胡"与匈奴之先的"匈戎"就分布于中原北边的东西两部。春秋时期，东胡主要活动于"燕

---

① 《史记》卷一一〇《匈奴列传》，第2889页。关于"瓯脱"，《集解》引韦昭语曰："界上屯守处。"《正义》按："境上斥候之室为瓯脱也。"（第2890页）可见"瓯脱"意为匈奴与东胡互设的监视对方动向的军事据点，而东胡使者所谓"匈奴所与我界瓯脱外弃地，匈奴非能至也，吾欲有之"云云，似乎可以证明这一"弃地"名义上为匈奴所有，但是却作为双方的缓冲地带，因此东胡王才提出"吾欲有之"的要求。

② 黄怀信《逸周书校补注译·王会解》注曰："东胡，古国，乌桓（后又称鲜卑）之先，故地在今燕北一带。"西北大学出版社1996年版，第342、355—356页。

北"。如《战国策·赵策二》所说赵"东有燕、东胡之境"。《史记·匈奴列传》记载"燕北有东胡、山戎"。大约在燕昭王时,"燕有贤将秦开,为质于胡,胡甚信之。归而袭破走东胡,东胡却千余里。……燕亦筑长城,自造阳至襄平。置上谷、渔阳、右北平、辽西、辽东郡以据胡"。[①] 造阳位于今河北沽源北,襄平位于今辽宁辽阳市,可见在秦开"袭破走东胡"之前,修筑燕长城之前,东胡可能一度活动于燕国边地之内,对燕国构成相当的威胁,由此也可见东胡之势力颇盛。又,前引《史记·李牧列传》记载,李牧"大破杀匈奴十余万骑。灭襜褴,破东胡,降林胡,单于奔走。其后十余岁,匈奴不敢近赵边城"。而《冯唐列传》载:"冯唐者,其大父赵人。……臣大父言,李牧为赵将居边,军市之租皆自用飨士,赏赐决于外,不从中扰也。……故李牧乃得尽其智能,遣选车千三百乘,彀骑万三千,百金之士十万,是以北逐单于,破东胡,灭澹林,西抑强秦,南支韩、魏。当是之时,赵几霸。"[②] 对于李牧、冯唐两传的记载,吴荣曾先生认为:"两传所记,略有差异,但李牧之功绩仍在'破东胡'、'灭澹林'这两方面。而《李牧传》对牧败匈奴一事估价较高,《冯唐传》中仅记'北逐单于'而已。从此反映出,战国末年,赵之劲敌仍为东胡与林胡,相比之下,匈奴不如东胡、林胡那样重要。还有一点要注意的是,司马迁往往把战国时北方不少少数族都以'匈奴'称之,……则《李牧传》中的匈奴也可能是泛指东胡、林胡等。"[③]

吴先生的论证很有道理。李牧活动的年代大体与匈奴头曼单于时期相当。而头曼单于不仅面临秦人的压迫,而且"当是之时,东胡强而月氏盛",匈奴是否有能力出动"十余万骑"袭击赵国边境,值得怀疑。不过,从中可以看出,到了战国末年,东胡的势力一度达到鼎盛,其活动范围可能从原来的"燕北"已经拓展至赵国

---

① 《史记》卷一一〇《匈奴列传》,第2883、2885—2886页。
② 《史记》卷一〇二《冯唐列传》,第2757—2758页。
③ 吴荣曾:《战国胡貉各族考》,见《先秦两汉史研究》,中华书局1995年版,第128页。

的北境,与位于匈奴西边的月氏共同构成对匈奴的威胁。这也正是冒顿单于杀父自立之后,东胡王轻蔑冒顿,不断向匈奴人勒索,在取得冒顿单于"善马"与"爱妻"之后,又公然要求独占位于两族之间作为缓冲地带的"瓯脱外弃地"的原因所在。

面对东胡王的步步进逼,自立未几的冒顿单于显示出其灵活的外交策略与杰出的军事才能,输送"善马"与"爱妻"以示弱,致使东胡王"益骄"而"不为备",在诛杀了主张放弃土地的大臣之后,冒顿亲自踏上了征服东胡的道路。当由冒顿亲自统率的匈奴大军突然间出现在东胡人面前时,"益骄"而"不为备"的东胡王猝不及防,一败涂地,人民牲畜财富都成了胜利者的战利品。自后,东胡被纳入匈奴的势力范围。

约在公元前205年,冒顿征服东胡之后,移兵西征,月氏成为匈奴人的下一个战利品。作为匈奴西邻的又一大国——月氏,是战国末年与东胡齐名的又一强国,《匈奴列传》张守节《正义》引《括地志》云:"凉、甘、肃、延、沙等州地,本月氏国。"[①]《括地志》成书于唐初,唐凉、甘、肃、延、沙等州大体分布在今甘肃与新疆东北部地区。冒顿曾被其父头曼送到月氏做质子,月氏势力之强盛可见一斑。

当时月氏主要控制的河西地区,具有极其重要的战略地位,是中原通往西域的咽喉要道。控制了河西地区,就等于控制了西域,尽管这时匈奴人的势力尚未进入西域。特别是位于河西地区的祁连山与焉支山(今甘肃山丹东南,又作燕支山、胭脂山),东西长二千余里,南北宽百余里,森林茂盛,水草肥美,气候冬暖夏凉,是一个良好的天然牧场。这对于以畜牧生产为主的匈奴人来说,极具诱惑力,势必要据为己有而后快,况且月氏与冒顿单于又有极深的个人恩怨。在匈奴军队的强力攻击之下,月氏无力抵抗,被迫放弃居住多时的河西地区,开始向西迁徙。但是月氏毕竟是一个大族,拥有十余万"控弦之士",匈奴也无法在短时间

[①] 《史记》卷一一〇《匈奴列传》,第2888页。

内彻底征服它。公元前176年前后，匈奴右贤王发动对月氏的第二次攻击，再次击败月氏。可能直到冒顿之子老上单于（前174—前161年在位）之时才最终击溃月氏，完全占据河西地区与西域，迫使月氏人大部举族西迁，"过宛（今乌兹别克斯坦费尔干纳盆地），西击大夏（都今阿富汗巴尔赫附近）而臣之，遂都妫水（今中亚阿姆河）北，为王庭。其余小众不能去者，保南山羌，号小月氏"①。"南山"，汉代泛指今甘肃祁连山和新疆阿尔金山一带。逃入南山的月氏人与当地羌人杂居，即成为后来所称的小月氏，又称"南山羌"。不过，关于匈奴与月氏的战争，《匈奴列传》仅记载冒顿击东胡后"西击走月氏"寥寥数字，其过程不详。但据《大宛列传》载，这一战争过程可能是相当残酷的，直到汉武帝时，匈奴降汉者还说："匈奴破月氏王，以其头为饮器，月氏遁逃而常怨仇匈奴，无与共击之。"②

冒顿单于东灭东胡与西击月氏，在匈奴发展史上具有极其重要的意义，到此时匈奴族才真正崛起于大漠南北。清代学者丁谦在《汉书匈奴传地理考证》中就认为冒顿"灭东胡、破月氏"是匈奴与"中国相颉顽"之始：

> 自战国列王，竞事开疆，诸部遂日渐沦亡，特诸部亡而诸部之人民岂能尽灭？当其时，近东者多归并于东胡，近西者多归并于月氏，近北者归并于匈奴。故嬴秦之世，三部并强，迨汉初匈奴冒顿以枭雄之质，崛起朔方，灭东胡，破月氏，遂统一大漠南北，南与中国相颉顽矣。③

---

① 《史记》卷一二三《大宛列传》，第3162页。
② 《史记》卷一二三《大宛列传》。关于"饮器"例有两解，《集解》引晋灼语曰："饮器，虎子之属也。或曰饮酒器也。"《正义》引《汉书·匈奴传下》云："元帝遣车骑都尉韩昌、光禄大夫张猛与匈奴盟，以老上单于所破月氏王头为饮器者，共饮血盟。"（第3157—3158页）由此可见，主要活动于河西地区的月氏，最后是完败于老上单于时期；而所谓"饮器"应是"饮酒之器"，并作为一件神圣的战利品传之于后世匈奴单于。
③ 转引自吴荣曾：《战国胡貉各族考》，见《先秦两汉史研究》，中华书局1995年版，第130页。

二、"南并楼烦、白羊河南王"

就在冒顿单于征服东胡、月氏,统一大漠南北的前后,中原大地陷入巨大的战乱旋涡之中。公元前207年,强大的秦帝国在各路诸侯军的联合打击之下灭亡,汉王刘邦与楚王项羽又为夺取霸权,逐鹿中原,厮杀得难解难分,根本无暇北顾。冒顿单于自然不能放过这一开拓疆域的大好时机,于是又"南并楼烦、白羊河南王"。

楼烦也是战国时期活跃在中国北方的一个少数族,属于胡貉人中的一部。《逸周书》的《王会》《伊尹朝献》将楼烦与匈奴、月氏、东胡等并列为"正北之国"。《史记·匈奴列传》载:"晋北有林胡、楼烦之戎,燕北有东胡、山戎,各分散居溪谷,自有君长,往往而聚者百有余戎,然莫能相一。"① 说明早在春秋秦穆公、晋文公争霸之时,楼烦与东胡、林胡、山戎等就已是活动于北边的势力较大的少数族之一。

楼烦的活动范围是相当广的,东到今山西北部,西到今内蒙古南部鄂尔多斯一带。战国时与楼烦相邻的主要是赵、燕两国。约在战国中期,楼烦的一部分已经被燕国所征服,而与楼烦关系最多的则是赵国。《史记·赵世家》载,赵武灵王(即主父)让王位于其子惠文王后,于赵惠文王二年(前297年)"行新地,遂出代,西遇楼烦王于西河而致其兵"②。"新地",《资治通鉴》卷四"周赧王十九年"条胡三省注曰:"赵新取中山之地也。"③ 中山国是嵌在燕赵之间的一个所谓小蛮夷之国,经历了戎狄、鲜虞和中山三个发展阶段,几经亡国与复兴。公元前380年前后复兴的中山国,定都灵寿(今河北灵寿西北),将赵国南北两部分领土分割开来,因此成为赵国的心腹之患。赵武灵王召楼缓谋议"变服骑射"时曾说:"今中山在我腹心,北有燕,东有胡,西有林胡、

---

① 《史记》卷一一〇《匈奴列传》,第2883页。
② 《史记》卷四三《赵世家》,第1813页。
③ 《资治通鉴》卷四《周纪四》,第117页。

楼烦、秦、韩之边,而无强兵之救,是亡社稷",又曰"今骑射之备,近可以便上党之形,而远可以报中山之怨",还曰"胡地中山吾必有之",云云。① 可见攻灭中山国与征服楼烦,是赵国的既定国策。"西河",战国时期陕西与山西交界处的黄河通常被称为"西河"。不过,赵主父"遇楼烦王于西河"的范围应当更为广阔。《资治通鉴》卷四胡三省注曰:"西河,即汉西河郡之地。"② 西河郡元朔四年(前125年)置郡,治所在平定(今内蒙古准格尔旗西南),夹西河东西两岸而建郡,辖领今内蒙古鄂尔多斯东部及晋西等地。

至于赵"遇楼烦王于西河而致其兵"的解释,《史记》诸注家无说,《太平御览》卷一六三《河东道下》"岚州(治今山西岚县北)"解释为:"赵惠文王、主父行地,遂出代,西遇楼烦王于西河而破其兵,取其地为县。"③ 可见经过赵国的这次打击,楼烦已经臣服于赵,而且赵国征服楼烦似乎并没有经过激烈的战争。顾炎武《日知录》卷二九"楼烦"条则从"致其人而用之"的角度诠释"致其兵"曰:

> 楼烦乃赵西北边之国,其人强悍,习骑射。《史记·赵世家》:武灵王"行新地,遂出代,西遇楼烦王于西河而致其兵。""致"云者,致其人而用之也。是以楚、汉之际,多用楼烦人别为一军。《高祖功臣侯年表》"阳都侯丁复,以赵将从起邺,至霸上,为楼烦将",而《项羽本纪》"汉有善骑射者楼烦",则汉有楼烦之兵矣。《灌婴传》"击破柘公王武,斩楼烦将五人",……盖自古用四夷攻中国者,始自周武王,牧野之师有庸、蜀、羌、髳、微、卢、彭、濮,而晋襄公败秦于殽,实用姜戎为掎角之势。大者王,小者霸,于是武灵王踵此用以谋秦,而鲜卑、突厥、回纥、沙陀自此不绝于中国矣。④

---

① 《史记》卷四三《赵世家》,第1806、1809、1807页。
② 《资治通鉴》卷四《周纪四》,第117页。
③ 《太平御览》卷一六三《河东道下》,中华书局1960年版,第794页下。
④ 《日知录》卷二九"楼烦"条,见《顾炎武全集》第19册,上海古籍出版社2012年版,第1123页。

顾炎武所举使用擅长骑射的楼烦人之例均见于楚汉相争之时，但从更远的历史角度考察，"用四夷攻中国者，始自周武王，……于是武灵王踵此用以谋秦"。在赵惠文王初年，原先主要活动于西河以东燕、赵地区的楼烦人，在臣服于赵国之后成为赵国经营河南地的一支重要力量，即顾氏所谓"踵此用以谋秦"。更为重要的是，随着赵国的势力向河南地的拓展，楼烦也进入河南地。正如吴荣曾先生所说："赵战胜楼烦人之后，并把楼烦人转化为自己的臣民。……到匈奴崛起之后，冒顿单于'南并楼烦、白羊河南王'。这一白羊王应是战国时楼烦人的余部，最后为匈奴所吞并，成为匈奴的一部分。白羊王的辖区在今内蒙古伊克昭盟境内，故在白羊之后加上'河南'二字。由于这小部分楼烦人实际上变成了匈奴人，所以在西汉时又成为汉的对头。"[①]

内蒙古伊克昭盟即今鄂尔多斯的旧称，战国秦汉时期属于河南地。不过，赵国经营河南地的时间并不是很长，从赵武灵王十九年（前307年）决计"变服骑射"，开始经营河南地始，到二十七年（前299年）由九原南下窥秦，赵在河南地的势力达于鼎盛之后渐趋衰落。赵惠文王四年（前295年），赵武灵王因内乱被饿死于沙丘宫。此后赵国在强秦的攻击下自保不暇，再也无力经营河南地。从公元前3世纪初到秦统一前后长达六七十年的时间内，脱离了赵国控制的楼烦人可能依然活动于河南地。匈奴人在头曼单于的率领下势力崛起之后进入河南地，楼烦是否与匈奴人结成某种联盟，史载不详。但可以确认的是，自秦始皇三十三年（前214年）遣蒙恬攻逐匈奴，修长城、筑直道之后，匈奴头曼单于的势力被秦人逐出河南地，所谓楼烦、白羊河南王部可能还在河南地活动。秦始皇死后，胡亥通过政变夺取皇位，胁迫是时在上郡统率大军防范匈奴的蒙恬自杀，蒙恬在河南地精心构筑的一横（长城）一纵（直道）两大军事工程溃散，匈奴势

---

① 吴荣曾：《战国胡貉各族考》，见《先秦两汉史研究》，中华书局1995年版，第125—126页。

力得以重返河南地,直至不久后冒顿单于"南并楼烦、白羊河南王",这部分楼烦、白羊河南王部才真正成为匈奴的一部。直至元朔二年(前127年)河南之战后,卫青击逐匈奴白羊、楼烦王后,"曾经在战国时期雄张于北方的楼烦人,从此就在历史上消失了"①。

三、冒顿单于整齐匈奴制度

经过冒顿单于东灭东胡、西破月氏,特别是"南并楼烦、白羊河南王"之后,"悉复收秦所使蒙恬所夺匈奴地者,与汉关故河南塞,至朝那、肤施,遂侵燕、代。是时汉兵与项羽相距,中国罢于兵革,以故冒顿得自强,控弦之士三十余万",一洗头曼单于时期匈奴战败而北退的耻辱。其后又"北服浑庾、屈射、丁零、鬲昆、薪犁之国。于是匈奴贵人大臣皆服,以冒顿单于为贤"。《正义》曰:"已上五国在匈奴北。"②大体是浑庾(又作浑窳)、屈射、丁零活动于今贝加尔湖一带,鬲昆(又作坚昆)活动于叶尼塞河中上游流域一带,薪犁活动区域不详,似乎应与鬲昆相去不远。这些部落大都以游牧与狩猎为生,拥有广阔而富饶的牧场和森林。匈奴占据了这些地方,对于自身经济的发展及国力的增强都具有重要的意义,亦是匈奴贵人大臣皆以"冒顿单于为贤"的原因所在。自此,匈奴控制的地域东起辽东,横跨蒙古草原,西与羌、氐相接,北达贝加尔湖,南抵河套及今山西、陕西北部。匈奴帝国在冒顿单于的率领下进入了鼎盛时期,雄踞在大漠之上,俯瞰中原大地。(见图2-1)

为了更加有效地控制这一广阔的区域,冒顿单于开始整齐匈奴制度。首先是整齐匈奴官制。《史记·匈奴列传》载:

> 置左右贤王,左右谷蠡王,左右大将,左右大都尉,左右大当户,左右骨都侯。匈奴谓贤曰"屠耆",故常

---

① 吴荣曾:《战国胡貉各族考》,见《先秦两汉史研究》,中华书局1995年版,第126页。
② 《史记》卷一一〇《匈奴列传》,第2890、2893页。

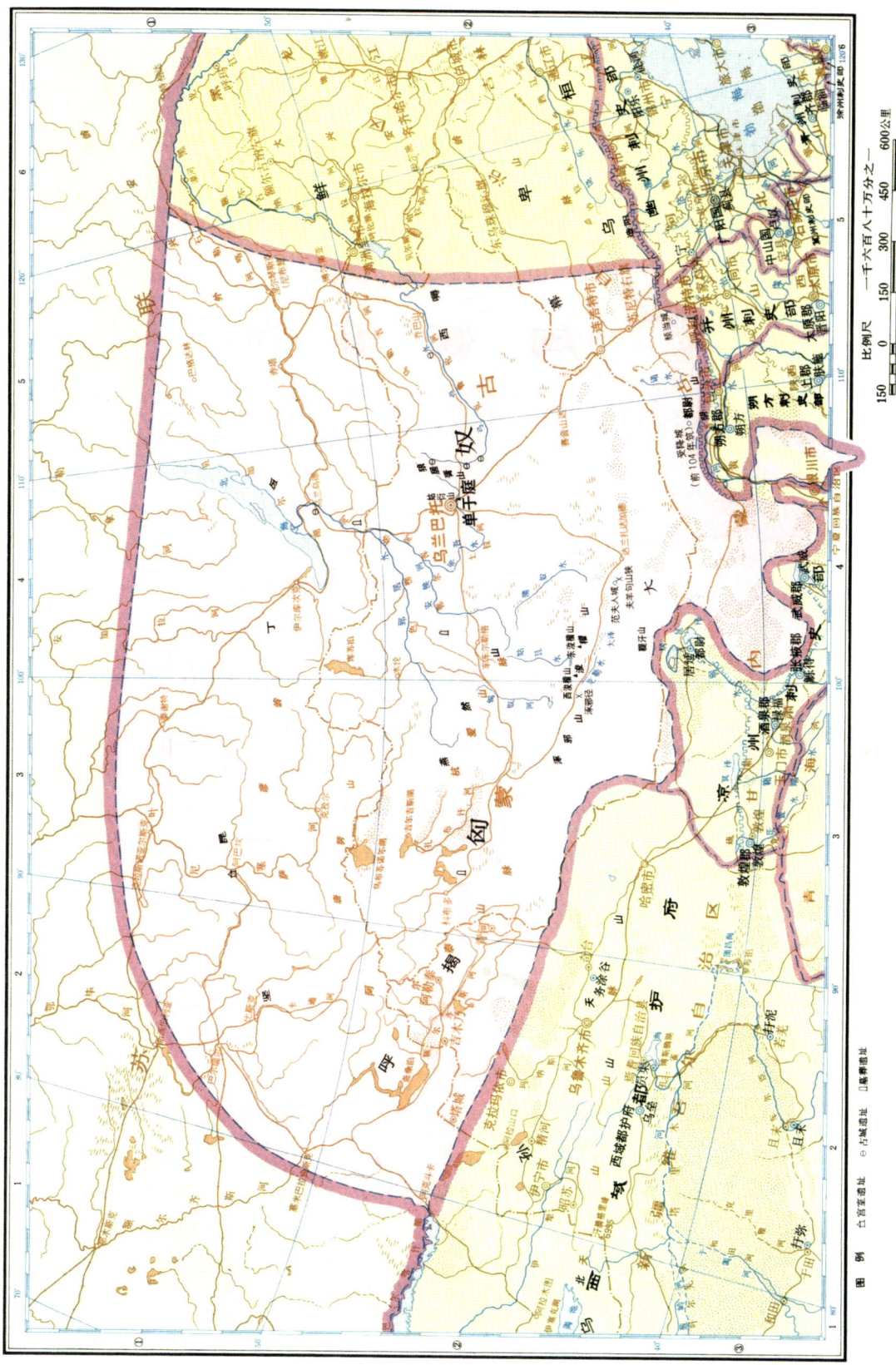

图 2-1 匈奴等部

(谭其骧主编:《中国历史地图集》第 2 册,中国地图出版社 1982 年版,第 39 页)

以太子为左屠耆王。自如左右贤王以下至当户，大者万骑，小者数千，凡二十四长，立号曰'万骑'。诸大臣皆世官。呼衍氏，兰氏，其后有须卜氏，此三姓其贵种也。①

匈奴习俗尚左，左贤王的权力与地位仅次于单于，是为单于"储副"。左右贤王之下，则有左右谷蠡王、左右大将、左右大都尉、左右大当户等高官。而且"诸大臣皆世官"，保证匈奴各级高官权力继承的稳定性。依据匈奴习俗，他们都领有一定的部族与固定的"分地"（即被划定固定的游牧地区），平时是行政长官，战时则是军事首领，率领麾下甲骑进行征战。匈奴这种从单于王庭到地方各级行政与军事合一统治机构的建立，既突出了单于作为最高首领的权威，各级官吏又有一定的自主权，这对于在区域广阔的大漠上应对突发事变是非常必要的。

其次，在冒顿单于统治时期，一套简约易行的法令体系已经成型："其法，拔刃尺者死，坐盗者没入其家；有罪小者轧，大者死。狱久者不过十日，一国之囚不过数人。……其攻战，斩首虏赐一卮酒，而所得卤获因以予之，得人以为奴婢。故其战，人人自为趣利，善为诱兵以冒敌。故其见敌则逐利，如鸟之集；其困败，则瓦解云散矣。战而扶舆死者，尽得死者家财。"②匈奴法令虽然简约，但由于适合匈奴"急则人习骑射，宽则人乐无事，其约束轻，易行也。君臣简易，一国之政犹一身也"的民族习俗，对于驾驭人口众多、民族成分繁杂以及疆域不断扩张的匈奴帝国而言是十分必要的，亦是卓有成效的。③

再次，匈奴虽然是一游牧部落，逐水草而迁徙，居无定所，但随着匈奴统治范围的不断扩大与统治机构的逐步完善，建立一个位置相对固定的统治中心——单于庭势在必行。由于史无明文，又缺少考古证据，单于庭所在众说纷纭，迄无定论。前文已及，

---

① 《史记》卷一一〇《匈奴列传》，第2890—2891页。
② 《史记》卷一一〇《匈奴列传》，第2892页。
③ 关于匈奴法令系统的建设，可参见武沐、王希隆《匈奴司法制度与刑法考述》[载《中南民族大学学报》（人文社会科学版）2004年第6期]等文。

在匈奴第一位单于头曼统治时期，据称其王庭设在头曼城（约今内蒙古包头北）。由于头曼城位于漠南，因此有许多学者将头曼城称为单于南庭。冒顿单于自立后，为了更有效地统辖广阔区域，在保留单于南庭的同时，又在漠北安侯河（鄂尔浑河）东侧的和硕柴达木湖附近另立单于庭，汉史称之为"茏城""龙城"或"龙庭"，这一单于庭又被称为单于北庭。①

冒顿单于将匈奴的政权机构分为中、左、右三部。《史记·匈奴列传》又载："诸左方王将居东方，直上谷以往者，东接秽貉、朝鲜；右方王将居西方，直上郡以西，接月氏、氐、羌；而单于之庭直代、云中：各有分地，逐水草移徙。"② 据此，匈奴中部是由单于直接统辖的首脑部，所管辖的地区位于匈奴中部，其南面直对汉的代郡（治今河北蔚县东北）以及云中郡（治今内蒙古托克托东北）。是时，这一"单于之庭"应指位于漠南的单于庭，即单于南庭；左部由左贤王统辖，所管辖地区位于匈奴的东部，其南面与上谷郡（治今河北怀来东南）以东地区相对；右部则由右贤王统辖，所管辖地区位于匈奴西部，其南面直对上郡（治今陕西榆林东南）以西地区。单于庭居匈奴之中，不仅便于匈奴诸部之长每年聚会于此，举行祭祀"其先、天地、鬼神"以及"课校人畜"③ 等活动，同时也将匈奴左右两部居中分开，从而避免了匈奴左右两部可能因分地之争而产生冲突。匈奴铁骑之所以能长

---

① 如黄文弼先生1941年所撰《前汉匈奴单于建庭考》一文曰："余疑匈奴在西汉时，漠南漠北均有单于庭。"是文收入《匈奴史论文选集（1919—1979）》，中华书局1983年版，第88页。关于单于庭的研究，可参见王庆宪《匈奴单于庭地理位置考》，见《中国魏晋南北朝史学会第十届年会暨国际学术研讨会论文集》，北岳文艺出版社2012年版。邱树森《两汉匈奴单于庭、龙城今地考》一文"小结"西汉前期单于庭时说："（一）战国末至西汉初，匈奴的统治中心在阴山，头曼单于首先建庭于阴山，即单于南庭。汉武帝时匈奴被击败，退出漠南，此庭遂废。太初三年，西汉光禄勋徐自为筑亭障，其中桐阳道中之头曼城系在单于南庭旧址所筑。（二）西汉初，……冒顿于今鄂尔浑河东侧、蒙古人民共和国前杭爱省哈尔和林北百里之Тайнцлинь—джиль废墟处建立单于北庭，并以此逐渐代替单于南庭成为全匈奴的政治行政中心。"（载《社会科学战线》1984年第2期）可资参考。

② 《史记》卷一一〇《匈奴列传》，第2891页。
③ 《史记》卷一一〇《匈奴列传》，第2892页。

时间纵横驰骋于大漠草原之上，所向披靡，使许多同样以游牧为主的民族不得不俯首称臣，强大汉帝国也穷于应付，与匈奴这样严密而又灵活的行政军事组织机构不无关系。

值得注意的是，右贤王部所面对的正是所谓河南地，这一区域正是秦直道的北端起点；而活动于河南地的匈奴白羊、楼烦王诸部为右贤王所辖，他们控制着秦直道的中间部分，"去长安近者七百里，轻骑一日一夜可以至秦中"①，成为匈奴威胁西汉京畿地区安全的一支最重要力量。

西汉初期相当长的一段时间内，右贤王部与活动于河南地的匈奴白羊、楼烦王部相互配合，屡屡依托秦直道南下侵扰，迫使西汉朝廷穷于应付。直至汉武帝于元朔二年（前127年）发动河南战役后，匈奴依托秦直道对京畿的威胁才基本解除。

第二节　平城之战与汉匈和亲

发生在汉高祖七年（前200年）的平城之战（又称"白登之围"），是汉匈首次大规模的冲突，以汉军的失败而告终。从军事角度而言，汉匈双方实际上并没有真正交战，只是汉军被困于冰天雪地的白登山中达七日之久，颇有些不战而屈的意味。唯因如此，汉朝野间普遍弥漫着对匈奴的畏惧之情。曲调低沉哀伤的民谣"平城之

---

① 《史记》卷九九《刘敬列传》，第2719页。

下亦诚苦！七日不食，不能彀弩"，正是这一社会心态的真实写照。平城之战后，匈奴侵扰之势更炽。刘邦试图依靠异姓诸侯王防范匈奴的部署几乎彻底失败。在匈奴数侵边境，汉军屡战不利的情况下，刘敬于高帝八年（前199年）献上和亲之策，被刘邦采纳实施，汉匈关系进入一个边境冲突与和亲交替进行的时期。

一、汉匈第一次军事冲突：平城之战

汉五年（前202年）正月，汉王刘邦（见图2-2）在洛阳称帝，建立西汉王朝。经过长期战争的消耗，刘邦面对的是饱经兵燹之后残破不堪的中原大地，以及在楚汉战争中形成与坐大的异姓诸侯王的割据势力，首先需要考虑的是如何恢复残破的社会经济、剪除异姓诸侯王、强化中央集权等更为棘手的问题。至于如何防范北边已经崛起的匈奴势力，刘邦鉴于"天下初定，骨肉同姓少"，因此最初是将希望寄托在异姓诸侯王身上。是时与匈奴相邻的诸侯王国主要是代国与燕国，《史记·汉兴以来诸侯王年表》载："自雁门、太原以东至辽阳，为燕、代国"①。

图 2-2 汉高祖像
（王圻、王思义撰辑：《三才图会·人物》，明万历三十七年原刊本）

秦汉之际，原燕将臧荼攻灭自立为燕

---

① 《史记》卷一七《汉兴以来诸侯王年表》，第801—802页。

王的韩广,被项羽封为燕王。汉五年(前202年)秋,臧荼因"谋反"被灭,成为最早被刘邦剪除的异姓王。旋即,刘邦封同乡密友太尉卢绾为燕王,都蓟(今北京西南)。可见刘邦对卢绾十分器重,委以防范匈奴的重任。由于中部代郡直接面对匈奴冒顿单于的驻区,防御的任务尤为艰巨,加之诸子年幼,刘邦不得不借助异姓诸侯王的力量。韩王信原是战国末年韩襄王的庶孙,秦末率兵随刘邦入关,汉二年(前205年)因攻占韩地十余城有功,被封为韩王,初封中原腹地颍川,都阳翟(今河南禹州)。六年(前201年)春,"上以韩信材武,所王北近巩、洛,南迫宛、叶,东有淮阳,皆天下劲兵处,乃诏徙韩王信王太原以北,备御胡,都晋阳"①。刘邦徙封韩王信,其中既有预防韩王信据"天下劲兵处"作乱的意图,又有希望他能担负起抗御匈奴责任的期望。这样的布置,在当时的形势下是现实可行的。

从中原富庶之地迁往西北寒苦边郡,其中的道理韩王信自然知晓。韩王信到晋阳(今山西太原)后,急于立功以解除刘邦的猜忌之心,于是主动上书,以"国被边,匈奴数入"为由,请求将都城由距边塞较远的晋阳迁往邻近边境的马邑(今山西朔州),以便就近抗御匈奴。刘邦当然立即批准。但是,双方相互猜忌的裂痕已经存在,日后事态的发展就不容乐观了。

六年(前201年)秋,韩王信到马邑不久,匈奴冒顿单于就亲率大军入侵,围攻马邑。当时韩王信没有足够的兵力坚守,朝廷的援兵又不能及时赶到,因此暗中数次派遣使者与匈奴商议和谈。此时,朝廷已经派出援兵奔赴马邑增援。刘邦得知韩王信暗中与匈奴联系一事后,大为恼火,于是致书韩王信,斥责他怀有二心,守土不肯尽责,为臣不能尽忠。韩王信得书后极为恐惧,一件往事又浮现在他的心头:那是在楚汉战争爆发后的第三年(前204年),他与周苛等奉汉王刘邦命坚守荥阳(今河南荥阳东北)。项羽攻破荥阳后,周苛不屈而死,他却投降项羽,不久又叛楚归

---

① 《史记》卷九三《韩王信列传》,第2633页。

汉。① 想念至此，韩王信生怕刘邦追算前账，二罪并罚，于是献马邑城投降，并与匈奴约定联合攻打太原郡。冒顿单于因此引兵南下，越过句注山（在今山西代县西北），进攻晋阳，使一场原本较小规模的边境冲突，最终发展成为汉匈首次大规模的军事冲突——平城之战。

关于平城之战的过程，《史记·韩王信列传》有详细的记载：

> 七年冬，上自往击，破信军铜鞮，斩其将王喜。信亡走匈奴。其将白土人曼丘臣、王黄等立赵苗裔赵利为王，复收信败散兵，而与信及冒顿谋攻汉。匈奴使左右贤王将万余骑与王黄等屯广武以南，至晋阳，与汉兵战，汉大破之，追至于离石，复破之。匈奴复聚兵楼烦西北，汉令车骑击破匈奴。匈奴常败走，汉乘胜追北，闻冒顿居代谷，高皇帝居晋阳，使人视冒顿，还报曰"可击"。上遂至平城。上出白登，匈奴骑围上，上乃使人厚遗阏氏。阏氏乃说冒顿曰："今得汉地，犹不能居；且两主不相厄。"居七日，胡骑稍引去。时天大雾，汉使人往来，胡不觉。护军中尉陈平言上曰："胡者全兵，请令强弩傅两矢外向，徐行出围。"入平城，汉救兵亦到，胡骑遂解去。汉亦罢兵归。②

从以上记载可知，平城之战经历了两个阶段。第一阶段是刘邦得知韩王信举马邑反叛，与匈奴联合大举入侵，太原郡治晋阳形势危急，于汉七年（前200年）冬亲自率大军前往太原郡抵御匈奴，解晋阳之围，讨伐叛将韩王信。

汉军一路行进顺利，先在上党郡铜鞮（今山西沁县南）大破

---

① 《史记》卷九三《韩王信列传》载，汉十一年（前196年）春，韩王信被汉将柴将军围于参合（今山西阳高南），柴将军致信韩王信劝降，"韩王信报曰：'……荥阳之事，仆不能死，因于项籍，此一罪也。及寇攻马邑，仆不能坚守，以城降之，此二罪也。今反为寇将兵，与将军争一旦之命，此三罪也。……今仆有三罪于陛下，而欲求活于世，……势不可耳。'遂战。柴将军屠参合，斩韩王信。"（第2635页）所谓"罪一"，即指此事。

② 《史记》卷九三《韩王信列传》，第2633—2634页。

韩王信军，斩杀其部将王喜。韩王信逃入匈奴，部卒四处逃散。此时，韩王信的另一些部将白土（今陕西神木西）人曼丘臣、王黄等拥立战国时赵国王室后裔赵利为王，收聚韩王信残余部卒，与冒顿、韩王信合谋反攻汉军。匈奴派遣左右贤王率一万多骑兵与韩王信部将王黄所率残部集聚于太原郡广武（今山西代县西南）一带，南下进攻晋阳。在晋阳城下，这支临时拼凑起来的联军被打败，向西退却，在西河郡离石（今山西离石）一带再次被汉军击败。匈奴重新在雁门郡楼烦（今山西宁武）西北集聚军队，又被汉军击破。刘邦率领得胜汉军进入太原郡治晋阳。

从平城之战的第一阶段看，由于韩王信的反叛，雁门、太原、上党、西河等四郡都卷入战乱之中，特别是韩王信部将王黄活动的上党郡铜鞮地区，邻近刘邦的初都——位于河内郡的洛阳，这也是刘邦亲自率部平定韩王信这次反叛的原因所在。再看匈奴方面的动向，虽然韩王信本传中称"匈奴使左右贤王将万余骑"云云，实际上太原郡与其北邻的雁门郡面对的是匈奴右贤王的防区，所谓"左右贤王"只是一种习惯上的称谓，这"万余骑"应是右贤王的部队。而且这支右贤王所部的"万余骑"，在晋阳附近被击溃后不是向北退却，而向西撤至西河郡离石地区再与汉军作战。前文已经提及，西河郡跨黄河（西河）而置，西邻上郡，由离石渡过黄河就是上郡，即是河南地。尽管根据现有史料无法推测这支属于右贤王的"万余骑"是通过何种途径进至广武以南的，但从广武以南退至离石，似乎不能排除匈奴在形势危急情况下渡过黄河，经过位于河南地的秦直道迅速撤退至塞外的可能。至于"复聚于楼烦西北"的匈奴骑兵，应当也是右贤王的部属，楼烦东去广武不远，两地平行位于句注山的西边与东边，而且楼烦县本来就是自战国末年以来楼烦胡活动的故地，因此右贤王部在与汉军作战失利后可能迅速复聚于此，准备再与汉军作战。

平城之战的第二阶段，由于战争初期进展顺利，"匈奴常败走，汉乘胜追北"，刘邦的轻敌之气大长。实际上在连续击败匈奴与韩王信的联军之后，汉军经过长途跋涉、数次恶战已经相当疲惫，亟须休整，而且随同刘邦进入平城的只是汉军的先头部队，主要以步兵为主，后续部队和辎重尚在开往平城的途中。此时正值"会冬大寒雨雪，卒之堕指者十二三"①，许多汉军已经丧失了战斗能力。不过，作为一位久经战阵的汉军统帅，刘邦也显示出谨慎的一面。在进驻晋阳后，得知冒顿单于的主力驻扎于代谷（约今河北蔚县东北）一带，刘邦连续派出汉使前往匈奴刺探军情。同样谙于军事的冒顿单于故意示弱，"匿其壮士肥牛马，但见老弱及羸畜。使者十辈来，皆言匈奴可击。上使刘敬复往使匈奴，还报曰：'两国相击，此宜夸矜见所长。今臣往，徒见羸瘠老弱，此必欲见短，伏奇兵以争利。愚以为匈奴不可击也。'"②尽管刘敬出使后认为匈奴有诈，极力劝阻刘邦，但此时刘邦已听不进任何相左的意见，何况汉军已越过句注山，向平城进发。于是刘邦痛骂刘敬妄图阻止大军，将他囚禁在广武，预备击溃匈奴后再治其罪。刘邦怀着必胜的决心，在敌情不明的情况下率领一支疲惫之师，踏上了征伐匈奴的道路，而且随同刘邦出征的重要谋士陈平等也没有对此提出异议，可见此时汉军上下对匈奴的实力与作战策略并没有足够清醒的认识。

刘邦率领汉军离开平城不久，向东北方向行至白登山（今山西大同东北）一带，陷入了匈奴精心设置的圈套之中。在冒顿单于的指挥下，四十万匈奴铁骑将汉军围困在白登山，"其西方尽白马，东方尽青駹马，北方尽乌骊马，南方尽骍马"③。对于匈奴骑兵如此炫耀之部署，《史记会注考证》引日中井积德语曰："马四方各色，以见其军之整而畜之饶耳。"④在连续被围七天之后，"汉兵中外不得相救饷"，据说刘邦采纳随军谋士陈平之"秘计"，"乃使使间厚遗阏氏，阏氏乃谓冒顿曰：'两主不相困。今得汉

---

① 《史记》卷一一〇《匈奴列传》，第2894页。
② 《史记》卷九九《刘敬列传》，第2718页。
③ 《史记》卷一一〇《匈奴列传》，第2894页。
④ 《史记会注考证附校补》卷一一〇《匈奴列传》，第1793页上。

地，而单于终非能居之也。且汉王亦有神，单于察之。'冒顿与韩王信之将王黄、赵利期，而黄、利兵又不来，疑其与汉有谋，亦取阏氏之言，乃解围之一角。于是高皇帝令士皆持满傅矢外乡，从解角直出，竟与大军合，而冒顿遂引兵而去"。① 至此，平城之战的第二阶段以汉军的失利而结束。

汉匈首次大规模交战就以汉军的失败结束，对汉朝野社会心态的影响之巨不难想见。特别是平城之战，从军事角度而言，双方实际上并没有真正交战，只是汉军被困于冰天雪地的白登山中达七日之久，颇有些不战而屈的意味。唯因如此，汉朝野间普遍弥漫着对匈奴的畏惧之情。惠帝三年（前192年），冒顿遣书侮吕后，其中亦不乏刺探汉廷反应之意图：

> 孤偾之君，生于沮泽之中，长于平野牛马之域，数至边境，愿游中国。陛下独立，孤偾独居。两主不乐，无以自虞，愿以所有，易其所无。

吕后得书后大怒，召丞相平、上将军樊哙、中郎将季布等"议斩其使者，发兵而击之"。樊哙自请率十万军"横行匈奴中"。

---

① 《史记》卷一一〇《匈奴列传》，第2894页。关于陈平解围之"秘计"，《史记》卷五六《陈丞相世家》裴骃《集解》引桓谭《新论》："或云：'陈平为高帝解平城之围，则言其事秘，世莫得而闻也。此以工妙踔善，故藏隐不传焉。子能权知斯事否？'吾应之曰：'此策乃反薄陋拙恶，故隐而不泄。……彼陈平必言汉有好丽美女，为道其容貌天下无有，今困急，已驰使归迎取，欲进与单于，……阏氏妇女有妒媢之性，必憎恶而事去之。此说简而要，及得其用，则欲使神怪，故隐匿不泄也。'刘子骏闻吾言，乃立称善焉。"（第2057—2058页）《汉书》卷一下《高帝纪下》颜师古注引应劭语曰："陈平使画工图美女，间遣人遗阏氏，云汉有美女如此，今皇帝困厄，欲献之。阏氏畏其夺己宠，因谓单于……于是匈奴开其一角，得突出。"桓谭与刘歆（即刘子骏）皆为两汉之际人，从桓谭《新论》"或云"可知，至少在西汉末年，社会上已经流传陈平欲献"美女"以解围之"秘计"。桓谭认为此计不是因为"工妙踔善"而"藏隐不传"，而是由于"薄陋拙恶"而"故隐而不泄"。桓谭这一说法得到饱学之士刘歆的赞同。应劭是东汉末年人，颜师古认为应劭之说虽是出自桓谭《新论》，但这只是桓谭"以意测之，……非纪传所说也"。（第63页）武沐先生认为："这虽近似于荒诞无稽的杜撰，但仍含有一定的真实成分，……陈平送与匈奴阏氏的美女图，很有可能就是答应将汉公主嫁与单于，……以公主嫁与匈奴单于才被认为是'和亲'，……但此事太丢汉家皇帝脸面，是根本无法公开的"（武沐：《白登之围与西汉初年之汉匈关系》，见《匈奴史研究》，民族出版社2009年版，第118页）。武沐先生的分析有一定的道理，故录之备读者参考。

樊哙不仅是汉高祖时著名的勇将,也是吕后的妹夫。一些大臣为阿谀吕后,皆赞同樊哙出击匈奴的主张。唯有中郎将季布痛斥樊哙"可斩",并引歌谣为证,力谏匈奴不可击,曰:"前陈豨反于代,汉兵三十二万,哙为上将军,时匈奴围高帝于平城,哙不能解围。天下歌之曰:'平城之下亦诚苦!七日不食,不能彀弩。'今歌吟之声未绝,伤痍者甫起,而哙欲摇动天下,妄言以十万众横行,是面谩也。且夷狄譬如禽兽,得其善言不足喜,恶言不足怒也。"①季布之言显然代表了多数朝臣的看法,《史记·匈奴列传》载其事曰:"诸将曰:'以高帝贤武,然尚困于平城。'于是高后乃止"②。平城之战的失败,对西汉初年汉匈关系影响之深以及汉朝野社会心态影响之大,由此可见一斑。

二、刘敬进献"和亲"之策

刘邦自平城解围后,为了稳定代地的形势,除令上将军樊哙"止定代地"外,另立其兄刘仲(又作刘喜)为代王;而匈奴则挟平城得胜之威,继续将攻击的锋芒对准代国,高祖七年(前200年)十二月,匈奴攻打代,代王刘仲不战自败,弃国逃归洛阳。由于兄长之故,刘邦不愿深究,贬刘仲为合阳侯,另立少子如意为代王。刘邦试图依靠异姓诸侯王与年长同姓诸侯王防范匈奴的部署几乎彻底失败。高祖八年(前199年)冬,刘邦再次亲自率军出征,"东击韩王信余反寇于东垣"。东垣(今河北石家庄东北)原为秦恒山郡郡治,西汉初年属赵国。③虽然据现有史料尚不清楚匈奴是否与韩王信余部联合攻击东垣,但从刘邦亲征东垣事看,韩王信与匈奴联合后对汉赵、代之地威胁甚巨,迫使汉高祖在一年之内两

---

① 《汉书》卷九四上《匈奴传上》,第3754—3755页。赵相国陈豨反于代地事在汉高祖十年(前197年),而平城之战发生于汉高祖七年(前200年),"前陈豨反于代"云云,《史记》之《匈奴列传》《季布列传》均无此说,应为班固误记。

② 《史记》卷一一〇《匈奴列传》,第2895页。

③ 《史记》卷八《高祖本纪》,第385页。东垣,汉高祖十一年(前196年)更名为真定。

次亲自率军出征，足见匈奴与韩王信侵扰赵、代之地事态之严重。

面对匈奴强劲的攻势与北境混乱的局势，刘邦苦无良策应对，史称"当是时，冒顿为单于，兵强，控弦三十万，数苦北边。上患之"①。正是在汉在与匈奴关系上进退维谷的局势下，刘敬于高祖八年九月不失时宜地献上"和亲"之策。

刘敬，原名娄敬，原是齐地一戍卒，于汉五年（前202年）戍守陇西，在路过洛阳时献定都长安之策。娄敬以为"陛下取天下与周室异"，而"秦地被山带河，四塞以为固，卒然有急，百万之众可具也。因秦之故，资甚美膏腴之地，此所谓天府者也。陛下入关而都之，山东虽乱，秦之故地可全而有也"。娄敬初见刘邦，就以"成周"与"关中""形势"之差异劝谏刘邦移都关中，因此深得刘邦赏识，于是赐姓刘，拜为郎中，号奉春君。《索隐》引张晏语云："春为岁之始，以其首谋都关中，故号奉春君。"②平城之战前，刘敬出使匈奴后曾力排众议，认为不可出击匈奴。刘邦败回广武后，诛杀了十多位言匈奴可击的汉使以泄愤，封刘敬为关内侯，号建信侯。

正因为刘敬有如此之经历，是当时汉臣中少有的对汉匈两方实力有比较清醒认识者，因此在刘邦询问应对匈奴之策时，刘敬认为是时"天下初定，士卒罢于兵，未可以武服也。冒顿杀父代立，妻群母，以力为威，未可以仁义说也"。因此，与匈奴偃兵息武的最好方式只能是和亲，进而达到使匈奴臣服的目的。刘敬建议曰：

> 陛下诚能以適长公主妻之，厚奉遗之，彼知汉適女送厚，蛮夷必慕以为阏氏，生子必为太子，代单于。何者？贪汉重币。陛下以岁时汉所余彼所鲜数问遗，因使辩士风谕以礼节。冒顿在，固为子婿；死，则外孙为单于。岂尝闻外孙敢与大父抗礼者哉？兵可无战以渐臣也。③

显然，刘敬的和亲之策套用的是春秋时期"秦晋之好"的

---
① 《史记》卷九九《刘敬列传》，第2719页。
② 《史记》卷九九《刘敬列传》，第2715—2718页。
③ 《史记》卷九九《刘敬列传》，第2719页。

模式。所谓冒顿死，"则外孙为单于"，反映的是古代传统中的"子以母贵"的思想。刘敬当然熟知匈奴习俗与冒顿杀父自立的故事，但还是刻意强调以长公主和亲，反对以宗室女冒充，企图用所谓女婿与妇翁、外孙与"大父"之情，约束"未可以仁义说也"的冒顿，确实如宋人司马光所说："建信侯谓冒顿残贼，不可以仁义说，而欲与为婚姻，何前后之相违也！"司马光进一步激烈地抨击说：

> 夫骨肉之恩，尊卑之叙，唯仁义之人为能知之；奈何欲以此服冒顿哉！盖上世帝王之御夷狄也，服则怀之以德，叛则震之以威，未闻与为婚姻也。且冒顿视其父如禽兽而猎之，奚有于妇翁！建信侯之术，固已疏矣；况鲁元已为赵后，又可夺乎！①

若以所谓"上世帝王之御夷狄"而论，司马光所说或有道理。但从汉廷的角度讲，平城之战试图"武服"匈奴失败后，天下初定、士卒疲罢的客观形势又不容许再与匈奴发生大规模战争，冒顿单于杀亲父、妻后母，又不能以"仁义"说之，因此，通过委曲求全的和亲的方式，尽量缓解匈奴的侵扰之势，最终达到不战而使匈奴臣服的目的，这才是刘敬进献和亲之策的关键所在。通过和亲方式获取政治、经济利益，这才是和亲双方关注的问题。至于所谓"和亲公主"身份的尊贵与否，不过是检验双方政治地位是否平等的一种方式而已。在西汉初期六十余年的汉匈和亲史上，处于和亲强势一方的匈奴，从来没有关心和亲公主的身份问题，只是关注和亲所能带来的物资利益；而汉廷则希冀利用和亲所建立的汉匈"兄弟之亲"，在每每与匈奴发生大规模冲突之后弥补双方关系。②

刘敬献和亲之策在高祖八年（前199年），但是真正实施则在高祖九年（前198年）冬。刘邦最终未遣长公主出塞和亲匈奴，其原因不单是吕后的哭阻，更可能考虑其可行性甚微，因此以"家

---

① 《资治通鉴》卷一二《汉纪四》"汉高帝九年"条，第383页。
② 汉匈以"兄弟之亲"弥补双方关系的典型事件，见汉文帝初年冒顿单于与文帝相互交往的信件（《史记》卷一一〇《匈奴列传》，第2896—2897页）。

人子名为长公主",使刘敬出使匈奴往结"和亲约"。①此后终高帝之世,中经惠帝、吕后、文帝、景帝,直至武帝元光二年(前133年)时止,和亲成为西汉王朝对匈奴的一项最主要的政策。

刘敬与匈奴达成和亲的具体条约史书无载,只有一个颇为笼统的"奉宗室女翁主为单于阏氏,岁奉匈奴絮缯酒食物各有数,约为兄弟以和亲"②的约定。具体而言,西汉初年的和亲大体应有三项内容。③

第一,汉廷在和亲的名义下,每年输送给匈奴一定数量的物资,除了一定数量的金帛等贵重物品,主要是匈奴地区很少或无法生产的纺织品与米、酒等食物。这些"岁奉"物资数量史书没有记载,据文帝时原为汉朝送亲使、后降匈奴的中行说所说:"顾汉所输匈奴缯絮米糵,令其量中,必善美",颜师古注曰:"顾,念也。中犹满也。量中者,满其数也。"可见输送给匈奴的物资不仅有数量的约定,而且质量必须"善美",如果"不备善而苦恶",匈奴铁骑"则候秋孰,以骑驰蹂乃稼穑也"。④而且随着时间的推移,一般物品已经不能满足匈奴的欲望,金帛絮丝等贵重物品所占的份额也越来越大。在汉初经济相当凋敝的情况下,"岁奉"匈奴的大量物资无疑是一项沉重的负担。

第二,汉匈互通关市,虽然没有见于刘敬与匈奴缔约的原始记载,但《史记·匈奴列传》载:"孝景帝复与匈奴和亲,通关市,给遗匈奴,遣公主,如故约。"⑤"这是《史记》中汉与匈奴'通关市'的最早记录。然而,其中所谓'复与'、'故约',可知此前'与

---

① 《史记》卷九九《刘敬列传》,第2719页。
② 《汉书》卷九四上《匈奴列传》,第3754页。
③ 林幹先生认为刘敬与匈奴缔结和亲条约大致可分为三项:第一,汉王朝出嫁公主,输送财物。第二,汉朝开放"关市",准许两族人民交易。第三,汉与匈奴结为兄弟,相约以长城为界,北面"引弓"之区是匈奴的游牧地带,归单于管领,南面"冠带之室"是汉族耕织的领域,由汉帝统治。(参见林幹:《匈奴史》,内蒙古人民出版社2007年版,第45—46页)笔者采纳林幹先生的观点,并在此基础上略做补充。
④ 《汉书》卷九四上《匈奴传上》,第3760—3761页。
⑤ 《史记》卷一一〇《匈奴列传》,第2904页。

匈奴和亲'，'遣公主'的时期，是曾经'通关市'的。"① 不过，在西汉高帝、惠帝与吕后时期似乎尚无开通关市的记载。文帝初年，贾谊曾献破匈奴"德胜"之策曰：

> 夫关市者，固匈奴所犯滑而深求也，愿上遣使厚与之和，以不得已许之大市。使者反，因于要险之所，多为凿开，众而延之，关吏卒使足以自守。大每一关，屠沽者、卖饭食者、羹臛膹炙者，每物各一二百人，则胡人著于长城下矣。是王则强北之，必攻其王也。以匈奴之饥，饭羹啖膹炙，啍醳多饭酒，此则亡竭可立待也。赐大而愈饥，财尽而愈困，汉者所希心而慕也。匈奴贵人，以其千人至者，显其二三；以其万人至者，显其十余人。夫显荣者，招民之机也。故远期五岁，近期三年之内，匈奴亡矣。此谓"德胜"。②

贾谊此议是以开通关市为名，以汉地佳酿美食诱使匈奴往来长城下，以匈奴之财与汉地相交换，如此以往，将使匈奴"财尽而愈困"，长则五年，短者三年，"匈奴亡矣"。尽管贾谊建议开通关市的动机是以汉地美食佳酿消耗匈奴的财力，以图不战而胜匈奴；但从"夫关市者，固匈奴所犯滑而深求也，愿上遣使厚与之和，以不得已许之大市"诸语看，匈奴人对于与汉开通关市的要求，较汉廷更为迫切。《汉书·匈奴传下》班固"赞"曰：

> 昔和亲之论，发于刘敬。是时天下初定，新遭平城之难，故从其言，约结和亲，赂遗单于，冀以救安边境。孝惠、高后时遵而不违，匈奴寇盗不为衰止，而单于反以加骄倨。逮至孝文，与通关市，妻以汉女，增厚其赂，岁以千金，而匈奴数背约束，边境屡被其害。③

由此可见，汉与匈奴开通关市应在文帝时期，但具体年份不

---

① 王子今、李禹阶：《汉代北边的"关市"》，载《中国边疆史地研究》2007年第3期。
② 贾谊撰，阎振益、钟夏校注：《新书校注》卷四《匈奴》，中华书局2000年版，第138页。
③ 《汉书》卷九四下《匈奴传下》，第3830—3831页。

详。据《资治通鉴》载，文帝前六年（前174年），冒顿单于在右贤王侵扰河南地之后致书文帝，表示要与汉"除前事，复故约，以安边民"。文帝报书曰："单于欲除前事，复故约，朕甚嘉之。"①同年，贾谊以梁王太傅的身份上书文帝，进献制衡诸侯王、钳制匈奴等"治安策"，上引与匈奴通关市以耗其财的"德胜"可能也出于是年。②由此可以推测文帝前六年以后，汉与匈奴已经落实了"通关市"的和亲"故约"。

汉与匈奴关市的开通，匈奴用畜产品与汉民族地区交换农产品、纺织制品以及一些金属等制品，对于改变匈奴单一的畜牧业经济结构，促进汉匈双方经济发展、文化交流、民族间往来，都有一定的益处。从这一角度看，和亲的作用并不完全是消极的，对于汉匈双方也有积极的一面。因此也出现了武帝初年"明和亲约束，厚遇关市，饶给之。匈奴自单于以下皆亲汉，往来长城下"③的缓和局面。

不过还应指出，汉与匈奴的关市贸易始终存在诸多限制。汉初《津关令》规定：

> 越塞阑关，论未有□，请阑出入塞之津关，黥为城旦舂；越塞，斩左止（趾）为城旦；吏卒主者弗得，赎耐；令、丞、令史罚金四两。智（知）其请（情）而出入之，及假予人符传，令以阑出入者，与同罪。……县邑传塞，及备塞都尉、关吏、官属、军吏卒乘塞者□其□□□□□日□□牧□□塞邮、门亭行书者得以符出入。④

虽然简文有所残缺，但大意还是清楚的，《津关令》规定出入津关者必须持有"符传"，没有"符传"而擅自出津关者，不仅本人要受到严厉的制裁，津关管理者也要受到相应的处分。在

---

① 《资治通鉴》卷一四《汉纪六》"汉文帝前六年"条，第468页。
② 《资治通鉴》卷一四《汉纪六》"汉文帝前六年"条，第472—479页。
③ 《汉书》卷九四上《匈奴传上》，第3765页。
④ 张家山二四七号汉墓竹简整理小组编著：《张家山汉墓竹简〔二四七号墓〕》（释文修订本），文物出版社2006年版，第83页。

汉匈边境地区设立"津关"并制定《津关令》,"重在限制人员、物资、武器、马匹、金属等战略物资流入匈奴"①。又据《史记·汲黯列传》载,武帝元狩年间,匈奴浑邪王降汉,"浑邪至,贾人与市者,坐当死者五百余人"。汲黯谏汉武帝曰:"愚民安知市买长安中物而文吏绳以为阑出财物于边关乎?陛下纵不能得匈奴之资以谢天下,又以微文杀无知者五百余人,……臣窃为陛下不取也。"《集解》引应劭语曰:"阑,妄也。律,胡市,吏民不得持兵器出关。虽于京师市买,其法一也。"② 可知即使在京城,许多物资,特别如兵器之类,皆不得与匈奴进行交易,违犯者或可罹死罪。

第三,汉匈缔结和亲约时,曾经约定各自管辖的范围,作为汉匈"约为昆弟"的条件之一。《史记·匈奴列传》载,文帝于后二年(前162年)遗书匈奴老上单于:

> 先帝制:长城以北,引弓之国,受命单于;长城以内,冠带之室,朕亦制之。使万民耕织射猎衣食,父子无离,臣主相安,俱无暴逆。③

这是在史籍中首次见到关于"先帝制"的记载。"先帝",当然是指汉高祖刘邦。以长城为界,汉匈分居长城南北分治其民,是刘敬与匈奴缔结和亲约时最为重要的一点。文帝遗老上单于书中刻意强调"先帝制",主要是针对文帝十四年(前166年)匈奴右贤王部大举侵扰朝那、萧关等地,杀略边郡吏民等事而发。朝那、萧关均在今宁夏固原东南,秦与西汉初年属北地郡,位于秦昭襄王时所筑"拒胡"长城之南。早在秦汉之际北边防御体系崩溃之时,秦始皇修筑于河南地的长城西段实际上已为匈奴人所控制。汉初和亲缔约之时,所谓"故塞"(又称"故河南塞"),即秦昭襄王所筑长城,实际上成为汉匈真正的分界线;汉匈以此

---

① 张功:《边地商人与西汉初期的赵地叛乱研究》,载《邯郸学院学报》2015年第2期。
② 《史记》卷一二〇《汲黯列传》,第3109—3110页。
③ 《史记》卷一一〇《匈奴列传》,第2902页。

第二章 西汉初年围绕秦直道的争夺

为界分治其民,这就是"先帝制"的关键所在。正因为匈奴右贤王部突破"故塞"南下侵掠,因此引起汉文帝的愤慨,在与老上单于书中刻意强调"先帝制"。尽管如此,文帝遗书老上单于后又制诏御史,重申"匈奴无入塞,汉无出塞,犯今约者杀之,……其布告天下,使明知之"①的约定,表示仍以"先帝制"为基础,以维护汉匈兄弟之关系。

汉初约定以秦昭公时长城为界分治其民是为"先帝制"。《太平御览》卷七七九《奉使下》引《三辅故事》记载,为汉匈分界提供另外一个"先帝制"的版本:

> 娄敬曰:"臣愿为高车使者,执节往至匈奴庭,与其分土定界。"敬至,曰:"汝本处北海之滨,秦乱,汝侵其界,居中国地。今婚姻已成,当还汝本牧,还我中国地。"作丹书铁券,曰:"自海以南,冠盖之士处焉;自海以北,控弦之士处焉。"②

"北海"在汉人眼中,或是指范围极为广袤的"瀚海",或是指今贝加尔湖地区,总之都是极为远僻的北方。《史记·匈奴列传》载,元狩四年(前119年),"汉骠骑将军(指霍去病)之出代二千余里,与左贤王接战,汉兵得胡首虏凡七万余级,左贤王将皆遁走。骠骑封于狼居胥山,禅姑衍,临翰海而还"。《集解》引如淳语曰:"翰海,北海名。"又,元封元年(前110年),汉武帝遣使郭吉至匈奴,见乌维单于。"吉曰:'南越王头已悬于汉北阙。今单于即能前与汉战,天子自将兵待边;单于即不能,即南面而臣于汉。何徒远走,亡匿于幕北寒苦无水草之地,毋为也。'语卒而单于大怒,……而留郭吉不归,迁之北海上。"《正义》:"北海即上海也,苏武亦迁也。"③可见即使对匈奴而言,"北海"也是较"幕北寒苦无水草之地"更为遥远的北地。如果以"北海"为界,显然与匈奴当时已经占据活动的地区不符,汉匈双方都不

---
① 《史记》卷一一〇《匈奴列传》,第2903—2904页。
② 《太平御览》卷七七九《奉使下》引《三辅故事》,第3452页上。
③ 《史记》卷一一〇《匈奴列传》,第2911、2912、2913页。

可能提出或接受这样的约定。至于"丹书铁券",陆贾《楚汉春秋》"高祖初封侯"条载:"高祖初封侯者,皆赐丹书铁券,曰:'使黄河如带,泰山如砺,汉有宗庙,尔无绝世。'"是时匈奴与汉并不是臣属关系,而是"约为昆弟",不可能以"丹书铁券"的形式与匈奴盟约。更有可能,所谓"自海以南,冠盖之士处焉;自海以北,控弦之士处焉",是从文帝遗老上单于书中"长城以北,引弓之国,受命单于;长城以内,冠带之室,朕亦制之"诸语衍化而来,只不过是将汉匈分界推至更加遥远的"北海"而已。《三辅故事》出于晋世,作者名佚。晋世正处所谓"五胡乱华"之际,江统"徙戎"说是时议之主流;所谓刘敬"当还汝本牧"云云,反映的应是晋人的观点。《汉书补注》卷四三《娄敬传》引清人沈钦韩语曰:"此乃纵横家揣摩其说,非实事也。"① 当是确评。不过,这不近"实事"的纵横家之言,可以反映出后人对汉廷降尊纡贵与匈奴和亲不满却又无可奈何而极力为之修饰的心态。

除了上述缔结和亲的三项主要约定,另一重要的成果就是刘敬出使匈奴时曾途经河南地,回到长安后以亲眼所见向高祖刘邦建议徙民充实关中。《汉书·娄敬传》载:

> 敬从匈奴来,因言"匈奴河南白羊、楼烦王,去长安近者七百里,轻骑一日一夕可以至。秦中新破,少民,地肥饶,可益实。夫诸侯初起时,非齐诸田,楚昭、屈、景莫与。今陛下虽都关中,实少人。北近胡寇,东有六国强族,一日有变,陛下亦未得高枕而卧也。臣愿陛下徙齐诸田,楚昭、屈、景、燕、赵、韩、魏后,及豪杰名家,且实关中。无事,可以备胡;诸侯有变,亦足率以东伐。此强本弱末之术也"。上曰:"善。"乃使刘敬徙所言关中十余万口。

"秦中"即"关中",颜师古注曰:"秦中谓关中,故秦地

---

① 《汉书补注》卷四三《娄敬传》,中华书局1983年版,第1018页下。

也。新破，谓经兵革之后未殷实。"① 刘敬徙民充实关中的主张，显然是汲取了秦始皇三十三年（前214年）"西北斥逐匈奴"后，徙民充实河南地的经验；不同的是，此次徙民不是为充实边塞，而是为了充实关中地区。反映出在汉初匈奴重归河南地的形势下，汉廷当务之急是部署关中地区的防务，尚无暇且无力顾及在河南地活动的匈奴白羊、楼烦王等部。

西汉初年首批徙居关中的关东大族"十余万口"的分布情况，颜师古注曰："今高陵、栎阳诸田，华阴、好畤诸景，及三辅诸屈、诸怀尚多，皆此时所徙。"② 高陵（今陕西高陵）、栎阳（今陕西富平东南）、华阴（今陕西华阴东）、好畤（今陕西乾县东）四县，秦时属内史，西汉初年沿置，均位于西汉都城长安以北，秦直道南端起点甘泉以南，自西以东分别是好畤、高陵、栎阳、华阴，除了华阴距咸阳稍远，其余三县皆北临秦都咸阳。高陵等四县原本应是人口稠密地区，但经过秦汉之际的大动荡之后，"实少人"，因此不得不将关东"豪杰名家"徙居于此，除了防范他们在山东"有变"，另一目的就是迅速增加京畿地区的人口，无事则"可以备胡"。

刘敬于高祖九年（前198年）出使匈奴的道路已不可考，但从刘敬出使回报刘邦所说匈奴白羊、楼烦王等部"去长安近者七百里，轻骑一日一夕可以至"的情况看，刘敬出使匈奴可能是经过秦直道的，所以对活动于河南地的匈奴白羊、楼烦王等部的活动情况较为了解，因此建议刘邦徙民充实关中，防备匈奴利用秦直道快速南下侵扰关中。如果这一推测不误的话，刘敬应是第一位通过秦直道出使匈奴的汉朝使者。

---

① 《汉书》卷四三《娄敬传》，第2123—2124页。
② 《汉书》卷四三《娄敬传》，第2124页。

第三节　秦直道与汉初的边境战争

汉匈虽然于高祖九年（前198年）缔结和亲之约，但实际效果并不如最初设想的那么有效，匈奴并没有因此停止侵扰，反而在赵相陈豨、燕王卢绾等投靠匈奴后，与其连兵对边郡侵扰更甚。从河西至辽东，漫长的北部边境烽火连绵，胡笳互动，几乎岁无宁日。高祖十二年（前195年）二月，刘邦在击破淮南王英布后，过故乡沛县，作《大风歌》："大风起兮云飞扬，威加海内兮归故乡，安得猛士兮守四方！"① 集中表达了对四边未靖，尤其是对北境屡受匈奴侵扰局势的忧虑之情。特别是在文帝时期，月氏部落在匈奴冒顿单于与老上单于的连续驱逐下，完全退出河西地区。自此，处于匈奴控制之下的河西地区与河南地遥相呼应，对关中地区的威胁更甚。而秦直道作为沟通边地与关中联系的一条重要的交通要道，成为汉初，特别是文帝时期汉匈争夺的焦点所在。

一、陈豨之乱与北边形势

高祖七年（前200年）平城之战的失利，固然有刘邦低估匈奴实力，轻率进军，因而被冒顿单于围困白登山之因，但从深层看，

---

① 《史记》卷八《高祖本纪》，第389页。

则是由于代、赵之地直接面对匈奴单于部，所承受的压力远较其他边地为甚，这也是刘邦将"壮武"的韩王信徙至代地防范匈奴的原因所在。然而，随着韩王信的反叛以及代王刘仲的弃国而逃，代、赵之地的形势反而更加混乱，刘邦一方面遣上将军樊哙等追击韩王信部，一方面不得不重新调整代国与赵国。

高祖七年十二月，代王刘仲弃国逃亡后，刘邦另立戚夫人子如意为代王。如意深得刘邦宠爱，几乎取代太子刘盈的地位，因此年少没有就国。① 此时的代国又是韩王信联合匈奴与汉廷争夺的重点地区之一。如意封为代王后，刘邦以曾随其参加过平城之战的阳夏侯陈豨为代相，主持代国防范匈奴的事务。

陈豨，宛朐（今山东菏泽西南）人。在刘邦所依靠的功臣集团中，陈豨虽然不属于丰沛核心集团，但也属较早随从刘邦起事的主要功臣侯之一。② 史载陈豨"以特将将卒五百人，前元年从起宛、朐，至霸上，为侯，以游击将军别定代，已破臧荼，封豨为阳夏侯"③。前元年即高祖元年（或作汉元年，前206年），在此前一年，刘邦奉楚怀王命进攻秦都咸阳，陈豨以特将的身份率五百卒随刘邦进军霸上，初封为"侯"。而被封为阳夏侯的时间在高祖六年（前201年）正月，"侯功"则是以游击将军参与击破臧荼，别定代地。

燕王臧荼是最早被刘邦剪除的异姓诸侯王，史载："（高祖五年）十月，燕王臧荼反，攻下代地。高祖自将击之，得燕王臧荼。即立太尉卢绾为燕王。使丞相哙将兵攻代。"④ 臧荼反叛是否与匈奴有关，史无明言；但从燕王臧荼反叛后攻略代地的形势看，如果任其发展，势必要引起活动于燕、代北境的匈奴的呼应。这也是刘邦迅速出兵平定臧荼，另遣丞相樊哙"将兵攻代"的原因所在。

---

① 《汉书》卷一下《高帝纪下》，第67页。《汉书补注》引清人朱一新语曰："如意为代王，本传及《诸侯王表》皆不书，盖以其年幼未之国也。"（第52页下）
② 《史记会注考证附校补》卷一八《高祖功臣侯者年表》引清人汪越语曰："表侯功，大约从起丰沛，从至霸上定秦，从至汉中，从灭项羽，功之大者也。"可见在汉初功臣侯中，陈豨属于仅次于"从起丰沛"的功臣侯。（第546页上）
③ 《史记》卷一八《高祖功臣侯者年表》，第902页。
④ 《史记》卷八《高祖本纪》，第381页。

而陈豨则因从刘邦击败臧荼,又以游击将军的身份从丞相樊哙"别定代"有功而封为阳夏侯。正由于陈豨在高祖初年的主要活动与平定代地有关,因此他深得刘邦的信任,故在韩王信反叛后被委以在代地防御匈奴的重任。

高祖九年(前198年),赵王张敖受其相贯高等谋反案牵连,被废为宣平侯后,刘邦徙其爱子、代王如意为赵王。至此,赵国兼领代国北边三郡——云中、雁门、代郡,是为汉初赵国封域最广的时期之一。此时,如意年仅十岁,"高祖忧即万岁之后不全也",于是采纳符玺御史赵尧的建议,任命"吕后、太子、群臣素所敬惮"的御史大夫周昌为赵相,监护如意。① 刘邦又考虑到是时赵国兼领原代国三边郡,故又任命原代相陈豨为赵相,"将监赵、代边兵,边兵皆属焉"②。至此,陈豨的权势达到顶点。

西汉初期同姓诸侯王国势力颇大,其官制略仿汉朝,《汉书·百官公卿表》载:"诸侯王,高帝初置,金玺盭绶,掌治其国。有太傅辅王,内史治国民,中尉掌武职,丞相统众官,郡卿大夫都官如汉朝。"③ 诸侯国诸官中,"汉朝唯置丞相,其御史大夫以下,皆自置之"④,一国置两相的唯有如意之赵国。推度刘邦的意愿:一是以原朝廷重臣周昌为赵相护佑爱子如意;二是以久在代、赵边地的军事将领陈豨为又一赵相,统领代、赵边兵,防范匈奴与韩王信联手侵扰。这初看合理的安排,终因周昌与陈豨两相矛盾激化,最终导致陈豨反叛,与韩王信旧将王黄、曼丘臣等侵扰代、赵。史载:

> 豨常告归过赵,赵相周昌见豨宾客随之者千余乘,邯郸官舍皆满。豨所以待宾客布衣交,皆出客下。豨还之代,周昌乃求入见。见上,具言豨宾客盛甚,擅兵于外数岁,恐有变。上乃令人覆案豨客居代者财物诸不法事,多连

---

① 《史记》卷九六《张丞相列传》,第2678页。
② 《史记》卷九三《韩信卢绾列传附陈豨传》,第2639页。
③ 《汉书》卷一九上《百官公卿表上》,第741页。
④ 郑樵:《通志》卷五六《职官六》,中华书局1987年版,第687页下。

引豨。豨恐，阴令客通使王黄、曼丘臣所。及高祖十年七月，太上皇崩，使人召豨，豨称病甚。九月，遂与王黄等反，自立为代王，劫略赵、代。①

陈豨起兵后，一时声势浩大，赵国都城邯郸北边的重要屏障常山郡，原有二十五城，陈豨反叛后"亡其二十城"，由此可见一斑。在得悉陈豨反叛后与匈奴及韩王信部将王黄等连兵侵掠代、赵之地后，刘邦十分恼怒地说："豨尝为吾使，甚有信。代地吾所急也，故封豨为列侯，以相国守代，今乃与王黄等劫掠代地！代地吏民非有罪也，其赦代吏民。"②为了防止事态进一步恶化，刘邦不得不亲至邯郸布置击陈豨事宜。

刘邦亲至邯郸征陈豨后，曾遣使"征兵梁王（彭越）。梁王称病，使将将兵诣邯郸"③；复又征兵于燕王卢绾，最初燕王卢绾出兵"击其东北"。陈豨为避免两面受敌，使王黄求救于匈奴。燕王绾亦使其臣张胜于匈奴，言豨等军破。张胜至匈奴后，故燕王臧荼子衍出亡在胡，见张胜曰：

> 公所以重于燕者，以习胡事也。燕所以久存者，以诸侯数反，兵连不决也。今公为燕欲急灭豨等，豨等已尽，次亦至燕，公等亦且为虏矣。公何不令燕且缓陈豨而与胡和？事宽，得长王燕；即有汉急，可以安国。

对于臧衍的建议，"张胜以为然，乃私令匈奴助豨等击燕。燕王绾疑张胜与胡反，上书请族张胜。胜还，具道所以为者。燕王寤，乃诈论它人，脱胜家属，使得为匈奴间，而阴使范齐之陈豨所，欲令久亡，连兵勿决"。④

---

① 《史记》卷九三《韩信卢绾列传附陈豨传》，第2640页。
② 《史记》卷八《高祖本纪》，第387页。陈豨为高祖所信任事，又见《史记》卷九二《淮阴侯列传》："陈豨拜为巨鹿守（《集解》引徐广语曰：'表云为赵相国，将兵守代也。'），辞于淮阴侯。……淮阴侯曰：'公之所居，天下精兵处也；而公，陛下之信幸臣。人言公之畔，陛下必不信；再至，陛下乃疑矣；三至，必怒而自将。吾为公从中起，天下可图也。'"（第2628页）此段记载故事性甚强，不可完全取信；但陈豨为刘邦"信幸臣"，赵国为"天下精兵处"，则属可信。
③ 《史记》卷九〇《彭越列传》，第2594页。
④ 《史记》卷九三《卢绾列传》，第2638页。

刘邦征兵梁王彭越，彭越托病不往，而遣梁将率兵前往敷衍；燕王卢绾最初应征出兵，但出于"长王于燕"的目的，"缓陈豨而与胡和"，鼠首两端，坐观成败。这就是汉初诸侯王"连兵"匈奴，企图自保的典型事例。加之汉十一年（前196年）春，已经沉寂一时的韩王信，"复与胡骑入居参合，距汉"①，企图策应陈豨，足见陈豨反叛后声势颇大，刘邦不得不再次面对四年前韩王信与匈奴连兵侵扰的严峻形势。难怪刘邦一至邯郸，立即封未立寸功的四位赵壮士"各千户，以为将。左右谏曰：'从入蜀、汉，伐楚，功未遍行，今此何功而封？'上曰：'非若所知！陈豨反，邯郸以北皆豨有，吾以羽檄征天下兵，未有至者，今唯独邯郸中兵耳。吾胡爱四千户封四人，不以慰赵子弟！'"②

从汉军攻击陈豨的过程看，"十一年，高祖在邯郸诛豨等未毕，豨将侯敞将万余人游行，王黄军曲逆，张春渡河击聊城。汉使将军郭蒙与齐将击，大破之。太尉周勃道太原入，定代地。至马邑，马邑不下，即攻残之。豨将赵利守东垣，高祖攻之，不下。月余，卒骂高祖，高祖怒。城降，令出骂者斩之，不骂者原之"③。直至高祖十二年（前195年）冬，"樊哙军卒追斩豨于灵丘"④。马邑、东垣已见前解，韩王信反叛时，马邑、东垣正是双方争夺的重点区域所在。曲逆（今河北顺平东南）与灵丘（今山西灵丘）均在赵国境，唯有聊城（今山东聊城西北）汉初时属齐国，陈豨部将张春渡过黄河进攻聊城，反映出陈豨之乱较韩王信之乱有扩大之趋势。这也是汉军经过一年多的苦战，才彻底平息陈豨之乱的原因所在。

陈豨之乱平定后，刘邦汲取陈豨以赵相国将监边赵、代兵，不仅没有稳定赵、代地局势，反而促其与匈奴连兵侵扰代地之教训，认为"代地居常山之北，与夷狄边，赵乃从山南有之，远，数有胡寇，

---

① 《史记》卷九三《韩王信列传》，第2635页。
② 《史记》卷九三《韩信卢绾列传附陈豨传》，第2641页。
③ 《史记》卷八《高祖本纪》，第388—389页。
④ 《史记》卷九三《韩信卢绾列传附陈豨传》，第2642页。

难以为国。颇取山南太原之地益属代,代之云中以西为云中郡,则代受边寇益少矣"①。因此析分赵国,取云中郡东部为定襄郡,与雁门、代、太原四郡之地划入代国,立年仅七岁的中子刘恒为代王。至此,结束赵国短暂领有北边郡之历史。②

陈豨之乱虽然平定,但其遗祸却波及燕国。高祖十二年(前195年),樊哙击斩陈豨后,其降将言燕王曾指使燕臣范齐与陈豨通谋反叛。最初刘邦并不相信同乡密友卢绾反叛,于是遣辟阳侯审食其、御史大夫赵尧往迎燕王卢绾:

> 绾愈恐,闭匿,谓其幸臣曰:"非刘氏而王,独我与长沙耳。往年春,汉族淮阴,夏,诛彭越,皆吕后计。今上病,属任吕后。吕后妇人,专欲以事诛异姓王者及大功臣。"乃遂称病不行。其左右皆亡匿。语颇泄,辟阳侯闻之,归具报上,上益怒。又得匈奴降者,降者言张胜亡在匈奴,为燕使。于是上曰:"卢绾果反矣!"使樊哙击燕。燕王绾悉将其宫人家属骑数千居长城下,候伺,幸上病愈,自入谢。四月,高祖崩,卢绾遂将其众亡入匈奴,匈奴以为东胡卢王。绾为蛮夷所侵夺,常思复归。居岁余,死胡中。③

显然,卢绾本意虽不愿反叛,但既有与陈豨、匈奴通谋之"事实",又慑于吕后献计族诛原异姓诸侯王韩信、彭越之残酷手段,不得不逃入匈奴以避祸殃。由于卢绾的反叛,汉匈和亲之后曾经侵扰"少止"的汉北边又开始出现动荡的局势,史称"燕王卢绾反,

---

① 《汉书》卷一下《高帝纪下》,第70页。
② 关于西汉初年代、赵的政区地理,可参见周振鹤先生的研究:"高帝六年,封兄喜为代王,名义上有云中、雁门、代三郡。七年,更封子如意。九年,如意徙王赵,代地属赵。十一年,分云中郡东部置定襄郡,以定襄、雁门、代、太原四郡置代国,封子恒。景帝三年,代国唯余太原一郡,其定襄、雁门、代三边郡属汉。武帝元鼎三年,代王徙清河,代国除为太原郡。"(周振鹤:《西汉政区地理》,人民出版社1987年版,第70页)
③ 《史记》卷九三《卢绾列传》,第2638—2639页。

率其党数千人降匈奴，往来苦上谷以东"①。

由此可见，在西汉初年高祖时期，领有北边郡的诸侯国在涉及与匈奴的关系时，其利益及诉求与汉廷有时并不一致，甚至是完全相悖的。刘邦对于领有北边郡的诸侯王及军事将领，既希望他们能担负防范匈奴的重任，又猜忌他们可能因此坐大势力，抗拒汉廷。这种矛盾与猜忌的心态，无疑是促使韩王信、赵相国陈豨、燕王卢绾相继反叛，或与匈奴连兵侵扰汉北边郡，或逃入匈奴避祸的一个主要动因。《韩信卢绾列传》"太史公曰"：

> 韩信、卢绾非素积德累善之世，徼一时权变，以诈力成功，遭汉初定，故得列地，南面称孤。内见疑强大，外倚蛮貊以为援，是以日疏自危，事穷智困，卒赴匈奴，岂不哀哉！陈豨，梁人，其少时数称慕魏公子；及将军守边，招致宾客而下士，名声过实。周昌疑之，疵瑕颇起，惧祸及身，邪人进说，遂陷无道。於戏悲夫！夫计之生孰成败于人也深矣！②

如果剔除司马迁对韩王信、卢绾、陈豨诸人的道德评价，因"见疑"而"外倚蛮貊以为援"，倒是很符合三人由汉"信臣"到"叛臣"的人生轨迹。③

二、秦直道与匈奴右贤王入侵河南地

汉高祖刘邦死后，惠帝、吕后相继执政，除了惠帝三年（前

---

① 《史记》卷一一〇《匈奴列传》，第2895页。卢绾燕国的辖地，包括上谷、渔阳、右北平、辽西、辽东诸郡，与战国时燕国大致相当。卢绾降匈奴后，刘邦封其子刘建为燕王；高后七年（前181年），刘建死，国除。刘建为燕王十五年，其母无宠，史称"诸姬"，留下史料甚少。次年，即高后八年，吕后封侄子吕通为燕王。吕通为燕王不到一年，随诸吕一同败亡，同样也没有留下任何有价值的史料。因此，汉初刘氏、吕氏燕国的情况不甚清楚。（参见宋超：《西汉时期燕国与匈奴关系考略》，见《汉代文明国际学术研讨会论文集》，北京燕山出版社2009年版）

② 《史记》卷九三《韩信卢绾列传》，第2642页。

③ 韩王信子韩颓当与孙韩婴于文帝前十四年（前166年）率其众归汉，韩颓当被封为弓高侯，韩婴被封为襄城侯；卢绾之孙卢他之，景帝中六年（前144年）以匈奴东胡王的身份归汉，被封为亚谷侯。其中或不乏宽宥韩、卢反叛之罪，特意安抚其后裔之意。

192年）冒顿单于遗书悔吕后，汉臣曾议出击匈奴，为中郎将季布谏阻，汉匈关系基本处于相对和缓的态势。史称："高祖崩，孝惠、吕太后时，汉初定，故匈奴以骄。冒顿乃为书遗高后，妄言。高后欲击之，诸将曰：'以高帝贤武，然尚困于平城。'于是高后乃止，复与匈奴和亲。"①

高后八年（前180年），汉功臣集团与刘氏王侯趁吕后去世之机，联合剪除吕氏集团，但在帝位继承问题上出现严重分歧。《史记·吕太后本纪》载：

> 诸大臣相与阴谋曰："少帝及梁、淮阳、常山王，皆非真孝惠子也。……不如视诸王最贤者立之。"或言"齐悼惠王高帝长子，今其適子为齐王，推本言之，高帝適长孙，可立也"。大臣皆曰："吕氏以外家恶而几危宗庙，乱功臣。今齐王母家驷，驷钧，恶人也，即立齐王，则复为吕氏。"欲立淮南王，以为少，母家又恶。乃曰："代王方今高帝见子，最长，仁孝宽厚。太后家薄氏谨良。且立长故顺，以仁孝闻于天下，便。"②

作为汉功臣集团与刘氏王侯相互妥协的产物，代王刘恒被立为皇帝，是为文帝（见图2-3）。

刘恒自高祖十一年（前196年）被封为代王后，一直居于代地，所以在吕后时期激烈的政争中能保持超然的态度，取得诸大臣对其"仁孝宽厚"性格的认同。此外，代国虽然处于与匈奴冲突的前沿区域，但在刘恒为代王时，韩王信与陈豨之乱已经平息，此后再无匈奴侵扰代地的记录。《史记》所能见到的刘恒居代时记录仅有两条：一是高后七年（前181年）秋，赵王刘友"幽死"，吕后曾欲徙刘恒王赵，"代王谢，愿守代边"；二是景帝母窦太后"以良家子入宫侍太后"，被赐予诸侯王时，因家在清河，"欲如赵近家"，结果被宦官"误置其籍代伍中"，虽不欲往，然终被迫赴代，"至

---

① 《史记》卷一一〇《匈奴列传》，第2895页。
② 《史记》卷九《吕太后本纪》，第410—411页。

代,代王独幸窦姬"。①

这两条记录均与赵国有关,特别是第一条。自高祖十一年（前196年）析分赵国北边诸郡为代国后,赵国较之毗邻匈奴的代国地位优越,因此赵国成为刘氏与吕氏争夺的重点目标,代国反而成为被遗忘的角落。对于刘恒不愿徙赵的原因与心态,《史记》诸注家无说,《史记会注考证》引明人茅坤语曰:"文帝不敢徙赵,使有畏吕后而自远之

图2-3 汉文帝像
（王圻、王思义撰辑：《三才图会·人物》,明万历三十七年原刊本）

识。"②茅氏之语只是道出其中一个原因,在吕后称制时代,刘氏诸王几乎没有不畏惧吕后的,然而能否"自远之",则视形势而定。是时赵国几乎成为不祥之地的代名词,赵王刘如意因其母戚姬与吕后结有宿怨,罹祸当在情理之中;刘邦两位庶子刘友由淮阳、刘恢由梁先后王赵,两人又均以吕氏女为王后,但终因与吕氏矛盾激化而死。更可能吕后欲徙刘恒王赵本是虚意,所以在刘恒表示"愿守代边"后,吕后立即封其侄吕禄为赵王,以加强吕氏集团的势力。刘恒则因明智的选择得以平安经营代地十七年,同时也积累

---

① 《史记》卷九《吕太后本纪》,第404页;《史记》卷四九《外戚世家》,第1972页。

② 《史记会注考证附校补》卷九《吕后本纪》,第275页上。

了较为丰富的处理匈奴事务的政治经验。

文帝即位之初，仍然沿袭高祖制定的与匈奴和亲的政策，但在文帝三年（前177年）五月，汉匈之间以和亲维系的脆弱的平衡关系突然被打破，《史记·匈奴列传》载：

> 匈奴右贤王入居河南，侵盗上郡葆塞蛮夷，杀略人民。①

《史记·孝文本纪》则记为：

> 五月，匈奴入北地，居河南为寇。②

《汉书·匈奴传上》记载与《史记》大体相同：

> 匈奴右贤王入居河南地为寇，……③

文帝三年五月，匈奴右贤王突然入侵河南地，事先并无任何征兆，因此引起文帝的强烈不满，于六月颁诏斥责匈奴毁坏和约的"入盗"行为：

> 汉与匈奴约为昆弟，毋使害边境，所以输遗匈奴甚厚。今右贤王离其国，将众居河南降地，非常故，往来近塞，捕杀吏卒，驱保塞蛮夷，令不得居其故，陵轹边吏，入盗，甚敖无道，非约也。其发边吏骑八万五千诣高奴，遣丞相颍阴侯灌婴击匈奴。④

匈奴右贤王所管辖地区位于匈奴西部，其南面直对上郡以西地区；河南地则是匈奴别部河南白羊、楼烦王活动的区域。此次匈奴右贤王越过黄河，入侵河南地，显然破坏了汉匈和亲"毋使害边境"的约定，因此文帝指责"右贤王离其国，将众居河南降地"⑤。"上郡保塞蛮夷"，颜师古注曰："保塞蛮夷，谓本来属汉而居边塞自保守。"⑥这里的"塞"，就是所谓"故塞"，即秦

---

① 《史记》卷一一〇《匈奴列传》，第2895页。
② 《史记》卷一〇《孝文本纪》，第425页。
③ 《汉书》卷九四上《匈奴传上》，第3756页。
④ 《史记》卷一〇《孝文本纪》，第425页。
⑤ 何谓"河南降地"，《史记》诸注家无说。《汉书·匈奴传上》载文帝六月诏无"降"字。（第3756页）
⑥ 《汉书》卷九四上《匈奴传上》，第3756页。

昭襄王时所筑长城。

综合《史记》《汉书》相关材料，此次匈奴右贤王入侵主要分为两个区域：一是北地郡，但匈奴右贤王部入侵北地郡的情况不详；二是上郡，《史记·匈奴列传》载"侵盗上郡葆塞蛮夷，杀略人民"，可见此次右贤王之入侵已经越过"故塞"，杀略保塞蛮夷与缘边汉民。为了防范右贤王部继续南下，文帝紧急调动"边吏骑八万五千诣高奴"，令丞相灌婴率击匈奴。① 高奴（今陕西延安）属上郡的另一重镇，其正北方向则是阳周县与郡治肤施，文帝紧急调兵设防于高奴，反映出匈奴右贤王的突然袭击对汉廷震动之大；而匈奴右贤王能够在很短的时间内出现于上郡高奴附近，又在一个月之内迅速撤出河南地，返回"其国"，正是利用其所控制的秦直道北段部分道路，才能如此进退自如地出入河南地。如果这一推测不误的话，文帝三年匈奴右贤王入侵河南地事，应是匈奴首次利用秦直道进行的一次重要的军事行动。

在汉高祖时期，匈奴与汉的战争主要发生在代地以东地区，面对的主要是匈奴单于部以及匈奴左贤王部；而文帝三年匈奴右贤王利用秦直道入侵河南地事件，已经直接威胁到都城长安的安全，也标志着汉匈战争模式开始发生新变化，文帝不得不特别关注长安的安全，在匈奴右贤王已经退出河南地的情况下，仍然"发中尉材官属卫将军军长安"②。

文帝三年五月匈奴右贤王入侵河南地，六月文帝则"初幸甘

---

① 丞相灌婴所率汉军至高奴后，由于其间发生济北王刘兴居反叛事件，加之匈奴已退出塞外，"罢丞相击胡之兵"，所以汉军没有与匈奴发生冲突。《史记》卷一〇《孝文本纪》载，文帝三年六月"辛卯，帝自甘泉之高奴，因幸太原，见故群臣，皆赐之。……济北王兴居闻帝之代，欲往击胡，乃反，发兵欲袭荥阳。于是诏罢丞相兵，遣棘蒲侯陈武为大将军，将十万往击之。祁侯贺为将军，军荥阳。……八月，破济北军，虏其王。赦济北诸吏民与王反者"（第425—426页）。据王子今先生研究，汉文帝从甘泉宫北上经高奴至太原，"有可能行经直道的部分路段"。（参见王子今：《秦直道的历史文化观照》，见张光耀主编：《秦直道探索与研究》，内蒙古人民出版社2006年版，第79页）又，关于文帝三年发生的匈奴右贤王入侵河南地，文帝由甘泉经高奴至太原之行，以及济北王刘兴居反叛等诸多历史事件，王子今先生亦有全面研究，参见氏著《论汉文帝三年太原之行》（载《晋阳学刊》2005年第4期）。

② 《史记》卷一〇《孝文本纪》，第425页。

泉",颁布反击匈奴的诏令。甘泉宫是秦直道的南端起点,文帝在匈奴入侵不久后立即赶到甘泉宫,部署反击匈奴事宜,显然已经注意到秦直道的军事价值:匈奴可以利用秦直道北段快速南下侵扰;而汉廷也可以利用秦直道南段迅速调动部队进行防御,丞相灌婴率大军驻守高奴,就是防止匈奴沿秦直道继续南下的一个关键步骤。

在汉匈战争史上,文帝是第一位亲至甘泉宫指挥抵御匈奴事宜的西汉皇帝。汉匈战争这一新的变化,使得甘泉宫成为除京城长安外处理匈奴事务的另一政治、军事中心。(见图2-4)

匈奴右贤王这次入侵并没有造成特别严重的损失,文帝四年(前176年),匈奴冒顿单于遣使遗书汉文帝,除了为三年右贤王入侵河南地辩解,更重要的目的是通告汉廷——匈奴已经攻取了河西与西域:

> 天所立匈奴大单于敬问皇帝无恙。前时皇帝言和亲事,称书意,合欢。汉边吏侵侮右贤王,右贤王不请,听后义卢侯难氏等计,与汉吏相距,绝二主之约,离兄弟之亲。皇帝让书再至,发使以书报,不来,汉使不至,汉以其故不和,邻国不附。今以小吏之败约故,罚右贤王,使之西求月氏击之。以天之福,吏卒良,马强力,以夷灭月氏,尽斩杀降下之。定楼兰、乌孙、呼揭及其

图2-4 汉甘泉宫遗址(笔者宋超摄于2013年8月)

旁二十六国,皆以为匈奴。诸引弓之民,并为一家。北州已定,愿寝兵休士卒养马,除前事,复故约,以安边民,以应始古,使少者得成其长,老者安其处,世世平乐。未得皇帝之志也,故使郎中系零浅奉书请,献橐他一匹,骑马二匹,驾二驷。皇帝即不欲匈奴近塞,则且诏吏民远舍。①

文帝三年,匈奴右贤王出兵月氏,是继汉初冒顿之后对月氏的又一次沉重打击,"吏卒良,马强力,以夷灭月氏,尽斩杀降下之",匈奴不仅控制月氏故地河西地区,而且使已经迁徙西域的月氏人再次蒙受重大损失。楼兰位于今新疆罗布泊及孔雀河下游至阿尔金山北麓,乌孙当时在今甘肃祁连、敦煌一带,呼揭约在天山以北、阿尔泰山西南一带,"其旁二十六国",林梅村先生考证:"公元前176年,匈奴击败大月氏之时,西域只有二十六国。公元前108年姑师人从罗布泊北迁吐鲁番盆地后,与当地小月氏遗民融合,由一国发展出'车师前后王及山北六国'。东汉班固写《汉书》时,西域诸国发展为三十六国,最后增至五十五国。"②

匈奴右贤王"定楼兰、乌孙、呼揭及其旁二十六国",学界一般认为这是匈奴统治西域的开始,从而也改变了汉匈据长城对峙的基本格局。唯因如此,冒顿单于在书中得意地宣告:"诸引弓之民,并为一家",并表示"北州已定,愿寝兵休士卒养马",汉朝不应追责右贤王侵河南地事,而应"除前事,复故约,以安边民"。

冒顿单于遗文帝书送至汉廷后,匈奴攻取西域以及"皇帝即不欲匈奴近塞,则且诏吏民远舍"的强硬态度,引起汉朝君臣的不满。"汉议击与和亲孰便。公卿皆曰:'单于新破月氏,乘胜,不可击。且得匈奴地,泽卤,非可居也。和亲甚便。'汉许之。"不过,文帝复冒顿单于书则在两年之后,即文帝六年(前174年)

---

① 《史记》卷一一〇《匈奴列传》,第2896页。
② 林梅村:《大月氏人的原始故乡——兼论西域三十六国之形成》,载《西域研究》2013年第2期。

才发出,或许由此表达"倍约离兄弟之亲者"的责任"常在匈奴"的意思:

> 皇帝敬问匈奴大单于无恙。使郎中系雩浅遗朕书曰:"右贤王不请,听后义卢侯难氏等计,绝二主之约,离兄弟之亲,汉以故不和,邻国不附。今以小吏败约,故罚右贤王使西击月氏,尽定之。愿寝兵休士卒养马,除前事,复故约,以安边民,使少者得成其长,老者安其处,世世平乐。"朕甚嘉之,此古圣主之意也。汉与匈奴约为兄弟,所以遗单于甚厚。倍约离兄弟之亲者,常在匈奴。然右贤王事已在赦前,单于勿深诛。单于若称书意,明告诸吏,使无负约,有信,敬如单于书。①

同年,冒顿单于去世,其子稽粥继位,号老上单于,汉匈关系又进入一个新的发展阶段。

三、文帝后期的匈奴入侵

老上单于继位后,汉文帝履行与冒顿单于和亲的约定,"复遣宗室女公主为单于阏氏",曾是汉朝宦官的中行说因不满朝廷强迫其奉送宗室女至匈奴和亲,到大漠后就归降匈奴,成为老上单于的亲信谋臣。中行说本是燕国人,又为汉朝宦官,所以对匈奴习俗与汉朝制度颇为熟悉。中行说对汉匈实力的对比有清醒的认识,说老上单于曰:"'匈奴人众不能当汉之一郡,然所以强者,以衣食异,无仰于汉也。今单于变俗好汉物,汉物不过什二,则匈奴尽归于汉矣。……'于是说教单于左右疏记,以计课其人众畜物。"② 从现有资料看,匈奴与汉风俗之优劣,是汉匈双方使者经常辩论的话题。《史记·匈奴列传》曾从匈奴的角度分析匈奴对待汉使的态度曰:"匈奴俗,……其儒先,以为欲说,折其

---

① 《史记》卷一一〇《匈奴列传》,第 2896、2897 页。
② 《史记》卷一一〇《匈奴列传》,第 2899 页。

辩"①。中行说虽非"儒生",但是与汉使者辩论汉匈风俗之优劣,中行说则是开先河者。特别是"日夜教单于候利害处"②,中行说成为匈奴老上单于不可或缺的重要谋士。③

依仗匈奴吞并西域之后空前强盛的国力,老上单于比其父冒顿单于更为好战,性格也更加倨傲。"汉遗单于书,牍以尺一寸,辞曰'皇帝敬问匈奴大单于无恙',所遗物及言语云云。中行说令单于遗汉书以尺二寸牍,及印封皆令广大长,倨傲其辞曰'天地所生日月所置匈奴大单于敬问汉皇帝无恙'"④。老上单于在遗汉文帝正式文书中展示如此倨傲之态度,显然是向汉廷展示实力,也预示汉匈即将发生大规模的冲突。文帝十一年(前169年),"匈奴寇狄道"⑤。狄道(今甘肃临洮)是陇西郡郡治,清人王先谦补注中行说"日夜教单于候利害处"曰"《文纪》十一年寇狄道"⑥。显然,王氏认为陇西郡治狄道就是中行说所说的"利害处"。

文帝十一年匈奴"寇狄道",仅是匈奴即将入侵的一次预演。果然在三年之后,即文帝十四年(前166年)冬,匈奴大举入侵,由此也揭开文帝后期匈奴利用秦直道大规模侵扰之序幕。史载:

> 汉孝文皇帝十四年,匈奴单于十四万骑入朝那、萧关,杀北地都尉(孙)卬,虏人民畜产甚多,遂至彭阳。使

---

① 《史记》卷一一〇《匈奴列传》,《集解》曰:"先,先生也。《汉书》作'儒生'也。"(第2913页)

② 《史记》卷一一〇《匈奴列传》,第2901页。

③ 与中行说同时代并自负才气的贾谊曾上书文帝:"陛下何不试以臣为属国之官以主匈奴?行臣之计,请必系单于之颈而制其命,伏中行说而笞其背,举匈奴之众唯上之令。"(《汉书》卷四八《贾谊传》,第2242页)且不论贾谊有无能力"以主匈奴",但从"伏中行说而笞其背"一语,足见中行说降匈奴对汉朝伤害之深。

④ 《史记》卷一一〇《匈奴列传》,第2899页。

⑤ 《汉书》卷四《文帝纪》,第123页。又,《汉书》卷三《高后纪》载:"(六年,前182年)六月,……匈奴寇狄道,攻阿阳(今甘肃静宁西南,元鼎三年即前114年,汉武帝析陇西郡地置天水郡后,阿阳属天水郡,文帝时属陇西郡)。""七年冬十二月,匈奴寇狄道,略二千余人。"(第99页)这是史料仅见在惠帝、高后时期匈奴侵扰的两条记载,加之文帝十一年匈奴"寇狄道",匈奴如此密集用兵于陇西,很可能与冒顿、老上单于相继用兵月氏,夺取月氏河西故地有关。

⑥ 《汉书补注》卷九四《匈奴传》,第1579页上。

奇兵入烧回中宫，候骑至雍甘泉。①

朝那位于今宁夏固原东南，是屏障北地郡治义渠（今甘肃庆阳西南）西边的重镇；萧关（今宁夏固原东南）是与"东函谷、南武关、西散关"齐名的"关中四关"之一，史称"自秦汉以来，为华戎之大限，襟带西凉，咽喉灵武，北面之险也"②。彭阳位于今甘肃镇原东南；前述回中宫地理位置主要有陕西陇县与宁夏固原两说，《正义》引《括地志》云："秦回中宫在岐州雍县西四十里，即匈奴所烧者也。"雍县在今陕西凤翔南，而陇县则在凤翔西北，此处回中宫采陕西陇县说。而为匈奴"候骑"所至的"雍甘泉"，《正义》引《括地志》云："云阳也。秦之林光宫，汉之甘泉，在雍州云阳西北八十里。秦始皇作甘泉宫，去长安三百里，望见长安。"③位于九州之一的古雍州云阳县（今陕西淳化西北）的甘泉宫，也就是秦直道的南端起点。

从以上地名考证可见，文帝十四年（前166年）匈奴老上单于入侵北地郡的路线，应当是沿萧关道突入塞内，攻略朝那、萧关等地。关于萧关道，薛正昌先生认为："萧关道，虽称谓较晚，却因萧关而来。广义的萧关道，即汉唐丝绸之路东段北道。它既是中原通西域的交通要道，又是一个区域的泛称。大致包括两条走向。一是由长安出发，沿泾河，过固原、海原，在靖远县北渡黄河，经景泰直抵武威；一是沿泾河，过六盘山，沿祖厉河而下，在靖远县附近渡河。以前为主。其实，经固原的北线还应包括北去的灵州道，习惯上也把它包括在萧关道范围之内。"④可见，广义的萧关道主要是沟通关中与河西的联系，其发挥"丝绸之路东段北道"的作用主要是汉武帝之后。但是，由于汉初匈奴已经"悉

---

① 《史记》卷一一〇《匈奴列传》，第2901页。
② 《甘肃通志》卷一〇《平凉府·萧关》，文渊阁《四库全书》本。关于萧关的位置，学界争议颇多，此不详赘，此处采用宁夏固原东南说。
③ 《史记》卷一一〇《匈奴列传》，第2902页。
④ 薛正昌：《萧关道的历史地理与文化现象》，载《宁夏社会科学》1992年第2期。

复收秦所使蒙恬所夺匈奴地者,与汉关故河南塞,至朝那、肤施"①(河南塞又称"故塞",即秦昭襄王时所修秦长城),而且匈奴单于驻地南面直对汉代郡及云中郡,云中郡又东临秦直道北端起点所在的九原郡。因此,此次匈奴老上单于入侵,很可能是经秦直道北段通过鄂尔多斯草原后挥师南下,其主力部队经过萧关道南段部分道路突入朝那、萧关,并推进到彭阳一带,其"奇兵"突入并烧毁位于陕西陇县的秦回中宫,而另一支匈奴前锋部队"候骑"竟然攻至秦直道南端起点——位于今陕西淳化西北的甘泉宫。

与文帝三年(前177年)匈奴右贤王入侵河南地事不同,此次是由匈奴老上单于率匈奴主力十四万骑全力入侵,"候骑"甚至攻至甘泉宫附近,对汉廷的震撼可想而知。除匈奴"虏人民畜产甚多"外,北地都尉孙卬也在是役中战死,是汉初以来与匈奴战死的首位高级军事将领。鉴于匈奴大举入侵的严峻局势,文帝紧急进行军事部署:

> 以中尉周舍、郎中令张武为将军,发车千乘,骑十万,军长安旁以备胡寇。而拜昌侯卢卿为上郡将军,宁侯魏遫为北地将军,隆虑侯周灶为陇西将军,东阳侯张相如为大将军,成侯董赤为前将军,大发车骑往击胡。②

文帝一方面表示要"欲自将击匈奴,群臣谏,皆不听。皇太后固要帝,帝乃止"③,另一方面封"力战死事"的北地都尉孙卬子孙单为缾侯,激励将士奋勇反击匈奴。但从文帝的军事部署看,以中尉周舍、郎中令张武为将军,屯重兵于"长安旁",又以卢卿等三人分别为上郡、北地、陇西三郡将军,与驻守长安旁的汉军互为犄角,显然是采取防御的态势。而被任命为大将军的东阳侯张相如,虽然有高祖十一年(前196年)以河间(治今河北献

---

① 《史记》卷一一〇《匈奴列传》,第2890页。
② 《史记》卷一一〇《匈奴列传》,第2901页。
③ 《史记》卷一〇《孝文本纪》,第428—429页。

县东南）守从击陈豨的经历，但主要是以"长者"著称，①恐怕也不是以军事才能见长，由其率领"车骑往击匈奴"，结果只能是"单于留塞内月余乃去，汉逐出塞即还，不能有所杀"。②

在匈奴老上单于凌厉的攻势之下，平城之战的阴影似乎仍然笼罩在汉军的头上，懦弱避战蔚成风气。难怪文帝忧心忡忡，常拊髀长叹，深恨没有廉颇、李牧那样的名将为他戍守边塞，分担忧患。不仅汉军将帅如此，民气也受到严重的挫折。《汉书·晁错传》载晁错语曰："战胜之威，民气百倍；败兵之卒，没世不复。自高后以来，陇西三困于匈奴矣，民气破伤，亡有胜意。"③陇西属西北六郡之一，因"迫近戎狄，修习战备，高上气力，以射猎为先"，百姓民风质朴，素以悍勇善战著称。汉兴以来，"六郡良家子选给羽林、期门，以材力为官，名将多出焉"，④但在连败于匈奴之后民气尚且如此，更遑论其他地区。

自文帝十四年（前166年）匈奴老上单于大举入侵之后，气焰更炽，史称："匈奴日已骄，岁入边，杀略人民畜产甚多，云中、辽东最甚，至代郡万余人。"在军事抵御匈奴不力的情况下，文帝于后二年（前162年）遣使遗书老上单于，作为对匈奴请求和亲的答复：

> 皇帝敬问匈奴大单于无恙。使当户且居雕渠难、郎中韩辽遗朕马二匹，已至，敬受。先帝制：长城以北，引

---

① 在汉代语境下，"长者"一般泛指讷于言辞、谨慎敦厚者。《史记》卷一〇二《张释之列传》载，文帝欲任熟悉上林苑事务的虎圈啬夫为上林令。谒者仆射张释之问文帝绛侯周勃、东阳侯张相如"何如人也？"文帝曰："长者。"释之曰："绛侯、东阳侯称为长者，此两人言事曾不能出口，岂斅此啬夫谍谍利口捷给哉！"于是文帝乃止。（第2752页）周勃是汉初著名的军事将领，自不待言。张相如虽以河间守"击陈豨立战功"封侯（《史记》卷一八《高祖功臣侯者年表》，第952页），但具体事迹不详，联系刘邦征陈豨时"以羽檄征天下兵，未有至者"的窘境，很可能张氏封侯如刘邦封未立寸功的四位赵壮士"各千户"一样，是激励将士，希冀迅速平息陈豨之乱的一种策略而已。
② 《史记》卷一一〇《匈奴列传》，第2901页。
③ 《汉书》卷四九《晁错传》，第2278页。"陇西三困于匈奴"，系指高后六年、七年及文帝十一年匈奴三次入侵陇西郡事。
④ 《汉书》卷二八下《地理志下》，第1644页。

弓之国，受命单于；长城以内，冠带之室，朕亦制之。使万民耕织射猎衣食，父子无离，臣主相安，俱无暴逆。今闻渫恶民贪降其进取之利，倍义绝约，忘万民之命，离两主之欢，然其事已在前矣。书曰：'二国已和亲，两主欢说，寝兵休卒养马，世世昌乐，闟然更始。'朕甚嘉之。……（朕与单于）俱去前事：朕释逃虏民，单于无言章尼等。朕闻古之帝王，约分明而无食言。单于留志，天下大安，和亲之后，汉过不先。单于其察之。①

关于"先帝制"的解释，已见前文，此处不赘。此次文帝为了重申与匈奴和亲的诚意，在信中明确表示今后"朕释逃虏民，单于无言章尼等"②，即汉匈双方都不要再追究已经叛逃者的责任，避免由此引发新的冲突。在得到老上单于回复之后，文帝特意颁诏天下曰：

朕既不明，不能远德，是以使方外之国或不宁息。……夫久结难连兵，中外之国将何以自宁？今朕夙兴夜寐，勤劳天下，忧苦万民，为之怛惕不安，未尝一日忘于心，故遣使者冠盖相望，结轶于道，以谕朕意于单于。今单于反古之道，计社稷之安，便万民之利，亲与朕俱弃细过，偕之大道，结兄弟之义，以全天下元元之民。和亲已定，始于今年。③

文帝后三年（前161年），匈奴老上单于死，子军臣单于继位，汉匈和亲形势再次发生逆转。文帝后六年（前158年），匈奴又一次大规模入侵，史载：

匈奴复绝和亲，大入上郡、云中各三万骑，所杀略甚众而去。于是汉使三将军军屯北地，代屯句注，赵屯飞狐口，缘边亦各坚守以备胡寇。又置三将军，军长安西细柳、渭北棘门、霸上以备胡。胡骑入代句注边，烽火

---

① 《史记》卷一一〇《匈奴列传》，第2901、2902—2903页。
② 《汉书》卷九四上《匈奴传上》颜师古注"朕释逃虏民"曰："谓汉人逃入匈奴者，令不追。"又注"章尼等"曰："背单于降汉者。"（第2764页）
③ 《史记》卷一〇《孝文本纪》，第431页。

通于甘泉、长安。数月，汉兵至边，匈奴亦去远塞，汉兵亦罢。①

匈奴此次入侵分兵上郡与云中两郡，很可能是军臣单于与右贤王的一次联合入侵。文帝三年（前177年）匈奴右贤王首次通过秦直道入侵上郡，此次是再次通过秦直道直接入侵上郡；而入侵云中自然属于匈奴军臣单于部。汉军的部署则一如既往地采取防御的态势，分置三将军：将军张武屯北地（治义渠，今甘肃庆阳西南）；以原楚相苏意为将军屯代国句注（即句注山）；以中大夫令免为车骑将军屯赵国飞狐口（今河北蔚县南）。北地、代国句注山历来是汉匈冲突的重点地区，而于飞狐口屯兵防范匈奴则首见记载，颜师古注飞狐口曰："险厄之处，在代郡之南，南冲燕赵之中。"② 飞狐口作为一个重要的军事要冲，可以监控匈奴入侵代、赵、燕三国边地的形势。汉以职秩仅次大将军的车骑将军③屯兵飞狐口，足见对飞狐口重视之程度。至于京都长安的防卫更是重中之重：河内守周亚夫屯细柳（今西安西北），④祝兹侯徐厉屯棘门（今西安北），宗正刘礼屯霸上（今西安东），从西北、北、东三个方向防御南下之匈奴。值得注意的是，汉军虽然采取防御的态势，但从边地到京畿已经构成较为完备的烽火警戒系统。"入代句注边"的"胡骑"只是一股小规模的骑兵部队，但"烽火通于甘泉、长安"，可见在文帝时期，由于匈奴经常通过秦直道侵扰关中地区，因此在秦直道的南端起点甘泉及京城长安部署烽火

---

① 《史记》卷一一〇《匈奴列传》，第2904页。
② 《汉书》卷九四上《匈奴传上》，第3765页。
③ 车骑将军作为固定官职出现，应在文帝元年（前179年），《史记》卷一〇《孝文本纪》载：文帝元年十月"壬子，遣车骑将军薄昭迎皇太后于代"（第418页）。
④ 周亚夫是汉初名将周勃之子。文帝曾亲至霸上、棘门、细柳劳军，在霸上、棘门"直驰入，将以下骑送迎。已而之细柳军，军士吏被甲，锐兵刃，彀弓弩，持满。天子先驱至，不得入。……上至，又不得入。于是上乃使使持节诏将军：'吾欲入劳军。'亚夫乃传言开壁门。壁门士吏谓从属车骑曰：'将军约，军中不得驱驰。'于是天子乃按辔徐行。至营，将军亚夫持兵揖曰：'介胄之士不拜，请以军礼见。'天子为动，改容式车。使人称谢：'皇帝敬劳将军。'成礼而去"。周亚夫治军严整，给文帝留下深刻印象，后任命周亚夫为中尉，职掌京师巡逻治安事宜。文帝临终前嘱咐景帝曰："即有缓急，周亚夫真可任将兵。"（《史记》卷五七《绛侯周勃世家》，第2074—2075页）

警戒系统，当是汉军防备匈奴南侵的重要措施之一。此次匈奴虽然在上郡、云中活动数月，但再无深入内地侵扰的迹象，并且在"汉兵至边"之后立即"远塞"而去，与汉军逐渐建成的较为完备的防御系统不无关系。

四、景帝时期的汉匈关系

图2-5 汉景帝像
(王圻、王思义撰辑：《三才图会·人物》，明万历三十七年原刊本)

景帝（见图2-5）即位之后，匈奴于元年（前156年）入侵代郡。匈奴此次入侵原因与动机不详，《史记·匈奴列传》对此没有记载；《孝景本纪》记"（元年五月）匈奴入代，与约和亲"；荀悦《汉纪》记"四月，御史大夫陶青翟使匈奴，结和亲"。① 综诸家之说，匈奴入代或是试探汉朝新皇帝的态度，而景帝则遣御史大夫陶青翟前往结和亲约，显示出对此次和亲的高度重视。然而，由于吴楚七国之乱的爆发，原本已经和缓的汉匈关系又出现某些异动的现象。

《史记·吴王濞列传》载，景帝三年（前154年）正月，吴王刘濞于广陵（今江苏扬州西北）起兵，发书"敬问"诸侯王，

---

① 《史记》卷一一《孝景本纪》，第439页；荀悦：《汉纪》卷九《孝景皇帝纪》，见《两汉纪》上，张烈点校，中华书局2002年版，第133页。如果《汉纪》记载无误，御史大夫陶青翟应是两汉时出使匈奴职位最高的官员。

陈述其起兵的理由以及谋划中各诸侯王国进军之路线。其中有"燕王、赵王故与胡王有约，燕王北定代、云中，抟胡众入萧关，走长安，匡正天子，以安高庙"诸语。① 刘濞"敬问"的诸侯王计有"胶西王、胶东王、菑川王、济南王、赵王、楚王、淮南王、衡山王、庐江王、故长沙王子"，其中没有燕王刘嘉之名；而真正追随吴王刘濞起兵的则有楚王刘戊、赵王刘遂、胶西王刘卬、济南王刘辟光、菑川王刘贤、胶东王刘雄渠等六位诸侯王。吴王刘濞等七位诸侯王，均以不同原因受到汉廷削地的处分，这是吴楚七国起兵的一个重要动因。

然而，刘濞将本不在"敬问"范围之内的燕王刘嘉也罗列其中，并将其起兵的路线也规划得如此清楚，确实令人不解。《资治通鉴》记七国之乱事，没有提及吴王书中所谓燕王与胡王有约及"抟胡兵"事，曰：

> 及削吴会稽、豫章郡书至，吴王遂先起兵，诛汉吏二千石以下，胶西、胶东、菑川、济南、楚、赵亦皆反。……赵王遂发兵住其西界，欲待吴、楚俱进，北使匈奴与连兵。②

《通鉴》只言赵王刘遂而不及燕王刘嘉，似乎认为《史记》《汉书》所谓燕王"抟胡众入萧关"诸语并不可信，故略而未记。不过，相信刘濞确有裹胁燕王刘嘉谋反意图者亦有人在，只是由于"燕王不反"，"吴王之约"才难以实现。如宋人吕祖谦题解吴王刘濞"敬问"诸侯书曰："燕王不反，匈奴亦不肯入边，故赵独受围。使如吴王之约，则关中腹背受敌，亦难支也。"③

吴楚七国之乱时的燕王刘嘉，文帝三年（前177年）嗣父刘泽爵为燕王。《史记·荆燕世家》记刘泽曰："燕王刘泽者，诸刘远属也。高帝三年，泽为郎中。高帝十一年，泽以将军击陈豨，

---

① 《史记》卷一〇六《吴王濞列传》，第2828页。关于"抟胡众入萧关"的讨论，可参见宋超《试析刘濞所谓燕王"抟胡众入萧关"说——兼论汉初赵国与匈奴的关系》，载《邯郸学院学报》2015年第2期。
② 《资治通鉴》卷一六《汉纪八》"汉景帝前三年"条，第520页。
③ 吕祖谦：《大事记解题》卷一一，见《吕祖谦全集》第8册，浙江古籍出版社2008年版，第720页。

得王黄，为营陵侯。"吕后称制时，刘泽通过吕后"所幸大谒者"张泽的游说，被封为琅邪王；后因拥立文帝即位有功，徙为燕王。① 文帝徙刘泽为燕王，可能与高祖时刘泽曾以将军击陈豨与匈奴的经历有一定的关系。至于其子刘嘉的记载则更为简略，仅于文帝八年、十四年、十五年及后四年有四次来朝的记录。②《汉书》的记载与《史记》略同。可见至吴楚之乱时，刘嘉为王虽然已逾二十多年，却没有留下任何"不法"的记载。吴王刘濞正是以"汉有贼臣，无功天下，侵夺诸侯地"③为口实煽惑诸国起兵的，从来没有遭受汉廷任何"处分"的燕王刘嘉，不在刘濞"敬问"的诸侯王之列，当在情理之中。

文帝时期，汲取汉初韩王信、陈豨、卢绾等联合匈奴为害边地的教训，着手析分王国。文帝二年（前178年），分赵为二，继文帝元年（前179年）立赵幽王刘友太子刘遂为赵王后，又取赵国河间郡立刘遂弟辟强为河间王。齐国的事则较为复杂，吕后死后，汉大臣与朱虚侯刘章、东牟侯刘兴居谋诛诸吕，曾许诺事成之后以刘章为赵王，以刘兴居为梁王。结果文帝即位后，得知刘章与刘兴居企图拥立其兄齐王刘则为帝，"故绌其功"，不仅没有以赵、梁分封，反而三分齐国：除刘则继续为齐王外，封刘章为城阳王（都今山东莒县），封刘兴居为济北王（都今山东泰安东南）。刘兴居因此深怨文帝"夺功"，于是趁"匈奴大入汉，汉多发兵，使丞相灌婴击之，文帝亲幸太原""自击胡"之机会发兵反叛。文帝得知刘兴居反叛后，"罢丞相及行兵，皆归长安。使棘蒲侯柴将军击破虏济北王，王自杀，地入于汉，为郡"。④刘兴居反叛虽然没有涉及匈奴，但确实扰乱了文帝反击匈奴的部署，致使文帝不得不先罢丞相灌婴击匈奴兵回归长安，然后再出兵平定济北之乱。此外，文帝六年（前174年），文帝少弟淮南王刘

---

① 《史记》卷五一《荆燕世家》，第1995—1997页。
② 《史记》卷一七《汉兴以来诸侯王年表》，第832—837页。
③ 《史记》卷一〇六《吴王濞列传》，第2828页。
④ 《史记》卷五二《齐悼惠王世家》，第2010页。

长因"令男子但等七十人与棘蒲侯柴武太子奇谋,以辇车四十乘反谷口,令人使闽越、匈奴。事觉,治之"①,文帝"不忍致法于王",于是废除刘长王位,迁徙蜀地,道死于雍(今陕西凤翔)。济北王刘兴居与淮南王刘长,是文帝时期因事涉匈奴亡国亡身的两位诸侯王,可见朝廷对诸侯交通匈奴事十分警惕,处分亦相当严厉。

文景时期刘嘉的燕国辖有上谷、渔阳、右北平、辽西、辽东、广阳等六郡,与战国后期燕国,汉初臧荼燕国、卢绾燕国、刘建燕国疆域变化最小,是当时唯一的辖汉北边郡最多,与匈奴接触也最多的诸侯国。可能正因如此,吴王刘濞才在"敬问"诸侯书中,将根本无意反汉的燕王刘嘉裹挟其中,宣称燕王将"北定代、云中,抟胡众入萧关,走长安,匡正天子,以安高庙"云云。其实,不论战国时燕国还是汉初卢绾之燕国,即使是与匈奴连兵,也只是"往来苦上谷以东",从来没有波及代地以西地区,更遑论远在陇西的萧关。前文已经述及,匈奴入萧关事在文帝十四年冬,这是匈奴唯一一次入侵汉地至萧关处。吴王所谓燕王将"北定代、云中,抟胡众入萧关"之说,可能正是据十四年匈奴入侵萧关事杜撰出来的,企图借此扰乱朝廷平叛的军事部署,虚张声势而已。

与燕王刘嘉不同的是,赵王刘遂不仅名列吴王刘濞"敬问"的诸侯王之中,而且确实参与了七国之乱。但在刘濞起兵的具体规划中,仅有"燕王、赵王故与胡王有约"一语,赵王又名列燕王之后,似乎刘濞对燕王刘嘉的重视程度超过赵王刘遂。其中原因,应与汉初赵国辖境变化较为剧烈,至景帝初已不领北边郡不无关系。

从汉初赵国的沿革史来看,高祖四年(前203年),"汉立

---

① 《史记》卷一一八《淮南厉王刘长列传》,第3076页。"谷口(今陕西淳化南)",《集解》引《汉书音义》曰:"谷口在长安北,故县也,处多险阻。"棘蒲侯柴武曾有参与攻伐韩王信及匈奴之经历,高祖十一年(前196年),柴武"屠参合,斩韩王信"(《史记》卷九三《韩王信列传》,第2635页)。其子柴奇参与刘长"谋使匈奴发其兵"事,可能与其父柴武这段经历有关。

张耳为赵王"①,领邯郸、巨鹿、清河、河间、常山五郡,不领北边郡。高祖九年(前198年),赵王张敖受其相贯高等谋反案牵连,被废为宣平侯,刘邦徙其爱子、代王如意为赵王,兼有代国三北边郡——云中、雁门、代郡,是为汉初赵国封域最广的时期之一。高祖十一年(前196年),刘邦封子刘恒为代王,赵国封域又恢复高祖四年之规模,不再兼领边郡。在惠帝与吕后时,赵国是刘氏与吕氏争夺最为激烈的诸侯国之一,先后三位刘氏赵王——刘如意、刘友与刘恢均死于吕氏集团之手。文帝元年(前179年),立赵幽王刘友太子刘遂为赵王,恢复赵国原有五属郡。有如前述,文帝二年(前178年)立刘辟强为河间王,十五年(前165年)刘辟强子刘福死后无嗣,地入汉为河间郡。景帝二年(前155年),"晁错以过削赵常山郡"②,无疑这是导致赵遂参与七国之乱的重要原因:

> 吴楚反,赵王遂与合谋起兵。其相建德、内史王悍谏,不听。遂烧杀建德、王悍,发兵屯其西界,欲待吴与俱西。北使匈奴,与连和攻汉。汉使曲周侯郦寄击之。赵王遂还,城守邯郸,相距七月。吴楚败于梁,不能西。匈奴闻之,亦止,不肯入汉边。栾布自破齐还,乃并兵引水灌赵城。赵城坏,赵王自杀,邯郸遂降。③

在与匈奴"连和攻汉"的问题上,与并无任何实际举动的燕王刘嘉不同,赵王刘遂则企图将之付诸实践。《史记·匈奴列传》载:"孝文帝崩,孝景帝立,而赵王遂乃阴使人于匈奴。吴楚反,欲与赵合谋入边。汉围破赵,匈奴亦止。"④赵王刘遂"阴使人于匈奴",事在何时,史载不详,很可能在景帝二年赵国被削常山郡时就应当有所谋划,这恐怕亦是吴王刘濞所谓"赵王故与胡王

---

① 《汉书》卷一上《高帝纪上》,第45页。
② 《汉书》卷三八《高五王传》,第1990页。《史记》卷一〇六《吴王濞列传》作"及前二年赵王有罪,削其河间郡"。《索隐》按:"《汉书》作'常山郡'也"。(第2825页)此说误,今从《汉书》。
③ 《史记》卷五〇《楚元王世家》,第1990页。
④ 《史记》卷一一〇《匈奴列传》,第2904页。

有约"之说的原始依据。因此,吴楚起兵之后,赵王刘遂"屯其西界,欲待吴与俱西。北使匈奴,与连和攻汉"。所谓"屯其西界",具体位置虽然不明,应是屯于赵国西界太行山以东,邻近国都邯郸一带。由于赵国最北边的属郡——常山郡在景帝二年已经被削,赵国与北边郡燕、代之地的联系实际上已经被阻断。因此,赵王刘遂只能屯兵于常山以北、赵国国都邯郸以西的狭长地带,并且在汉将曲周侯郦寄的攻击下,很快退守邯郸,坐守七月之久,直至城破自杀。

正因为汉初中央朝廷,边于北边的燕、赵诸侯国与匈奴之间存在错综复杂的关系,因此吴王刘濞在"敬问"诸侯书中,刻意强调"燕王、赵王故与胡王有约",并为无意亦无力反汉的燕王刘嘉杜撰出将"挟胡众入萧关,走长安"的进军路线,希冀通过燕、赵将匈奴卷入七国之乱中,从而达到如宋人吕祖谦所谓"使如吴王之约,则关中腹背受敌,亦难支也"的目的。然而匈奴"不肯入边",虽然不能完全排除"燕王不反,匈奴亦不肯入边,故赵独受围"之因素,但是自从文帝后六年(前158年)匈奴大举入侵上郡与云中后,汉廷采取缘边严密布防,"各坚守以备胡寇"的态势,应是匈奴不愿"与赵合谋入汉",卷入汉廷内乱,重启边衅的一个更为重要的因素。

吴楚之乱平定后,景帝继续裁抑诸侯王,燕王刘嘉虽然没有参与七国之乱,但还是削上谷、渔阳、右北平、辽西、辽东五郡,仅辖广阳一郡。① 自是之后,所有诸侯王国再无领有北边郡之事。

---

① 参见周振鹤:《西汉政区地理》第6章"燕国沿革",人民出版社1987年版,第64—69页。关于刘嘉卒年,《史记》卷一一《孝景本纪》载:"(三年,前154年)六月乙亥……齐王将庐、燕王嘉皆薨。"(第440—441页)吴楚之乱时,齐王刘将庐初坚守不出,受到胶西等三国的围攻,于是暗中与三国通谋。吴楚兵败后,齐王惧汉廷追查,"乃饮药自杀。景帝闻之,以为齐首善,以迫劫有谋,非其罪也,乃立孝王太子寿为齐王"(《史记》卷五二《齐悼惠王世家》,第2006页)。齐王之死与吴楚之乱有关,而《孝景本纪》所谓"齐王将庐、燕王嘉皆薨",是否暗示燕王刘嘉之死也与吴楚之乱有关,由于资料所限,不可确定。裴骃《集解》引徐广语曰:"表云(景帝)五年薨。"(《史记》卷一一《孝景本纪》,第442页)关于燕王刘嘉卒年,似乎应从景帝五年(前152年)说。

吴楚七国之乱平定之后,为汉匈关系再度缓和也提供了一个机遇,史称:

> 自是之后,孝景帝复与匈奴和亲,通关市,给遗匈奴,遣公主,如故约。终孝景时,时小入盗边,无大寇。①

汉廷汲取诸侯国"大者叛逆,小者不轨于法"之教训,"吴楚时,前后诸侯或以適削地,是以燕、代无北边郡"。② 自此以后,汉诸侯国虽偶有"叛逆"与"不轨"之事,但再无联合匈奴为害北边郡之"约"。

---

① 《史记》卷一一〇《匈奴列传》,第2904页。
② 《史记》卷一七《汉兴以来诸侯王年表》,第802、803页。

第三章 秦直道与汉匈战争的全面爆发

公元前 140 年，汉武帝刘彻即位。经过六七十年的休养生息之后，呈现在这位十六岁少年天子面前的汉帝国，早已不是汉初"接秦之弊，丈夫从军旅，老弱转粮饷，作业剧而财匮，自天子不能具钧驷，而将相或乘牛车，齐民无藏盖"满目疮痍的萧条景象，而是一个繁荣昌盛、充满生机的大汉帝国。《史记·平准书》载："至今上即位数岁，汉兴七十余年之间，国家无事，非遇水旱之灾，民则人给家足，都鄙廪庾皆满，而府库余货财。京师之钱累巨万，贯朽而不可校。太仓之粟陈陈相因，充溢露积于外，至腐败不可食。众庶街巷有马，阡陌之间成群，而乘字牝者傧而不得聚会。"[①] 随着武帝的"君临天下"，汉匈关系也发生剧烈变化，报高祖刘邦平城惨败之仇，雪吕后受辱冒顿之耻，汉匈之间的战略决战也就势不可免了。穷追猛击匈奴四十多年，以"海内虚耗，户口减半"的巨大代价，终于扭转了匈奴强而汉军弱的战争态势，并为昭宣时代汉匈关系的重新调整开启先河。

---

① 《史记》卷三〇《平准书》，第 1417、1420 页。

第一节　马邑之战与汉匈战争全面爆发

景帝时期，汉匈关系已经发生了一些微妙的变化，虽然边境偶有匈奴小规模侵扰，但像文帝时期那样大规模入侵内地的现象再没有出现。武帝即位之初，"明和亲约束，厚遇，通关市，饶给之。匈奴自单于以下皆亲汉，往来长城下"①。北境之上出现了一段短暂的和平时期。但是，汉匈之间经过长达六七十年的战争与冲突积累下来的宿怨，绝非恢复"明和亲约束"就能够化解的。凭借"文景之治"积蓄下来的巨额财富，以及吴楚之乱平定后形成的强有力的中央集权，汉匈双方的力量对比已经发生变化，以元光二年（前133年）马邑之战为标志，汉匈战争终于全面爆发。

一、汉武帝"欲事伐胡"

建元元年（前140年），武帝（见图3-1）即位伊始就表示出"欲事伐胡"的意图，韩王信之曾孙、宠臣韩嫣为讨武帝欢心，在宫廷亲随侍从中率先"习兵"。②这颇具戏剧性的举动，已经显

---

① 《史记》卷一一〇《匈奴列传》，第2904页。
② 《汉书》卷九三《韩嫣传》，第3724页。

图 3-1 汉武帝像
(王圻、王思义撰辑:《三才图会·人物》,明万历三十七年原刊本)

示出少年皇帝即将改变汉初沿袭有年的与匈奴和亲政策的迹象。

建元二年(前139年),武帝从匈奴降人的口中得知:"皆言匈奴破月氏王,以其头为饮器,月氏遁逃而常怨仇匈奴,无与共击之。汉方欲事灭胡,闻此言,因欲通使。"①但是,这时的汉朝对月氏西迁后情况几乎一无所知,而且要通使月氏,必须经过匈奴人控制的河西地区,行程相当危险,于是汉武帝开始招募使者出使西域。汉中人张骞就是在这种背景下第一次出使西域的,史载:

> 骞以郎应募,使月氏,与堂邑氏胡奴甘父俱出陇西。经匈奴,匈奴得之,传诣单于。单于留之,曰:"月氏在吾北,汉何以得往使?吾欲使越,汉肯听我乎?"留骞十余岁,与妻,有子,然骞持汉节不失。居匈奴中,益宽,骞因与其属亡乡月氏,西走数十日至大宛。……(大宛)遣骞,为发导绎,抵康居,康居传致大月氏。大月氏王已为胡所杀,立其太子为王。既臣大夏而居,地肥饶,少寇,志安乐,又自以远汉,殊无报胡之心。骞从月氏至大夏,竟不能得月氏要领。留岁余,还,并南山,欲从羌中归,复为匈奴所得。留岁余,单于死,左谷蠡王攻其太子自立,国内乱,骞与胡妻及堂邑父俱亡归汉。

---

① 《史记》卷一二三《大宛列传》,第3157页。

汉拜骞为太中大夫，堂邑父为奉使君。①

张骞于建元二年（前139年）出使月氏，元朔三年（前126年）方才回朝，历经十三年漫长艰辛的岁月，出使时一百多人，最终只有他和堂邑父二人生还。张骞虽然没有完成最初制定的联络月氏共击匈奴的使命，但将亲身经过的西域及中亚诸国，如大宛、大月氏、大夏、康居及其旁传闻中的五六个大国和塔里木盆地南边诸国的地理、物产、风俗等详细地向武帝做了汇报。后来，张骞关于西域情况的汇报，被司马迁收录在《史记·大宛列传》中，也为汉朝后来经营西域提供了宝贵的原始资料。司马迁称赞张骞通西域的壮举有"凿空"之功，绝非虚言。

除了遣张骞出使月氏，准备联合月氏"共击"匈奴，整顿北边郡的军事防御体系，加强北边郡的军事力量，也是汉武帝"欲事伐胡"的一个重要组成部分。

汉朝初期，北边郡基本沿袭秦朝建置，但为强化河南地的防御，分云中郡东部为定襄郡，治所成乐（今内蒙古和林格尔西北土城子）。到武帝初年，从西而东次第为陇西、北地、上郡、云中、定襄、雁门、代郡、上谷、渔阳、右北平、辽西、辽东等十二郡。前文已经述及，在汉高祖刘邦主要依靠异姓诸侯王韩王信、卢绾等抵御匈奴失败后，文景时期转变策略，强化北边郡的防卫力量，委任由朝廷直接任命的边郡守、尉以防范匈奴的重务。但由于是时朝廷对匈奴主要采用防御策略，每每于匈奴大举入侵北边郡之时，屯重兵于京畿，以护卫都城长安的安全为第一要务，即便追击匈奴，也是"逐出塞即还，不能有所杀"②。北边郡守、尉处于抵御匈奴的第一线，其面临的危险远远高于内郡：文帝十四年（前166年），北地都尉孙卬与匈奴力战死；景帝后二年（前142年）

---

① 《史记》卷一二三《大宛列传》，第3157—3159页。匈奴"国内乱"，指元朔三年军臣单于死，其弟左谷蠡王伊稚斜自立为单于，出兵攻军臣单于太子於单，於单兵败降汉事。

② 《史记》卷一一〇《匈奴列传》，第2901页。

"春，匈奴入雁门，太守冯敬与战死"①。孙卬与冯敬是汉初最先死难于匈奴事的郡都尉与郡太守。正是考虑到北边郡经常处于烽火连绵、胡笳互动的特殊环境，出任北边郡守、尉者多是通晓军事、富有骑射技术、治绩剧烈者。文帝时以陇西"良家子"从军出击匈奴的李广，因"善骑射，杀首虏多，为汉中郎"，景帝初年出任上谷太守，其后次第任上郡、陇西、北地、雁门、云中、右北平太守，前后历任北边七郡太守，凭借着"天下无双"的"才气"及与匈奴大小数十战的威名，李广为右北平太守时，"匈奴号曰'汉飞将军'，避之，数岁不入界"。②景帝时号曰"苍鹰"，"行法不避贵戚"，列侯宗室见之侧目的中尉郅都，出任雁门太守后，"匈奴素闻郅都节，居边，为引兵去，竟郅都死不近雁门"。③

对于北边郡守、尉的某些过失，朝廷也常常持以宽容的态度。例如文帝初年，云中太守孟舒"坐虏大入云中免"。因孟舒旧友田叔赞其为"长者"，文帝曰："先帝置孟舒云中十余年矣，虏常一入，孟舒不能坚守，无故士卒战死者数百人。长者固杀人乎？"而田叔以"匈奴冒顿新服北夷，来为边寇，孟舒知士卒罢敝，不忍出言，士争临城死敌，如子为父，以故死者数百人，孟舒岂驱之哉"为之辩解。于是文帝复召孟舒以为云中守。④再如文帝十四年（前166年），因匈奴大举入扰关中，文帝感叹时无廉颇、李牧为之守边也，冯唐却指责文帝"法太明，赏太轻，罚太重。且云中守魏尚坐上功首虏差六级，陛下下之吏，削其爵，罚作之。由此言之，陛下虽得廉颇、李牧，弗能用也"。于是文帝令唐持节赦魏尚，复为云中守。⑤孟舒守郡失职，"无故"折损士卒，魏尚上功多报"首虏"，有冒功之嫌，二人免官罚作，固然是"法

---

① 《汉书》卷五《景帝纪》，第151页。
② 《史记》卷一〇九《李将军列传》，第2867—2868页；《汉书》卷五四《李广传》，第2444页。
③ 《史记》卷一二二《郅都列传》，第3133页。
④ 《汉书》卷三七《田叔传》，第1982—1983页。
⑤ 《史记》卷一〇二《冯唐列传》，第2759页。

太明""罚太重",但于法并非完全无据,文帝从谏而复二人官职,则反映出由于北边郡与匈奴对抗激烈,朝廷对待北边郡守、尉的态度更为宽容,以此激励北边郡守、尉勤劳王事,护郡守边。

武帝即位后,于元光元年(前134年)冬,以(未央)卫尉李广为骁骑将军,屯云中,以中尉程不识为车骑将军,屯雁门。"广与程不识俱以边太守将兵,有名当时。"① 以郡太守为将军领兵虽不始于武帝,如文帝时河内守周亚夫就以将军领兵屯细柳,而武帝在匈奴尚无任何侵扰的迹象下,同时以两位名将以"边太守将兵"分屯云中与雁门,直接面对匈奴军臣单于的驻地。两年后李广又以骁骑将军的身份参与马邑之战,表明以"边太守将兵"应是武帝"欲事伐胡"的一个组成部分。

二、"击之便"与"勿击便"

建元六年(前135年),匈奴军臣单于正式遣使请求和亲,武帝命群臣商议其事。大行王恢是燕人,曾长期在边郡为官,熟谙匈奴的情况。王恢认为:"汉与匈奴和亲,率不过数岁即复倍约。不如勿许,兴兵击之。"而朝廷重臣,时任御史大夫的韩安国却力主和亲,认为:"千里而战,兵不获利。今匈奴负戎马之足,怀禽兽之心,迁徙鸟举,难得而制也。得其地不足以为广,有其众不足以为强,自上古不属为人。汉数千里争利,则人马罢,虏以全制其敝。且强弩之极,矢不能穿鲁缟;冲风之末,力不能漂鸿毛。非初不劲,末力衰也。击之不便,不如和亲。"② 由于大多数朝臣都赞成韩安国的意见,武帝也就同意了匈奴和亲的请求。

此次汉匈和亲的基础是相当薄弱的,而且也违背武帝即位以来"欲事伐胡"的初衷。但是在武帝尚未筹划"兴兵击之"的具体方略之前,韩安国一句"击之不便,不如和亲"就能获得多数朝臣的赞同,也是事出有因。

---

① 《资治通鉴》卷一七《汉纪九》"汉武帝元光元年"条,第577页。
② 《史记》卷一○八《韩长孺列传》,第2861页。

就在汉匈和亲的次年，即元光元年（前134年），雁门郡马邑豪强聂翁壹，通过王恢向武帝献策曰："匈奴初和亲，亲信边，可诱以利致之，伏兵袭击，必破之道也。"如果实施这一诱击匈奴计划，就意味着汉匈关系自此彻底决裂，对匈奴的全面战争必将取代已经实行了六七十年的和亲政策。武帝此时也颇为踌躇，诏命群臣曰：

> 朕饰子女以配单于，币帛文锦，赂之甚厚。单于待命加嫚，侵盗无已，边竟数惊，朕甚闵之。今欲举兵攻之，何如？

武帝如此诏问群臣，实际已经明确表示要"举兵攻之"，但是，一场更为激烈的争辩还是在王恢与韩安国之间展开。《汉书》详细记录了王恢与韩安国辩论的全过程，这不仅是"主战"与"主和"两派展示各自理由最为充分的一次，也是分析汉人如何辨析汉匈关系的重要历史文献。

坚决主战的大行王恢率先表示赞同武帝"举兵攻之"的意见，并举战国初年的代国为例，认为代国虽小，北有强胡侵扰，南有中原大国威胁，"然尚得养老长幼，种树以时，仓廪常实，匈奴不轻侵也"，而今大汉强盛，海内一统，陛下威名远扬，又遣汉军"乘边守塞，转粟挽输，以为之备"，然而匈奴却"侵盗不已"，原因就在于汉没有立威于匈奴，所以匈奴"不恐"，因此"击之便"。御史大夫韩安国则以汉初刘邦平城之战失利后，以安定天下大局为重，"不以己私怒伤天下之功，故乃遣刘敬奉金千斤，以结和亲，至今为五世利"，文帝亦曾聚天下之精兵试图抗击匈奴，"然终无尺寸之功，而天下黔首无不忧者。孝文寤于兵之不可宿，故复合和亲之约。此二圣之迹，足以为效矣"，因此"勿击便"。

王恢以"五帝不相袭礼，三王不相复乐，非故相反也，各因世宜也"进行反驳，强调高祖刘邦"所以不报平城之怨者，非力不能，所以休天下之心也"，如今"边竟数惊，士卒伤死，中国槥车相望"，这正是"仁人"无比痛惜之处，"故曰击之便"。韩安国则以"利不十者不易业，功不百者不变常"相回应，并且重申华夷之辨，"自三代之盛，夷狄不与正朔服色，非威不能制，强弗能服也，以为远方绝地不牧之民，不足烦中国也"。而且匈奴"轻疾悍亟之兵也，至如猋风，去如收电，畜牧为业，弧弓射猎，逐兽随草，居处无常，难得而制"，如果贸然发动战争，势必"使边郡久废耕织，以支胡之常事，其势不相权也"，所以"勿击便"。

为了支持武帝出击匈奴的主张，王恢一改汉初"过秦"之时尚，首次为秦人"攻取西戎"，"威服匈奴"进行辩护："昔秦缪公都雍，地方三百里，知时宜之变，攻取西戎，辟地千里，并国十四，陇西、北地是也。及后蒙恬为秦侵胡，辟数千里，以河为竟，累石为城，树榆为塞，匈奴不敢饮马于河，置烽燧然后敢牧马。夫匈奴独可以威服，不可以仁畜也。"与亡秦相比较，"今以中国之盛，万倍之资，遣百分之一以攻匈奴，譬犹以强弩射且溃之痈也，必不留行矣。……臣故曰击之便"。

针对韩安国一旦"卷甲轻举，深入长驱"出击匈奴，难免有如"疾则粮乏，徐则后利，不至千里，人马乏食"的忧虑，王恢刻意申明："今臣言击之者，固非发而深入也，将顺因单于之欲，诱而致之边，吾选枭骑壮士阴伏而处以为之备，审遮险阻以为其戒。吾势已定，或营其左，或营其右，或当其前，或绝其后，单于可禽，百全必取。"[1]

汉武帝在双方辩论之后，亲自裁定，支持王恢的建议。至此，断绝与匈奴和亲，以马邑为诱饵，伏兵袭击匈奴的策略最终确立下来。

三、马邑诱击匈奴

元光元年的廷议确定在马邑诱击匈奴军臣单于后，于元光二年（前133年）六月付诸实施。于是武帝先遣马邑豪强聂翁壹前往匈奴诱敌，欺骗军臣单于说："吾能斩马邑令丞，以城降，财物可尽得。"由于聂翁壹经常私自出关与匈奴进行交易，颇得匈

---

[1] 以上辩论内容参见《汉书》卷五二《韩安国传》，第2398—2403页。

奴军臣单于的信任，因此军臣单于深信不疑，许诺聂翁壹攻取马邑。聂翁壹归马邑后，"诈斩死罪囚，县其头马邑城下，视单于使者为信，曰：'马邑长吏已死，可急来。'"于是军臣单于将十万骑，通过武州塞（今山西左云），直趋马邑而来。

汉军为了诱击匈奴，也进行了严密的军事部署：

> 当是时，汉伏兵车骑材官三十余万，匿马邑旁谷中。卫尉李广为骁骑将军，太仆公孙贺为轻车将军，大行王恢为将屯将军，太中大夫李息为材官将军。御史大夫安国为护军将军，诸将皆属。约单于入马邑纵兵，王恢、李息别从代主击辎重。①

马邑位于雁门郡的南部，是当时主要的产马地区之一，也是重要的马匹交易市场。军臣单于所以相信聂翁壹的诱骗而率军攻取马邑，不单是对聂翁壹"爱信之"，更重要的是自汉初以来，马邑一直是汉匈多次激烈交战的战场。曾以马邑为都城的韩王信，因受刘邦猜忌而举马邑投降匈奴，匈奴就曾攻取过马邑，对马邑的情况相当熟悉，因此军臣单于听信聂翁壹言辞，以为马邑唾手可得，于是亲率十万大军通过武州塞，向马邑方向进军。但是，就在向马邑行进的途中，军臣单于忽然发现极为反常的现象，史载：

> 单于既入汉塞，未至马邑百余里，见畜布野而无人牧者，怪之，乃攻亭。是时雁门尉史行徼，见寇，葆此亭，知汉兵谋，单于得，欲杀之，尉史乃告单于汉兵所居。单于大惊曰："吾固疑之。"乃引兵还。出曰："吾得尉史，天也，天使若言。"以尉史为"天王"。②

匈奴军臣单于的突然撤军，完全打乱了汉军的精心部署。埋伏在马邑附近山谷的汉军主力，得知计谋泄露，急追至边塞之时，匈奴全军早已安全退出；而王恢、李息率领三万多人，原本计划

---

① 《汉书》卷五二《韩安国传》，第2403—2404页。《史记》卷一〇八《韩长孺列传》记载与此略有异："王恢、李息、李广别从代主击其辎重"（第2862页）。不知两书孰是。今从《汉书》。

② 《史记》卷一一〇《匈奴列传》，第2905页。

袭击匈奴辎重，但考虑到按照事先安排出击，"必与单于精兵战，汉兵势必败"，因此也不敢纵兵攻击。汉武帝与群臣精心筹划、劳师动众的"马邑之谋"，就这样无声无息地结束了。

马邑伏击匈奴军臣单于的失败，深深刺痛了武帝的自尊心。王恢在朝议时首先献策在马邑伏击匈奴，但在匈奴退兵的关键时刻又不敢果断出击，更是激怒了武帝，于是将王恢下廷尉治罪。王恢一再辩解说："始约虏入马邑城，兵与单于接，而臣击其辎重，可得利。今单于闻，不至而还，臣以三万人众不敌，禔取辱耳。臣固知还而斩，然得完陛下士三万人。"从军事角度讲，王恢的辩解不是全无道理，在匈奴全军而退的情况下，王恢仅以三万人出击，其势必败无疑。王恢下狱后，曾私下用千金贿赂武帝的舅舅、丞相田蚡，"蚡不敢言上，而言于太后曰：'王恢首造马邑事，今不成而诛恢，是为匈奴报仇也。'上朝太后，太后以丞相言告上"。然而，这一切努力都无法平息武帝的怒气。武帝对王太后曰："首为马邑事者，恢也，故发天下兵数十万，从其言，为此。且纵单于不可得，恢所部击其辎重，犹颇可得，以尉士大夫心。今不诛恢，无以谢天下。"① 王恢下狱后自知难逃一死，只得自杀身亡。

王恢自杀谢罪，"马邑之谋"功败垂成。原以为这次伏击是"百全必取"，一战即可以擒获军臣单于，征服匈奴。实际上几十万大军同时调动，也很难保守秘密；而把战胜匈奴的希望寄托在一次伏击战之上，幻想"毕其功于一役"，也反映出是时武帝与群臣对匈奴的实力尚没有清醒的认识，特别是对匈奴骑兵善于长途奔袭作战、"至如猋风，去如收电"、应变能力极强的特点估计不足。但是武帝没有因为马邑伏击不成而动摇反击匈奴的决心，而是更加充分地进行新的战争准备，决心再与匈奴决战。

匈奴军臣单于逃出塞外之后，断绝与汉和亲，出兵大肆侵扰，攻击边塞亭障，作为对汉军马邑设伏的报复。从此以后，北部边境战火重燃，正式揭开汉匈长期战争的序幕。（见图 3-2）

---

① 《史记》卷一〇八《韩长孺列传》，第 2862—2863 页。

图 3-2　山东长清孝堂山祠堂西壁的"胡汉战争图"摹本

[说明：信立祥先生在解读这幅"胡汉战争图"时说："从现有资料看，汉代的石结构祠堂的画像中，有两种战争图。一种是表现汉民族与北方少数民族战争场面的'胡汉战争图'，在东汉中期以前的早期祠堂画像中经常可以看到；……在汉画像石中，交战场面最雄浑壮阔的'胡汉战争图'，是山东长清孝堂山祠堂西壁的'胡汉战争图'。孝堂山祠堂西壁的画面自上而下分为六层，'胡汉战争图'配置在第四层。交战双方，右边一方是头戴尖顶风帽、弯弓骑射的北方胡人，左边一方是步骑结合的汉民族军队。画面右边的胡人阵地上，有很多圆弧形的帐篷，每座帐篷中都有一名执弓面左的胡人士兵，正待命出击。五名胡人骑兵正弯弓搭箭从帐篷阵地中冲向左方的敌军，帐篷前两名胡人放箭掩护。胡人帐篷阵地的左下方，是胡王督战的场面。一名头戴尖顶风帽的大个子胡人面左拥几而坐，旁边有'胡王'二字题记。胡王之前，一名胡人执板跪在地上，似正向胡王报告战况，……上方，是交战的场面。右方的胡人军阵中已呈现出败相。……战场左边，三名胡人双手被缚于身后，排成一列面左而跪，其前方，一名面右而坐的汉人官吏，正手指胡人询问着什么。很明显，这是汉军将领审问胡人战俘的场面。其下方，立着一个首级架，上悬两颗人头，架两边各树一把大斧。首级架上悬挂的人头无疑是胡人的首级。……画面左端，是一座仅画出一半的二层楼阁。楼阁下层，一名身材高大的官吏面右凭几而坐，……两名头戴进贤冠的属吏持板跪在其身前，似正报告着战况；……对这幅'胡汉战争图'的图像学意义，……（林巳奈夫）推测这种表现战胜匈奴等少数民族的画像题材，'反映了当时大多数人的愿望'。"（信立祥：《汉代画像石综合研究》，文物出版社 2000 年版，第 129—131 页）]

第二节　河南之战与置郡河南地

元光二年（前133年）汉军马邑伏击匈奴失败后，匈奴军臣单于汲取因深入塞内而差点全军覆灭的教训，重拾在北边郡进行骚扰掠夺之故技，不再给汉军设伏围歼的机会。在这种形势下，汉武帝势必重新筹划抗击匈奴的策略，将目光转移至在匈奴白羊、楼烦王控制下的河南地。匈奴利用河南地屡次发动大规模侵扰的行为，特别是文帝时期匈奴通过秦直道屡次入侵，甚至攻至秦直道南端起点甘泉宫附近，给汉廷造成极大震动。因此，秦人对待匈奴的一些具体措施，特别是蒙恬对河南地的经营，成为汉人效法的蓝本。汉武帝决策反击匈奴后，对匈奴首次具有决定意义的战役，就是围绕着河南地的争夺展开的。元朔二年（前127年），汉军发动河南之战，一举收复自秦末以来为匈奴重占的河南地，在河南地设置朔方郡与五原郡，从此控制了秦直道的北端起点，阻断了匈奴利用秦直道南下侵扰的可能。为了确保河南之战的成果，汉军又于元朔五年（前124年）发动漠南之战，重创匈奴右贤王部，不仅确保了朔方郡与五原郡的安全，而且从中断绝了匈奴右贤王及单于与占据河西地区的休屠王、浑邪王之间的联系，为而后发动的河西战役奠定了胜利的基础。

一、卫青与河南之战

汉武帝以"首谋马邑"而畏怯避战的罪名诛杀王恢，固然有借此泄愤之意，但也反映出武帝对指挥马邑之战的将领的不满情绪。为了物色能够担负抗击匈奴重任的人才，武帝的目光首先落到宠姬卫子夫的弟弟卫青身上。从此之后，卫青在众多将领中脱颖而出，成为武帝时期抗击匈奴最重要的将领之一。

卫青是河东平阳（今山西临汾西南）人。父亲郑季是一个地位低微的平阳县小吏，在平阳公主家服役时与婢女卫媪私通，生下卫青。卫青成年之后，重新回到公主府，充当平阳公主的侍从骑奴。建元二年（前139年），卫青最小的姐姐卫子夫得到武帝的宠幸。陈皇后的母亲，即武帝的姑母大长公主得知卫子夫怀孕的消息，深恐威胁到其女儿皇后的地位，于是将卫青囚禁，准备处死。幸亏卫青的挚友、骑郎公孙敖得知消息，连夜带人劫狱，卫青方幸免一死。武帝知道此事后，非常赏识公孙敖犯险救友的行为，不仅没有治罪，反而任命卫青为建章监、侍中，公孙敖也"由此益贵"。从此，卫青摆脱了屈辱卑贱的社会地位，他在青少年时代所遭受的苦难与挫折，为日后驰骋疆场、建功立业创造了条件。卫子夫被封为夫人后，卫青也晋为太中大夫，成为朝廷的一名新贵。虽然卫青以外戚贵幸，颇有得官不正之嫌，但其后抗击匈奴的累累战功为他赢得了声名。

元光六年（前129年），匈奴入侵上谷郡，杀略吏民，这是在马邑之战后匈奴首次大规模入侵。汉武帝遣车骑将军卫青出上谷，骑将军公孙敖出代郡，轻车将军公孙贺出云中，骁骑将军李广出雁门，四路将军各率万骑，出击匈奴。李广自文景时就以名将著称；公孙贺"少为骑士，从军数有功"，曾以轻车将军参与马邑之战；公孙敖为北地郡义渠人，也有少年从军的经历，以擅长骑射任骑郎（骑兵侍卫），侍奉汉武帝。四将之中，唯独卫青是初出茅庐的新手。

从汉军的部署看，卫青出上谷应是针对匈奴左贤王部，当是攻击匈奴的主攻方向；而出代郡、雁门、云中三路的汉军，则负责策应、牵制匈奴单于的任务。但是，战争的结局出乎意料，"公孙贺出云中，无所得。公孙敖出代郡，为胡所败七千余人。李广出雁门，为胡所败，而匈奴生得广，广后得亡归"。公孙敖与李广因"失师"下狱治罪，赎为庶人。四路汉军之中，只有卫青略有斩获，"出上谷，至茏城，得胡首虏七百人"。①卫青初次出师就立下战功，武帝赐爵为关内侯，②以示奖掖，也更加明确以卫青作为出击匈奴主帅的决心。史称："（卫）青虽出于奴虏，然善骑射，材力绝人；遇士大夫以礼，与士卒有恩，众乐为用，有将帅材，故每出辄有功。天下由此服上之知人。"③而对于其余两路汉军的失败，武帝极为不满，颁诏曰：

> 间者匈奴数寇边境，故遣将抚师。古者治兵振旅，因遭虏之方入，将吏新会，上下未辑，代郡将军敖、雁门将军广所任不肖，校尉又背义妄行，弃军而北，少吏犯禁。用兵之法：不勤不教，将率之过也；教令宣明，不能尽力，士卒之罪也。将军已下廷尉，使理正之，而又加法于士卒，二者并行，非仁圣之心。……其赦雁门、代郡军士不循法者。④

汉武帝如此重视是役，原因就在于这是汉军第一次出塞与匈奴作战，因"将吏新会，上下未辑"，四路之中两路失败，一路无功而返，唯有卫青一路略有斩获。从中也反映出以往依托塞障等工事抵御入侵匈奴的汉军，尚不适应主动出塞作战这一新的战争模式的变化。为此，汉武帝重申"用兵之法"，选任将帅、教

---

① 《史记》卷一一〇《匈奴列传》，第2906页。
② 汉初因与匈奴和亲，故不奖励军功。因匈奴事封侯者，唯有文帝时因父北地都尉孙卬死于匈奴，子孙单被封为瓶侯一例。卫青是首位以击匈奴功封关内侯者，虽然关内侯次于列侯，却是一个重要的信号，标志着一个以击匈奴猎功名爵禄的时代已经到来。
③ 《资治通鉴》卷一八《汉纪一〇》"汉武帝元光六年"条，第597页。此语当是伍被赞卫青"'遇士大夫有礼，于士卒有恩，众皆乐为之用。骑上下山若蜚，材干绝人。'……大将军号令明，当敌勇敢，常为士卒先。……虽古名将弗过也"（《史记》卷一一八《淮南王刘安列传》，第3089页）诸语转衍而来。
④ 《汉书》卷六《武帝纪》，第165页。

令士卒，准备再战。

元光六年（前129年）汉军四路出击之后，同年秋天，匈奴骑兵猛攻渔阳（治今北京密云西南）作为报复。第二年（即元朔元年，前128年）秋，匈奴发动更为猛烈的攻势，"匈奴二万骑入汉，杀辽西太守，略二千余人。胡又入败渔阳太守军千余人，围汉将军安国，安国时千余骑亦且尽，会燕救至，匈奴乃去。匈奴又入雁门，杀略千余人"①。是时屯戍渔阳者正是材官将军韩安国，他作为一名久经沙场的老将可谓命乖运蹇，"始为御史大夫及护军，后稍斥疏，下迁"，以材官将军至渔阳后又为匈奴"所欺"，以为匈奴已经远去，上书请罢军屯，结果罢军屯月余，"匈奴大入上谷、渔阳。安国壁乃有七百余人，出与战，不胜，复入壁。匈奴虏略千余人及畜产而去。天子闻之，怒，使使责让安国。徙安国益东，屯右北平"②。

在上谷、渔阳、右北平诸郡分兵抵御匈奴侵扰的同时，汉武帝遣车骑将军卫青将三万骑出雁门击匈奴，材官将军李息出代郡，从雁门郡东边策应卫青。是役乃卫青第二次出征，取得"得首虏数千人"③的战果。

从元光六年与元朔元年匈奴用兵的方向看，主要是集中于上谷与渔阳两郡。汉军两次较大规模出塞作战，虽然取得了一定的战果，但毕竟是单纯的追击作战，既没有与匈奴主力接战，匈奴的实力也没有受到严重削弱。元朔二年（前127年），作为对去年汉军出塞作战的报复，"匈奴入上谷、渔阳，杀略吏民千余人"④。事实证明，汉军分兵屯守、数路并出的作战方式并不能保障边境的安全，而且在汉军退兵之后，匈奴往往进行报复性侵扰，元光六年与元朔元年匈奴数次侵入辽西、渔阳、上谷以及雁门诸郡就是其例。

---

① 《史记》卷一一〇《匈奴列传》，第2906页。
② 《史记》卷一〇八《韩长孺列传》，第2864—2865页。
③ 《史记》卷一一〇《匈奴列传》，第2930页。
④ 《汉书》卷六《武帝纪》，第170页。

虽然匈奴主要是在汉北边郡东部与中部连续发动进攻，但对汉朝威胁最大的却不是匈奴东部左贤王部与匈奴中部单于部，而是活动于秦直道北端的匈奴右贤王部与占据河南地的匈奴白羊、楼烦王部。尤其是自秦末汉初以来冒顿单于重占河南地后，其地一直就是匈奴南下侵扰的基地，特别是文帝三年（前 177 年）、十四年（前 166 年）以及后六年（前 158 年），匈奴右贤王与军臣单于曾通过秦直道三次大规模入侵，甚至进至京畿附近，给汉廷造成极大的威胁。景帝时期与武帝初年，匈奴虽然没有利用秦直道南侵的迹象，但威胁却是始终存在。因此，为了彻底消除活动于河南地的匈奴对关中地区的威胁，夺取河南地的战略意义就特别重大。匈奴也十分清楚这一点，所以匈奴左贤王与单于连续进攻汉北边郡的中部与东部，企图将汉军主力吸引过去，减轻对河南地的压力。

元朔二年，就在匈奴连续在汉中部与东部的北边郡制造事端，以为汉军应接不暇、疲于救援之时，汉武帝不为匈奴在东线的进攻所动，采取匈奴东击、汉军西进的作战方针，发动了著名的河南之战。史载：

> 卫青复出云中以西至陇西，击胡之楼烦、白羊王于河南，得胡首虏数千，牛羊百余万。于是汉遂取河南地，筑朔方，复缮故秦时蒙恬所为塞，因河为固。汉亦弃上谷之什辟县造阳地以予胡。①

河南之战，汉军全部收复了河南地，取得了对匈奴开战以来第一次战略决战的胜利。卫青对这次战役的指挥也是极其成功的，一改汉军在以往作战中以伏击、阻击、增援为主的作战模式，整个战役都是在长途奔袭、迂回包抄的运动作战过程中完成的。卫青率三万骑从云中沿黄河北岸、阴山南麓向西北迅速挺进，一举攻占高阙（塞名，今内蒙古杭锦后旗东北，见图 3-3），切断了驻守河南地的白羊王、楼烦王与匈奴右贤王部的联系。然后，卫

---

① 《史记》卷一一〇《匈奴列传》，第 2906 页。

图 3-3　汉高阙塞遗址（笔者宋超摄于 2013 年 8 月）

青立刻率兵南下，沿黄河西岸直驱陇西（治今甘肃临洮），完成了对白羊王、楼烦王的包围。等到白羊王、楼烦王察觉身陷重围之时，在河南地的防线已经全面崩溃，只得率领残部西渡黄河，仓皇逃出塞外。同时，汉将原燕国长城西端起点造阳凸入匈奴的"什辟县造阳地"①放弃，以减轻上谷郡防守的压力。

卫青收复河南地后，汉武帝颁诏奖掖军功，车骑将军卫青封为长平侯，随卫青出征的校尉苏建封为平陵侯，另一位校尉张次公封为岸头侯，是为武帝朝以击匈奴功封列侯之始。元朔三年（前126年），匈奴军臣单于死，军臣单于之弟左谷蠡王伊稚斜攻逐单于太子於单，自立为单于，汉匈战争又进入与伊稚斜单于对峙的时期。

---

① 《汉书》卷九四上《匈奴传上》作"斗辟县造阳"，注引孟康语曰："县斗辟曲近胡。"颜师古注："斗，绝也。县之斗曲入匈奴界者，其中造阳地也。"（第 3767 页）

二、设置朔方郡、五原郡

自秦始皇三十二年（前215年）遣蒙恬北逐匈奴后，秦就采取设置郡县、徙民实边等措施经营河南地。虽然秦在河南地所置"初县"有三十四县或四十四县之说，其置县数量迄无定论，但是徙民实郡，当是抵御匈奴侵扰的有效方法之一。秦末之乱，蒙恬被迫自杀，秦人苦心经营的河南防线崩溃，匈奴冒顿单于重新占领河南地，并持续几近百年，直至元朔二年（前127年）河南之战后这一格局方彻底改变。

元朔二年的河南之战，从战争形式上讲是复制了蒙恬北逐匈奴，攻取河南地的过程，因而秦经营河南地、设置郡县、徙民实边等措施，也成为汉人效法的蓝本。《汉书·武帝纪》载，卫青夺取河南地后，"置朔方、五原郡"[1]，成为汉廷经营河南地的重要措施之一。

朔方郡与五原郡，学界过去一般认为是在原秦九原郡的基础上，以九原郡西部为朔方郡，以九原郡东部为五原郡。近来有学者认为此说或不确。如后晓荣先生引《汉书·地理志下》五原郡为"秦九原郡，武帝元朔二年更名"[2]，并以此证明五原郡是由秦九原更名而来，并不是析九原东部新置的；而汉朔方郡也是由蒙恬攻取河南地后所置又史佚其名的"新郡"更名而来。[3] 不管采取何种说法，汉五原与秦九原确有极深的渊源关系。

汉五原仍以九原（今内蒙古包头西）为郡治，九原又是秦直道的北端起点，地位重要。关于五原郡的政区建置，《汉书·地理志》载：

> 五原郡，秦九原郡，武帝元朔二年更名。东部都尉治稒阳。莽曰获降。属并州。户三万九千三百二十二，口

---

[1]《汉书》卷六《武帝纪》，第170页。
[2]《汉书》卷二八下《地理志下》，第1619页。
[3] 参见后晓荣：《秦代政区地理》，社会科学文献出版社2009年版，第84—88、91—97页。后晓荣认为这一新郡可以命名为"新秦中郡"。可备一说。

二十三万一千三百二十八。县十六：九原，固陵，五原，临沃，文国，河阴，蒲泽，属国都尉治。南兴，武都，宜梁，曼柏，成宜，中部都尉治原高，西部都尉治田辟。有盐官。莽曰艾虏。稒阳，北出石门障得光禄城，又西北得支就城，又西北得头曼城，又西北得虖河城，又西得宿虏城。莽曰固阴。莫𪸩，西安阳，河目。①

在五原郡十六县中，分置有东部、中部、西部三都尉，大约在元狩（前122—前117年）中又增设一属国都尉，用以安置、监护降汉的少数部落的民众。如此设置，彰显出五原郡作为北边军事重镇的性质。

与设置五原郡不同，朔方郡的设置却引起较大争议。最先倡议在河南地设置朔方郡的是齐人主父偃，史载：

> 偃盛言朔方地肥饶，外阻河，蒙恬城之以逐匈奴，内省转输戍漕，广中国，灭胡之本也。上览其说，下公卿议，皆言不便。公孙弘曰："秦时常发三十万众筑北河，终不可就，已而弃之。"主父偃盛言其便，上竟用主父计，立朔方郡。②

朔方，即北方。《诗经·采薇》："王命南仲，往城于方。"毛亨传："王，殷王也。南仲，文王之属。方，朔方，近猃狁之国也。"郑玄笺："王使南仲为将率，往筑城于朔方，为军垒以御北狄之难。"③汉武帝将新置河南地郡命名"朔方"，当是取"筑城于朔方"，"以御北狄"之意。诸多公卿所以反对置朔方郡，一个很重要的原因就在于朔方郡的地理位置较五原更为偏远；如果于此设置郡县，必须要消耗大量的人力物力，是所谓"罢敝中国以奉无用之地"④。因此，以御史大夫公孙弘为代表的公卿"皆言不便"。而主父偃只是齐地一介儒生，因"齐诸儒生相与排摈，

---

① 《汉书》卷二八《地理志》，第1619—1620页。
② 《史记》卷一一二《主父偃列传》，第2961—2962页。
③ 《毛诗注疏》卷一六《采薇》，文渊阁《四库全书》本。
④ 《史记》卷一一二《主父偃列传》，第2950页。

不容于齐"①，于是入关，企图通过卫青上书武帝以求富贵。元光（前134—前129年）初年，主父偃曾上书"谏伐匈奴"，猛烈抨击秦始皇遣蒙恬攻逐匈奴、经营河南地之行为。但在元朔二年（前127年），主父偃却首先建议置朔方郡，以为是"灭胡之本"。从元光初年至元朔二年不过数年，主父偃态度前后如此矛盾，清人何焯推测主父偃是由卫青推荐而晋身，而河南地又为卫青率军所夺，"故偃变前说以建此计"；王鸣盛则斥责公孙弘、主父偃等为"倾险浮薄之徒"，虽然最初"上书言事，皆能谏止用兵"，"犹倚正论以行其说"，而"武帝好文，故爱其辞，而不责其忤己"；一旦得委重任，便阿谀人主，违背"正论"，"遂请城朔方，以为灭匈奴之本，与初进议论大相矛盾矣"。②但是，从中可以折射出，效法秦人，伐击匈奴的倾向是时已经占据了主导地位。

暂不论主父偃的人品，其倡言置朔方郡确是一个富有远见的建议。关于朔方郡的政区建置，《汉书·地理志下》载：

> 朔方郡，武帝元朔二年开。西部都尉治窳浑。莽曰沟搜。属并州。户三万四千三百三十八，口十三万六千六百二十八。县十：三封，武帝元狩三年城。朔方，修都，临河，呼遒，窳浑，有道西北出鸡鹿塞。屠申泽在东。渠搜，中部都尉治。沃野，武帝元狩三年城。有盐官。广牧，东部都尉治。临戎，武帝元朔五年城。莽曰推武。③

与五原郡不同，朔方郡诸县的设置直到元狩三年（前120年）才基本完成，而且仅置十县，密度也小于五原郡，反映出在边远地区设置郡县确实不易。朔方郡治朔方城（今内蒙古乌拉特前旗东南）就是在平陵侯苏建监督下完成的，亦见武帝对置朔方郡之重视。自此，朔方与五原将防线推到秦汉时期的黄河径流——北河以北、阴山以南，完全恢复蒙恬北逐匈奴后的态势。

河南地这种特殊的地理位置，在秦汉王朝与匈奴的争夺战中，

---
① 《史记》卷一一二《主父偃列传》，第2953页。
② 《史记会注考证附校补》卷一一二《主父偃列传》，第1839页上。
③ 《汉书》卷二八下《地理志下》，第1619页。

往往对战争的趋势具有决定性的意义。《史记会注考证》引明人陈仁锡语，对此曾有深刻的论述：

> 太史公叙中国与匈奴之强弱，屡提河南塞地为纲领。若蒙恬悉收河南地，因河为塞，此秦强而匈奴弱也。匈奴复稍度河南，与中国界于故塞，此匈奴强而秦弱也。匈奴与汉关故河南塞，匈奴入居河南地，此匈奴强而汉弱也。汉遂取河南地，缮故秦时所为塞，徙关东贫民，处所夺匈奴河南、新秦中，此汉强而匈奴弱也。①

三、元朔五年的漠南之战

河南地的失守及汉设置朔方、五原两郡，对于匈奴是一个致命的打击，右贤王的辖区——匈奴的右部，直接暴露在汉军的面前。河南地区土地肥沃，气候温润，适于农牧业的发展，对匈奴经济影响极大。匈奴为了夺回河南地，于元朔三年（前126年）夏开始发动大规模侵扰：

> 伊稚斜单于既立，其夏，匈奴数万骑入杀代郡太守恭友，略千余人。其秋，匈奴又入雁门，杀略千余人。其明年，匈奴又复入代郡、定襄、上郡，各三万骑，杀略数千人。匈奴右贤王怨汉夺之河南地而筑朔方，数为寇，盗边，及入河南，侵扰朔方，杀略吏民甚众。②

由于元朔二年（前127年）汉已经设置五原郡，控制了秦直道的北端起点，切断了匈奴利用秦直道快速南下的通道。因此，元朔四年（前125年）侵入上郡的匈奴三万骑，很可能是通过与上郡毗邻的定襄郡渡过黄河而侵入上郡的，这也是自元光年间汉匈战争全面爆发以来匈奴入侵最深的一次。同年，武帝为了加强河南地的防御力量，析上郡北部、东部与太原郡西部置西河郡，辖三十六县，郡治平定（今内蒙古准格尔旗西南），在五原郡、朔方郡与上郡之间又增加了一道新的防线——西河郡。至于侵入朔

---

① 《史记会注考证附校补》卷一一〇《匈奴列传》，第1790页下。
② 《史记》卷一一〇《匈奴列传》，第2907页。

方郡的匈奴右贤王,更是将攻击的目标对准汉新置的朔方郡,其意图十分明确,就是"怨汉夺之河南地而筑朔方",企图重新夺回河南地。在这种形势下,武帝为了确保河南之战的成果,于元朔五年(前124年)春又发动了漠南之战。从某种意义上讲,漠南之战实际上也是河南之战的一个组成部分。

在漠南之战中,汉军兵分两路。一路由车骑将军卫青率领,统辖游击将军苏建、强弩将军李沮、骑将军公孙贺、轻车将军李蔡等四位将军。卫青独率三万骑出高阙塞,苏建等四将军则俱出朔方,夹击匈奴右贤王部;另一路汉军由大行李息、岸头侯张次公率领,出右北平(治今河北平泉北),牵制匈奴左贤王部,配合卫青行动。

卫青率三万骑出高阙后与苏建等会合,向北奔袭六七百里,直趋匈奴右贤王王庭:

> 匈奴右贤王当卫青等兵,以为汉兵不能至此,饮醉。汉兵夜至,围右贤王,右贤王惊,夜逃,独与其爱妾一人壮骑数百驰,溃围北去。汉轻骑校尉郭成等逐数百里,不及,得右贤裨王十余人,众男女万五千余人,畜数千百万,于是引兵而还。①

由于卫青在这次战役中战果卓著,几乎全歼匈奴右贤王部,因此武帝特命使者持大将军印前往朔方,"即军中拜车骑将军青为大将军,诸将皆以兵属大将军,……益封青六千户"。随同卫青出征的将领,公孙敖封为合骑侯,韩说封为龙𩕈侯,公孙贺封为南窌侯,李蔡封为乐安侯,李朔封为涉轵侯,校尉赵不虞封为随成侯,校尉公孙戎奴封为从平侯,封侯者多达七位,是武帝朝一次性封侯最多者。

匈奴伊稚斜单于为了报复汉军所发动的漠南之战,在元朔五年(前124年)秋,"匈奴万骑入杀代郡都尉朱英,略千余人"②。

---

① 《史记》卷一一一《卫将军列传》,第2925页。
② 《史记》卷一一〇《匈奴列传》,第2907页。

汉武帝则于元朔六年（前123年）春，命大将军卫青率领公孙敖、公孙贺、赵信、苏建、李广、李沮六将军十多万大军出定襄数百里，与匈奴伊稚斜单于主力开战，斩首一万九千余人之后退回汉塞。休整月余后，卫青又率公孙敖等六将军再出定襄击匈奴，"斩首虏万余人"。然而，右将军苏建、前将军赵信所率三千骑兵却与伊稚斜单于主力相遇，激战一日有余，汉军损失殆尽。前将军赵信本来是匈奴"小王"，元光年间降汉后被封为翕侯。这时见形势不利，赵信率其残部八百余骑又投降匈奴。赵信阵前降敌，苏建处境更为困难，于是"尽亡其军，独以身得亡去，自归大将军"。这是卫青自出师以来首次受挫，因损苏建与赵信两将军所率部队，没有再次益封。就在这次战役中，卫青的外甥，年仅十八岁的霍去病以剽姚校尉随大将军卫青出征，"与轻勇骑八百直弃大军数百里赴利，斩捕首虏过当"，引起汉武帝的注意，颁诏曰："剽姚校尉斩首虏二千二十八级，及相国、当户，斩单于大父行籍若侯产，生捕季父罗姑比，再冠军，以千六百户封去病为冠军侯。"①

卫青于元朔六年两次出定襄击匈奴伊稚斜单于部，与元朔五年出朔方击匈奴右贤王部，均属于漠南之战的组成部分。虽然元朔六年卫青两击匈奴没有取得显赫战果，但也给是时活动于漠南的匈奴伊稚斜单于部造成较大的损失。因此，当赵信重降匈奴后，伊稚斜单于大喜过望，立即封赵信为"自次王"，表示其权威仅次于单于，并将自己的姐姐嫁给他。赵信降汉后封侯拜将，曾随卫青出征，对汉军情况相当了解，于是向伊稚斜单于建议"益北绝幕，以诱罢汉兵，徼极而取之，无近塞"。胡三省注"绝幕"曰：

---

① 《史记》卷一一一《卫将军列传》，第2927—2928页。《索隐》引颜师古注"过当"曰："计其所将之人数，则捕首虏为多，过于所当也。一云汉军亡失者少，而杀获匈奴数多，故曰过当也。"不论何种说法，斩获多于损失即为"过当"。西汉封功臣侯基本以封地为号，冠军县属南阳郡，位于今河南邓州西北。又《史记》卷七《项羽本纪》《集解》引张晏语曰："若霍去病功冠三军，因封为冠军侯，至今为县名。"（第305页）可见是先封霍去病为冠军侯，后置冠军县。

"阴山以北皆大漠,不生草木。"[①] 匈奴伊稚斜单于听从了赵信的建议,将主力转移至漠北,企图诱使汉军深入,以逸待劳,等到汉军疲罢之时再大举反击。然而,伊稚斜单于与赵信都没有料到,就在匈奴主力调往漠北,北边郡边境局势稍微缓和之后,汉军却没有出征漠北,而是调遣霍去病率军西伐,发动了另一次著名的战役——河西之战。

第三节 河西之战与漠北之战

自从元朔年间(前128—前123年)汉军连续发动河南、漠南战役后,匈奴不仅丧失自秦末以来占据百余年之久的河南地,而且位于漠南的匈奴伊稚斜单于部也因遭受汉军的打击而撤往漠北。在漠南广阔的区域里,仅存有东部匈奴左贤王部与西部河西地区浑邪王、休屠王部。从匈奴东西两部的实力来看,尽管东部左贤王实力较强,但其活动的区域主要在上谷以东地区,对汉廷政治、经济中心所在的关中地区威胁有限;而河西地区则不然,一直是沟通中原与西域交通的咽喉要道,如果汉廷控制了河西地区,就可以通过河西地区经营西域,还可从中阻断羌人与匈奴的联系。为了夺取河西这一重要的战略要地,元狩二年(前121年),汉

[①] 《资治通鉴》卷一九《汉纪一一》"汉武帝元朔六年"条,第621页。"不生草木"当然有所夸张,但阴山以北的漠北地区,自然条件较阴山南麓至汉边塞的漠南地区恶劣当属事实。

武帝遣霍去病发动河西之战，收复河西地区并陆续设置敦煌等四郡，从而揭开经营西域之序幕。两年之后，即元狩四年（前119年），汉武帝发动自汉匈战争爆发以来规模最大的决战——漠北之战。在卫青与霍去病两路汉军的打击下，匈奴伊稚斜单于与左贤王远遁，从此漠南无王庭。经过长期战争的消耗，汉匈双方的损失都十分严重，汉匈和亲重新被提上日程。

一、霍去病与河西之战

河西地区泛指今甘肃省的酒泉、张掖、武威等地，因位于黄河以西，自古称为河西。东起乌鞘岭，西至古玉门关，南北介于南山（祁连山和阿尔金山）和北山（马鬃山、合黎山和龙首山）间，长约九百公里的狭长平地，即著名的河西走廊，是为沟通中原与西域的咽喉要道，著名的陆路丝绸之路就从这里经过。

河西地区为匈奴所占据，应在文帝三年（前177年）冒顿单于遣右贤王攻逐月氏之时。武帝建元二年（前139年），张骞首次出使西域，出陇西郡不久进入河西走廊即被匈奴俘虏，可见河西是匈奴严格控制的地区，无怪军臣单于曾对张骞说："月氏在吾北，汉何以得往使？吾欲使越，汉肯听我乎？"虽然自元光年间汉匈战争爆发后，活动于河西地区的匈奴诸部并没有参与侵扰汉边郡的行动，但河西具有重要的战略地位，势必成为汉朝必欲夺取的目标。特别是张骞第一次出使西域于元朔三年（前126年）回来后报告了出使西域以及河西地区匈奴的情况，为汉武帝制定新的作战方案提供了重要的依据。元朔六年（前123年）漠南之战后，趁遭受重创的匈奴伊稚斜单于将主力转移至漠北，北部边郡战争稍息的有利时机，汉武帝又发动了一次重要的战略决战——河西之战，而战争主帅的重任则落到年轻的冠军侯霍去病的身上。

元狩二年（前121年）春，霍去病被任命为骠骑将军，率领万骑出陇西击匈奴。关于这次战争的经过，汉武帝在益封霍去病二千户诏中曰：

> 骠骑将军率戎士逾乌盭，讨遫濮，涉狐奴，历五王国，辎重人众慑慴者弗取，冀获单于子。转战六日，过焉支山千有余里，合短兵，杀折兰王，斩卢胡王，诛全甲，执浑邪王子及相国、都尉，首虏八千余级，收休屠祭天金人，益封去病二千户。①

《汉书》记载与《史记》大体相同，在"过焉支山千有余里，合短兵"后增补"鏖皋兰下"四字，又于"收休屠祭天金人"下补"师率减什七"五字。②《汉书·武帝纪》载："遣骠骑将军霍去病出陇西，至皋兰，斩首八千余级。"③除了陇西，唯一标明的地点也是"皋兰"。

关于汉武帝诏书中所涉及的地名："乌盭"，《集解》引《汉书音义》曰："音戾，山名也。"颜师古注："盭，古戾字也。乌盭，山名也。"可见古人多以乌盭为山名，但其地不详。有学者认为乌盭山是位于今甘肃靖远县东南端，坐落于甘肃、宁夏两省区交界地带的屈吴山，属于祁连山东端余脉；④又有学者认为，"逾"可作"渡"解，乌盭不是山名而是水名，"即汉代的乌逆水或乌亭逆水，今天的庄浪河"。⑤不过，从"逾乌盭"与"涉狐奴"的对应关系讲，尽管"乌盭"其地不详，但作为山名解可能更符合武帝诏书的原意。"狐奴"，学界基本没有争议，一般认为是今流经甘肃省河西走廊的第三大河石羊河，汉名"谷水"者。"焉支山"属于祁连山支脉，位于今甘肃山丹县东南，因山中生长一

---

① 《史记》卷一一一《骠骑列传》，第 2929—2930 页。
② 《汉书》卷五五《霍去病传》，第 2479 页。"师率减什七"，颜古师注："言其破敌，故匈奴之师十减其七也。一曰，汉兵失亡之数。下皆类此也。"（第 2480 页）至于"师率减什七"是否为"汉兵失亡之数"，后代注家基本持否定态度，均认为是指匈奴亡损失之数（参见《史记会注考证附校补》引日本学者中井积德说，第 1819 页下；《汉书补注》引宋人刘奉世说，第 1143 页上）。笔者从匈奴损失说。
③ 《汉书》卷六《武帝纪》，第 176 页。
④ 参见黄兆宏：《元狩二年霍去病西征路线考释——兼谈汉唐时期东段丝绸之路北道》，载《兰州大学学报》（社会科学版）2006 年第 6 期。
⑤ 参见王宗维：《论霍去病在祁连山之战》，载《西北大学学报》（哲学社会科学版）1982 年第 3 期。

种花草,其汁色如胭脂,故又称"胭脂山",或作"燕支山"等。"皋兰",《汉书》诸注家看法不一,《武帝纪》颜师古注:"应劭曰:'在陇西白石县,塞外河名也。'孟康曰:'山关名也。'师古曰:'皋兰,山名也。《霍去病传》云"过焉支山千有余里,合短兵鏖皋兰下",则此山也,非河名也。白石县在金城,又不属陇西。应说并失之。'"①但"皋兰"其山方位何在,诸注家并没有一个明确的说法。清人顾祖禹《读史方舆纪要》卷六〇《陕西九》"兰州"条曰:"皋兰山,州南五里。州之主山也。山下地势平旷,可屯百万兵。《汉书》'霍去病为骠骑将军击匈奴,屯兵皋兰山下',即此。"②但从《汉书》"过焉支山千有余里,合短兵,鏖皋兰下"诸语看,此皋兰山应位于焉支山以西千余里,似乎不应是时仍位于陇西郡境内、今兰州南的皋兰山。③清人陶保廉在《辛卯侍行记》一书中指出:"去病鏖战之皋兰,去焉支山千余里,当今甘州之合黎山"④,可备一说。可能正是因为"乌鳌""狐奴""皋兰"诸地难以确指,《资治通鉴》均略去不录,只保留地理方位明确的焉支山,记"霍去病为票骑将军,将万骑出陇西,击匈奴,历五王国,转战六日,过焉支山千余里,杀折兰王,斩卢侯王"⑤云云。

综合诸家之说,霍去病元狩二年(前121年)春首次出征河西,在出陇西之后,越过位于甘肃、宁夏两省区交界地带的"乌鳌山"(屈吴山?),渡过流经今甘肃民勤、威武一带的石羊河(狐奴水),辗转征战于匈奴五个小王国之间,历时六日,抗拒者以武力征服,

---

① 《汉书》卷六《武帝纪》,第176页。白石(今甘肃永靖西南)元朔时仍属陇西,是时尚未置金城郡,应劭白石属陇西说无误,但以皋兰为"河名"则有误。如果以"皋兰"为河名,似指流经白石的"离水",即今流经甘肃南部的大夏河。(参见谭其骧主编:《中国历史地图集》第2册"西汉凉州刺史部",中国地图出版社1982年版,第33—34页)
② 顾祖禹:《读史方舆纪要》卷六〇《陕西九》"兰州"条,贺次君、施和金点校,中华书局2005年版,第2874页。
③ 元鼎三年(前114年),析陇西郡北部为天水郡,皋兰山仍位于陇西郡。汉昭帝始元六年(前81年)析陇西、天水、张掖置金城郡,皋兰山始属金城郡。
④ 转引自黄兆宏:《元狩二年霍去病西征路线考释——兼谈汉唐时期东段丝绸之路北道》,载《兰州大学学报》(社会科学版)2006年第6期。
⑤ 《资治通鉴》卷一九《汉纪一一》"汉武帝元狩二年"条,第630页。

降服者则予以安抚。五小国都被控制后，霍去病随即越过焉支山千余里，与匈奴浑邪王、休屠王的部队鏖战于皋兰山（合黎山？）下。霍去病军数战数捷，杀匈奴折兰王、卢侯王，俘获浑邪王子及相国、都尉等，斩获首虏八千九百多级，并缴获休屠王的祭天金人而归。此次征战汉军损失也比较惨重，有七千多名将士捐躯沙场。此役只是汉军收复河西地的第一阶段，并不是以略地为目的，而是采取长途奔袭、速战速决，以打击匈奴浑邪王有生力量为主的作战方式，因此在取得一定战果后迅速撤回塞内。

在霍去病河西之战取得初战胜利之后，汉军为彻底收复河西，随即发动更大规模的攻势。同年（前121年）夏天，汉军分兵两路，正式开始了夺取河西地区的战役。

由于是时匈奴伊稚斜主力已经撤至漠南，因此汉军分两路进行作战。作为河西之战的主攻方——西路方面，骠骑将军霍去病与合骑侯公孙敖各率兵数万，分道从北地（治今甘肃庆阳西南）出击；东路方面，郎中令李广将四千骑先行，博望侯张骞将万骑后发，分道出右北平，主要任务是牵制匈奴左贤王部，策应西路主攻部队。这一作战方案，与元朔五年（前124年）汉军发动的漠南战役完全相同。

在东路方面，李广率四千骑先行出发，北出汉塞数百里后，突然与左贤王四万骑相遇，而张骞率领的一万多人的主力部队却没能按时到达战场。面对十倍于己的敌军，汉军惊恐不已，为了稳定军心，李广命令自己的儿子李敢率数十名勇士直冲敌阵，史载：

> 敢独与数十骑驰，直贯胡骑，出其左右而还，告广曰："胡虏易与耳。"军士乃安。广为圜陈外向，胡急击之，矢下如雨。汉兵死者过半，汉矢且尽。广乃令士持满毋发，而广身自以大黄射其裨将，杀数人，胡虏益解。会日暮，吏士皆无人色，而广意气自如，益治军。军中自是服其勇也。明日，复力战，而博望侯军亦至，匈奴军乃解去。汉军罢，弗能追。①

---

① 《史记》卷一〇九《李将军列传》，第2873页。

这是《史记》记载汉匈战争相当典型的战例，在没有任何遮蔽物的草原上，面对突然遭遇的匈奴骑兵，汉军立即组成圜形阵式，将辎重车连接起来作为外围屏障，弓箭手以辎重车为掩护进行还击。经过一昼夜的苦战，李广部几乎损失殆尽，张骞方率主力赶到战场，匈奴左贤王见汉军有了增援，解围而去。依照汉法，张骞"留迟后期，当死，赎为庶人"。

在西路战线上，汉军的行动一开始也不顺利。公孙敖部一出北地就迷失了方向，未能参加河西之战，于是作战的重任便落到了霍去病一人的身上。

霍去病是役的出兵路线，《史记·卫将军骠骑列传》仅记为"逾居延，遂过小月氏，攻祁连山"，"捕首虏甚多"，从这简略的记述看，霍去病采取的仍是大迂回的作战方式。霍去病率领严格挑选的精锐骑兵，出北地郡后向西北挺进，渡过黄河，跨越贺兰山，横穿大漠，至居延泽（今内蒙古额济纳旗一带）后转向西南，经过小月氏（未西迁而进入祁连山区与羌人杂居的月氏人称为小月氏），再转向东南，长驱深入二千余里，绕到匈奴后方，在祁连山与合黎山之间的觻得（今甘肃张掖西北）一带与匈奴浑邪王与休屠王部激战。在汉军攻击下，匈奴浑邪王与休屠王部损失惨重，被汉军斩杀三万零二百多人，单桓（匈奴王号）、酋涂王、相国、都尉等见大势已去，率领二千五百多人向汉军投降，匈奴五王、王母、单于阏氏、王子等贵族五十九人，相国、将军、当户、都尉等官吏六十三人都被俘获。霍去病在没有其他将军配合的情况下，率领一支孤军，在地形复杂多变的河西地区长途转战二千多里，歼灭了在河西的匈奴浑邪王与休屠王大部，取得河西之战的决定性胜利。武帝得知后非常高兴，再次益封霍去病五千四百户，部将鹰击司马赵破奴与校尉高不识也因战功卓著，被封为列侯。

浑邪王、休屠王在一年之中两战两败，损失了数万精兵，河西地区也岌岌可危，伊稚斜单于"怒浑邪王、休屠王居西方为汉所杀虏数万人,欲召诛之"①。浑邪王、休屠王深惧被诛,于是在元狩二年(前121年)秋天密谋降汉,并派遣使者与当时在黄河边督修长城的大行李息接洽。武帝得知李息的报告后,担心有诈,命令霍去病率领大军前往受降。休屠王突然反悔,被浑邪王所杀,兼并其部众,前往黄河西岸降汉。这时霍去病已率大军渡过黄河,与匈奴遥遥相望。浑邪王部的一些裨王见汉军阵容强大,心怀恐惧,意图逃跑,其余的部众也随之骚动起来。就在这形势万分紧急的时刻,霍去病当机立断,率精兵驰入匈奴营垒之中,与浑邪王相见,斩杀企图逃跑者八千多人,招降四万多人,号称十万人。至此,不仅匈奴在河西地区持续半个多世纪的统治彻底瓦解,而且"北地、河西益少胡寇",汉廷得以"减北地以西戍卒半",这是自汉匈战争爆发以来,北边郡难得的一次喘息之机。

浑邪王降汉后,武帝命令将浑邪王等迎至长安,厚加赏赐,以示笼络。浑邪王被封为漯阴侯,食万户,其他四位裨王也被封为列侯。浑邪王始封食万户,这在列侯食邑中属于最高者,如长平侯卫青,始封三千八百户,冠军侯霍去病,始封千六百户,便是其例。显见汉武帝为笼络、招纳匈奴上层贵族降汉,不吝耗费巨资,厚加赏赐。右内史汲黯批评武帝曰:"浑邪率数万之众来降,虚府库赏赐,发良民侍养,譬若奉骄子。"② 其余匈奴降汉部众,则分别安置在陇西、北地、上郡、朔方、云中五郡的"故塞"外的河南地之中,沿袭匈奴旧俗、官号,置五属国,设属国都尉治理。值得注意的是,所设五属国,却不包括秦直道北端所在五原郡。尽管不清楚汉廷出于何种考虑不在五原郡设属国安置匈奴部众,但很可能有防范他们利用秦直道叛亡的意图。

自元狩二年收复河西,陆续设置了酒泉、武威、张掖、敦煌四郡,并从关东地区移徙数十万贫民充实其地。河西四郡的设置,不仅断绝了匈奴与羌人的联系,而且沟通了中原与西域的交通。

---

① 《史记》卷一一〇《匈奴列传》,第2909页。
② 《史记》卷一二〇《汲黯列传》,第3109页。

从此,匈奴独霸西域的时代宣告结束,汉朝的使者、商队、军队,可以安全地通过河西走廊源源不断地奔赴西域。为了控制西域,汉朝又与匈奴展开了激战。

汉武帝连续发动河南、河西战役之后,汉军占领了匈奴在漠南的两大战略要地——河南、河西地区,迫使匈奴单于主力远离北边境,转移到自然条件远比漠南恶劣的漠北地区,基本上消除了匈奴对汉中部及西部北边境的威胁,也标志着双方实力对比已发生根本性变化。河西之战后,匈奴人又失去了水草丰美的河西地,经济上蒙受的损失更为严重,所以匈奴人经过此地,无不悲歌曰:"亡我祁连山,使我六畜不蕃息;失我燕支山,使我嫁妇无颜色。"[1]

二、汉匈漠北大决战

经过元朔年间河南、漠南之战与元狩二年河西之战,汉匈战争初期双方实力相抗衡的态势已经发生重大变化。匈奴连续丧失河南、河西两个战略要地之后,匈奴伊稚斜单于听从赵信的建议,放弃漠南,将主力撤到远离汉塞的漠北地区,但在漠南还保留一定的力量。匈奴右贤王损失惨重,丧失整个河南地,而河西地区的浑邪王与休屠王则全军覆灭。面对匈奴右部的西北边郡,匈奴侵掠的威胁基本解除。但是,匈奴东部的左贤王部,始终没有遭受过沉重的打击,依然保存着强劲的实力。就在河西之战结束后的第二年,即元狩三年(前120年),匈奴左贤王部与单于部分兵两路,突入右北平、定襄二郡,杀掠千余人后退出边塞。

汉武帝筹划河南、河西战役之时,原计划只是夺回河南、河西两个战略要地,在给予匈奴一定的打击之后,只要能确保北部边境的安宁即可,并无深入大漠与匈奴主力决战的意图。何况汉朝君臣一直认为匈奴是游牧民族,四处迁徙,很难彻底制服。如

---

[1] 《史记》卷一一〇《匈奴列传》裴骃《索隐》引《西河旧事》曰:"(祁连)山在张掖、酒泉二界上,东西二百余里,南北百里,有松柏五木,美水草,冬温夏凉,宜畜牧。匈奴失二山,乃歌云:'亡我祁连山,使我六畜不蕃息;失我燕支山,使我嫁妇无颜色。'"(第2909页)

果匈奴不再骚扰边境，汉军并不准备穷追不舍。但是匈奴侵扰势头未衰，北边烽火未熄，反击匈奴的战争只能继续进行下去。

元狩四年（前119年）春，武帝召集诸将会议，筹划出击匈奴事宜。"天子与诸将议曰：'翕侯赵信为单于画计，常以为汉兵不能度幕轻留，今大发士卒，其势必得所欲。'"① 针对匈奴以为汉军没有跨越大漠、长途奔袭作战能力的判断，汉武帝与诸将均认为如果集中兵力，深入漠北，就可以攻其不备，一举歼灭其主力。武帝拟定并批准了这一作战计划，汉匈战争史上规模最大的一次战略大决战就此展开。

为了保证漠北之战的顺利进行，汉廷为此进行了充分的准备，从全国征发大批军需物资，调集十万精锐骑兵部队，以及负责转运辎重的步兵数十万人，又从民间征集马四万匹随军备用。汉军原计划是大将军卫青与骠骑将军霍去病均由定襄分道出击，直赴大漠寻伊稚斜单于的主力部队决战。就在大军将出之际，捕获的匈奴俘虏言单于已经东去。汉武帝本意希望霍去病作为攻击匈奴单于的主力再立大功，所以"敢力战深入之士皆属骠骑"②。因此得知伊稚斜单于东去的消息后，临时更改作战计划：大将军卫青率五万骑兵仍从定襄出击，而骠骑将军霍去病率五万骑从代郡出击，"咸约绝幕击匈奴"③。这一作战计划的临时变更，加之单于东去的消息不实，实际意味着从最初设计的两路大军合击匈奴伊稚斜单于，变为卫青一路出击匈奴单于部，而霍去病一路则出击匈奴左贤王部。这时，匈奴已得知汉军即将大规模出击的消息，赵信又向伊稚斜单于献策说："汉军既度幕，人马罢，匈奴可坐收虏耳。"④ 伊稚斜单于采纳了他的意见，将妇孺老弱及牲畜财产往北远徙，仅留精兵在漠北等待与汉军决战。

大将军卫青指挥的西路军出定襄迎击伊稚斜单于主力。大军

---

① 《史记》卷一一一《骠骑列传》，第2934页。
② 《史记》卷一一一《骠骑列传》，第2934页。
③ 《史记》卷一一〇《匈奴列传》，第2910页。
④ 《史记》卷一一一《骠骑列传》，第2935页。

临行之前，老将李广虽然已逾六十，然雄心未减，主动向武帝请求出击匈奴。武帝认为李广年事已高，没有批准，但在李广的一再请求下，任命李广为前将军，归大将军卫青指挥。此次随大军出征的还有卫青的挚友、原合骑侯公孙敖，在元狩二年（前121年）河西之战时，公孙敖因延误战机被废除爵位，免为庶人，这次公孙敖被任命为中将军，也归属于卫青麾下。卫青出定襄后不久，就从匈奴俘虏口中得知单于的准确驻地。为了使公孙敖有立功复封的机会，卫青企图独揽大功，于是命令前将军李广与右将军赵食其两部合并，从东路迂回到匈奴侧翼掩护主力部队，而自己则与中将军公孙敖等率精兵从正面攻击单于。李广深知卫青的用意，所以对这一反常的部署极为不满，厉声向卫青抗议道："臣部为前将军，今大将军乃徙令臣出东道，且臣结发而与匈奴战，今乃一得当单于，臣愿居前，先死单于。"在大军出发之前，汉武帝曾暗中指示卫青曰，李广年老，与匈奴战数败，"毋令当单于，恐不得所欲"。① 因此卫青见李广不肯从命，竟然命令长史把军令直接发至李广的幕府。事情到了这一步，再也没有回旋的余地，李广只得愤然离去，率部与右将军赵食其奔赴东路。

卫青率主力向北推进一千多里后，突然发现伊稚斜单于的主力部队正在前方严阵以待。久经沙场的卫青一面下令用武刚车（一种带有遮盖的辎重车）环绕为营，以防匈奴骑兵突袭；一面派出五千名骑兵冲击敌阵。伊稚斜单于也出动万骑应战。两军将士一直鏖战到傍晚时分，忽然间狂风骤起，沙砾飞扬，两军对面不能相见。卫青趁此机会命令左右两翼汉军迅速出动，将匈奴骑兵围困阵中。伊稚斜单于见到汉军数量众多，而且兵强马壮，战局对匈奴不利，因此不敢再拖延下去，遂率数百名亲兵趁黄昏之时从西北方向突破汉军包围，急驰而去。这时两军仍在激战，直至夜幕已深，卫青得知单于已经突围的消息，急令轻骑连夜追击，卫青率大军随后而行，被围困的匈奴骑兵趁机突围。天明之后，汉

---

① 《史记》卷一〇九《李将军列传》，第2874页。

军已经追击二百余里,但伊稚斜单于最终逃脱。卫青大军自出塞以来,共杀伤俘获匈奴一万九千多人,一直推进至位于阗颜山(约今蒙古国杭爱山南端)的赵信城(赵信降匈奴后所建,故名赵信城),用匈奴积蓄的粮秣补充军需,焚烧其城及余粮后班师而还。匈奴这时则陷入一片混乱之中,伊稚斜单于逃跑后十多日下落不明,右谷蠡王因此自立为单于,后来得知单于尚在,方才去掉单于名号,恢复为王。

但是,前将军李广与右将军赵食其率领汉军在东道的进展却极不顺利。东道不仅路途曲折迂回,而且一路水草稀少,汉军行进十分艰难,又没有向导引路,结果在茫茫的草原上迷失了方向。直到卫青大军由阗颜山班师之后,李广与赵食其才与卫青在大漠之南会合。卫青可能是对将李广硬派往东道一事心怀愧意,特遣大将军长史带着干粮与浊酒前往安抚李广,并且催促李广速至大将军幕府报告迷路的详情,又暗示李广将迷道责任推诿部下。李广断然拒绝,表示"诸校尉无罪,乃我自失道。吾今自上簿"。长史去后,李广深有感慨地对多年来随同自己出生入死的部下说:"广结发与匈奴大小七十余战,今幸从大将军出接单于兵,而大将军又徙广部行回远,而又迷失道,岂非天哉!且广年六十余矣,终不能复对刀笔之吏。"于是李广引刀自刭,"广军士大夫一军皆哭。百姓闻之,知与不知,无老壮皆为垂涕"。①一代抗匈名将就这样含冤悲愤而死。右将军赵食其独自下狱受审,后赎为庶人。

就在卫青自定襄出征的同时,东路汉军在骠骑将军霍去病的率领下,出代郡迎击匈奴左贤王。霍去病虽然也统率五万骑兵,但所选的都是剽悍勇猛的年轻骑士,军中没有设置副将,而是以李广之子李敢这样年轻的将领与匈奴降将复陆支等为大校,代行副将职权,使军队指挥权高度集中。右北平太守路博德也归属霍去病指挥,从右北平出军配合主力部队行动。

霍去病率军出代郡之后,命令全军将士轻装前进,长驱直入

---

① 《史记》卷一〇九《李将军列传》,第2875—2876页。

二千多里,在大漠之上与匈奴左贤王的军队遭遇。数次激战之后,匈奴左贤王大败而逃,汉军斩首俘虏七万多人,俘获单于近臣章渠以及匈奴屯头王、韩王等三人,相国、将军等八十三人,斩杀比车耆(匈奴王号),封狼居胥山(位于今蒙古国乌兰巴托东)、禅姑衍山(位于今蒙古国乌兰巴托东),① 兵临翰海(其地不详。一说为今贝加尔湖)而还。

漠北之战,大将军卫青率部深入大漠千余里,击溃匈奴伊稚斜单于主力,可是由于将帅失和,致使伊稚斜单于逃脱,前将军李广自杀,右将军赵食其下狱,功过相抵,因此卫青没有益封,部将也无一人封侯。与卫青相比,霍去病的战绩更为辉煌,不仅深入大漠二千余里,而且斩获首虏也是卫青的数倍。汉武帝得知自己宠爱的年轻将领再立功勋,益封霍去病五千八百户,部将多人封为列侯。又置大司马一职,卫青、霍去病同为大司马,并下令骠骑将军秩禄与大将军同。从此之后,卫青威望日衰,而霍去病则尊宠正盛,卫青的许多部下纷纷投靠到霍去病的麾下谋求官爵。

作为一位在汉匈战争中屡建功勋的年轻将领,霍去病确有独特之处。史称:"骠骑将军为人少言不泄,有气敢任。天子尝欲教之孙吴兵法,对曰:'顾方略何如耳,不至学古兵法。'天子为治第,令骠骑视之,对曰:'匈奴未灭,无以家为也。'由此上益重爱之。"然而,霍去病少年得志,身为天子近臣、贵戚,因不恤士卒而为史家指斥:"其从军,天子为遣太官赍数十乘,既还,重车余弃粱肉,而士有饥者。其在塞外,卒乏粮,或不能自振,而骠骑尚穿域蹋鞠。事多此类。"②

漠北大决战,汉军取得了决定性的胜利,从根本上扭转了一百多年来匈奴骑兵侵扰北边塞,严重威胁中原农业区域,汉军疲于防守的被动形势。但是,汉军自身的损失也相当严重:"两军士死者数万人";马匹,"两军之出塞,塞阅官及私马凡

---

① 狼居胥山与姑衍山定位,据谭其骧主编《中国历史地图集》第2册"匈奴等部",中国地图出版社1982年版,第39页。

② 《史记》卷一一一《骠骑列传》,第2939页。

十四万匹，而复入塞者不满三万匹"。① 与汉军相比，匈奴损失更为惨重，单于主力与左贤王的部队死伤被俘共九万多人，牲畜财产损失更是无法计算，史载："是后匈奴远遁，而幕南无王庭。汉度河自朔方以西至令居（今甘肃永登西），往往通渠置田，官吏卒五六万人，稍蚕食，地接匈奴以北。"② 漠北之战后相当长的一段时间内，匈奴再无力向北边郡发动大规模入侵，而汉军也因损失严重，无力再发动大规模的出击。随着匈奴主力撤到漠北，汉匈战争的重心也由北边郡转向西域。

三、汉武帝两巡九原

元狩四年（前119年）漠北之战后，位于匈奴中部的伊稚斜单于部和东部的左贤王部均遭受严重损失，不得不撤到远离汉塞的漠北地区。匈奴符离王敞屠洛、匈奴都尉董舍吾、匈奴王雕延年等见匈奴势衰，纷纷降汉，均被封列侯。③ 在兵败于外，讧乱于内的形势下，赵信劝伊稚斜单于遣使赴汉，"好辞请和亲"。这是自元光二年（前133年）汉匈大规模战争爆发之后，匈奴首次表示和亲愿望，所以武帝对此非常重视，特命群臣商议其事。群臣"或言和亲，或言遂臣之。丞相长史任敞曰：'匈奴新破，困，宜可使为外臣，朝请于边。'"武帝于是遣任敞出使匈奴。"单于闻敞计，大怒，留之不遣。"④

任敞出使匈奴事在元狩四年，丞相长史为丞相属官掾属之长，虽然秩千石（一说为二千石），但职权甚重。武帝遣丞相长史任敞出使匈奴，足见对此次出使之重视。但更为重要的是，任敞此次出使的任务是告之匈奴，如果试图与汉恢复和亲关系，前提由原来已为双方认同的处于对等地位的"兄弟之国"，降格为汉朝"外臣"，并且要"朝请于边"。由此也标志着在军事上已经占据主

---

① 《汉书》卷六《武帝纪》，第178页；《史记》卷一一一《骠骑列传》，第2938页。
② 《史记》卷一一〇《匈奴列传》，第2911页。
③ 参见《汉书》卷一七《景武昭宣元成功臣表》，第852页。
④ 《史记》卷一一〇《匈奴列传》，第2911页。

动地位的汉廷,不肯再在"兄弟之国"的基础上与匈奴实现和亲,而是将匈奴臣服于汉作为双方和亲的首要条件。对于这样一个重大变化,尽管匈奴"新破",亦为自诩"天之骄子"的匈奴伊稚斜单于所不能接受,于是将任敞"留之不遣"。任敞是史料明确记载武帝时期出使匈奴被扣的第一位汉使。

汉武帝在得知使者任敞被扣之后,曾经一度征集兵马,准备再次出击匈奴,但在元狩六年(前117年)骠骑将军霍去病去世,讨伐匈奴之事也就此搁置。元鼎三年(前114年),伊稚斜单于去世,其子乌维继立为单于,继续在漠北休养士卒,恢复国力,暂时没有南下的意图,而汉武帝"方南诛两越,不击匈奴,匈奴亦不侵入边"。①北部边境暂时呈现出一种平静的状态。

元鼎五年(前112年)冬十月,汉武帝首次巡行新秦中,史载:

> (天子)行西逾陇,陇西守以行往卒,天子从官不得食,陇西守自杀。于是上北出萧关,从数万骑,猎新秦中,以勒边兵而归。新秦中或千里无亭徼,于是诛北地太守以下,而令民得畜牧边县,官假马母,三岁而归,及息什一,以除告缗,用充仞新秦中。②

汉武帝此次出巡事出突然,陇西守因"天子从官不得食"而惶恐自杀。从武帝率数万骑北出萧关"猎新秦中"看,炫耀武力的对象当属位于新秦中北边的"新破"却又不肯"臣服"的匈奴。然而,新秦中"或千里无亭徼"的状况引起武帝震怒,"于是诛北地太守以下"。新秦中无亭徼却诛"北地太守以下",《资治通鉴》胡三省推测曰:"北地与朔方接境,时朔方新置郡,盖使

---

① 《史记》卷一一〇《匈奴列传》,第2912页。
② 《史记》卷三〇《平准书》,第1438页。《汉书》卷六《武帝纪》作:"行幸雍,祠五畤。遂逾陇,登空同,西临祖厉河而还。"(第185页)从《武帝纪》记载看,元狩五年(前118年)武帝出巡主要在天水、安定两郡。不知何故,与《平准书》记载不同。又,《平准书》于"行西逾陇"前有"其明年,天子始巡郡国。东度河,河东守不意行至,不辨,自杀"等内容。《史记会注考证附校补》引王先谦语:"幸河东,在元朔四年;西逾陇,在五年。此并述之。"(第832页下)不过,王先谦误将"元鼎"作"元朔"。

北地并力以营筑亭徼也。"① 正因为北地太守"并力以营筑亭徼"不力，因此被诛杀。在诛杀北地太守之后，武帝又采取补救措施，以充实新秦中的防卫力量：鼓励边民积极养马，将官母马借与边民生产马驹，满三岁归还母马，每借十匹母马仅需还官方一匹马驹；又于边地废除告缗令，鼓励边民积蓄财富，安居并守卫边地。

汉武帝对新秦中"无卫边之备"的忧虑，并非没有原因。元鼎五年（前112年）九月，"西羌众十万人反，与匈奴通使，攻故安，围枹罕。匈奴入五原，杀太守"②。这是自元狩四年（前119年）漠北之战以来，匈奴首次入侵五原郡，而且与羌人遥相呼应。为阻断西羌与匈奴的交通，元鼎六年（前111年）冬十月，武帝"发陇西、天水、安定骑士及中尉，河南、河内卒十万人，遣将军李息、郎中令徐自为征西羌，平之"③。同年秋，武帝遣两路汉军出击匈奴：浮沮将军公孙贺由秦直道北端起点、五原郡治九原出塞二千余里，"至浮沮井而还，不见匈奴一人"；匈河将军赵破奴出令居（今甘肃永登西北）数千里，"至匈河水而还，亦不见匈奴一人"。④浮沮井，其地不详；匈河水即匈奴河，即今蒙古国拜达里格河。公孙贺与赵破奴是元狩四年漠北之战后汉军出塞最远者，但均"不见匈奴一人"而还，大抵反映经过漠北之战打击后的匈奴，远匿于漠北，极力避免与汉军遭遇的窘境。

元鼎五年汉武帝虽然首次巡视新秦中，但是否行至九原，史载不清。元封元年（前110年）冬，汉武帝在征服南越与东瓯之后，再次巡视北边，并且特意颁诏申明：

> 南越、东瓯咸伏其辜，西蛮北夷颇未辑睦，朕将巡边

---

① 《资治通鉴》卷二〇《汉纪一二》"汉武帝元鼎五年"条，第665页。"亭徼"，《史记》卷三〇《平准书》裴骃《集解》："如淳曰：'徼，亦卒求盗之属也。'晋灼曰：'徼，塞也。'瓒曰：'既无亭候，又不徼循，无卫边之备也。'"（第1438页）

② 《汉书》卷六《武帝纪》，第188页。"故安"应作"安故"，安故（今甘肃临洮南）与枹罕（今甘肃永靖西南）元鼎时属陇西郡。

③ 《汉书》卷六《武帝纪》，第188页。

④ 《史记》卷一一〇《匈奴列传》，第2912页。浮沮、匈河，均是事先规划好的汉军出征所要到达的地点，故以浮沮、匈河作为指挥此役的将军的称号。

垂，择兵振旅，躬秉武节，置十二部将军，亲帅师焉。①

至于武帝此次北巡的起讫点，史书记载十分清楚：

> 行自云阳，北历上郡、西河、五原，出长城，北登单于台，至朔方，临北河。……还，祠黄帝于桥山，乃归甘泉。②

从云阳（今陕西淳化西北）经上郡、西河至五原郡，最为便捷的通道只能是秦直道。汉武帝至五原后又北出长城，登单于台（其地不详，或说位于今内蒙古呼和浩特西），西行至朔方（治今内蒙古乌拉特前旗东南），巡视北河（今内蒙古乌加河）后返回，中途曾于桥山祠黄帝，最后到达位于秦直道南端的甘泉宫。因此，桥山位于何地，对考察汉武帝返程路线非常重要。《武帝纪》颜师古注引应劭曰：" （桥山）在上郡，周阳县有黄帝冢。"王北辰先生认为："《史记·五帝本纪》云：'黄帝崩，葬桥山'，其葬处按《汉书·地理志》上郡条下记：'阳周，桥山在南，有黄帝冢'；《水经注》河水三奢延水支流走马水条下记：'水出西南、长城北，阳周县故城南桥山，昔二世赐蒙恬死此，王莽更名上陵畤，山上有黄帝冢故也。'这些记载证明：武帝自九原归来顺路致祭的黄帝陵，乃在阳周县南桥山上，即今靖边县南白于山上。桥山黄帝陵地址一经证明，武帝北巡归路经过问题也就豁然开朗，其乃自九原，穿行'河南地'，入桥门而上山致祭，南返云阳。"③由此可证，元封元年（前110年）冬，汉武帝首次巡行五原、朔方，往返均是经过秦直道的。

汉武帝再巡北边，一个重要的目的就是炫耀兵威于匈奴，史载：

> 天子巡边，至朔方，勒兵十八万骑以见武节，而使郭吉风告单于。郭吉既至匈奴，匈奴主客问所使，郭吉礼卑言好，曰："吾见单于而口言。"单于见吉，吉曰："南越王头已悬于汉北阙。今单于即能前与汉战，天子自将

---

① 《汉书》卷六《武帝纪》，第189页。
② 《汉书》卷六《武帝纪》，第189页。
③ 王北辰：《古桥门与秦直道考》，载《北京大学学报》（哲学社会科学版）1988年第1期。关于"桥门"的考证，亦见此文。

兵待边；单于即不能，即南面而臣于汉。何徒远走，亡匿于幕北寒苦无水草之地，毋为也。"语卒而单于大怒，立斩主客见者，而留郭吉不归，迁之北海上。而单于终不肯为寇于汉边，休养息士马，习射猎，数使使于汉，好辞甘言求请和亲。①

面对口出不逊之辞的汉使郭吉，乌维单于尽管十分震怒，立斩匈奴负责接待宾客的"主客"泄愤，却不敢加害郭吉，只是将他"迁之北海上"。唐人张守节《正义》曰："北海即上海也，苏武亦迁也。"如果是说可靠，郭吉则是被匈奴放逐北海的汉使第一人。郭吉与元狩四年（前119年）的丞相长史任敞一样，都是因为提出以匈奴"臣服"作为重议和亲前提而被匈奴扣留的。

元封元年（前110年）冬汉武帝巡行北边的另一个重要目的，亦是为首次举行封禅大礼做准备。《史记·封禅书》载："上议曰：'古者先振兵泽旅，然后封禅。'"于是勒骑十八万"振兵"于北边；"还祭黄帝冢桥山，释兵须如"。②因此，汉武帝从九原经秦直道返回长安后不久，又踏上东行封禅之路，史载：

（元封元年）春正月，行幸缑氏（今河南偃师东南）。……行，遂东巡海上。夏四月癸卯，上还，登封泰山，……行自泰山，复东巡海上，至碣石（今河北秦皇岛西南）。自辽西（治今辽宁朝阳东）历北边九原，归于甘泉。③

司马迁随从汉武帝经历了封禅泰山、东巡海上以及经秦直道自九原"归于甘泉"的全过程，留下了关于秦直道与蒙恬最为著名的评论：

---

① 《史记》卷一一〇《匈奴列传》，第2912页。
② 《史记》卷二八《封禅书》，第1396页。"泽"，《集解》引徐广语曰："古释字作'泽'。""须如"，《汉书》卷二五上《郊祀志上》作"凉如"，颜注引李奇曰："地名也。"（第1233页）其地不详。据上下文推测，其地似也在秦直道沿线，可能在桥山南，距桥山不远。
③ 《汉书》卷六《武帝纪》，第190—192页。《武帝纪》未记"归于甘泉"的时间及行程总里数，《资治通鉴》卷二〇《汉纪一二》"汉武帝元封元年"条则记曰："五月，乃至甘泉。凡周行万八千里云。"（第680页）

> 吾适北边，自直道归，行观蒙恬所为秦筑长城亭障，堑山堙谷，通直道，固轻百姓力矣。夫秦之初灭诸侯，天下之心未定，痍伤者未瘳，而恬为名将，不以此时强谏，振百姓之急，养老存孤，务修众庶之和，而阿意兴功，此其兄弟遇诛，不亦宜乎！何乃罪地脉哉？①

元封元年（前110年），汉武帝两次行至九原，三次经过秦直道，而且每次出巡都有众多的扈从随行，尤其是冬十月"勒兵十八万骑"前往朔方向匈奴炫耀武力。如此庞大的骑兵队伍以及皇帝的扈从，经过秦直道顺利往返九原与甘泉之间，似乎可表明随着汉匈战争的发展，秦直道的重要作用已经为汉朝统治者所重视，并且经过一定程度的修缮，才能随时保持道路的通畅。仅元封元年冬十月至五月的八个月时间内，汉武帝就三次经行秦直道，足以说明筑就已逾百年的秦直道，经过修缮后仍具有强大的通行能力。②

---

① 《史记》卷八八《蒙恬列传》，第2570页。
② 尽管史料中没有汉武帝修缮秦直道的直接证据，但《史记》卷三〇《平准书》载："既得宝鼎，立后土、太一祠，公卿议封禅事，而天下郡国皆豫治道桥，缮故宫，及当驰道县，县治官储，设供具，而望以待幸。"《集解》徐广曰："元鼎四年（前113年）立后土，五年立泰畤。"（第1438页）秦直道虽不属于驰道系统，但汉武帝封禅泰山后巡视北边郡，由九原经秦直道归甘泉事，应该早在行程规划之中，因此对秦直道进行修缮很可能早已进行。

第四节　武帝后期汉匈关系的再调整

汉武帝一朝，是有汉以来最为辉煌也是最为动荡的时代。武帝在锐意进行政治、经济、文化等改制的同时，展开了大规模的军事征伐、开疆拓土的活动，对长期威胁中原的匈奴展开长时期持续的打击，就是其中最为典型的一例。经过武帝时期的多年经营，形成了一个北极大漠，南逾五岭，东濒沧海，西至中亚的强盛帝国。除了发动战争，武帝还广修宫殿，大置苑囿，四外巡游，寻仙觅药，封禅祭礼，挥霍了无数财富，给大汉帝国带来严重的经济问题。到武帝统治晚期，农民暴动的现象日趋严重。武帝不是没有察觉问题的严重性，而是把改弦易辙的希望寄托在性格宽厚的卫太子身上。但在征和二年（前91年），巫蛊之祸爆发，卫太子自缢身亡，彻底打乱了武帝的部署。征和三年（前90年），贰师将军李广利兵败郅居水，七万多人全军覆灭，这是汉匈战争全面爆发以来汉军损失最为严重的一次。追悔往事，汉武帝决心亲自实行变革。征和四年（前89年），武帝颁布著名的"轮台诏"，宣布不再对外用兵，严禁擅征徭役，鼓励发展农业生产。"轮台诏"的颁布，很快稳定了全国动荡的局势，也为汉匈关系的再调整提供了契机。

一、重议和亲与修筑"单于邸"

前文述及,元狩四年(前119年)漠北之战后,汉武帝采纳丞相长史任敞建议,以匈奴"为外臣,朝请于边"作为和亲的新条件,取代已经实施六十多年的汉匈和亲"故约"。任敞出使匈奴后被伊稚斜单于扣留,成为首位被匈奴扣留的使者。元封元年(前110年)冬,汉武帝率十八万骑耀兵于边,郭吉奉汉武帝命出使匈奴,因当面折辱乌维单于,结果被匈奴扣留并远徙"北海"。

从现有史料考察,在汉武帝之前,汉匈已经交往数十年,其间曾爆发过相当激烈的军事冲突,但是汉匈都没有扣留使者的事件发生。表明在汉匈双方实力暂时失衡的状态下,占据优势的匈奴一方没有必要也无须通过扣留汉使彰显实力;作为汉廷,也不愿意因为匈奴经常"倨傲其辞"而挑起事端,破坏双方"和亲"大局。但是,自元光二年(前133年)迄元狩四年的十多年间,在汉匈战争态势尚未明了的时期,虽然不能完全排除互派使者的现象,但双方似乎均无频繁互遣使者的必要。《汉书·苏武传》载:"时汉连伐胡,数通使相窥观,匈奴留汉使郭吉、路充国等,前后十余辈。匈奴使来,汉亦留之以相当。"① 其中虽然没有提及元狩四年被匈奴扣留的任敞,但可以反映出自元狩四年以降,互扣使者成为汉匈交往史上的常态。虽然不能完全排除某些使者由于奉使风格强硬,以言语激怒匈奴单于而遭扣留,但更为深层的原因则是:汉武帝在连续取得对匈奴战争的重大胜利之后,已经不可能在"故约"的基础上与匈奴和亲,而是要以匈奴为"外臣",并且"遣子"入汉为质为重议和亲的前提;而在汉军打击下损失惨重的匈奴,虽然萌生重议和亲的愿望,但汉武帝提出的和亲新条件,是自恃尚有相当实力,可与汉军周旋的匈奴断然不能接受的。唯因如此,负责传达双方君主旨意的使者,往往成为双方激烈冲突的牺牲品,扣留使者"必得当乃肯止"则在意料之中。

---

① 《汉书》卷五四《苏武传》,第2459页。

尽管元封元年郭吉被匈奴扣留,汉匈的交往并没有因此中断,为了解乌维单于"好辞甘言求请和亲"的真实意图,元封四年(前107年),汉武帝使王乌等"窥匈奴"。依照匈奴风俗,汉使不放下符节,不以墨黥面,就不能进入单于穹庐。王乌是北地人,"习胡俗,去其节,黥面,得入穹庐。单于爱之,详许甘言,为遣其太子入汉为质,以求和亲"。于是,汉武帝复遣杨信出使,由于杨信"为人刚直屈强,素非贵臣,单于不亲。单于欲召入,不肯去节,单于乃坐穹庐外见杨信。杨信既见单于,说曰:'即欲和亲,以单于太子为质于汉。'单于曰:'非故约。故约,汉常遣翁主,给缯絮食物有品,以和亲,而匈奴亦不扰边。今乃欲反古,令吾太子为质,无几矣。'"杨信归后,王乌再度出使匈奴,乌维单于又"绐谓王乌曰:'吾欲入汉见天子,面相约为兄弟。'王乌归报汉,汉为单于筑邸于长安"。①

杨信"素非贵臣",王乌出身不详,可能与杨信一样皆非所谓"贵臣"。不过,由于王乌深谙匈奴习俗,得到乌维单于欢心,故有"绐谓"云云。由此可见,匈奴对于汉使身份的尊贵与否颇为在意,正如乌维单于所说:"非得汉贵人使,吾不与诚语。"元封四年,匈奴一位贵人使汉,不幸病死于长安,"汉使路充国佩二千石印绶往使,因送其丧,厚葬直数千金,曰'此汉贵人也'"。路充国同样出身不详,可能只是出于送葬之需要,"佩二千石印绶"而冒称"汉贵人",大概也是出于迎合匈奴"得汉贵人使"的心态,以彰显汉廷试图与匈奴重新缔结和约的诚意。乌维单于则怀疑汉杀其贵使,于是扣留路充国,出"奇兵(即骑兵)"袭击边塞,"汉乃拜郭昌为拔胡将军,及浞野侯(赵破奴)屯朔方以东,备胡"。②

---

① 《史记》卷一一〇《匈奴列传》,第2913—2914页。
② 《史记》卷一一〇《匈奴列传》,第2914页。武帝时期虽是汉匈军事冲突最为激烈的时期,但在通过使者相互沟通交往方面,汉匈双方均采取相当慎重的态度,虽然多有因种种冲突而互扣使者现象,但却没有杀害使者现象。这与南越、大宛、朝鲜这样的"小国",一旦发生袭杀汉使的事件,武帝或是军事讨伐,或是遣"使"刺杀其王,"县首北阙"以示威慑具有本质的不同。(参见宋超:《武帝时期汉匈互扣使者原因试析——以苏武为中心的讨论》,见《人格·气节·民族魂——论苏武精神》,人民出版社2014年版)

汉匈关系一度又紧张起来。

从元封年间郭吉、王乌、杨信、路充国诸人密集出使匈奴的情况看，除了郭吉可能具有所谓"贵人"身份，王乌、杨信、路充国等出使匈奴，应是具有刺探乌维单于所谓"遣其太子入汉为质，以求和亲"真实态度的意图。特别是元封年间，形势的发展对匈奴也更为不利，史称：

> 是时汉东拔秽貉、朝鲜以为郡，而西置酒泉郡以鬲绝胡与羌通之路。汉又西通月氏、大夏，又以公主妻乌孙王，以分匈奴西方之援国。又北益广田至眩雷为塞，而匈奴终不敢以为言。是岁，翕侯（赵）信死，汉用事者以匈奴为已弱，可臣从也。①

眩雷塞，《集解》引应劭所著《汉书音义》曰："在乌孙北。"误。眩雷塞（今内蒙古杭锦旗东）是西河郡西境之边塞，直接面对匈奴，属西河郡北部都尉所辖。前文已经谈及，元朔四年（前125年）置西河郡，就是为了在朔方郡与五原郡之间设置一道防线，强化对匈奴的防御力量。到元封四年时，汉廷在西河的屯田已经推进至眩雷塞，加之对匈奴西方传统"援国"的分化、瓦解，对匈奴已经构成巨大的威胁，而匈奴却无力应对，"终不敢以为言"。正是在这种形势下，汉武帝坚信"已弱"的匈奴可以"臣服"，因此反复"遣使说之"。②尽管史称乌维单于"遣子为质""以求和亲"云云皆为"绐谓"，但一直谋求与匈奴重新缔结和约的汉廷，似乎相信匈奴的态度已经发生某些转变。因此，王乌等使者反馈的乌维单于的态度引起武帝的重视，所以特意为单于筑邸于长安城，希冀在此迎接前来和亲的单于。

汉为单于所筑邸位于长安城何处？《史记》《汉书》诸注家无说。《汉书·武帝纪》"元封四年"条仅记汉遣使说匈奴"臣服"事，为单于筑邸事并没有作为一个重要事件记载于纪。因此，

---

① 《史记》卷一一〇《匈奴列传》，第2913页。
② 《汉书》卷六《武帝纪》，第196页。

考察同样接待所谓蛮夷来者的蛮夷邸，或可为推测单于邸的所在位置及相关问题提供一些佐证。蛮夷邸首见于《元帝纪》，建昭三年（前36年）秋，"使护西域骑都尉甘延寿、副校尉陈汤拊发戊己校尉屯田吏士及西域胡兵攻郅支单于。冬，斩其首，传诣京师，县（悬）蛮夷邸门"①。颜师古注"蛮夷邸"曰："若今鸿胪客馆"，没有言及蛮夷邸具体位置所在。《汉书·陈汤传》则明确表示夷蛮邸位于槀街。颜师古注槀街曰："晋灼曰：'《黄图》在长安城门内。'师古曰：'槀街，街名，蛮夷邸在此街也。'"②可以信从。

近些年来，一些学者利用长安城的考古发掘数据，对槀街所在进行了较为深入的讨论。或认为槀街是指直城门大街，如王仲殊先生认为："1961年至1962年的钻探和发掘工作，究明了长安城内街道的形制。……长安城虽有十二个城门，但城内主要的大街是八条，正与《汉旧仪》、《三辅旧事》等的记载相符。……直城门大街可能是槀街。"③王社教先生也持类似观点："蛮夷邸是汉长安城中外国或少数民族使节的住处，据《三辅黄图》说在长安城内槀街。外国人出入长安城主要经由横门和其内的大街，蛮夷邸当在其沿线不远。……从考古发掘来看，唯有直城门内大街位置相当，直城门内大街可能就是槀街。"④刘庆柱、李毓芳先生则认为："槀街可能是直城门大街或横门大街。陈汤斩郅支王，将其首级送回长安悬挂在槀街，槀街有蛮夷邸，蛮夷邸在北阙附近。北阙北临直城门大街和横门大街南端。"⑤

虽然槀街很难确定是直城门大街还是横门大街，但由于横门大街正对未央宫北阙，直城门大街又与横门大街在未央宫北阙前

---

① 《汉书》卷九《元帝纪》，第295页。
② 《汉书》卷七〇《陈汤传》，第3015页。
③ 王仲殊：《西汉的都城（长安）》，见《汉代考古学概说》，中华书局1984年版，第5页。
④ 王社教：《汉长安城八街九陌》，载《文博》1999年第1期。
⑤ 刘庆柱、李毓芳：《汉长安城》，文物出版社2003年版，第21页。

交会,蛮夷邸应当距离未央宫北阙两街交会之处不远。因此,"县头稾街蛮夷邸间",能更好彰显出"明犯强汉者,虽远必诛"的意图。① 单于邸从某种意义上也属于蛮夷邸,似乎也有可能修筑于稾街附近。

至于单于邸的建筑等级与规模,从匈奴单于既为"外臣"又为"兄弟"的角度考虑,似乎当高于接待一般来客的蛮夷邸,至少应当等于或略高于汉诸侯王在长安的邸第。单于邸自元封年间筑就以来,随着汉匈关系的重新调整与缓和,至少接待过三次朝汉的呼韩邪单于与一次朝汉的复株累单于,是为见证西汉中后期汉匈友好交往的一处重要的标志性建筑。②

二、李广利与郅居水之战

元封六年(前105年),乌维单于去世,其子乌师庐继立为单于,因其年少,号为"儿单于"。早在冒顿单于时期,匈奴的政权机构即分为中、左、右三部:左贤王部直面上谷郡以东地区,右贤王部直面上郡以西地区,单于部直面代郡与云中郡。这一格局至儿单于时期发生重大变化,史称:"自此之后,单于益西北,左方兵直云中,右方直酒泉、燉煌郡。"③ 单于部自然也随着西移,直面五原郡与朔方郡。

匈奴"益西北"的状况,与汉朝利用乌桓"侦察匈奴"有关。乌桓族的前身是东胡族,冒顿单于攻灭东胡后,部分东胡人退避于乌桓山(位于今内蒙古阿鲁科尔沁旗以北,即大兴安岭山脉南端),史称"乌桓"。乌桓最初势力薄弱,备受匈奴奴役,"常臣伏匈奴,岁输牛马羊皮,过时不具,辄没其妻子"。但至元狩四年(前119年)漠北之战后,"武帝遣骠骑将军霍去病击破匈

---

① 《汉书》卷七〇《陈汤传》,第3015页。
② 参见宋超:《略说西汉长安城中的"单于邸"》,见《长安学研究》第1辑,中华书局2016年版,第44—52页。
③ 《史记》卷一一〇《匈奴列传》,第2914页。

奴左地，因徙乌桓于上谷、渔阳、右北平、辽西、辽东五郡塞外，为汉侦察匈奴动静。其大人岁一朝见，于是始置护乌桓校尉，秩二千石，拥节监领之，使不得与匈奴交通"。① 正是在汉廷与乌桓的联合压迫下，匈奴左、中、右三部均向西北迁徙。位于秦直道北端起点的五原郡及与其毗邻的朔方郡，由于直面匈奴单于部，因此再度成为汉军出击匈奴的重要地区。

儿单于在位期间，"好杀伐，国人多不安"，加之天灾，牲畜多死。太初元年（前104年），匈奴"左大都尉欲杀单于，使人间告汉曰：'我欲杀单于降汉，汉远，即兵来迎我，我即发。'"于是汉武帝遣因杅将军公孙敖筑受降城（约今内蒙古乌拉特中旗东）接应，但左大都尉仍认为受降城太远，不愿起兵。太初二年（前103年）春，汉武帝遣浞野侯赵破奴将二万余骑出朔方，约定至浚稽山（约今蒙古国阿尔泰山脉中段）后返回，企图策应左大都尉。不意左大都尉的图谋被发觉，儿单于诛杀左大都尉后发兵击赵破奴。汉军在返程途中行至距受降城四百里处，被匈奴兵八万骑包围。主将赵破奴独自外出寻找水源，结果被匈奴生擒，部将郭纵等惧"亡将军"归后被诛，于是率部投降，"军遂没于匈奴"。②

太初三年（前102年），儿单于病死，乌维单于弟右贤王为呴犁湖单于，汉匈关系再度紧张起来。为了加强五原等边郡的外围防御力量，汉武帝"使光禄徐自为出五原塞数百里，远者千里，筑城鄣列亭至庐朐，而使游击将军韩说、长平侯卫伉（卫青长子）屯其旁，使强弩都尉路博德筑居延泽上"③。徐自为所筑即是历史上著名的"光禄塞"，或称"光禄城""汉外长城""塞外列城"等。魏坚先生利用考古调查资料详细论述了徐自为所筑"塞外长城"的情况：

> 考古调查发现，在今河套地区可见汉代增筑的长城共

---

① 《后汉书》卷九〇《乌桓列传》，中华书局1965年版，第2981页。
② 《史记》卷一一〇《匈奴列传》，第2915页。
③ 《汉书》卷九四上《匈奴传上》，第3776页。

有三条。其中最南的一条位于乌拉山南麓，东起自包头市昆都仑沟口附近，向西至乌拉特前旗西山嘴卧羊台；另外两条则位于阴山以北的戈壁荒漠地带。史载，太初三年（公元前102年），武帝"遣光禄勋徐自为筑五原塞外列城，西北至庐朐（河名，在今蒙古国境内），游击将军韩说将兵屯之"。在阴山以北的考古调查发现，徐自为所筑之塞外列城有南北两条，亦称汉外长城。两条长城东西延伸，南北并行，相距3~40公里不等。两条长城均东起今武川县境内，向西经固阳县、达茂联合旗和乌拉特中旗，在乌拉特后旗境内折向西北。其中南线长城终止于乌力吉苏木的沙日扎嘎，总长约近400公里；北线长城则穿越蒙古国境内，再折向西南，与今额济纳旗境内强弩都尉路博德所筑之居延塞，即汉代烽燧线相接。[①]

徐自为修筑的塞外列城，将位于秦直道北端起点五原郡的防线向北推出"数百里"不等，有效强化了对秦直道的防御，完全阻断了匈奴利用秦直道南下侵扰的通道，对于匈奴而言不啻一个严重打击。为了报复汉廷筑塞外长城的行动，太初三年（前102年）秋，"匈奴大入云中、定襄、五原、朔方，杀略数千人，败数二千石而去，行坏光禄所筑亭障。又使右贤王入酒泉、张掖，略数千人"[②]。匈奴人所"行坏光禄所筑亭障"只是"汉外长城"的"北线长城（又称'汉外长城'）"；而位于"北线长城"之南的"南线长城（又称'汉内长城'）"，由于邻近五原郡，似乎没有遭遇匈奴的大规模破坏，仍然发挥着防御秦直道北端起点的重要作用。（见图3-4）

太初四年（前101年），呴犁湖单于病死，其弟左大都尉继立为且鞮侯单于。是年，由于汉贰师将军李广利已经征服大宛，"威

[①] 魏坚：《河套地区战国秦汉塞防研究》，见《边疆考古研究》第6辑，科学出版社2007年版，第218页。

[②] 《汉书》卷九四上《匈奴传上》，第3776页。

第三章 秦直道与汉匈战争的全面爆发

图 3-4 位于内蒙古乌拉特后旗的汉内长城遗址（笔者宋超摄于 2013 年 8 月）

震外国"，汉武帝下诏曰："高皇帝遗朕平城之忧，高后时单于书绝悖逆，昔齐襄公复九世之雠，《春秋》大之。"在这种形势下，刚刚即位的且鞮侯单于唯恐汉军乘胜袭之，于是自谓"我儿子，安敢望汉天子！汉天子，我丈人行"，并将匈奴所扣留的汉使路充国等遣归，以示和好；汉武帝亦遣中郎将苏武等出使匈奴，"厚币赂遗单于，单于益骄，礼甚倨，非汉所望"，汉匈战争又呈扩大之趋势。①

天汉二年（前 99 年）夏五月，汉武帝遣贰师将军李广利将三万骑出酒泉，击右贤王于天山，虽然斩获"首虏万余级"，但汉军亦损失十之六七；汉武帝复遣因杅将军公孙敖出西河，与强弩都尉路博德会师于涿邪山（位于今蒙古国境内满达勒戈壁以南一带），结果无所得。最为悲壮的一役则是骑都尉李陵（李广之孙）率五千步兵出居延（今内蒙古额济纳旗东南）北千余里，遭遇匈奴单于三万余骑的围困，李陵且战且退，在至遮虏障（今内蒙古额济纳旗东）百余里处兵败。李陵军矢尽粮绝，因"无面目报陛下"，

---

① 《汉书》卷九四上《匈奴传上》，第 3776—3777 页。

于是投降匈奴，所率五千步兵仅四百余人逃脱回塞。天汉四年（前97年），汉武帝再遣"贰师将军（李广利）六万骑，步兵七万，出朔方；强弩都尉路博德将万余人，与贰师会；游击将军（韩）说步兵三万人，出五原；因杅将军（公孙）敖将骑万，步兵三万人，出雁门"。且鞮侯单于得悉汉三路大军出击的消息后，"悉远其累重于余吾水（今蒙古国图拉河）北，而单于以十万待水南，与贰师接战"。① 汉三路大军皆因作战不力，铩羽而归。

自天汉四年贰师将军李广利等三路出击匈奴之后，直至征和三年（前90年），汉军再也没有出击匈奴，其中一个重要原因就是征和二年（前91年）巫蛊之祸爆发，卫太子、卫皇后以及众多贵戚大臣皆因巫蛊事或自杀，或被族诛，死者不计其数，朝廷亦陷入极度动荡之中，汉武帝暂时无暇顾及匈奴事。

征和三年春，由于匈奴入侵五原、酒泉，杀两都尉，汉武帝决定再遣大军出击匈奴，是时匈奴单于为且鞮侯单于长子左贤王，号狐鹿姑单于。此役汉军仍是三路并出："遣贰师将军七万人出五原，御史大夫商丘成将三万余人出西河，重合侯莽通将四万骑出酒泉千余里。"② 匈奴狐鹿姑单于则故技重施，将妇孺老弱及牧畜财物远徙至郅居水（今蒙古国色楞格河）之北，自己亲率精兵渡过姑且水（位于今蒙古国杭爱山东段以南）迎击汉军；匈奴左贤王也将其部众畜产远徙于余吾水以北六七百里，隐避在兜衔山（约位于今蒙古国乌兰巴托南，图拉河上游一带）中，准备伺机出击。这是汉军在汉武帝时期最后一次大规模出击匈奴。

是役出征匈奴的主将李广利是中山国（治今河北定州）人，因妹妹李夫人得到武帝的宠幸，李广利成为一代新贵。太初年间（前104—前101年），武帝发动征服大宛之战，欲使宠姬李夫人之兄

---

① 《汉书》卷九四上《匈奴传上》，第3777—3778页。
② 《汉书》卷九四上《匈奴传上》，第3778页。"莽通"即马通。后元元年（前88年）六月，重合侯马通与其弟马何罗因谋刺汉武帝失败被诛。东汉明帝明德马皇后"恶其先有反者，故易其姓为'莽'"。（《资治通鉴》卷二二《汉纪一四》，第730页）

李广利能有立功封侯的机会,于是拜其为贰师将军("贰师"为大宛城名,位于今吉尔吉斯斯坦西南马尔哈马特),前后两次统率十多万大军征伐大宛。李广利历时三年,以死伤数万人的巨大代价终于征服大宛,取得大宛汗血宝马而归。尽管汉军在李广利的指挥下损失惨重,但是汉武帝注重的不是军事上的得失,而是大宛确实被征服这一事实,还是以"万里征伐,不录其过"为借口,封李广利为海西侯。不过,经过大宛之战后,李广利也逐渐积累了一些指挥大军作战的经验。在天汉二年(前99年)与四年(前97年)的两次与匈奴作战中,李广利指挥的汉军尽管损失依然惨重,但毕竟也消灭了相当数量的匈奴军队。李广利成为汉武帝后期最为信任的军事将领。

三路汉军按照既定的作战方针,御史大夫商丘成率领三万人由西河出塞,抵达涿邪径(约位于涿邪山与浚稽山之间)后,没有发现匈奴军队,于是沿原路回撤。这时,狐鹿姑单于派遣匈奴大将与汉降将李陵率三万多骑兵追击,在浚稽山一带展开激战。匈奴见形势不利,停止追击,商丘成部顺利撤回。

重合侯马通率领四万多汉军由酒泉出发,西北行至天山时,狐鹿姑单于派遣大将偃渠率二万多骑兵准备伺机袭击,但见到汉军强盛,没敢与汉军交锋就悄然撤退,马通部也是全军而还。

作为三路汉军中的主力部队,李广利率领七万多人的大军出五原后,最初一路进展顺利,很快进至夫羊句山狭(约位于今蒙古国达兰扎达嘎德西北)一带。这里地势险要,便于伏兵袭击,狐鹿姑单于派遣右大都尉与卫律率五千多骑兵在此设伏。李广利得知消息后,立即命令精于骑射的属国胡骑(由内附的少数民族组建的骑兵队伍)二千多人出击。匈奴设伏不成,反而死伤数百人,不敢再战,向北退却;而汉军则乘胜追击,攻占范夫人城(据说此城为一汉将所建,汉将阵亡后,其妻范氏率残余士卒力保此城不失,故命名为"范夫人城",其地约位于今蒙古国达兰扎达嘎德西北）。初战告捷，李广利一面在范夫人城休整部队，一面筹划下一个阶段的作战计划，决心深入匈奴，建功立勋。然而，李广利并不知道，就在此时，一个灭顶之灾即将降临其家族。

　　征和二年（前91年）卫太子刘据兵败自杀后，汉武帝没有立即再立太子。武帝六子之中，卫太子刘据与齐怀王刘闳已死，燕王刘旦与广陵王刘胥不为武帝所喜，昭帝刘弗陵尚在幼冲，唯有昌邑王刘髆其母亲有宠，本人又得武帝喜爱，因此其舅李广利萌发为刘髆谋立太子的想法。所以在征和三年（前90年）春出兵之时，李广利与前来饯行的丞相刘屈氂说："愿君侯早请昌邑王为太子。如立为帝，君侯长何忧乎？"由于李广利女嫁刘屈氂子为妻，因此两人皆愿为昌邑王刘髆谋太子位。不意此语被内者令郭穰告发："丞相夫人以丞相数有谴，使巫祠社，祝诅主上，有恶言，及与贰师共祷祠，欲令昌邑王为帝。"①这时京城正在严厉追查巫蛊之事，武帝闻之勃然大怒，立即将刘屈氂与夫人下狱审问。征和三年六月，刘屈氂以"大逆不道"罪腰斩于长安东市，夫人枭首华阳街，李广利宗族也被收捕下狱。消息传到前敌，李广利不知所措，本想立即回京，设法解救亲属，部属胡亚夫劝阻说："夫人室家皆在吏，若还不称意，适与狱会，郅居以北可复得见乎？"②李广利于是率领大军继续北下，意图再立大功为宗族赎罪。

　　当汉军抵达郅居水南岸时，匈奴又向北方转移，李广利命部将率二万骑兵渡过郅居水继续追击，突然与匈奴左贤王、左大将率领的二万骑相遇。激战一日后，匈奴大败，左大将被杀，士卒死伤累累。就在李广利即将夺取大胜之时，部将却发生叛乱。军长史与决眭都尉等人得知李广利亲属下狱后，对他匆忙北下的决定十分不满，认为"将军怀异心，欲危众求功，恐必败"③。于是密谋绑架李广利，率军回朝。谁知消息泄露，李广利诛杀长史等

---

① 《汉书》卷六六《刘屈氂传》，第2883页。
② 《汉书》卷九四上《匈奴传上》，第3779页。
③ 《汉书》卷九四上《匈奴传上》，第3780页。

人后，见军心不稳，只得率兵从郅居水南归。狐鹿姑单于得知消息后，亲率五万多骑士渡水紧追不舍。汉军边战边撤，等到退至速邪乌燕然山时，①损失已经相当惨重，而且又疲惫不堪，只得就地扎营休整。入夜之后，单于命令士卒挖数尺深的堑壕至汉军营前，突然发动猛攻。汉军猝不及防，"军大乱败"。李广利见败局已定，只得向匈奴投降，七万多人的汉军彻底覆灭。李广利宗族皆被诛灭。

狐鹿姑单于早就闻知李广利为"汉大将贵臣"，见李广利投降后大喜，将自己的女儿嫁与李广利，尊宠反而在原重臣卫律之上。征和四年（前89年）秋，卫律忌恨李广利得宠，遂利用单于母亲生病的时机，串通胡巫陷害李广利，单于因此杀李广利祭祠先祖。李广利临死前大骂："我死必灭匈奴！"说来也巧，是秋雨雪连绵，牲畜冻死，疾病流行，庄稼不熟，狐鹿姑单于十分恐惧，急忙立祠室安抚李广利的鬼魂！

三、"深陈既往之悔"的"轮台诏"

征和三年（前90年）李广利七万大军覆灭，是元光二年（前133年）汉匈战争全面爆发以来汉军损失最为惨重的一次。征和四年，匈奴狐鹿姑单于挟得胜之威，遣使遗汉武帝书曰：

> 南有大汉，北有强胡。胡者，天之骄子也，不为小礼以自烦。今欲与汉闿大关，取汉女为妻，岁给遗我蘖酒万石，稷米五千斛，杂缯万匹，它如故约，则边不相盗矣。②

这是史料所见西汉时期匈奴单于最后一次提及"故约"。值得注意的是，狐鹿姑单于在"故约"的基础上又增加了汉岁给匈奴物资的数量，作为不侵扰汉边的交换条件。匈奴无视双方实力消长的事实而故作强硬，当然不为汉武帝所接受。不过，李广利军的惨败，为汉武帝重新检讨对匈奴政策提供了契机。

---

① 颜师古注："速邪乌，地名也，燕然山在其中。"（《汉书》卷九四上《匈奴传上》，第3780页）燕然山即蒙古国杭爱山。

② 《汉书》卷九四上《匈奴传上》，第3780页。

汉武帝即位以来，凭借文景时期积蓄的巨额财富，奉行的是一条外事四夷、内兴功利的"有为"的治国之道，在完成了前所未有的辉煌业绩的同时，也付出了"海内虚耗，户口减半"的惨痛代价。到了武帝统治晚期，国内政治局势已经呈现出动荡不安的迹象，史载：是时"吏民益轻犯法；东方盗贼滋起，大群至数千人，攻城邑，取库兵，释死罪，缚辱郡太守、都尉，杀二千石，小者以百数掠卤乡里者，不可胜数，道路不通"①。面对如此严峻的事态，作为一位老练的政治家，汉武帝一方面派遣"直指绣衣使者"分赴郡国，督察严酷镇压；另一面也思索如何变革政治，施以仁政，给百姓以休养之机。不过，汉武帝最初并没有打算在自己的有生之年改弦易辙，亲自实行变革，而是将希望寄托在性格"仁恕温谨"的卫太子身上。尽管武帝嫌卫太子"材能少，不类己"，卫太子与卫皇后为此而常惶惶不安，但武帝尚没有萌生更易太子的想法。武帝曾明确向卫太子之舅、大将军卫青表示过这种愿望与设想，亦是为了安抚太子与皇后：

> 汉家庶事草创，加四夷侵陵中国，朕不变更制度，后世无法；不出师征伐，天下不安；为此者不得不劳民。若后世又如朕所为，是袭亡秦之迹也。太子敦重好静，必能安天下，不使朕忧。欲求守文之主，安有贤于太子者乎！闻皇后与太子有不安之意，岂有之邪？可以意晓之。

正是出于这样的考虑与安排，因此，卫太子"每谏征伐四夷"，武帝笑曰："吾当其劳，以逸遗汝，不亦可乎！"②然而，巫蛊之祸的突然爆发，彻底打乱了武帝的这一部署。

征和元年（前92年），丞相公孙贺与其子太仆公孙敬声被人告发"使人巫祭祠诅上，且上甘泉当驰道埋偶人，祝诅有恶言。下有司案验贺，穷治所犯"③。次年（前91年）春正月，公孙贺

---

① 《资治通鉴》卷一一《汉纪一三》"汉武帝天汉二年"条，第717页。
② 《资治通鉴》卷二二《汉纪一四》"汉武帝征和二年"条，第726—727页。
③ 《汉书》卷六六《公孙贺传》，第2878页。

父子皆死于狱中，宗族尽灭。闰四月，汉武帝与卫皇后之女阳石公主、诸邑公主，卫青之子长平侯卫伉皆因巫蛊之事被诛杀。自此，京城长安陷入疯狂追查所谓巫蛊之术的浪潮之中。武帝任命为人刻深的赵国人江充为专治巫蛊之事的使者，在江充的指使下，"胡巫掘地求偶人，捕蛊及夜祠，视鬼，染污令有处，辄收捕验治，烧铁钳灼，强服之。民转相诬以巫蛊，吏辄劾以大逆亡道，坐而死者前后数万人"[①]。与卫太子早结下私怨的江充，深恐武帝死后被太子所诛，借口宫中有"蛊气"，率胡巫入宫大肆掘蛊，"先治后宫希幸夫人，以次及皇后，遂掘蛊于太子宫，得桐木人"[②]。卫太子情急之下，收斩江充，焚烧胡巫，被迫发动兵变，与丞相刘屈氂指挥的汉兵激战数日后失败，逃出长安后自杀。卫皇后随即被废自杀，曾经声名显赫的卫氏外戚集团"悉灭"。

经过这一番巨大的政治变故之后，武帝追悔往事，不得不改变初衷，决定亲自实行政策的转变。征和四年（前89年）三月，武帝表示"朕即位以来，所为狂悖，使天下愁苦，不可追悔。自今事有伤害百姓，縻费天下者，悉罢之！"[③]于是应大鸿胪田千秋之请，尽数斥逐求仙寻药而浪费无数财富的方士，放出即将实行重大政治变革的消息。同年六月，搜粟都尉桑弘羊与丞相、御史大夫联名上奏，请在西域轮台（一作"仑头"，西域国名，位于今新疆轮台东南）地区增派士卒，扩展原有屯田规模，继续修建亭障：

> 故轮台以东捷枝、渠犁皆故国，地广，饶水草，有溉田五千顷以上，处温和，田美，可益通沟渠，种五谷，与中国同时孰。……臣愚以为可遣屯田卒诣故轮台以东，置校尉三人分护，各举图地形，通利沟渠，务使以时益种五谷。张掖、酒泉遣骑假司马为斥候，属校尉，事有

---

① 《汉书》卷四五《江充传》，第2178页。
② 《汉书》卷四五《江充传》，第2179页。
③ 《资治通鉴》卷二二《汉纪一四》"汉武帝征和四年"条，第738页。

便宜，因骑置以闻。……稍筑列亭，连城而西，以威西国，辅乌孙，为便。①

虽然扩大屯田以及修筑亭障、派遣戍卒驻守等所需费用，远不能与调集大军远征相比，但对百姓而言毕竟还是相当沉重的负担。因此，武帝经过一番思考之后，否定了桑弘羊等人的奏请，并下诏"深陈既往之悔"，这就是著名的"罢轮台屯田诏"：

> 前有司奏，欲益民赋三十助边用，是重困老弱孤独也。而今又请遣卒田轮台。轮台西于车师千余里，前开陵侯击车师时，危须、尉犁、楼兰六国子弟在京师者皆先归，发畜食迎汉军，又自发兵，凡数万人，王各自将，共围车师，降其王。诸国兵便罢，力不能复至道上食汉军。汉军破城，食至多，然士自载不足以竟师，强者尽食畜产，羸者道死数千人。朕发酒泉驴橐驼负食，出玉门迎军。吏卒起张掖，不甚远，然尚厮留甚众。……乃者贰师败，军士死略离散，悲痛常在朕心。今请远田轮台，欲起亭隧，是扰劳天下，非所以优民也。今朕不忍闻。……今边塞未正，阑出不禁，障候长吏使卒猎兽，以皮肉为利，卒苦而烽火乏，失亦上集不得，后降者来，若捕生口虏，乃知之。当今务在禁苛暴，止擅赋，力本农，修马复令，以补缺，毋乏武备而已。郡国二千石各上进畜马方略补边状，与计对。②

武帝在"轮台诏"中沉痛自责多年来连续对匈奴用兵，尤其是贰师将军李广利兵败匈奴之后，"军士死略离散，悲痛常在朕心"。指出有司又请增益民赋、士卒，"远田轮台，欲起亭隧，是扰劳天下，非所以优民也"，表示今后再也不忍听到这类建议。申明从今以后不再出兵征伐；当今政务要严禁苛暴，务止擅自征赋，推行本农政策，制定"马复令"（一种优待民间养马者的法令），保持一定的常备武力以应付事变。武帝为了保证政策的转变，特

---

① 《汉书》卷九六下《西域传下》，第3912页。
② 《汉书》卷九六下《西域传下》，第3912—3914页。

意擢升大鸿胪田千秋为丞相，封其为"富民侯，以明休息，思富养民"；任命赵过为搜粟都尉，负责推广一种以"代田"为名的精耕细作的耕种方法，改进农业生产工具，鼓励发展农业生产。

"轮台诏"的颁布很快产生了积极的效果，一些尖锐的社会矛盾得到初步缓解，对匈奴也不再复议出兵之事。后元二年（前87年）二月，汉武帝临死前立八岁幼子刘弗陵为太子，命大司马大将军霍光等辅政。霍光是武帝爱将霍去病同父异母的弟弟，为人谨慎，处事稳重，深得武帝信任。霍光没有辜负武帝的临终重托，精心辅佐年幼的昭帝，忠实执行武帝晚年制定的政策，在几年时间内，终于将已经濒于崩溃边缘的政治局势稳定下来。北宋著名史学家司马光在《资治通鉴》中赞扬武帝晚年勇于改过，委派辅政大臣得人，所以才能使"有亡秦之失"的西汉王朝免于"亡秦之祸"。①

1977年在甘肃玉门花海汉代烽燧出土的所谓"武帝遗诏"，或许更能真实地反映出武帝临终前的心态：

> 制诏：皇太子，朕体不安，今将绝矣！与地合同，众（终）不复起。谨视皇天之笱（嗣），加曾（增）朕在，善禺（遇）百姓，赋敛以理；存贤近圣，必聚精士；表教奉先，自致天子。胡孩（亥）自氾（圮），灭名绝纪。审察朕言，众（终）身毋失。苍苍之天不可得久视，堂堂之地不可得久履，道此绝矣！告后世及其孙子，忽忽锡锡，恐见故里，毋负天地，更亡更在，去如舍庐，下敦问里。人固当死，慎毋敢佞。②

---

① 《资治通鉴》卷二二《汉纪一四》"汉武帝后元二年"条，第748页。
② 转引自王子今：《汉武英雄时代》，中华书局2005年版，第204页。这些文字录在1977年8月在甘肃省玉门市花海汉代烽燧遗址中出土的一件七棱觚上，共计133字。有学者认为这是"武帝遗诏"的一个抄写本。但也有学者持怀疑态度，如张小锋先生认为，这不是武帝真正的"遗诏"，而是霍光为辅佐昭帝渡过政治危机，拟武帝口吻制作的所谓"武帝遗诏"，对稳定当时局势起到重要作用。（参见《玉门花海所出汉代七棱觚新探》，载《敦煌研究》2001年第1期）不论是真实的"遗诏"还是代拟的"遗诏"，将之视为武帝留下的最后的政治遗产，应当是符合历史事实的。

这篇"遗诏"语气沉重而感伤,"苍苍之天不可得久视,堂堂之地不可得久履,道此绝矣!"统驭宇内长达五十四年的雄才大略之主,以如此伤感的口气道出生命末途的真实感言,不免令人深感悲切。武帝在遗诏中谆谆告诫皇太子要善待百姓,赋敛有度,亲近贤圣,集聚良才,表彰儒教,遵从祖制,履行天子职责。秦二世自取灭亡,断送祖先基业,应当时刻汲取这一教训,则是武帝留下的最后政治遗产。武帝这一希望没有落空,昭帝、宣帝即位之后,继续遵循武帝的遗训,宽徭薄赋,与民休息。随着武帝英雄时代的结束,代之而起的是一个昭宣中兴的新时代。

第四章 秦直道与汉匈和亲

汉匈关系自汉初以来就是长期困扰双方的重大问题。究其实质，双方关系主要围绕"和亲"与"战争"两个方面展开，正如班固在《匈奴传》"赞"中所说："忠言嘉谋之臣曷尝不运筹策相与争于庙堂之上乎？……人持所见，各有同异，然总其要，归两科而已。缙绅之儒则守和亲，介胄之士则言征伐"。经过武帝时期几次重大的军事打击，匈奴势力大衰，连续丧失河南、河西两个战略要地，不仅已经无力在北境进行大规模的侵扰，而且形成"漠南无王庭"的局面。汉匈争夺的重心也转向西域。宣帝神爵二年（前60年）在西域设置都护府后，匈奴在西域的争夺也宣告失败。在兵败于外的情况下，五凤年间（前57—前54年）匈奴又爆发了严重的内讧，经历了五单于争立，三单于鼎立，呼韩邪单于与郅支单于南北对峙的混乱局面。甘露年间（前53—前50年），呼韩邪终于在"臣服称藩"的前提下与汉重新和亲，汉宣帝则在秦直道的南端起点甘泉宫迎接呼韩邪单于入汉。通过已筑就一百多年的秦直道的沟通，汉匈民族迎来了一个"边城晏闭，牛马布野，三世无犬吠之警，黎庶亡干戈之役"的时代。

第一节 匈奴内讧与复议和亲

在武帝时期多年汉匈战争中，汉匈双方都蒙受了无法估量的巨大损失，史称："自贰师没后，汉新失大将军士卒数万人，不复出兵。三岁，武帝崩。前此者，汉兵深入穷追二十余年，匈奴孕重堕殰，罢极苦之。自单于以下常有欲和亲计。"① 但对于在何种条件下汉匈能够重启和亲之路，双方的态度差距甚远。前文述及，自元狩四年（前119年）漠北之战后，汉武帝就以匈奴"为外臣，朝请于边"作为汉匈和亲的前提条件，并且在此基础上绝不退让；而匈奴自然也不能接受这一新的和亲条件，仍然坚持在汉初双方缔结的"故约"基础上重议和亲，征和三年（前90年）狐鹿姑单于坚持以"故约"和亲就是明证。进入昭宣时期后，随着匈奴内乱的加剧以及汉军的打击，形势的发展对匈奴愈加不利，最终回到以"臣服"为前提的和亲之路上。

一、昭帝时期的汉匈冲突

虽然在征和四年（前89年），狐鹿姑单于战胜贰师李广利后遣使至汉，强硬要求汉廷和亲"故约"，否则兵戎相见。然而，

---

① 《汉书》卷九四上《匈奴传上》，第3781页。

此时匈奴远遁于自然条件不及漠南优越的漠北地区，自顾不暇，并无实力大规模侵掠汉朝边塞。狐鹿姑单于见虚言恫吓没得到任何实际利益，不得不重新考虑与汉廷复议和亲之事。

昭帝始元二年（前85年），狐鹿姑单于没有来得及与汉商议和亲就重病缠身，临终前忧虑其子年幼，不能治国，遗言命其弟右谷蠡王为单于。早在狐鹿姑单于病前，匈奴内部已经出现分裂的迹象，"单于有异母弟为左大都尉，贤，国人乡之，母阏氏（即单于母亲）恐单于不立子而立左大都尉也，乃私使杀之。左大都尉同母兄怨，遂不肯复会单于庭"。狐鹿姑单于去世后，颛渠阏氏（单于正妻）与卫律合谋，"匿单于死，诈挢单于命，与贵人饮盟，更立子左谷蠡王为壶衍鞮单于"。①

匈奴左贤王（狐鹿姑单于子）、右谷蠡王（狐鹿姑单于弟）因不得立，心怀怨恨，"率其众欲南归汉。恐不能自致，即胁卢屠王（身份不详），欲与西降乌孙，谋击匈奴"②。结果卢屠王向壶衍鞮单于告发，右谷蠡王则诬陷卢屠王，致使卢屠王被杀，而左贤王与右谷蠡王率部众分归各自辖区，不肯再至龙城聚会。匈奴最高统治层因争夺单于之位公开发生分裂，开启了宣帝五凤年间匈奴大规模内讧——五单于争立的政治纷争。

壶衍鞮单于年少初立，母亲行为不正，族内又发生严重分裂，因此非常害怕汉军趁势发动攻击。卫律曾经建议壶衍鞮单于效法汉人，"穿井筑城，治楼以藏谷"，结果因匈奴人不善守城而作罢。为了缓和与汉的紧张关系，始元六年（前81年）将被扣压在匈奴十九年的汉使苏武等人送归汉廷。尽管匈奴自单于以下皆有与汉和好的愿望，但对于丧失河南、河西的土地毕竟心有不甘，掠夺财富的欲望也不可能完全断绝，特别武帝晚年"轮台诏"颁布之后，汉军不再出兵远征，匈奴所面临的军事压力骤然减轻，于是匈奴骑兵又出现在边塞之外。

---

① 《汉书》卷九四上《匈奴传上》，第3781—3782页。
② 《汉书》卷九四上《匈奴传上》，第3782页。

始元四年（前83年）秋，"匈奴入代，杀都尉"，这是昭帝年间匈奴第一次入塞侵扰，汉军没有进行反击。元凤元年（前80年），匈奴发左右部二万骑兵，分为四队，企图一起进入边塞劫掠。结果在汉军的反击下，匈奴损失九千多人马，瓯脱王也被汉军俘获。壶衍鞮单于唯恐瓯脱王成为汉军的向导，引导汉军进行攻击，不得已再次远离汉塞。元凤二年（前79年），壶衍鞮单于发兵九千骑屯守受降城，防备汉军远征；同时又在余吾水上架桥，准备随时北撤。尽管是时匈奴"兵数困，国益贫"，但依然不肯在"臣服"的条件下实现和亲，与汉廷的对抗只能继续下去。

元凤三年（前78年），壶衍鞮单于指使犁污王侦察河西地区汉军的动静，犁污王认为"酒泉、张掖兵益弱，出兵试击，冀可复得其地"。如果真能复得河西酒泉、张掖之地，壶衍鞮单于当然求之不得，于是遣右贤王与犁污王率四千骑，分为三队，攻入张掖日勒（今甘肃永昌西北）、屋兰（今甘肃张掖东）、番和（今甘肃永昌）三县。结果在张掖太守、属国都尉的反击下，匈奴大败，逃脱者仅数百人，犁污王也被汉军所杀。自此之后，"匈奴不敢入张掖"。匈奴进犯张掖失败后，又到五原郡进行侵扰，"匈奴三千余骑入五原，略杀数千人，后数万骑南旁塞猎，行攻塞外亭障，略取吏民去"。① 这时汉朝经过多年的艰苦努力，边塞亭障、烽燧候望等防御系统建筑得已经相当完备，匈奴壶衍鞮单于见南下已经不可能获利，反而招致汉军的猛烈攻击，于是转向东方向宿敌乌桓杀去。

前文提及，乌桓作为东胡的一支，与匈奴怨仇甚深。元狩四年（前119年）漠北之战后，汉朝为打击匈奴左部，设置护乌桓校尉监护乌桓，作为钳制匈奴的一支重要力量。但是，随着乌桓势力的不断增长，他们逐渐压迫匈奴向西北迁移，原来匈奴左部则成为乌桓的势力范围。乌桓一方面发掘匈奴先单于冢，作为对冒顿攻灭东胡的报复；另一方面屡侵汉边塞。壶衍鞮单于得知乌

---

① 《汉书》卷九四上《匈奴传上》，第3783—3784页。

桓掘先单于冢后极为愤怒，于是在元凤三年（前78年）冬出动二万骑兵攻击乌桓。

大将军霍光得知匈奴击乌桓消息，询问护军都尉赵充国是否可出兵攻击匈奴与乌桓，赵充国认为：

> 乌桓间数犯塞，今匈奴击之，于汉便。又匈奴希寇盗，北边幸无事。蛮夷自相攻击，而发兵要之，招寇生事，非计也。①

赵充国是陇西上邽（今甘肃天水）人，骑士出身，以六郡良家子善骑射补羽林郎。武帝晚年以假司马随贰师将军李广利击匈奴，因功迁车骑将军长史；昭帝时以大将军护军都尉平定武都（治今甘肃武都北）氐人之乱，又出击匈奴，俘获匈奴西祁王，史称"（赵充国）为人沉勇有大略，少好将帅之节，而学兵法，通知四夷事"②。赵充国认为汉廷不应介入匈奴与乌桓的争斗，而应坐观成败，奉行以夷治夷的策略。霍光又询问中郎将范明友。范明友是霍光女婿，揣度霍光有出兵之意，于是认为"可击"。霍光也希望范明友能立功封侯，所以特意嘱咐范明友"兵不空出，即后匈奴，遂击乌桓"。元凤三年冬，范明友以度辽将军的身份"将二万骑出辽东（治今辽宁辽阳）"。范明友出塞之后，匈奴壶衍鞮单于已经击破乌桓，撤兵西还；于是范明友趁乌桓刚被匈奴袭击、狼狈不堪之时出击，"斩首六千余级，获三王首"，得胜而还。范明友也因击乌桓功被封为平陵侯。③

范明友率二万骑出击匈奴与乌桓，是昭帝年间仅见的汉军出塞作战的纪录。匈奴由于实力大衰，因此极力避免与汉军作战。本为汉朝"侦察匈奴动静"的乌桓则首次遭受汉军攻击，损失惨重，心怀怨恨，开始报复性攻略幽州诸郡边塞。汉廷或"发三辅及郡

---

① 《汉书》卷九四上《匈奴传上》，第3784页。
② 《汉书》卷六九《赵充国传》，第3971页。
③ 《汉书》卷九四上《匈奴传上》，第3784页。《汉书》卷七《昭帝纪》作"（范明友）将北边七郡郡二千骑击之"。（第229页）《汉书补注》引齐召南语曰："此七郡应作十郡，二千骑正合二万之数。"（第106页下）

国恶少年吏有告劾亡者,屯辽东",或"募郡国徒筑辽东玄菟城",防范乌桓内侵。元凤六年(前75年)夏,"乌桓复犯塞,遣度辽将军范明友击之"。① 直至宣帝时期,乌桓侵扰幽州边塞的行动暂时告一段落。

二、汉与乌孙共击匈奴

就在壶衍鞮单于与东边宿敌乌桓冲突不断的时候,匈奴与西边最重要的"援国"乌孙的关系也出现重大裂痕。

乌孙的早期历史与匈奴密不可分。约在西汉初期,乌孙人游牧于敦煌、祁连之间,与月氏人为邻。月氏后来攻夺乌孙之地,杀死乌孙王难兜靡,乌孙王族与百姓逃入匈奴避难。此时难兜靡的儿子昆莫(即猎骄靡)尚在襁褓之中,由傅父(保护与抚养人)布就翕侯(布就为名字,翕侯为官号)抱归匈奴。昆莫既壮,怨恨月氏人攻杀其父,遂向匈奴老上单于请求寻月氏人报仇雪恨。这时月氏人已被匈奴攻破西迁,驱逐游牧于伊犁河上游的塞人,占据其地。在老上单于的支持下,昆莫率乌孙人西攻月氏,迫使月氏再度西迁至今阿富汗北部。昆莫占据伊犁河上游之后,遂定居下来,建都于赤谷城(其地不详,一说今吉尔吉斯斯坦伊什提克),势力逐渐强盛。老上单于死后,昆莫趁机自立,不肯再臣服于匈奴。匈奴数次遣奇兵袭击乌孙,均被击败,以为昆莫有神灵相助,遂不再出兵攻击。

元狩四年(前119年)漠北之战后,匈奴伊稚斜单于远遁于漠北,张骞向武帝提出招乌孙东归故地,"断匈奴右臂",与乌孙夹击匈奴的建议:

> 今单于新困于汉,而故浑邪地空无人。蛮夷俗贪汉财物,今诚以此时而厚币赂乌孙,招以益东,居故浑邪之地,与汉结昆弟,其势宜听,听则是断匈奴右臂也。既连乌孙,

---

① 《汉书》卷七《昭帝纪》,第231—232页。玄菟郡,武帝元封三年(前108年)置,郡治沃沮(今朝鲜咸镜南道咸兴)。昭帝始元五年(前82年),移玄菟郡治于高句骊城(今辽宁新宾西)。此处的"玄菟城",有可能指始元五年移治后的高句骊城。

自其西大夏之属皆可招来而为外臣。①

汉武帝采纳了张骞的建议,"拜骞为中郎将,将三百人,马各二匹,牛羊以万数,赍金币帛直数千巨万",遣张骞第二次出使西域。然而乌孙在伊犁河上游定居已久,不愿重返故地;又因王位继承发生问题,昆莫年老不能自主,所以仅遣使数十人随张骞入朝答谢,同时窥探汉朝的虚实。此次出使虽然没有达到招乌孙返归故地的最初目的,但从此开启了乌孙与汉朝的交通。

匈奴闻知乌孙遣使赴汉后甚为愤怒,亟欲兴师问罪。乌孙昆莫恐怕遭受匈奴的袭击,于是再次遣使入朝,贡献名马,并表示愿意娶汉公主为妻,与汉朝和亲。元封六年(前105年),汉武帝以江都王刘建女细君为公主,厚赠奁资,远嫁乌孙。昆莫以细君为右夫人,同时又迎娶匈奴女为左夫人。细君至乌孙后别居一宫,不能经常与昆莫相会,而且语言又不通,因此忧伤思乡,作歌曰:

吾家嫁我兮天一方,远托异国兮乌孙王。

穹庐为室兮旃为墙,以肉为食兮酪为浆。

居常土思兮心内伤,愿为黄鹄兮归故乡。②

武帝闻而怜之,常遣使者携带礼物前往乌孙安抚公主。昆莫因年老,命其继承人长孙岑陬军须靡(岑陬是官号)娶细君为妻。细君不愿,上书求归。武帝因与乌孙共击匈奴,敕令细君遵从乌孙习俗,改嫁岑陬,生一女儿。昆莫死后,岑陬继位。细君不久病死,武帝又以楚王刘戊孙女解忧为公主,嫁与岑陬为妻。岑陬早卒,临终时忧虑自己与胡妇所生子泥靡年幼,遂传位于叔父之子翁归靡,并约定泥靡长大后复传位于泥靡。翁归靡继位后,娶解忧公主为妻,生三男二女。

武帝连续遣细君、解忧两公主与乌孙昆莫和亲,意图断绝匈奴"右臂",至昭帝时期已经发生作用,乌孙与汉朝的关系逐渐密切。匈奴壶衍鞮单于见昔日的与国竟然倒向汉朝一边,对乌孙恨之入

---

① 《史记》卷一二三《大宛列传》,第3168页。
② 《汉书》卷九六下《西域传下》,第3903页。

骨,不仅连续在汉朝北部边境制造事端,并且命四千骑屯田于车师(治交河,今新疆吐鲁番西北)。车师是西北通往乌孙的必经之道,又毗邻匈奴,壶衍鞮单于在车师驻扎四千骑的目的十分明确,就是欲以武力威胁乌孙与汉朝断绝关系。

在匈奴的重压之下,解忧公主上书求救:"匈奴发骑田车师,车师与匈奴为一,共侵乌孙,唯天子幸救之!"汉朝于是整

图 4-1 汉宣帝像
(王圻、王思义撰辑:《三才图会·人物》,明万历三十七年原刊本)

顿军马准备出征匈奴,解救乌孙。不料元平元年(前 74 年)昭帝突然去世,朝廷一时无暇出兵。匈奴见汉朝没有出兵,侵掠气焰更炽。宣帝(见图 4-1)即位后,解忧公主与乌孙王翁归靡共同遣使上书求救:

> 匈奴复连发大兵侵击乌孙,取车延、恶师地,收人民去,使使谓乌孙趣持公主来,欲隔绝汉。昆弥愿发国半精兵,自给人马五万骑,尽力击匈奴。唯天子出兵以救公主、昆弥。①

车延、恶师皆是乌孙地,其地不详。但从解忧公主与翁归靡上书的急迫程度看,车延、恶师两地被匈奴占领后,可能对乌孙

---

① 《汉书》卷九六下《西域传下》,第 3905 页。

王治赤谷城的威胁甚大。因此乌孙王翁归靡表示愿发乌孙国一半精兵五万骑，"尽力击匈奴"。

由于匈奴数次侵掠边塞，汉本来也准备"讨之"。本始二年（前72年）秋，宣帝应乌孙之请，调集十多万大军，准备分兵五路出击，就此发动了西汉时期对匈奴的最后一次大规模出征。汉军的具体部署是：

> 汉大发关东轻锐士，选郡国吏三百石伉健习骑射者，皆从军。遣御史大夫田广明为祁连将军，四万余骑，出西河；度辽将军范明友三万余骑，出张掖；前将军韩增三万余骑，出云中；后将军赵充国为蒲类将军，三万余骑，出酒泉；云中太守田顺为虎牙将军，三万余骑，出五原：凡五将军，兵十余万骑，出塞各二千余里。及校尉常惠使护发兵乌孙西域，昆弥自将翕侯以下五万余骑从西方入，与五将军兵凡二十余万众。①

本始三年（前71年）春正月，"五将军发长安"②。如此看来，至少出西河的祁连将军田广明、出云中的前将军韩增以及出五原的虎牙将军田顺等三位将军，有可能或通过秦直道部分路段，或通过秦直道全程奔赴塞外出击匈奴。

匈奴壶衍鞮单于得知汉五路大军将出，于是率部众驱赶牲畜远遁，因此五路汉军很少有所斩获。

度辽将军范明友出张掖一千二百余里至蒲离候水（其水不详，约位于今蒙古国西南），斩首捕虏七百余级，虏获马牛羊万余。

前将军韩增出云中一千二百余里，至乌员（其地不详），斩首捕虏，至候山（其山不详）斩首百余级，虏马牛羊二千余。

按原作战计划，蒲类将军赵充国与乌孙会合于蒲类泽（今新疆哈密巴里坤湖），共击匈奴，结果乌孙先至蒲类泽，汉军不至，乌孙遂还。赵充国出酒泉一千八百余里，西去候山（其地不详），

---

① 《汉书》卷九四上《匈奴传上》，第3785页。
② 《资治通鉴》卷二四《汉纪一六》"汉宣帝本始三年"条，第799页。

斩首捕虏，得单于使者蒲阴王以下三百余级，虏马牛羊七千余，得知匈奴去远，也引军还。

祁连将军田广明出西河一千六百里至鸡秩山（其地不详，一说位于今内蒙古磴口西北），斩首捕虏十九级，获牛马羊百余。田广明在鸡秩山偶遇出使匈奴使者冉弘等，冉弘告诉田广明鸡秩山西还有匈奴人。田广明不愿再深入追击，因此告诫冉弘不要再说此事。随军出征的御史大夫属臣公孙益寿"以为不可"，田广明不听谏阻，于是引兵还塞。

虎牙将军田顺出五原八百余里至丹余吾水，随即止兵不进，自报"斩首捕虏千九百余级，卤马牛羊七万余"。

结果，祁连将军田广明"知虏在前，逗遛不进"，虎牙将军田顺既未到达指定位置，又虚报战功，"皆下吏自杀"。其余三位将军由于功少而未加赏赐，唯有公孙益寿谏阻有功，擢为侍御史。

就在五路大军铩羽而归之时，由校尉常惠监护的乌孙军却大获全胜，史载：

> 校尉常惠与乌孙兵至右谷蠡庭，获单于父行及嫂、居次、名王、犁污都尉、千长、将以下三万九千余级，虏马牛羊驴骡橐驼七十余万。汉封惠为长罗侯。然匈奴民众死伤而去者，及畜产远移死亡不可胜数。于是匈奴遂衰耗，怨乌孙。①

右谷蠡王是仅次于右贤王的匈奴贵族，右谷蠡王庭具体所在不详，但应当位于匈奴右部。此役右谷蠡王损失惨重，究其原因，显然因距汉塞遥远而又轻蔑乌孙，因此在遭受乌孙偷袭时无从抵抗，只得率残部狼狈向北逃窜。

宣帝本始三年（前71年）出兵与乌孙共击匈奴，是西汉历史上最后一次大规模出塞远征匈奴。匈奴壶衍鞮单于则将此次惨败归咎于乌孙，于是在本始三年冬，壶衍鞮单于亲率数万骑报复乌孙，

---

① 《汉书》卷九四上《匈奴传上》，第3786页。"单于父行"，泛指与匈奴单于父亲同辈的贵族。

虽然略有俘获,但在班师的路上却遭到严寒的袭击,大雪一日竟深达丈余,人民、牲畜大批冻死,生还者不到十分之一。就在匈奴极度衰弱之时,位于匈奴北方的丁令、西方的乌孙与东方的乌桓趁机三面出击。匈奴又损失了数万人,马数万匹,牛羊等牲畜不计其数,"又重以饿死,人民死者什三,畜产什五,匈奴大虚弱,诸国羁属者皆瓦解"。汉军则又出动三千余骑,分三路"并入匈奴,捕虏得数千人还"。匈奴再也无法抵御多方攻击,"兹欲乡和亲,而边境少事矣"。①

三、匈奴内讧与五单于争立

地节二年(前68年),在内外交困的窘境之中,匈奴壶衍鞮单于去世,其弟左贤王继位,号虚闾权渠单于。是时由于边境形势已经缓和,"于是汉罢外城,以休百姓"。颜师古注"外城"曰"塞外诸城"。②胡三省补充曰"如光禄塞、受降城、遮虏障等城是也"。③汉三"外城",其中最为重要的就是武帝太初三年(前102年)由光禄勋徐自为修筑于五原塞外,屏障秦直道北端起点的光禄塞。光禄塞自修筑后就成为匈奴攻击的目标,太初三年秋,"匈奴大入云中、定襄、五原、朔方,……行坏光禄所筑亭障"④,就是一明证。汉廷罢三外城戍卒后,不仅节省了戍边的各种费用,对匈奴也是一种示好的行为。因此虚闾权渠单于召集匈奴"贵人",商议与汉和亲。然而,左大且渠怨恨虚闾权渠单于"以右大将女为大阏氏,而黜前单于所幸颛渠阏氏(左大且渠之女)",因此以"前汉使来,兵随其后,今亦效汉发兵,先使使者入"为由,自请与呼卢訾王各将万骑南下,企图入汉塞侵扰。结果消息泄露,汉宣帝"诏发边骑屯要害处,使大将军军监治众等四人将五千骑,

---

① 《汉书》卷九四上《匈奴传上》,第3787页。
② 《汉书》卷九四上《匈奴传上》,第3787—3788页。
③ 《资治通鉴》卷二四《汉纪一六》"汉宣帝地节二年"条,第807页。"光禄塞""受降城"已见前述。"遮虏障",武帝太初三年强弩都尉路博德所筑。
④ 《汉书》卷九四上《匈奴传上》,第3776页。

分三队,出塞各数百里,捕得虏各数十人而还"。① 匈奴再遭打击,衰败益甚。

神爵二年(前60年),虚闾权渠单于率十余万骑临近汉朝边塞狩猎,"欲入边寇"。宣帝得知消息后,遣后将军赵充国率四万余骑屯守沿边诸郡,严加防备。虚闾权渠单于见状不敢入侵,准备遣使者赴汉议和。使者尚未出发,单于突然病死,匈奴郝宿王刑未央使人召集各地诸王前来商议单于继承问题。但是,匈奴诸王尚未到达,原壶衍鞮单于颛渠阏氏与其弟左大且渠都隆奇突然发动政变,拥立壶衍鞮单于之弟,也是颛渠阏氏的情夫右贤王屠耆堂为握衍朐鞮单于。

握衍朐鞮单于性情暴虐,一朝权在手,立刻大开杀戒。虚闾权渠单于时当权大臣刑未央等都被诛杀,子弟近亲都被免职,而代之以单于子弟,重用拥立有功的左大且渠都隆奇等人。虚闾权渠单于之子稽侯狦(即呼韩邪单于)见继位无望,逃归匈奴右地其岳父乌禅幕处避难;其兄呼屠吾斯(即郅支单于)隐身于民间,以躲避杀身之祸。

这时,辖管西域的匈奴日逐王先贤掸见匈奴内乱,遂有意降汉。日逐王先贤掸之父原是且鞮侯单于次子左大将,太始元年(前96年),且鞮侯单于病重时约定立其长子左贤王为单于。结果左贤王未至单于庭,匈奴诸贵人认为左贤王有病,遂拥立左大将为单于。左贤王得知这一消息,不敢前往单于庭。可是左大将不愿违背父亲的遗言,让单于位于左贤王,是为狐鹿姑单于。左大将更为左贤王,并与狐鹿姑单于约定,如果单于不幸病死,将传位于左贤王。数年后左贤王病死,狐鹿姑单于违背约定,立其子为左贤王,更立原左贤王子先贤掸为日逐王。按匈奴制度,"日逐王者,贱于左贤王",彻底断绝了先贤掸继位单于的可能。加之日逐王先贤掸与握衍朐鞮单于素有私怨,遂于神爵二年率数万骑降汉。先贤掸先遣使至渠犁(治今新疆库尔勒),告骑都尉郑吉日逐王欲

---

① 《汉书》卷九四上《匈奴传上》,第3787—3788页。

降汉事,于是郑吉发渠犁、龟兹诸国五万兵迎日逐王,后送日逐王至京城。汉封日逐王为归德侯。

日逐王先贤掸降汉是汉匈交往史上一重大事件,标志着匈奴势力从此彻底退出西域,汉廷多年孜孜以求的"断匈奴右臂"的目的终于达到。神爵二年(前60年),汉朝在西域设置都护府,骑都尉郑吉"破车师,降日逐,威振西域,遂并护车师以西北道,故号都护。都护之置自吉始焉"①。郑吉因此被封为安远侯。

握衍朐鞮单于得知日逐王先贤掸降汉后,诛杀先贤掸二弟作为报复,任命其从兄薄胥堂为日逐王。握衍朐鞮的残暴统治,致使匈奴内部更加动荡不安。神爵四年(前58年)夏,乌桓出兵攻击匈奴东边的姑夕王,掳掠了大批百姓、牲畜。握衍朐鞮大怒,姑夕王唯恐被杀,遂与稽侯狦岳父乌禅幕及左地贵人拥立稽侯狦为呼韩邪单于,随即发左地兵四五万西击握衍朐鞮。握衍朐鞮向其弟右贤王求救,右贤王曰:"若不爱人,杀昆弟诸贵人。各自死若处,无来污我。"②握衍朐鞮恚怒自杀,其亲信左大且渠都隆奇逃至右贤王处。单于部众都归附呼韩邪单于。

神爵四年秋,呼韩邪单于复归单于庭(今蒙古国乌兰巴托),立即着手恢复统治秩序,命左地贵人罢兵各归辖地,从民间寻回其兄呼屠吾斯,立为左谷蠡王;又使人告右地贵人,欲杀右贤王。然而,呼韩邪在单于的宝座上尚未坐稳,左大且渠都隆奇与右贤王就拥立日逐王薄胥堂为屠耆单于,从匈奴右地发数万兵袭击单于庭。呼韩邪兵败,逃归左地。屠耆单于重占单于庭后,命长子都涂吾西为左谷蠡王、少子姑瞀楼头为右谷蠡王,镇守单于庭,自己则率兵返回匈奴右地。

屠耆单于的统治也是短暂的,一场规模更大的内讧又降临到他的头上。第二年(即五凤元年,前57年)秋,屠耆单于命令原

---

① 《汉书》卷七〇《郑吉传》,第3006页。颜师古注:"并护南北二道,故谓之都。都犹大也,总也。""破车师",指地节二年(前68年)侍郎郑吉与校尉司马熹发西域诸国兵与屯田卒攻破车师国事(参见《汉书》卷九六下《西域传下》,第3922—3923页)。

② 《汉书》卷九四上《匈奴传上》,第3791页。

日逐王先贤掸兄右奥鞬王与乌藉都尉，各率二万骑，驻扎在东方，防范呼韩邪单于。此时，西方呼揭王与唯犁当户共同诬陷右贤王欲自立为乌藉单于。屠耆单于盛怒之下，将本有拥立之功的右贤王父子一同杀掉；后来知道右贤王父子蒙冤而死，又诛杀唯犁当户。呼揭王得知消息后大为恐惧，于是举兵反叛，自立为呼揭单于；右奥鞬王也不甘落后，自立为车犁单于；乌藉都尉亦自立为乌藉单于。加上原有的屠耆、呼韩邪两位单于，一共出现五位单于。五单于争立，将匈奴自握衍朐鞮单于当权以后出现的内讧局面推到高潮，致使匈奴统治阶层内部及各部落之间的争斗愈演愈烈。

五凤元年，匈奴五单于争立的消息传到汉廷之后，许多大臣都认为"匈奴为害日久，可因其坏乱举兵灭之"，彻底解决边患问题。宣帝犹豫不决，征询御史大夫萧望之的意见。萧望之则引《春秋》"礼不伐丧"之义，坚决反对趁匈奴内乱而出兵，曰：

> 《春秋》晋士匄帅师侵齐，闻齐侯卒，引师而还，君子大其不伐丧，以为恩足以服孝子，谊足以动诸侯。前单于慕化乡善称弟，遣使请求和亲，海内欣然，夷狄莫不闻。未终奉约，不幸为贼臣所杀，今而伐之，是乘乱而幸灾也，彼必奔走远遁。不以义动兵，恐劳而无功。宜遣使者吊问，辅其微弱，救其灾患，四夷闻之，咸贵中国之仁义。如遂蒙恩得复其位，必称臣服从，此德之盛也。[①]

"前单于"指死于神爵二年（前60年）的虚闾权渠单于。虚闾权渠死前曾谋求与汉和亲，结果未及和亲而病死。虚闾权渠死后不久，匈奴就卷入内乱之旋涡，因此萧望之对虚闾权渠单于之死深感惋惜，进而反对趁匈奴内乱伐之。宣帝采纳了萧望之的建议，拒绝出兵，从而避免了一场可能爆发的汉匈战争。

就在汉廷君臣在庙堂之上争论是否出兵之时，匈奴五单于在战场上厮杀得难解难分。屠耆单于亲自率兵攻打车犁单于，命令

---

① 《汉书》卷七八《萧望之传》，第3279—3280页。

都隆奇统兵攻打乌藉单于。二路大军进展都很顺利，车犁单于与乌藉单于兵败，逃往西北，与呼揭单于合兵后还有四万多人。为了与屠耆单于对抗，乌藉、呼揭自动除去单于之号，共同辅佐车犁单于。屠耆单于闻知这一消息，命令左大将、都尉率四万骑屯守东方，防备呼韩邪单于袭击；自己则率领四万骑向西北出击，攻打车犁单于。结果车犁单于再次兵败，继续向西北方向逃走。

匈奴西北方面的战争方告一个段落，东方又燃起战火。五凤二年（前56年），呼韩邪单于趁屠耆单于远征车犁单于未归之机，派遣其弟右谷蠡王偷袭屠耆单于部署在东方的屯兵，杀掠一万多人。屠耆单于得知后，立刻率领六万多骑星夜东归，企图一举歼灭呼韩邪单于。屠耆单于并不知道呼韩邪单于早有防备，在嚻姑地（其地不详）附近部署了四万多精锐骑兵。屠耆单于率领大军日夜奔驰近一千多里后，突然遭到呼韩邪单于的猛烈攻击。尽管屠耆单于在兵力上占有优势，但经过与车犁单于多次恶战及长途奔波之后，士卒早已疲惫不堪；而呼韩邪单于却是以逸待劳。屠耆单于兵败自杀。都隆奇与屠耆单于少子右谷蠡王姑瞀楼头逃亡降汉。车犁单于闻知呼韩邪单于战胜屠耆单于，于是除去单于之号，率部东归，归降呼韩邪单于。至此，匈奴五单于争立的局面宣告结束，呼韩邪单于再次统一匈奴。

呼韩邪虽然取得胜利，但处境仍是极其艰难。经过五单于争立的混战之后，匈奴数万人丧生，牲畜损失十之七八，人民饥饿不堪，为了争夺食物而相互残杀。呼韩邪的部下左大将乌厉屈与其父乌厉温敦见匈奴大乱，遂率领数万部众投降汉朝，都被封为列侯。等到呼韩邪重归单于庭时，残余的部众仅有数万人，势力衰弱到了极点。然而，就是这样窘迫的局面也没容许呼韩邪维持多久。在单于庭西边，屠耆单于的堂弟休旬王自立为闰振单于。更让呼韩邪没有想到的是，在单于庭东边，被他一手扶持登上左谷蠡王王位，后又晋升为左贤王的兄长呼屠吾斯竟然同室操戈，自立为郅支骨都侯单于。继五单于争立之后，匈奴又出现三单于鼎立的局面。

五凤四年（前54年），匈奴三单于鼎立的短暂平衡局面被打破，兼并战争再次爆发。闰振单于率先发兵东攻郅支单于，不料兵败被杀。随后，郅支单于率领得胜之师进攻单于庭，呼韩邪单于兵败，被迫再次放弃单于庭南撤。郅支占据单于庭后，与撤到漠南地区的呼韩邪单于遥相对峙，匈奴又分裂为南北二部。

呼韩邪单于在短短四年之中两次被逐出单于庭，部众牲畜损失殆尽，处境愈加困难，何况北有郅支，南有汉朝，不论受哪一方的攻击，都足以使他遭受灭顶之灾。此时的形势非常清楚：呼韩邪单于如若主动称臣归附汉朝，不仅可以免除南方威胁，而且还能得到汉朝中央政府的支持，平定郅支单于，统一大漠。在属下左伊秩訾王等人的规劝下，呼韩邪准备称臣归附，遣子入侍，从汉求助，以定匈奴。

第二节　呼韩邪单于三次朝汉

自古以来，华夏民族在与四边所谓蛮夷戎狄的交往中，已经形成了一种固定的心态，对于企图扰乱华夏的要防范戒备，敢于侵扰中原的则予以讨伐，但最为理想的方式还是以德服人，使恩泽流于远方，达到"四夷宾服"的境界。班固在《匈奴传》"赞"中开宗明义地说"《书》戒'蛮夷猾夏'，《诗》称'戎狄是膺'，

《春秋》'有道守在四夷'",即是这种心态的真实写照。如果说汉初所实行的和亲政策,是以委曲求全的方式以防"蛮夷猾夏"的话,那么武帝发动对匈奴的战争则是"戎狄是膺",对敢于"猾夏"的"戎狄"予以讨伐。而在武帝之后,汉匈关系进入了一个新的调整时期,双方重开和亲之议,北境相对处于一种安宁的状态,颇有些"守在四夷"的意味。宣帝年间呼韩邪单于请求臣服和亲,预示着汉匈关系发生了从"戎狄是膺"到"守在四夷"的历史性转变。

一、呼韩邪单于朝汉和亲

匈奴自冒顿单于统一大漠以来,至呼韩邪单于之时已在塞北称雄一百五十多年。历代单于都自誉为"天之骄子",号称"百蛮之长",与汉天子分庭抗礼,以"兄弟"相称。在汉初六十多年间,匈奴曾经与汉和亲,虽然一直都是在"通关市,给遗匈奴,遣公主"的"故约"上和亲,但匈奴连不侵扰汉朝边境的盟约都没有严格履行。即使在武帝时期连续遭受几次重大打击,势力大衰之后,匈奴单于虽均表示出愿意重新与汉朝和好的意图,但依然坚持在"故约"基础之上恢复和亲,决不肯"臣服"于汉。呼韩邪单于若不是在郅支单于的压迫下避难漠南,几近山穷水尽,也绝不可能违背匈奴祖制与习俗,以汉廷"藩臣"自居,接受汉朝皇帝的命令。因此,呼韩邪单于深知此举关系重大,故而召集群臣与氏族贵族商议与汉和亲问题,立刻引发了一场激烈的争论。许多反对附汉的大臣认为:

> 匈奴之俗,本上气力而下服役,以马上战斗为国,故有威名于百蛮。战死,壮士所有也。今兄弟争国,不在兄则在弟,虽死犹有威名,子孙常长诸国。汉虽强,犹不能兼并匈奴,奈何乱先古之制,臣事于汉,卑辱先单于,为诸国所笑!虽如是而安,何以复长百蛮!

以左伊秩訾王为首的赞成附汉的大臣则认为:

> 强弱有时,今汉方盛,乌孙城郭诸国皆为臣妾。自且

鞮侯单于以来，匈奴日削，不能取复，虽屈强于此，未尝一日安也。今事汉则安存，不事则危亡，计何以过此！①

在郅支单于的压迫下，呼韩邪单于显然已经到了"事汉则安存，不事则危亡"的关键时刻；为了所谓有"威名于百蛮"，宁肯"战死"也不肯"臣事于汉"，显然并不符合呼韩邪单于的利益所在。最终呼韩邪采纳了左伊秩訾王的建议，率领部众南下接近汉边塞，于甘露元年（前53年）春遣其子右贤王铢娄渠堂为侍子入汉，同年冬又遣其弟左贤王朝汉。一年之内两次遣地位仅次于单于的权贵人物入汉，表达了呼韩邪要求附汉的迫切愿望。值得注意的是，郅支单于也十分关注呼韩邪单于与汉联络的动向，也于是年遣其子右大将驹于利受入侍汉廷。

对于呼韩邪单于附汉请求，宣帝表示欢迎。呼韩邪于是率部众于甘露二年（前52年）冬抵达五原郡塞外，表示愿意明年春正月亲自入汉朝见宣帝。

自从五原郡将呼韩邪单于"愿朝（甘露）三年正月"的消息飞报朝廷后，宣帝与群臣高度重视。匈奴单于亲自入汉朝见，请求归附，标志着在经过一百五十多年的冲突与战争之后，历来以"天之骄子"自居的匈奴单于终于低下了高傲的头，汉匈关系将发生根本性变化；特别是在郅支单于尚占据漠北的情况下，汉朝接纳呼韩邪单于归附，可以在漠南扶持起一支亲汉的力量。正是出于这样的考虑，宣帝特别重视呼韩邪愿朝正月的表态，命令群臣商议朝见的礼仪时，朝臣形成两种不同的意见：

> 丞相（黄）霸、御史大夫（于）定国议曰："圣王之制，施德行礼，先京师而后诸夏，先诸夏而后夷狄。《诗》云：'率礼不越，遂视既发；相土烈烈，海外有截。'陛下圣德充塞天地，光被四表，匈奴单于乡风慕化，奉珍朝贺，自古未之有也。其礼仪宜如诸侯王，位次在下。"（萧）望之以为"单于非正朔所加，故称敌国，宜待以不臣之礼，

---

① 《汉书》卷九四下《匈奴传下》，第3797页。

位在诸侯王上。外夷稽首称藩,中国让而不臣,此则羁
縻之谊,谦亨之福也。《书》曰'戎狄荒服',言其来服,
荒忽亡常。如使匈奴后嗣卒有鸟窜鼠伏,阙于朝享,不
为畔臣。信让行乎蛮貊,福祚流于亡穷,万世之长策也。"①

"位在诸侯王上"还是"位在诸侯王下",表面上是匈奴单于朝见汉天子礼仪之争,但实际涉及匈奴单于的政治定位问题。黄霸、于定国的建议虽然符合"先诸夏而后夷狄"的《春秋》大义,但相比太子太傅萧望之的建议,显然是拘泥经义而不知变通。萧望之的建议更符合是时汉匈关系的实际情况,以"位在诸侯王上"的"不臣之礼"接待前来朝汉的单于,既有匈奴"臣服"的实质,又可以满足匈奴单于"有威名于百蛮"的心态,匈奴来者"待以不臣之礼",亡者"不为畔臣",华夷之别、汉匈分野,泾渭分明,深得处理所谓蛮夷关系之精髓。宣帝最终采纳了萧望之的意见,颁诏曰:

盖闻五帝三王,礼所不施,不及以政。今匈奴单于称
北藩臣,朝正月,朕之不逮,德不能弘覆。其以客礼待之,
位在诸侯王上。②

自此,西汉王朝一直以"位在诸侯王上"的礼仪,接待前来朝汉和亲的匈奴呼韩邪单于与乌珠留单于。

甘露三年(前51年)春正月,呼韩邪单于由五原郡入塞,经秦直道至甘泉宫朝见汉宣帝。汉宣帝派遣车骑都尉韩昌为专使,前往五原塞迎接呼韩邪单于入京,从秦直道所经过的七郡——五原、朔方、西河、上郡、北地、左冯翊等直到长安,③每郡各发郡兵两千骑陈列护送,以示尊崇呼韩邪单于之意。

---

① 《汉书》卷七八《萧望之传》,第3282页。
② 《汉书》卷八《宣帝纪》,第270页。东汉人荀悦曾批评萧望之说:"《春秋》之义,王者无外,欲一于天下也。戎狄道里辽远,人迹介绝,故正朔不及,礼教不加,非尊之也,……望之欲待以不臣之礼,加之王公之上,僭度失序,以乱天常,非礼也! 若以权时之宜,则异论矣。"(《资治通鉴》卷二七《汉纪一九》"汉宣帝甘露二年"条,第886页)大体可以反映出两汉时人对匈奴单于的不同态度。
③ 《资治通鉴》卷二七《汉纪一九》"汉宣帝甘露三年"条胡三省注:"师古注曰:所过之郡,每为发兵陈列于道,以为宠卫也。七郡,谓过五原、朔方、西河、上郡、北地、冯翊而后至长安也。"(第886页)

呼韩邪单于到达甘泉宫后，受到宣帝隆重的接待，史载：

> 汉宠以殊礼，位在诸侯王上，赞谒称臣而不名。赐以冠带衣裳，黄金玺盭绶，玉具剑，佩刀，弓一张，矢四发，棨戟十，安车一乘，鞍勒一具，马十五匹，黄金二十斤，钱二十万，衣被七十七袭，锦绣绮縠杂帛八千匹，絮六千斤。礼毕，使使者道单于先行，宿长平。上自甘泉宿池阳宫。上登长平，诏单于毋谒，其左右当户之群臣皆得列观，及诸蛮夷君长王侯数万，咸迎于渭桥下，夹道陈。上登渭桥，咸称万岁。单于就邸，留月余，遣归国。①

呼韩邪以客礼拜见宣帝，地位置于汉诸侯王之上，"赞谒称臣而不名"。宣帝颁予呼韩邪单于的"黄金玺盭绶"，颜师古注："盭，古戾字。戾，草名也。以戾染绶，亦诸侯王之制也。"其玺文虽未见记载，但从王莽时易"匈奴单于玺"为"匈奴单于章"看，宣帝所赐玺文应为"匈奴单于玺"。按汉制，"皇帝六玺，皆白玉螭虎纽"②。宣帝所赐呼韩邪单于"黄金玺盭绶"制度上等同汉诸侯王，表明汉朝正式承认呼韩邪单于为匈奴族最高首领，确立了匈奴隶属于汉朝的政治关系；同时考虑到匈奴多年来统治大漠的事实以及"上气力而下服役"的民族心理，因此接待礼仪上"位在诸侯王上"，极尽尊宠之形式。

值得注意的是，《匈奴传》仅言"单于就邸，留月余，遣归国"；而《宣帝纪》则两次提及单于"就邸"事：

> （甘露）三年春正月，（宣帝）行幸甘泉，郊泰畤。匈奴呼韩邪单于稽侯狦来朝，……使有司道单于先行就邸长安，宿长平。上自甘泉宿池阳宫。上登长平阪，诏单于毋谒。其左右当户之群皆列观，蛮夷君长王侯迎者数万人，夹道陈。上登渭桥，咸称万岁。单于就邸。置

---

① 《汉书》卷九四下《匈奴传下》，第3798页。
② 《汉旧仪》卷上，见孙星衍等辑：《汉官六种》，周天游点校，中华书局1990年版，第62页。

酒建章宫，缯赐单于，观以珍宝。二月，单于罢归。①

由此可知，呼韩邪单于在甘泉宫朝谒宣帝之后，由"有司"先导就长安单于邸，中途宿于长平阪，再一次于长平阪朝谒宣帝。呼韩邪就长安单于邸后，宣帝置酒建章宫，"缯赐单于，观以珍宝"。其中两次提及"就邸"，可证此邸就是武帝元封年间专为朝汉匈奴单于所筑的"单于邸"。"单于邸"在筑就五十多年后，终于迎来了第一位客人——呼韩邪单于。

甘露三年（前51年）二月，呼韩邪北归时，考虑到自己势力单薄，深恐不能抵御郅支单于的进犯，于是请求留在光禄塞（今内蒙古包头西北）下，如遇到紧急情况，还可以为汉保卫受降城（约今内蒙古乌拉特中旗东）。汉宣帝应允了呼韩邪的请求，派遣长乐卫尉高昌侯董忠、车骑都尉韩昌"将骑万六千，又发边郡士马以千数"，护送呼韩邪单于出朔方鸡鹿塞（今内蒙古磴口西北，见图4-2），并留于漠南护卫呼韩邪，"助诛不服"。② 同时又考虑到匈奴连年战乱饥荒，人民乏食，汉廷前后共调拨北边诸郡粮食三万四千多斛，以资助呼韩邪单于的部众。

图4-2 鸡鹿塞遗址（笔者宋超摄于2013年8月）

----

① 《汉书》卷八《宣帝纪》，第271页。"长平阪"，颜师古注引如淳曰："阪名也，在池阳南。上原之阪有长平观，去长安五十里。"
② 《汉书》卷九四下《匈奴传下》，第3798页。

呼韩邪单于附汉不仅摆脱了自身窘迫的困境，稳定了岌岌可危的局势，而且在匈奴原来的属国中也引起了强烈的震动。特别是西域乌孙以西与匈奴相邻的诸国，素来畏惧匈奴而轻视汉朝，但是自从呼韩邪归附汉朝之后，乌孙等国的态度也随之发生显著的变化，纷纷以尊汉为荣耀。①

甘露三年，汉宣帝以隆重的礼仪接待呼韩邪单于首次朝汉，此后便成为汉廷接待匈奴单于之惯例。黄龙元年（前49年）春正月，呼韩邪单于第二次来朝，《宣帝纪》载："（宣帝）行幸甘泉，郊泰畤。匈奴呼韩邪单于来朝，礼赐如初。二月，单于归国。"②《匈奴传》记加赐物品："衣百一十袭，锦帛九千匹，絮八千斤。以有屯兵，故不复发骑为送。"③显然，呼韩邪单于第二次来朝仍是由五原入塞，经秦直道至甘泉宫朝见汉宣帝，复入长安单于邸，二月返回漠南，仍然留居于光禄塞下，依托汉塞防备郅支单于。

二、"汉与匈奴和为一家"

大约五凤四年（前54年）与甘露元年（前53年）前后，郅支单于见呼韩邪单于兵败后率部众南下，以为呼韩邪单于已经降汉，不可能再重返匈奴，于是率兵由单于庭西下，意图平定匈奴右地。这时屠耆单于小弟已经在匈奴右地自立为伊利目单于，得知郅支单于西征的消息后，率兵迎击，结果兵败被杀，其部众都被郅支单于兼并。郅支在平定了匈奴右地后，为了巩固在右地的统治，留居右地而未返回单于庭。闻知呼韩邪单于因附汉而得到大力支持后，郅支单于深恐受到呼韩邪与汉朝的联合攻击，因此特别重视呼韩邪与汉朝交往的动向。就在甘露元年呼韩邪遣子入汉为侍子的同时，郅支单于也不甘落后，亦遣其子右大将驹于利受入汉，以示与汉和好之意。

---

① 参见《资治通鉴》卷二七《汉纪一九》"汉宣帝甘露三年"条，第888页。
② 《汉书》卷八《宣帝纪》，第273页。
③ 《汉书》卷九四下《匈奴传下》，第3798—3799页。

对于郅支单于与呼韩邪单于竞相归附之争，汉廷最初并没有显示出厚此薄彼的倾向，而是采取一视同仁、兼容并纳的态度，依礼厚待双方的侍子。但是，郅支单于究竟是远在漠北，中间又有呼韩邪单于的阻挠，与汉朝的联系与沟通远不如漠南呼韩邪单于那样快捷便利；再者，郅支单于自恃势力比呼韩邪单于强盛，所以附汉的愿望也不如呼韩邪单于那样诚恳急迫。虽然在甘露三年（前51年）与四年（前50年），郅支单于两次遣使奉珍宝入汉朝献，但是汉廷因为呼韩邪单于的亲自来朝而逐渐疏远郅支单于，开始冷落郅支单于的使者。

呼韩邪单于对郅支单于与汉朝通好的动态也同样非常重视，为了巩固与汉朝已经建立起来的友好关系，黄龙元年（前49年）春正月，呼韩邪再次入汉朝见宣帝。同年十二月，宣帝去世，元帝即位。初元元年（前48年）六月，呼韩邪上书宣称民众饥困，请求援助，其中不乏试探元帝即位后对他的态度之意。元帝立即命令云中与五原郡输谷二万斛，以示朝廷一如既往的支持。显然，郅支单于在与呼韩邪单于争取汉廷支持的竞争中，已经明显败下阵来。

郅支单于见呼韩邪单于与汉朝关系日益亲密，并得到朝廷出兵输谷的全力支持，自度既无法离间汉廷与呼韩邪单于的关系，又缺乏统一匈奴的实力，于是率部众从匈奴右地再向西迁徙至今伊犁河流域一带，并遣使至乌孙，企图劝诱母亲为匈奴人的小昆弥①乌就屠与其"并力"。不料乌就屠见呼韩邪单于得到汉廷的支持，而郅支不过是一"亡虏"，于是斩杀郅支来使，送首级于汉

---

① 乌孙分大小昆弥事在宣帝年间。最初乌孙昆弥岑陬临终时忧虑自己与胡妇所生子泥靡年幼，遂传位于叔父之子翁归靡，并约定泥靡长大后复传位于泥靡。元康二年（前64年），翁归靡在汉军支持下大败匈奴，上书表示愿立与解忧公主所生长子元贵靡为继嗣，请汉廷再遣公主与元贵靡结婚。宣帝应翁归靡之请，以解忧公主侄女相夫为公主，命长罗侯常惠护送至乌孙。当相夫一行至敦煌时，翁归靡病死，乌孙贵族违背翁归靡之约，遵从岑陬遗约，拥立岑陬与胡妇所生子泥靡为昆弥。宣帝因此召回相夫。甘露元年（前53年），翁归靡与胡妇所生子乌就屠起兵袭杀泥靡，自立为昆弥，因害怕汉廷兴师问罪，遂奉元贵靡为大昆弥，自己为小昆弥。汉廷复遣常惠率三校尉驻赤谷城，为二昆弥分划人民地界。自此，乌孙昆弥一直有大小之分。（参见《汉书》卷九六下《西域传下》，第3901—3910页）

西域都护府处，同时发兵八千人迎击郅支单于，结果被郅支击败。郅支单于随后又北征乌揭（约今额尔齐斯河上游及中国新疆北端）、坚昆（约今叶尼塞河上游），西征丁令（指当时活动于额尔齐斯河上游与巴尔喀什湖之间的西部丁令），兼并三国之兵，数击乌孙，并在坚昆设立王庭，势力稍微得以恢复。

此时，郅支单于距离汉朝更加遥远，愈加怨恨汉朝支持呼韩邪而拒绝自己，于是困辱汉朝使者江乃始等，并遣使赴汉，以朝贡为名，请求汉朝遣还其侍子。初元四年（前45年），元帝应郅支单于之请，遣卫司马谷吉等送还郅支单于侍子。郅支单于见子安全回归，再无后顾之忧，索性杀死汉使谷吉等人泄愤。在汉匈长期交往史上，互扣使者事或时有发生，但绝无杀害之事。郅支单于杀汉使者，当然是一件相当严重的事件。郅支单于深恐遭受汉军的打击，又听说呼韩邪日益强盛，因此想再度西迁，远避汉朝与呼韩邪。恰在此时，康居王因屡受乌孙欺凌，想依靠匈奴声威恫吓乌孙，于是遣使至坚昆，准备迎接郅支到康居（今哈萨克斯坦南部及锡尔河中下游）。正惶惶不可终日的郅支单于突然受到康居王的邀请，大喜过望，立即率部众西迁，不料途中又受到严寒的袭击，到达康居时部众仅剩三千多人。

康居王素来尊敬郅支单于，所以在郅支抵达康居后，将女儿嫁与郅支；为了报答康居王的好意，郅支也将女儿嫁与康居王。郅支随即借兵康居，数次出击乌孙，深入乌孙都城赤谷城杀掠人民，驱掠牲畜而去。乌孙慑于郅支的兵威，不敢出兵追击，乌孙西部千里之地空虚，无人再敢居住游牧。

郅支单于刚刚在康居立稳根基，狂傲残忍的性格立刻暴露无遗，肆意欺辱康居王，屠杀康居王女、贵人及百姓数百人，肢解尸体，投入都赖水（今塔拉斯河）。郅支又大肆征发康居百姓，在都赖水畔修筑郅支城，每天被迫服苦役者五百多人，历时二年方才完工。郅支又遣使者分赴大宛诸国，勒令纳贡财物，诸国都不敢抗拒。

郅支单于杀害汉使谷吉等，西迁康居后，汉廷见谷吉等一去不返，误以为在汉边塞被呼韩邪部下所杀，因此严厉追查呼韩邪派往汉朝的使者。呼韩邪蒙受不白之冤，不免心存疑惧。汉廷查清事实真相后，为了安抚呼韩邪单于，于永光元年（前43年）派遣车骑都尉韩昌、光禄大夫张猛送还呼韩邪单于侍子，以免其因疑生变。这时，呼韩邪单于在汉廷大力扶持之下，元气已经恢复，前来归附的部众日益繁盛，并有足够的兵力自卫，不再畏惧郅支单于，加之汉塞附近的野兽射猎将尽，因此想北归单于庭。韩昌、张猛唯恐呼韩邪单于北归后难以约束，于是与呼韩邪单于及大臣"俱登匈奴诺水（今内蒙古艾不盖河）东山，刑白马，单于以径路刀金留犁挠酒，以老上单于所破月氏王头为饮器者共饮血盟"，郑重盟誓：

  自今以来，汉与匈奴合为一家，世世毋得相诈相攻。
  有窃盗者，相报，行其诛，偿其物；有寇，发兵相助。
  汉与匈奴敢先背约者，受天不祥。令其世世子孙尽如盟。①

韩昌、张猛并未奏诏而擅自与呼韩邪单于盟誓，受至朝中大臣弹劾"奉使无状，罪至不道"，请求元帝"遣使往告祠天，与解盟"；结果元帝"薄其过，有诏昌、猛以赎论，勿解盟"，从而避免了汉匈因解盟可能产生的新矛盾。

郅支单于在康居实施残暴统治，欺凌乌孙、大宛诸国，而且直接威胁汉朝在西域的利益。但是，元帝一直忧虑距康居路途遥远，不愿耗费巨资出兵征伐，所以前后三次遣使至康居，请求归还汉使谷吉等人的尸体，同时劝说郅支重新归附。然而，这一切努力都被郅支拒绝。事已至此，汉朝除了动用武力，再也没有其他选择。

建昭三年（前36年），代理西域都护、骑都尉甘延寿，副校尉陈汤奉命出使西域。这时，西域的形势很不稳定，已经牢固控制了康居的郅支单于又企图降服大宛、乌孙，并以三国为基地，重新恢复匈奴在西域的统治。面对这种形势，陈汤认为西域诸国原来一直臣属于匈奴，对郅支单于存有畏惧之心，如果不坚决地

---

① 《汉书》卷九四下《匈奴传下》，第3801页。

对郅支单于采取军事行动,不过数年,西域诸国将全面瓦解。陈汤又分析当时西域军事形势曰:

> 郅支单于虽所在绝远,蛮夷无金城强弩之守,如发屯田吏士,驱从乌孙众兵,直指其城下,彼亡则无所之,守则不足自保,千载之功可一朝而成也。①

甘延寿完全同意陈汤的见解,但是想奏请朝廷批准;而陈汤则认为远在千里之外的朝廷大臣根本不可能全面了解西域的局势,一旦说动元帝不予批准,将坐失良机。于是两人矫制征发西域诸国兵及汉屯田于车师的戊己校尉兵共四万多人,分兵两路,开始了远征康居的军事行动。

联军的南路由三校尉率领,出葱岭(今帕米尔高原)经大宛攻入康居南部;北路由甘延寿、陈汤亲自统率,由温宿(治今新疆乌什)横越天山,经乌孙赤谷城攻康居北部。北路联军行至阗池(今伊塞克湖)以西时,康居副王抱阗正奉郅支单于的命令,率千余骑在赤谷城以东掳掠,见联军西征,于是随后追击,企图袭击联军辎重。陈汤纵兵回击,大败抱阗,夺回被掠的人口牲畜交还乌孙。联军进入康居境内后,康居各部落首领早已痛恨郅支的残暴统治,纷纷投靠联军,与联军将郅支城包围。郅支城外城为木城,内城为土城,联军纵火焚毁木城,内城很快也被攻破,郅支单于最后被联军杀死,"凡斩阏氏、太子、名王以下千五百一十八级,生虏百四十五人,降虏千余人"②。此役是西汉年间对匈奴的最后一战,与汉廷敌对的郅支单于残余势力被彻底从西域清除。

甘延寿与陈汤矫制发西域诸国兵击郅支单于,遭受朝中许多大臣"生事于蛮夷,为国招难"的指责,于是两人联名上疏为自己的行为辩护:

> 匈奴呼韩邪单于已称北藩,唯郅支单于叛逆,未伏其辜,大夏之西,以为强汉不能臣也。郅支单于惨毒行于

---

① 《汉书》卷七〇《甘延寿陈汤传》,第3010页。
② 《汉书》卷七〇《甘延寿陈汤传》,第3014页。

民，大恶通于天。臣延寿、臣汤将义兵，行天诛，……
斩郅支首及名王以下，宜县头槀街蛮夷邸间，以示万里。
明犯强汉者，虽远必诛。①

最终元帝以"内不烦一夫之役，不开府库之臧，因敌之粮以赡军用，立功万里之外，威震百蛮，名显四海"②为由，封甘延寿为义成侯，陈汤赐爵关内侯。

三、王昭君出塞

郅支单于之死，呼韩邪单于"且喜且惧"，上书言曰："常愿谒见天子，诚以郅支在西方，恐其与乌孙俱来击臣，以故未得至汉。今郅支已伏诛，愿入朝见。"③公元前33年春正月，呼韩邪单于第三次入汉朝见。元帝礼遇赏赐如初，又加赐衣服、锦、帛、絮，均较黄龙元年（前49年）入朝时多一倍。呼韩邪单于第三次来朝路线不详，史料中亦未见元帝有如宣帝于甘露三年（前51年）、黄龙元年春正月至甘泉宫接待呼韩邪之记载；同年（前33年）五月，元帝卒于未央宫，其身体状况是否适于远行甘泉宫，值得怀疑。④如果元帝春正月在甘泉宫接待呼韩邪，史书是不可能省书的，唯一解释是元帝是在长安接待第三次朝汉的呼朝邪单于的。呼韩邪单于这时虽然已经回归单于庭，但仍由五原入塞，经秦直道赴甘泉宫后，再经驰道至长安，这是最为便捷而又熟悉的道路。

在长安期间，呼韩邪单于表示"愿婿汉氏以自亲"，元帝遂将后宫良家女、南郡秭归（今湖北秭归）人王墙（字昭君）赐予呼韩邪单于。呼韩邪单于号王昭君为"宁胡阏氏"，意为得昭君可使匈奴永保安宁。呼韩邪单于又上书表示愿为汉保卫东起上谷，西至敦煌的边塞，"请罢边备塞吏卒，以休天子人民"。元帝命

---

① 《汉书》卷七〇《甘延寿陈汤传》，第3015页。
② 《汉书》卷七〇《甘延寿陈汤传》，第3019—3020页。
③ 《汉书》卷九四下《匈奴传下》，第3803页。
④ 宣帝卒于黄龙元年十二月，距正月在甘泉宫接待呼韩邪单于几近一年，可以证明当时宣帝身体是没有太大问题的。

群臣商议此事,"议者皆以为便",唯郎中侯应举十条理由以为不可许:

> 周秦以来,匈奴暴桀,寇侵边境,汉兴,尤被其害。臣闻北边塞至辽东,外有阴山,东西千余里,草木茂盛,多禽兽,本冒顿单于依阻其中,治作弓矢,来出为寇,是其苑囿也。至孝武世,出师征伐,斥夺此地,攘之于幕北。建塞徼,起亭隧,筑外城,设屯戍,以守之,然后边境得用少安。……边长老言匈奴失阴山之后,过之未尝不哭也。如罢备塞戍卒,示夷狄之大利,不可一也。今圣德广被,天覆匈奴,匈奴得蒙全活之恩,稽首来臣。……前以罢外城,省亭隧,今裁足以候望通烽火而已。古者安不忘危,不可复罢,二也。中国有礼义之教,刑罚之诛,愚民犹尚犯禁,又况单于,能必其众不犯约哉!三也。自中国尚建关梁以制诸侯,所以绝臣下之觊欲也。设塞徼,置屯戍,非独为匈奴而已,……四也。近西羌保塞,与汉人交通,吏民贪利,侵盗其畜产妻子,以此怨恨,起而背畔,世世不绝。今罢乘塞,则生嫚易分争之渐,五也。往者从军多没不还者,子孙贫困,一旦亡出,从其亲戚,六也。又边人奴婢愁苦,欲亡者多,曰"闻匈奴中乐,无奈候望急何!"然时有亡出塞者,七也。盗贼桀黠,群辈犯法,如其窘急,亡走北出,则不可制,八也。起塞以来百有余年,……卒徒筑治,功费久远,不可胜计。……障塞破坏,亭隧灭绝,当更发屯缮治,累世之功不可卒复,九也。如罢戍卒,省候望,单于自以保塞守御,必深德汉,请求无已。小失其意,则不可测。开夷狄之隙,亏中国之固,十也。非所以永持至安,威制百蛮之长策也。①

元帝最后采纳议郎侯应的意见,"勿议罢边塞事",并命车骑将军许嘉通告呼韩邪单于曰:"单于上书愿罢北边吏士屯戍,子孙世世保塞。……朕甚嘉之。中国四方皆有关梁障塞,非独以

---

① 《汉书》卷九四下《匈奴传下》,第3803—3804页。

备塞外也，亦以防中国奸邪放纵，出为寇害，故明法度以专众心也。敬谕单于之意，朕无疑焉。"①婉言谢绝了呼韩邪单于的请求。元帝为了庆祝诛灭郅支单于以及呼韩邪单于来朝，汉匈再不以兵革相见，边境从此永远安宁，改元"竟宁"，以志纪念。

侯应"十不可"之议，与前引萧望之"不臣"之论，实际成为宣帝以降汉廷处理与已经臣服的匈奴的两个最基本原则，正如晋人江统在《徙戎论》中所说：

> 匈奴求守边塞，而侯应陈其不可；单于屈膝未央，望之议以不臣。是以有道之君牧夷狄也，惟以待之有备，御之有常，虽稽颡执贽，而边城不弛固守；为寇贼强暴，而兵甲不加远征，期令境内获安，疆场不侵而已。②

建始二年（前31年），呼韩邪单于临终前，欲立少子且莫车为单于，且莫车的母亲颛渠阏氏说："匈奴乱十余年，不绝如发，赖蒙汉力，故得复安。今平定未久，人民创艾战斗，且莫车年少，百姓未附，恐复危国。我与大阏氏一家共子，不如立雕陶莫皋。"颛渠阏氏与大阏氏是姊妹关系，所以有"一家共子"之说。大阏氏推辞说："且莫车虽少，大臣共持国事，今舍贵立贱，后世必乱。"呼韩邪单于最终采纳颛渠阏氏的建议，立大阏氏子雕陶莫皋为单于，号复株累若鞮单于，并约令死后传位于其弟且莫车。③复株累若鞮单于遵循其父呼韩邪单于遗训，继续与汉和亲，其后历经搜谐若鞮单于、车牙若鞮单于、乌珠留若鞮单于，直至王莽代汉，扰乱匈奴时止，匈奴一直与汉朝保持友好关系，汉匈两族人民平安相处六十多年。

关于王昭君的身世及和亲经过，《汉书·匈奴传》仅有"元帝以后宫良家子王墙字昭君赐单于"寥寥数语，不甚清楚。《后汉书·南匈奴列传》则将昭君出塞的故事补缀完成：

> 昭君字嫱，南郡人也。初，元帝时，以良家子选入掖

---

① 《汉书》卷九四下《匈奴传下》，第3805页。
② 《晋书》卷五六《江统列传》，中华书局1974年版，第1530页。
③ 《汉书》卷九四下《匈奴传下》，第3806—3807页。

庭。时呼韩邪来朝，帝敕以宫女五人赐之。昭君入宫数岁，不得见御，积悲怨，乃请掖庭令求行。呼韩邪临辞大会，帝召五女以示之。昭君丰容靓饰，光明汉宫，顾景裴回，竦动左右。帝见大惊，意欲留之，而难于失信，遂与匈奴。①

现在已经无法也无须考证这一故事的真实性。呼韩邪单于和亲与昭君出塞，在汉匈和亲史上是一个具有标志性的重大事件，意味着汉初实行六十余年"奉宗室女翁主为单于阏氏，岁奉匈奴絮缯酒食物各有数，约为兄弟以和亲"——被动和亲模式的终结，开启了以匈奴臣服为前提的汉匈和亲的另一种模式。汉廷终于掌握汉匈和亲的主动权，为其后汉匈和平相处六十余年奠定基础。正如班固在《汉书·匈奴传》"赞"中所说："单于稽首臣服，遣子入侍，三世称藩，宾于汉庭。是时边城晏闭，牛马布野，三世无犬吠之警，黎庶亡干戈之役。"②

王昭君也是在漫长的汉匈和亲史上唯一留下姓名、事迹及子裔的和亲女性。③ 王昭君经秦直道出塞之后，④ 与呼韩邪单于生有一子（即后来的匈奴右日逐王伊屠智牙师）。建始二年（前31年），呼韩邪单于死后，王昭君又遵从成帝的诏命，按匈奴习俗嫁与呼

---

① 《后汉书》卷八九《南匈奴列传》，第2941页。
② 《汉书》卷九四下《匈奴传下》，第3832—3833页。所谓"三世"，指元、成、哀三帝。
③ 据《西汉会要》卷六"和番公主"条统计，西汉时期除王昭君外，明确以婚姻形式进行的汉匈和亲有四例：高祖九年（前198年），取家人子为公主，妻单于，使刘敬往结和亲约；孝惠三年（前192年），以宗室女为公主嫁匈奴单于；文帝初年，遣宗人女翁主为单于阏氏，使宦者中行说傅翁主；孝景五年（前152年），遣公主嫁匈奴单于。（参见徐天麟：《西汉会要》，中华书局1955年版，第50—51页）四例之中，唯景帝五年为"公主"（《汉书》卷五《景帝纪》，第144页），查景帝三女：平阳公主、南宫公主与隆虑公主，均未见和亲匈奴之记载。此"公主"可能同高祖时一样，也是以"家人子"冒称"公主"者。实际上匈奴在强盛之时，从不关心"和亲公主"的真实身份，关心的则是通过和亲可以获得多少物资利益，这是一个不争的历史事实。
④ 关于王昭君出塞和亲所道路，学界目前主要有两种意见：一是主张通过秦直道出塞；二是主张通过秦直道东的通塞中路出塞，即经山西雁门关—平城（大同）—武州（山西左云）—雁门郡（山西右玉）—杀虎口—云中郡—五原郡—单于庭的路线。关于王昭君两条出塞路线的讨论情况，可参见王绍东、郑方圆《论秦直道是昭君出塞的最可能路线》（《商丘师范学院学报》2015年第4期）。笔者赞同王昭君经秦直道出塞说。

韩邪之子复株累单于为妻，生有二女（长女须卜居次云，次女当于居次①）。在漠漠塞北之上，昭君住穹庐，着皮裘，食肉饮酪，生儿育女，最后死于异乡他邦。昭君死后，其子女继续为汉匈和好而奔波。大约在唐代之前，一座"昭君墓"（在今内蒙古呼和浩特南）出现在漠南草原之上，据说此墓终年被青草覆盖，故以"青冢"命名。千百年来，"青冢"历经寒暑，青草茵茵，默默地向世人传诵着"昭君出塞"的故事。②数百年后，唐代大诗人李白曾著诗咏"青冢"曰：

汉家秦地月，流影照明妃。
一上玉关道，天涯去不归。
汉月还从东海出，明妃西嫁无来日。
燕支长寒雪作花，蛾眉憔悴没胡沙。
生乏黄金枉图画，死留青冢使人嗟。

另一位唐代大诗人杜甫，路过据说是昭君的家乡湖北荆门时，触景生情，也为后世留下一首令人回味隽永的诗作：

群山万壑赴荆门，生长明妃尚有村。
一去紫台连朔漠，独留青冢向黄昏。
画图省识春风面，环珮空归月夜魂。
千载琵琶作胡语，分明怨恨曲中论。

---

① 颜师古注引李奇曰："居次者，女之号，若汉言公主也。"引文颖曰："须卜氏，匈奴贵族也"；"当于亦匈奴大族也"。颜师古注曰："须卜、当于，皆其夫家氏族。"（《汉书》卷九四下《匈奴传下》，第3808页）

② "昭君冢"又作"青冢"，何时见诸史载，不详。入唐之后，"昭君冢"或"青冢"成为诸多诗人歌咏寄怀的对象。据此似乎可以推测，至晚到唐代，"昭君冢"或"青冢"的称谓已经出现。

第三节 匈奴与乌孙共朝汉

自从匈奴呼韩邪单于在宣元年间归附汉朝,汉元帝遣王昭君出塞和亲之后,汉匈之间一直保持着和平相处的友好关系。呼韩邪单于死后,每位新单于继位,都要遣名王入朝贡献或遣子入侍,这已成为汉匈和平交往的惯例。河平四年(前25年),复株累若鞮单于朝正月,是为匈奴第二位朝汉的单于。汉朝对匈奴入朝者也甚为优待,厚加赏赐。哀帝元寿二年(前1年)正月,匈奴乌珠留单于与乌孙大昆弥伊秩靡同至长安朝贺正月。匈奴与乌孙的首领同时入朝,这在西汉历史上是仅有的一次,朝廷也引以为荣。随着哀帝的去世,元帝王皇后(即元后)临朝称制,其侄子王莽总揽朝纲,刘汉天下实际上已名存实亡。王莽取代汉室之后,对汉朝的内外政策进行了大规模的改动,无端贬黜匈奴单于地位,汉匈关系随之发生剧变,汉匈战争烽火再度在北部边疆燃起。

一、复株累若鞮单于朝汉

建始二年(前31年),复株累若鞮单于遵其父呼韩邪遗训,继续与汉和好,遣其子右致卢儿王酰谐屠奴侯入汉,① 双方使者往

---

① 参见《汉书》卷九四下《匈奴传下》,第3807页。

来不断。

河平元年（前 28 年），复株累若鞮单于遣右皋林王伊邪莫演等奉献朝正月。朝献之后，汉遣使者送匈奴使者出塞，行至"蒱反"时，伊邪莫演突然表示"欲降。即不受我，我自杀，终不敢还归"。汉公卿或主张"宜如故事，受其降"。光禄大夫谷永、议郎杜钦以为：

> 汉兴，匈奴数为边害，故设金爵之赏以待降者。今单于诎体称臣，列为北藩，遣使朝贺，无有二心，汉家接之，宜异于往时。今既享单于聘贡之质，而更受其逋逃之臣，是贪一夫之得而失一国之心，拥有罪之臣而绝慕义之君也。假令单于初立，欲委身中国，未知利害，私使伊邪莫演诈降以卜吉凶，受之亏德沮善，令单于自疏，不亲边吏；或者设为反间，欲因而生隙，受之适合其策，使得归曲而直责。此诚边竟安危之原，师旅动静之首，不可不详也。①

汉成帝从谷永、杜钦之奏，拒受伊邪莫演降。作为匈奴使者的伊邪莫演在没有受到威胁的情况下突然表示"欲降"，这在汉匈交往史上是为第一例。谷永、杜钦关于复株累若鞮单于因初立，故遣伊邪莫演"诈降以卜吉凶"的推测，从伊邪莫演归匈奴后"官位如旧，不肯令见汉使"的情形看似乎也不无道理。

从相关史料考察，汉"设金爵之赏以待降者"之事例，最早

---

① 《汉书》卷九四下《匈奴传下》，第 3808 页。"蒱反"，颜师古注："河东之县也。"王先谦《汉书补注》曰："官本作'蒲阪'。"（第 1584 页）林幹先生认为"蒱反"位于"今山西永济县西"。（林幹：《匈奴历史年表》，中华书局 1984 年版，第 60 页）王子今先生近来著文指出："如果注家意见可靠，这似乎是历史文献中唯一一例可以支持汉匂正式交往经由今山西地方之判断的可靠资料。不过，对于《汉书》卷九四下《匈奴传下》"遣使者送至蒱反"记载的理解，……也可以读作派遣使者护送右皋林王伊邪莫演等至"蒱"返回。《汉书》卷二八下《地理志下》"五原郡"条有"蒱泽，属国都尉治"的记载。这是安置匈奴附人众的地方，……（如果）派遣使者护送至"蒱"返回这一理解可以成立，则汉与匈奴往来的主要通路仍然取直道方向的认识又可以得到新的证据。"［王子今：《关于王昭君北行路线的推定》，载《西北大学学报》（哲学社会科学版）2014 年第 3 期］尽管王子今先生将"遣使者送至蒱反"，断为"遣使者送至蒱，反"，"蒱"为五原郡属国都尉治"蒱泽"等观点或可商榷，但所说秦直道是汉匈交往最主要道路的意见应是准确的。

见于景帝中三年（前147年），"匈奴王唯徐卢等五人降，景帝欲侯之以劝后。丞相亚夫曰：'彼背其主降陛下，陛下侯之，则何以责人臣不守节者乎？'景帝曰：'丞相议不可用。'乃悉封唯徐卢等为列侯"①。可是到宣、元帝之时，又发生一类似事件：最初建议呼韩邪单于附汉以安定匈奴的左伊秩訾，因"自伐其功，常鞅鞅，呼韩邪疑之。左伊秩訾惧诛，将其众千余人降汉，汉以为关内侯，食邑三百户，令佩其王印绶"。竟宁元年（前33年）呼韩邪单于来朝时，曾力邀左伊秩訾重归匈奴，表示"欲白天子，请王归庭"。左伊秩訾谢罪曰："既已降汉，又复归匈奴，是两心也。愿为单于侍使于汉，不敢听命。"② 景帝时正是"匈奴数为边害"之际，封匈奴降者为列侯自然是出于削弱匈奴策略之考虑，因此景帝拒绝了丞相周亚夫之谏阻，当在情理之中。左伊秩訾降汉则是出于"惧诛"之原因，虽然情有可原，但不免使呼韩邪单于产生某些疑虑，所以力劝左伊秩訾重归匈奴。河平元年（前28年）去竟宁不远，复株累若鞮单于自然熟知此事首尾，确实不能排除"私使伊邪莫演诈降"，借此探知朝廷态度之可能。成帝拒伊邪莫演降后，复株累若鞮单于心中之疑虑消除，遂上书请朝河平四年（前25年）正月。

关于复株累若鞮单于入朝河平四年正事，史书记载甚为简略，仅记"加赐锦绣缯帛二万匹，絮二万斤，它如竟宁时"。竟宁元年呼韩邪单于朝汉时，已是"礼赐如初，加衣服锦帛絮，皆倍于黄龙时"③，而此次赏赐较竟宁则更为丰厚。对朝汉单于不断增加赏赐，对于财政已经捉襟见肘的汉廷不啻为一项较为沉重的负担，以致乌珠留单于请求朝汉时，公卿大臣多以"虚费府帑"而建议哀帝"勿许"（详后）。

鸿嘉元年（前20年），复株累若鞮单于死后，遵照呼韩邪单

---

① 《史记》卷五七《周勃世家》，第2078页。
② 《汉书》卷九四下《匈奴传下》，第3806页。
③ 《汉书》卷九四下《匈奴传下》，第3803页。

于遗嘱，单于之位继承均是兄终弟及，搜谐若鞮单于（鸿嘉元年）、车牙若鞮单于（元延元年，前12年）、乌珠留若鞮单于（绥和元年，前8年）次第继位。每位单于继位后都遣子入侍汉廷。搜谐若鞮单于准备朝元延二年（前11年）正月，结果没有入塞就不幸病死途中，是匈奴第一位准备朝汉而未果的单于。

绥和元年，乌珠留若鞮继单于位后，汉遣中郎将夏侯藩、副校尉韩容出使匈奴，本为祝贺单于继位，结果却因以成帝旨意求匈奴地事，致使汉匈关系产生隙罅。

夏侯藩、韩容出使匈奴之前，是时成帝舅大司马骠骑将军王根当权，有人劝王根说："匈奴有斗入汉地，直张掖郡，生奇材木，箭竿就羽，如得之，于边甚饶，国家有广地之实，将军显功，垂于无穷。"这一建议得到王根的认同，并报之成帝。成帝对此犹豫不决，以为"直欲从单于求之，为有不得，伤命损威"。于是王根称已有成帝旨意，令夏侯藩至匈奴求地。夏侯藩至匈奴，说乌珠留单于曰："窃见匈奴斗入汉地，直张掖郡。汉三都尉居塞上，士卒数百人寒苦，候望久劳。单于宜上书献此地，直断阏之，省两都尉士卒数百人，以复天子厚恩，其报必大。"乌珠留单于询问："此天子诏语邪，将从使者所求也？"夏侯藩含糊其辞地表示："诏指也，然藩亦为单于画善计耳。"于是乌珠留单于以"孝宣、孝元皇帝哀怜父呼韩邪单于，从长城以北匈奴有之。此温偶駼王所居地也，未晓其形状所生，请遣使问之"为由婉拒。

夏侯藩、韩容返回长安后，旋即再度出使匈奴，此次"至则求地"。由于再无回转余地，乌珠留单于断然拒绝："父兄传五世，汉不求此地，至知独求，何也？已问温偶駼王，匈奴西边诸侯作穹庐及车，皆仰此山材木，且先父地，不敢失也。"并上书"以藩求地状闻"。成帝诏书回报："藩擅称诏从单于求地，法当死，更大赦二，今徙藩为济南太守，不令当匈奴。"[1] 从而化解了汉匈

---

[1]《汉书》卷九四下《匈奴传下》，第3810页。由于夏侯藩第二次出使匈奴后已迁为太原太守，故成帝有"今徙藩为济南太守，不令当匈奴"诸语。

可能因求地而产生的矛盾。

夏侯藩强索匈奴入汉"斗地"具体位置，史书记载不详，只知此地属匈奴温偶駼王所有，"直张掖郡，生奇材木，箭竿就羽"，而且匈奴西边诸小王国"皆仰此山材木"作"穹庐及车"。颜师古注"就"曰："就，大雕也，黄头赤目，其羽可为箭。"可见此"斗地"是一竹木生长茂盛，可供大雕等猛禽栖息繁殖的山地，所出物资，对于匈奴族的生产、生活以及军事装备制作都有重要的意义。这也是汉使夏侯藩因其地"甚饶"而强索，乌珠留单于则以"先父地"为由而绝不放弃的原因所在。① 在呼韩邪单于和亲之后，汉匈再次明确"长城以北匈奴有之"的形势下，王根为了"显功"而指使夏侯藩强索匈奴土地，虽然没有成功，但不免为其后汉匈关系的发展投下稍许阴影。

二、匈奴单于与乌孙大昆弥共同朝汉

哀帝建平二年（前5年），匈奴与乌孙再次发生冲突。乌孙翕侯卑援疐率部入侵匈奴西界，"寇盗牛畜，颇杀其民"。于是乌珠留单于遣左大当户乌夷泠"将五千骑击乌孙，杀数百人，略千余人，驱牛畜去"。"卑援疐恐，遣子趋逯为质匈奴。单于受，以状闻。"汉廷遣中郎将丁野林、副校尉公乘音出使匈奴，"以两国并为汉臣，不当擅受质子"，责让乌珠留单于，"告令还归卑援疐质子"。② 其实翕侯卑援疐遣子入侍匈奴，并非单纯地因"寇

---

① 王子今先生著文指出："这是汉王朝一次失败的领土交涉。其地'生奇材木，箭竿就羽'，据匈奴单于所说，'匈奴西边诸侯作穹庐及车，皆仰此山材木'。……《元和郡县图志》卷四〇《陇右道下·甘州张掖县》：'雪山，在县南一百里，多材木箭竿。甘峻山，在县东北四十五里，出青鹘鹰，称为奇绝，常充贡献。居延海，在县东北一百六十里，即居延泽，古文以为流沙者。风吹流行，故曰流沙。'可知'多材木箭竿'的'雪山'与居延地方的关系。"虽然没有明言"雪山""甘峻山"与匈奴"斗地"的关系，但为我们考察所谓匈奴"斗地"所在或能提供一些思路；又就"斗地"的所出物产进行了详细考证，兹不赘引，请参见王子今《河西地区汉代文物资料中有关"竹"的信息》（《甘肃社会科学》2006年第6期）一文。

② 《汉书》卷九四下《匈奴传下》，第3811页；《汉书补注》卷九四《匈奴传》，第1585页下。

盗牛畜，颇杀其民"引起，而是有更为复杂的背景。

翕侯卑援疐是小昆弥拊离的庶子、小昆弥末振将之弟。乌孙自宣帝甘露元年（前53年）分为大小昆弥后，大昆弥亲汉，小昆弥亲匈奴，两昆弥一直争斗不休。汉西域都护则居中调停，但由于大昆弥元贵靡是解忧公主之长子，因此汉廷一直倾向庇护大昆弥。成帝初年，乌孙小昆弥安日被刺杀，汉立安日之弟末振将为小昆弥。是时大昆弥雌栗靡治理有方，"国中大安"。小昆弥末振将唯恐为大昆弥雌栗靡兼并，指使贵人乌日领诈降而刺杀雌栗靡。于是汉立解忧公主之孙伊秩靡为大昆弥，收小昆弥在长安的侍子入狱。元延二年（前11年），乌孙大昆弥翕侯难栖刺杀小昆弥末振将，末振将兄安日之子安犁靡代为小昆弥。当初卑援疐曾与其兄末振将共谋杀大昆弥雌栗靡，末振将死后，卑援疐"将众八万余口北附康居，谋欲藉兵，兼并两昆弥。两昆弥畏之，亲倚都护"①。康居虽然东接乌孙，但一直与乌孙关系不睦，元帝年间康居曾接纳匈奴郅支单于，一个重要的原因就是借用匈奴的力量打击乌孙，而且康居也无助卑援疐兼并两昆弥的实力。因此，卑援疐"谋欲藉兵"的对象只能是素与乌孙小昆弥亲近的匈奴。这也是汉廷特别重视卑援疐遣子入侍匈奴之事，派遣使者强令乌珠留单于不得接纳卑援疐质子的原因所在。而正是由于卑援疐威胁的存在，在某种程度上导致元寿二年（前1年）乌孙大昆弥与匈奴单于共同朝汉。

建平四年（前3年），乌珠留单于"上书愿朝五年。时哀帝被疾，或言匈奴从上游来厌人，自黄龙、竟宁时，单于朝中国辄有大故。上由是难之，以问公卿，亦以为虚费府帑，可且勿许"。服虔注"上游"曰："游犹流也。河水从西北来，故曰上游也。"颜师古则认为："上游，亦总谓地形耳，不必系于河水也。"②尽管对"上游"的解释不一，

---

① 《汉书》卷九六下《西域传下》，第3909页。平帝元始年间（1—5年），卑援疐因诛杀曾刺杀大昆弥雌栗靡的乌日领有功，被汉封为归义侯。卑援疐因继续"侵陵"乌孙两昆弥，终于被西域都护孙建"袭杀"。（第3910页）
② 《汉书》卷九四下《匈奴传下》，第3812页。

但可以反映出匈奴从西北"上游来厌人"的说法是时相当流行，特别是"单于朝中国则有大故"，系指黄龙元年宣帝卒、竟宁元年元帝卒，均是在接待朝汉单于之后于同年死去，更加坐实了"从上游来厌人"之说。哀帝自即位以来就身罹"痿痺"，并有日趋"浸剧"之势，①不愿意乌珠留单于朝汉，这是一个最重要的原因。黄门郎扬雄上书细缕自秦以降与匈奴"征伐"与"和亲"之经历，恳切谏曰：

> 今单于上书求朝，国家不许而辞之，臣愚以为汉与匈奴从此隙矣。……臣不敢远称，请引秦以来明之：以秦始皇之强，蒙恬之威，带甲四十余万，然不敢窥西河，乃筑长城以界之。会汉初兴，以高祖之威灵，三十万众困于平城，士或七日不食。……又高皇后尝忿匈奴，群臣庭议，樊哙请以十万众横行匈奴中，季布曰："哙可斩也，妄阿顺指！"于是大臣权书遗之，然后匈奴之结解，中国之忧平。及孝文时，匈奴侵暴北边，候骑至雍甘泉，京师大骇，发三将军屯细柳、棘门、霸上以备之，数月乃罢。孝武即位，设马邑之权，欲诱匈奴，……匈奴觉之而去，徒费财劳师，一虏不可得见，况单于之面乎！其后深惟社稷之计，规恢万载之策，乃大兴师数十万，使卫青、霍去病操兵，前后十余年。于是浮西河，绝大幕，破寘颜，袭王庭，穷极其地，追奔逐北，封狼居胥山，禅于姑衍，以临翰海，虏名王贵人以百数。自是之后，匈奴震怖，益求和亲，然而未肯称臣也。……逮至元康、神爵之间，大化神明，鸿恩溥洽，而匈奴内乱，五单于争立，日逐、呼韩邪携国归化，扶伏称臣，……自此之后，欲朝者不距，不欲者不强。……今单于归义，怀款诚之心，欲离其庭，陈见于前，此乃上世之遗策，神灵之所想望，国家虽费，不得已者也。奈何距以来厌之辞，疏以无日之期，消往

---

① 《汉书》卷一一《哀帝纪》，第345页。"痿痺"，如淳曰："病两足不能相过曰痿。"颜师古曰："痿亦痺病也"。"痿痺"大体是一种因肌肉萎缩或瘫痪，使得肢体不能动作或丧失感觉的一种病症。哀帝死于元寿二年（前1年）六月，即匈奴单于与乌孙大昆弥朝汉后的第五个月。

昔之恩，开将来之隙！……夫百年劳之，一日失之，费十而爱一，臣窃为国不安也。唯陛下少留意于未乱未战，以遏边萌之祸。①

最终哀帝采纳扬雄的建议，诏许乌珠留单于元寿元年（前2年）朝汉。不料乌珠留单于却因病不能成行，于是改朝元寿二年（前1年）正月。随后乌珠留单于又上书表示"蒙天子神灵，人民盛壮，愿从五百人入朝，以明天子盛德"，也得到哀帝的允许。

乌珠留单于因病不能朝元寿元年，在汉廷引发了一场激烈的争议。光禄大夫息夫躬认为"单于当以十一月入塞，后以病为解，疑有他变"，于是借卑援疐遣子入侍匈奴事发难，献计以"降胡"诈为卑援疐使者上书曰："所以遣子侍单于者，非亲信之也，实畏之耳。唯天子哀，告单于归臣侍子。愿助戊己校尉保恶都奴之界。"②"恶都奴"地望不详，颜师古注引服虔语曰："西域之谷名也。"③《汉书补注》王先谦引沈钦韩语曰："车师前王庭也，后汉为伊吾卢声之变。"④车师前王庭位于今新疆吐鲁番西北；伊吾卢即伊吾，位于今新疆哈密东北，属汉西域戊己校尉的辖区，也是匈奴与西域的分界处。显然，就是乌孙全盛之时也未曾染指此地，况且是时乌孙大小昆弥在卑援疐的威胁下皆"亲倚都护"，而卑援疐本人则是"北附康居"，自无"助戊己校尉保恶都奴之界"之可能。息夫躬所以上如此离间乌孙、匈奴与汉廷三者关系之计，自然与其"欲求居位辅政"有关。

哀帝接到息夫躬的奏章后，"召公卿将军大议"。倘若实施息夫躬此计，不仅会加剧乌孙与匈奴的矛盾，甚至可能引发匈奴与汉廷的边疆冲突，因此廷议大臣群起反对。左将军公孙禄以为："中国常以威信怀伏夷狄，躬欲逆诈造不信之谋，不可许。且匈

---

① 《汉书》卷九四下《匈奴传下》，第3812—3816页。哀帝建平五年正月改元元寿，建平五年即元寿元年。
② 《汉书》卷四五《息夫躬传》，第2182—2183页。
③ 《汉书》卷九四下《匈奴传下》，第3819页。
④ 《汉书补注》卷四五《息夫躬传》，第1037页下。关于"恶都奴"与"戊己校尉"，可参见高荣《汉代戊己校尉述论》，载《西域研究》2000年第2期。

奴赖先帝之德，保塞称藩。今单于以疾病不任奉朝贺，遣使自陈，不失臣子之礼。臣禄自保没身不见匈奴为边竟忧也。"① 息夫躬继之以星象有异，恐有"兵乱"为由，再次建议哀帝"可遣大将军行边兵，敕武备，斩一郡守以立威，震四夷，因以厌应变异"。结果又遭到丞相王嘉的驳斥：

> 臣闻动民以行不以言，应天以实不以文。下民微细，犹不可诈，况于上天神明而可欺哉！……辩士见一端，或妄以意傅著星历，虚造匈奴、乌孙、西羌之难，谋动干戈，设为权变，非应天之道也。守相有罪，车驰诣阙，交臂就死，恐惧如此，而谈说者云，动安之危，辩口快耳，其实未可从。②

哀帝虽然没有听从王嘉的谏阻，但不久宠臣董贤趁日食发生之际，攻讦息夫躬等"虚造诈谖之策，欲以诖误朝廷"，结果息夫躬下狱而死，所上离间汉匈关系之计自然无从实施。

元寿二年（前1年）正月，匈奴乌珠留单于经秦直道来朝，同时乌孙大昆弥伊秩靡也由西域前来朝贺。匈奴单于与乌孙大昆弥同时来朝，这在西汉历史上是首次，也是唯一的一次，史称"汉以为荣"③。

乌珠留单于朝汉时没有下榻位于长安的单于邸，而是"舍之上林苑蒲陶宫"，则是事出有因。依据呼韩邪单于朝汉"故事"，随同单于朝汉者，"名王以下及从者二百余人"；复株累单于河平四年（前25年）朝汉时随行人数不详，但依其父呼韩邪单于之例，不会超过二百人，自然也是下榻于长安单于邸。此次乌珠留单于朝汉时，却没有循呼韩邪与复株累两位单于之例安置于单于邸，而安置于位于今陕西周至的"上林苑蒲陶宫"。如此安排无疑是一反常行为，并不单纯是乌珠留单于随员达五百多人这一因素所致；诸如"匈奴从上游来厌人""单于朝中国辄有大故""太

---

① 《汉书》卷四五《息夫躬传》，第2183页。
② 《汉书》卷四五《息夫躬传》，第2184页。
③ 《汉书》卷九六下《西域传下》，第3910页。

岁厌胜所在"等忌讳又不便对乌珠留单于明言，因此只能含糊其辞地表示所以如此安置是"加敬于单于"。但唯恐乌珠留单于得知原委后"不说"，①又"加赐衣三百七十袭，锦绣缯帛三万匹，絮三万斤，它如河平时"②。乌珠留单于辞别返归单于庭时，汉廷"遣中郎将韩况送单于。单于出塞，到休屯井，北度车田卢水，道里回远。况等乏食，单于乃给其粮，失期不还五十余日"③。休屯井、车田卢水地望不详，但从"道里回远""失期不还五十余日"等情况分析，此次汉使送乌珠留单于出塞可能已抵单于庭附近，是呼韩邪单于朝汉以来，汉使护送单于最远的一次。④

西汉宣元成哀年间，匈奴呼韩邪单于三次朝汉，复株累单于与乌珠留单于各朝汉一次，通过已筑就一百多年的秦直道的沟通，汉匈民族终于摆脱"胡笳互动，牧马悲鸣"的境地，迎来一个"三世无犬吠之警，黎庶亡干戈之役"的时代，而遗存至今的秦直道，正是这段历史默默无语的见证者。

---

① 《汉书》卷九四下《匈奴传下》仅记"单于知之"，无"不说"两字。（第3817页）《资治通鉴》卷三五《汉纪二七》"汉哀帝元寿二年"条记："单于知之，不说。"（第1123页）今从《通鉴》。

② 《汉书》卷九四下《匈奴传下》，第3817页。以赏赐朝汉单于数量最大的纺织品"帛"及制作冬服的充填物"絮"为例（不计谷物等），宣帝甘露三年赐"帛"八千匹，"絮"六千斤；黄龙元年赐"帛"九千匹，"絮"八千斤。元帝竟宁元年赐"帛"与"絮"的数量未见，仅记"加衣服锦帛絮，皆倍于黄龙时"。成帝河平四年，赐"帛"二万匹，"絮"二万斤。至哀帝元寿二年，赐"帛"三万匹，"絮"三万斤。仅从赏赐的"帛""絮"的数量看，哀帝时是最多的一次，对于时近末世的西汉朝廷确是沉重的财政负担。

③ 《汉书》卷九四下《匈奴传下》，第3817页。

④ 据《汉书》卷九四下《匈奴传下》，甘露三年，呼韩邪单于朝见宣帝后，汉遣使护送单于出朔方鸡鹿塞，其后韩呼邪二次朝汉与复株累一次朝汉，汉遣使护送单于出塞的情况未见记载。乌珠留单于朝见哀帝由于情况特殊，遣汉使护送单于出塞应是最远的一次，故史书记录甚详。

第五章 新莽与两汉之交的南北对峙及直道北端的战争

西汉政权曾经创造了国势强盛的历史辉煌。但是，从汉元帝时期开始，这个政权就无可挽救地走上了衰败之路。社会危机越来越严重，尽管在成帝、哀帝时期也曾经出现过统治集团内部的有识之士发起的自救运动，但是，由于统治集团高层的腐败不可遏制，社会危机的深层原因不可能得到解决，汉家政权丧失了自救的机会，也不具备自救的能力。民心背离，日益严重。在高层官僚与知识精英乃至社会基层，"汉运中衰""当更受命"等诡异舆论公开流行，这其实是汉家政权丧失人心的曲折表现。在社会危机不断激化的大背景之下，到平帝时期，出身外戚而一度享有较高声誉的王莽，在其姑母王政君（汉元帝皇后，时为太皇太后，有"历汉四世为天下母"之称）的大力支持下，重新控制政治中枢，把王氏外戚集团专断朝政的格局推向极致，由"安汉公"开始，终于完成了废汉自立的程序，登基称帝，建立了号为"新室"的王氏政权。

第一节　王莽"新室"时期北部边境形势的恶化与战争的爆发

在西汉与王莽政权更迭的过程中，中原地区与匈奴之间的关系经历了怎样的变化？以"秦直道"为视角的军事冲突与战争，又呈现出怎样的内容？本节致力于分析这些重大历史问题。

西汉中后期，在处理北部边疆问题、民族问题方面，有一套经过多年探索而得来的行之有效的方法，其中既有军事征伐或者以军事手段为其后盾，也有推行和亲政策、实施"羁縻统治"、促进南北经济文化交流等积极有为的制度和措施，从而保证了汉匈关系的基本稳定。从汉宣帝甘露元年（前53年）呼韩邪单于向汉廷称臣，到王莽始建国元年（9年）重新出现争端为止，保持了六十余年边境安宁的局面。史称"北边自宣帝以来，数世不见烟火之警，人民炽盛，牛马布野"[1]。这个局面，来之不易，本来也是王莽实现政权更迭之后，以"新室"皇帝的身份，处理好北部边境问题的良好基础，是他可以借鉴的成功模式。但是，王莽在处理边疆、民族问题时，治国理政的原则出现了严重偏差，他沉

---

[1]《汉书》卷九四下《匈奴传下》，第3826页。

迷于"夏夷之防"的"复古"理想,缺乏政治家因时应变的大智慧,从而出现了一系列决策失误,最终导致双方关系出现危机,北部边境重燃战火。这成为引发新室统治危机的原因之一。

王莽新室的统治时间很短,其处理民族问题与边疆问题的短视、僵硬导致全局失控,给后人留下了深刻的历史教训。

一、王莽新室控御匈奴的努力及其失败

(一)过分显示朝廷的威严,对匈奴首领的控御超出常规

这种居高临下"凌辱"对方的处理方式,早在王莽"辅汉"秉政时期,就表现得很明显。

平帝元始二年(2年),王莽胁迫匈奴单于诛杀归降的西域首领人物并且强制颁布"四条"约束,值得历史研究者认真分析其事以及其后的影响。事端的缘起、过失不在匈奴而在王莽操控下的汉廷,是显而易见的。当时的西域车师后王姑句、去胡来王唐兜两位西域首领都怨恨汉廷在西域设置的都护和戊己校尉等官员处置事务不当,从而决定脱离汉家的"都护"体制羁绊而投附匈奴。西域诸国的首领人物,在汉廷与匈奴之间叛附不定,本来也是常见之事,而且根据史书的记载,此次车师后王姑句、去胡来王唐兜的背汉,是事出有因的。

戊己校尉徐普在交通道路的选择走向上与车师后王姑句产生了矛盾,徐普借机对姑句加以拘押,"姑句数以牛羊赇吏,求出不得"。都护体制下的汉廷官员,对西域诸国的首领多有不尊重之举,已可概见。至于此事的后续情况,虽然带有神秘化色彩,其实不外乎被凌辱者的反抗而已。"姑句家矛端生火,其妻股紫陬谓姑句曰:'矛端生火,此兵气也,利以用兵。前车师前王为都护司马所杀,今久系必死,不如降匈奴。'即驰突出高昌壁,入匈奴。"[①]

---

① 《汉书》卷九六下《西域传下》,第3924页。

至于那位"去胡来王"唐兜,他的背汉实在是无可奈何的选择。唐兜之国毗邻大国赤水羌,多次遭受掳掠进犯,唐兜国小势弱,无法自卫,只好向汉廷的都护告急求援。"都护但钦不以时救助,唐兜困急,怨钦,东守玉门关。玉门关不内,即将妻子人民千余人亡降匈奴。"①

以上史料足以说明,姑句、唐兜两位西域小国首领归降匈奴,绝对不是匈奴诱惑的结果,而是汉廷所设置的都护系统的官员处置问题不当,使之无处归依的结果。匈奴在被动地接受了两位的归降之后,出于对汉廷的尊重和敬畏,主动向汉廷禀报;其后王莽的处理,完全是倚强凌弱。史载:"匈奴受之,而遣使上书言状。是时,新都侯王莽秉政,遣中郎将王昌等使匈奴,告单于西域内属,不当得受。单于谢罪,执二王以付使者。莽使中郎王萌待西域恶都奴界上逢受。单于遣使送,因请其罪。使者以闻,莽不听,诏下会西域诸国王,陈军斩姑句、唐兜以示之。"②王莽操控下的汉廷,完全无视匈奴首领处理此事时的谨慎与恭敬,在匈奴派出使者送回二位逃亡的国王并向汉廷请求宽赦其罪的情况之下,居然毫不通融地在西域诸国国王集会之处,摆开军阵,公开处死了姑句、唐兜。这种做法,不仅是在西域诸国面前立威,其实也是不给匈奴单于留面子的姿态。匈奴首领的挫折感与羞辱感,一定是强烈存在的。

就是在这次特殊的诸国国王集会上,王莽还颁布了一个"四条"约束,意在限制匈奴接纳叛降者。"乃造设四条:中国人亡入匈奴者,乌孙亡降匈奴者,西域诸国佩中国印绶降匈奴者,乌桓降匈奴者,皆不得受。遣中郎将王骏、王昌、副校尉甄阜、王寻使匈奴,班四条与单于,杂函封,付单于,令奉行,因收故宣帝所为约束封函还。"③这个"造设四条",是王莽强加在匈奴头上的不平等约

---

① 《汉书》卷九六下《西域传下》,第 3925 页。
② 《汉书》卷九六下《西域传下》,第 3925 页。
③ 《汉书》卷九四下《匈奴传下》,第 3819 页。

定，不得受降是单向的，而非双向的。这与西汉前期直到汉宣帝时期推行的汉匈双方均不得接纳对方降人的双向性约定是不同的。该约定的范围还超出了汉匈双方之外，涉及了当时与匈奴有"邦交"的多方面①。从匈奴一方来说，他们增加人口的实际利益受到了单方面的约束，他们的尊严受到了伤害。匈奴人对新造设的所谓"四条"必定是心怀不满的，只是迫于当时的强弱大局而不敢公开表示反抗而已。后来，王莽还以背叛"四条"指责匈奴②，也只能是"自说自话"。而且匈奴对抗王莽的标志性事件之一，就是公开破坏"四条"的规定而接受了来自两个方面的归降人。事见下述。

王莽为了营造四夷归心的假象，还曾经以诱使匈奴囊知牙斯单于改名的方式，来显示中原文化的优势地位，而全然不顾这种做法给匈奴首领带来的心理压力之大。"莽奏令中国不得有二名，因使使者以风单于，宜上书慕化，为一名，汉必加厚赏。单于从之，上书言：'幸得备藩臣，窃乐太平圣制，臣故名囊知牙斯，今谨更名曰知。'莽大说，白太后，遣使者答谕，厚赏赐焉。"③在涉及重大民族问题、边疆问题时，王莽的所作所为很是令人费解。是作秀还是幼稚？单于的被迫改名，对于中原王朝而言，会有什么真实的益处后来的事态发展证明，正是这位囊知牙斯单于发动了大规模的反对王莽的军事行动。由此看来，单于按照王莽的要

---

① 史书还记录了一个细节：在"四条"颁布之后，乌桓以此为依据，拒不向匈奴缴纳"皮布税"，激化了其与匈奴的矛盾，导致匈奴出兵征讨，乌桓只好向匈奴屈服。由此可见，匈奴对由所谓的"四条"而引发的其他民族集团与匈奴的离心倾向，是不会容忍的。史载："汉既班四条，后护乌桓使者告乌桓民，毋得复与匈奴皮布税。匈奴以故事遣使者责乌桓税，匈奴人民妇女欲贾贩者皆随往焉。乌桓距曰：'奉天子诏条，不当予匈奴税。'匈奴使怒，收乌桓首豪，缚到悬之。首豪昆弟怒，共杀匈奴使及其官属，收略妇女马牛。单于闻之，遣使发左贤王兵入乌桓责杀使者，因攻击之。乌桓分散，或走上山，或东保塞。匈奴颇杀人民，驱妇女弱小且千人去，置左地，告乌桓曰：'持马畜皮布来赎之。'乌桓见略者亲属二千余人持财畜往赎，匈奴受，留不遣。"（《汉书》卷九四下《匈奴传下》，第3820页）

② 始建国二年（10年），在新室与匈奴已经刀兵相见之时，王莽还以诏书的形式，批判匈奴单于："降奴服于知威侮五行，背畔四条，侵犯西域，延及边垂，为元元害，罪当夷灭。"（《汉书》卷九九中《王莽传中》，第4121页）

③ 《汉书》卷九四下《匈奴传下》，第3819页。

求而改名，实在没有"慕化"与"归心"的内涵在内。

王莽的这种"文化优越感"，在他当上了新室皇帝之后，变本加厉。而由此受到文化贬抑的匈奴首领会有多大的心理反感，王莽似乎根本未曾考虑，好像也完全没有料到，他的这种做法，很容易引发来自匈奴的军事反抗。王莽将四夷各国的国王名号降格为"侯"，以及派出五威将军来执行"名号降格"任务，都是挑起争端的不明智举动。始建国元年（9年）正月，王莽以策书的规格，下达了在他看来极为重要的一通文告："天无二日，土无二王，百王不易之道也。汉氏诸侯或称王，至于四夷亦如之，违于古典，缪于一统。其定诸侯王之号皆称公，及四夷僭号称王者皆更为侯。"① 这道策书的最后一句用语，足以让四夷国王对王莽心生敌意，也暴露出王莽过于重视文字名号而不注意政治运作的书生本色。同年秋七月，王莽的另外一道诏书下达，明示天下"五威将奉《符命》，赍印绶，王侯以下及吏官名更者，外及匈奴、西域，徼外蛮夷，皆即授新室印绶，因收故汉印绶"②。至此，王莽把他很重视的"改朝换代"的文告，算是颁布完毕了。等候他的则是周边民族矛盾的激化。其中，匈奴的反抗最先出现。北部边境六十余年的和平环境，不久就被战火烽烟所取代。

王莽派出的五威将军到达匈奴单于所在地，在改易印章的过程中，即与匈奴发生矛盾。因为单于发现自己的名号被严重贬低。西汉朝廷原来所颁授的大印印文是"匈奴单于玺"，而王莽颁下的却是"新匈奴单于章"。有两个明显变化：一是列明"新"，强调了匈奴是隶属于新室之下的地方政权；二是"玺"与"章"的名号尊卑有别。其实，这种显而易见的贬抑用意，五威将军的随行者同样了然于胸。在单于被迫交出汉印之后，他们就以利器破坏了汉廷原来赐赠的玺印。第二天，匈奴单于派出要员前来据理力争："汉赐单于印，言'玺'不言'章'，又无'汉'字，

---
① 《汉书》卷九九中《王莽传中》，第4105页。
② 《汉书》卷九九中《王莽传中》，第4114页。

诸王已下乃有'汉'言'章'。今即去'玺'加'新'，与臣下无别。愿得故印。"王莽的使者只好以大言诱导："新室顺天制作，故印随将率所自为破坏。单于宜承天命，奉新室之制。"单于自知已经无可奈何，只好接受这种既成的局面。后来，单于还是利用遣使入朝之机，向王莽"因上书求故印"。① 匈奴首领心中的不满情绪，概可想见。

匈奴与王莽政权的第一次军事冲突，就是在这个背景之下发生的。始建国二年（10年）二月，"匈奴单于求故玺，莽不与，遂寇边郡，杀略吏民"②。

王莽在与包括匈奴在内的"四夷"打交道时，总是刻意渲染中原的文化优势而贬低周边民族，但是，通过分析上引基本史料，应该承认：在涉及边疆、民族重大问题的处置上，王莽以及新室君臣的应对方式，实在乏善可陈。有的做法，迹近无赖，完全不是"泱泱上国"的做派。

王莽在处理边疆、民族问题时的"文化优越感"，来自何处？可能与他固守某些儒家信念有关，也与他急于显示其政绩政声有关。"《春秋》大一统"学说，对王莽的影响很大。具体到中原与周边民族的关系上，他所追求的就是民族地区的"四夷皆服"。王莽在夺取西汉政权之前，通过重金收买、贿赂周边各族统治者，极力显示自己已得到"四夷"的拥戴和支持。在废汉自立之后，王莽的"大一统"政治意识更加强烈。改四夷诸王为侯的政令，特别是给"五威将"策命中所宣示的"普天之下，迄于四表，靡所不至"③的意识，都是王莽"大一统"思想的真实表达。

王莽的"内华夏而外夷狄"思想十分严重，他以华夏正统自居贬低"四夷"民族，歧视、打压民族地区，不惜动用一切手段，迫使匈奴与其他周边民族臣服于自己的统治。

---

① 《汉书》卷九四下《匈奴传下》，第3821页。
② 《汉书》卷九九中《王莽传中》，第4119页。
③ 《汉书》卷九九中《王莽传中》，第4115页。

（二）匈奴起兵之初，王莽的应对之策及其分析

匈奴势力对王莽新室的反抗，有个标志性事件，这就是发生在始建国二年（10年）的单于冲破王莽"四条"禁令的规定而公开接受来降者。

事情的起因是：王莽的高级官员出巡西域，车师后王须置离闻之，与其要员相商："闻甄公为西域太伯，当出。故事给使者牛羊谷刍茭，道译，前五威将过，所给使尚未能备。今太伯复出，国益贫，恐不能称。"于是就产生了"欲亡入匈奴"的念头。戊己校尉刀护闻知此事，"召置离验问，辞服，乃械致都护但钦在所埒娄成。置离人民知其不还，皆哭而送之"。一国的悲哭，是对王莽新室高压统治的不满。置离被押送到西域都护但钦的住地后，即被但钦处斩。事态迅速恶化，置离的兄长辅国侯狐兰支统领其国部众"二千余人，驱畜产，举国亡降匈奴"。至此，王莽贬抑匈奴单于名号的恶果开始呈现出来。"是时，莽易单于玺，单于恨怒，遂受狐兰支降，遣兵与共寇击车师，杀后城长，伤都护司马，及狐兰兵复还入匈奴。"更加诡异的事情相继发生：当时的戊己校尉刀护与其部属关系紧张，刀护患病之时，遣校尉史陈良出屯防备匈奴入寇，校尉史终带负责取运粮食，司马丞韩玄领诸壁，右曲候任商领诸垒。没有料到的是，四位汉军将领在一起共商："西域诸国颇背叛，匈奴欲大侵，要死。可杀校尉，将人众降匈奴。"于是他们"哗变"了，统领数千骑至校尉府，得到军中数百人的支持，"遂杀校尉刀护及子男四人、诸昆弟子男，独遗妇女小儿。止留戊己校尉城，遣人与匈奴南将军相闻，南将军以二千骑迎良等。良等尽胁略戊己校尉吏士男女二千余人入匈奴。单于以良、带为乌贲都尉。"① 戊己校尉及其属下，是朝廷经营西域防范匈奴叛乱的重要力量，结果却出现了汉军将士袭杀长官而成建制投降匈奴的事态。面对这千载难逢的机遇，匈奴单于

---

① 《汉书》卷九六下《西域传下》，第3925—3926页。

完全不顾八年前王莽申明的不允许匈奴接纳来自西域、汉归降者的"四条"禁令，毫不犹豫地接纳了陈良、终带所率降者。再加上此前不久接纳了车师后国贵族狐兰支率众归降，匈奴人将王莽的"四条"禁令彻底践踏。匈奴臣服于中原王朝的局面，至此而改变！

面对突然恶化的事态，王莽又是如何应对的？

针对匈奴的公开反抗，王莽事先似乎并无足够的思想准备，但是应对措施的推出却并不迟缓。三个月后，即是年十二月，王莽颁布了一道诏书，其中使用了三种手段来处理北边的危机。

第一，在政治文化的层面，公开声讨匈奴单于"知"的叛乱行为，并且使用了恶贬其名号的"王氏手段"。"更名匈奴单于曰降奴服于。"① 以朝廷之尊声讨边境叛乱者，当然是政治斗争的必要手段；但是，把"匈奴单于"的名号改为"降奴服于"，只是一种文字游戏而已，并无实际意义可言。

第二，在军事征伐的层面，命将出兵。"命遣立国将军孙建等凡十二将，十道并出，共行皇天之威，罚于知之身。"这本来是平定事变确保边境安宁的有效手段，但是，王莽的后续规定却令人难以理解："遣五威将军苗䜣、虎贲将军王况出五原，厌难将军陈钦、震狄将军王巡出云中，振武将军王嘉、平狄将军王萌出代郡，相威将军李棽、镇远将军李翁出西河，诛貉将军阳俊、讨秽将军严尤出渔阳，奋武将军王骏、定胡将军王晏出张掖，及偏裨以下百八十人。募天下囚徒、丁男、甲卒三十万人，转众郡委输五大夫衣裘、兵器、粮食，长吏送自负海江淮至北边，使者驰传督趣，以军兴法从事，天下骚动。先至者屯边郡，须毕具乃同时出。"② 以十二位将军，分兵十路讨伐，动用总兵力三十万人以上，阵势可谓不小，但是，王莽又规定必须等到全军到位之后才能出击敌人，先期到达的军队，不能机动作战，不能主动出击。三十万大军齐集边境的攻伐之战，由此坐失良机，成为炫耀武力

---

① 《汉书》卷九九中《王莽传中》，第4121页。
② 《汉书》卷九九中《王莽传中》，第4121页。

的作秀之举。对王莽此举的失误,宋超先生曾有进一步的分析:"王莽如此大规模地调集部队,似乎只是为向匈奴炫示武力,事先并没有制订一个切实可行的计划,十二名将军又未指派主帅,各行其是,互不相辖,大军集屯于北境,只能是空耗粮谷,疲惫士卒。事实上王莽也动摇于和战之间,始终没有定策:一方面遣大军屯边示以兵威,另一方面派王昭君兄子和亲侯王歙、展德侯王飒等出塞以通'和亲'之意。这不仅没有恐吓倒匈奴,反而先扰乱自己。"①

第三,在政治与军事相结合的层面,将匈奴领地划分为十五部分,册封匈奴上层贵族十五人为单于,使之各自为治,意在给匈奴制造内讧。王莽的诏书说:"惟知先祖故呼韩邪单于稽侯狦累世忠孝,保塞守徼,不忍以一知之罪,灭稽侯狦之世。今分匈奴国土人民以为十五,立稽侯狦子孙十五人为单于。遣中郎将蔺苞、戴级驰之塞下,召拜当为单于者。"②这似乎不失为一种有谋略的举动,但是,迟至两军对垒之际,方始推出此策,稍有政治常识的匈奴高层人物,必定识破王莽的离间之计,而不会轻易地坠入圈套,不至于为了一个名义上的单于虚号而自甘做匈奴的分裂者。始建国二年(10年),王莽推行分立匈奴十五单于的计划,"遣中郎将蔺苞、副校尉戴级将兵万骑,多赍珍宝至云中塞下"③,意在召诱呼韩邪单于的直系后裔受封。乌珠留单于之弟、匈奴右犁汗王咸与其两个儿子登、助,被蔺苞等人诱骗入塞,咸被胁拜为"孝单于",助为"顺单于",父子都得到了王莽新朝的厚赏。随后,登、助二人被送至长安,实际上是充作人质。王莽就此论功行赏,晋封蔺苞为宣威公,拜为虎牙将军;封戴级为扬威公,拜为虎贲将军。

后面事态的发展,是王莽完全无法预料和控制的。他自以为得计的"封立十五单于"的如意算盘完全落空。不久,被胁迫受

---

① 宋超:《两汉之际汉匈关系考略——以江统〈徙戎论〉为中心》,见《秦汉史论丛》,中国社会科学出版社2012年版,第149页。
② 《汉书》卷九九中《王莽传中》,第4121页。
③ 《汉书》卷九四下《匈奴传下》,第3823页。

拜为"孝单于"的咸，选择时机逃归单于本部，向哥哥乌珠留单于禀报了自己被诱骗强拜之事。乌珠留单于为了羞辱这位懵懵懂懂进入汉塞受封的弟弟，降封他为"於粟置支侯"，这在匈奴是一个贱官。咸的儿子助受拜为"顺单于"后在长安病死，王莽封其弟弟登继为"顺单于"。后来厌难将军陈钦从云中郡上奏，说屡屡率兵侵扰边塞的匈奴首领是咸之子角。王莽大怒之下，召集在京的各个部族首领聚会，居然将受封为"顺单于"的登公开斩首示众，意在立威。

王莽公然强立十五单于以分裂匈奴的行径，令匈奴乌珠留单于大怒。他公开表明了尊重汉朝而与王莽为敌的立场。双方对立的态势，已经十分明显。如果以超脱的眼光来探究双方发生军事冲突的原因，王莽新室应该负有更大的责任。

值得庆幸的是，当年王莽封立匈奴十五单于的诏书佚文，在内蒙古额济纳的汉代遗址发掘中被发现，其内容要比《汉书》的记载更为具体和翔实。①历史研究者有了对诏书进行深入研究的条件。针对出土诏书，中国社会科学院历史研究所的邬文玲研究员有专文论述，为了便于说明问题，兹将其考论要义摘引如下：

新出额济纳汉简2000ES9SF4：1至2000ES9SF4：12属于同一册书，为始建国二年十一月甲戌新莽诏书行下文残篇（后称"甲戌诏书"册），此册书由新莽诏书原文和各级机构转下诏书时所附的行下文两大部分构成，内容涉及新莽朝与匈奴的关系，尤其是始建国二年新莽分匈奴为十五单于以及发动对匈战争等史事。

....

【简一】至【简八】是始建国二年十一月新莽甲戌诏书的原文。诏文前半部分追溯了分匈奴为十五单于之事，包括：分匈奴为十五单于之策出台的背景；派遣蔺苞、戴级率兵到益寿塞召拜十五单于；蔺苞、戴级因召拜单

---

① 该诏书简文，参见孙家洲主编《额济纳汉简释文校本》，文物出版社2007年版，第82—85页。

于有功受到奖赏。诏文后半部分颁布了新的旨意：诏命将军典五将军，五道并出，讨伐匈奴；赦免有罪吏民，允许他们从军杀敌，戴罪立功；颁布购赏科条；命各地上报始建国二年的考绩结果以及获得赦免的罪人名籍。

....

落实"分匈奴国土人民以为十五，立稽侯狦子孙十五人为单于"的治理方略。即采取分化政策瓦解匈奴的势力，将匈奴分为十五部，把呼韩邪单于的十五个子孙均封为单于，各自统领一部。先前蔺苞和戴级到塞下召拜单于，只是一种名义上的封拜，因为当时单于知控制了整个匈奴，接受王莽分封的众单于不可能事实上领有国土、人民。招诱行为只不过是王莽希望以此来分化、瓦解单于知的势力。

所谓"十道并出"，以及"或断其右臂，或斩其左腋，或溃其胸腹，或绌其两胁"，是王莽讨伐单于知的军事行动方案，而不是讨伐的结果。"右臂、左腋、胸腹、两胁"等当各有具体所指，是对各部军队打击目标的形象比喻。不过，齐集三十万大军、携带三百日粮草、同时十道并出讨伐匈奴单于知的方案，过于脱离实际，难以成功。①

围绕着新出额济纳汉简始建国二年新莽"甲戌诏书"册，邬文玲的考论意见，足为定论。

对这份诏书册，北京大学罗新教授也有专文讨论。他具体推测了王莽册立十五位单于的标准和具体人选，更为重要的是讨论了王莽分立匈奴十五单于"策略"的实际效果。他说：

始建国二年诏书册称扬蔺苞和戴级的功劳，说他们在益寿塞招诱十四个"当为单于者"颇有成绩，十四人中

---

① 邬文玲：《额济纳汉简所见新莽朝与匈奴的关系》，见《文化自觉与文化认同：东亚视角——中国哈佛—燕京学者第六届学术会议论文选编》，上海外语教育出版社2008年版，第325、330、335—336页。

有一人葆塞，一人带领妻子家属以及部众共万余人表示归降。这里所说的葆塞，就是在政治上已经归附，来到长城一带依托朝廷的威力，其实就是指咸。而另外那个归降的，是指咸之子登。咸父子明明是被诱骗到塞下与蔺苞戴级见面并被胁迫立为单于的，后来咸被放归草原，登与弟助则被当作人质胁至长安，到了王莽诏书中，咸成了"葆塞"，登成了"凡万余人皆降"，显示了分立匈奴十五单于决策的辉煌胜利。不过从史实来看，除了这三个人被立为单于以外，似乎并没有第四个进入王莽名单的呼韩邪子孙前来接受封拜。而且，这三个人中的"孝单于咸"一旦获得人身自由，立即"驰出塞归庭"，还是向屠知牙斯效忠去了。分立十五单于的本意是要制造匈奴的分裂，不过这个目标并没有实现。①

第四，在安抚人心、孤立叛乱首领匈奴知单于的实用化层面，颁布特赦令。"诸匈奴人当坐虏知之法者，皆赦除之。"② 这是双方政治军事斗争中的常规性手段。至于这种策略的实际效果，史书没有明确的记载。

从总体看来，针对匈奴问题，王莽下达的一道诏书，涉及四个方面的处置方案，可谓用心良苦。但是，其实际效果不容高估。因为从始建国二年（10年）开始，王莽对匈奴的控制总体上陷入了困境。特别是分立十五单于的方案，对于在位的匈奴单于知而言，无疑是公开的挑衅和抛弃。所以，这位单于由此完全改变以往对王莽依违两可的态度，只承认汉家朝廷的地位，而对王莽统治的合法性提出了挑战。"先单于受汉宣帝恩，不可负也。今天子非宣帝子孙，何以得立？"他还派遣"左骨都侯、右伊秩訾王呼卢訾及左贤王乐将兵入云中益寿塞，大杀吏民。……是后，单于历告左右部都尉、诸边王，入塞寇盗，大辈万余，中辈数千，少者

---

① 罗新：《始建国二年诏书册与新莽分立匈奴十五单于》，见《额济纳汉简释文校本》，文物出版社2007年版，第273页。
② 《汉书》卷九九中《王莽传中》，第4121页。

数百,杀雁门、朔方太守、都尉,略吏民畜产不可胜数,缘边虚耗"。①至此,双方完全进入战争状态。

二、新莽政权与匈奴的战和

面对新匈之战的全面爆发,王莽统治集团内部的有识之士忧心忡忡。严尤,王莽派遣统兵征伐匈奴的十二位将军之一,他冒险向王莽进言劝谏,主张以史为鉴,对大规模用兵的决策加以反思。他说:"臣闻匈奴为害,所从来久矣,未闻上世有必征之者也。后世三家周、秦、汉征之,然皆未有得上策者也。周得中策,汉得下策,秦无策焉。当周宣王时,狁内侵,至于泾阳,命将征之,尽境而还。其视戎狄之侵,譬犹蚊虻之螫,驱之而已。故天下称明,是为中策。汉武帝选将练兵,约赍轻粮,深入远戍,虽有克获之功,胡辄报之,兵连祸结三十余年,中国罢耗,匈奴亦创艾,而天下称武,是为下策。秦始皇不忍小耻而轻民力,筑长城之固,延袤万里,转输之行,起于负海,疆境既完,中国内竭,以丧社稷,是为无策。"我们应该注意到严尤用心之良苦,其论及大规模征讨匈奴的危害性,"疆境既完,中国内竭,以丧社稷,是为无策",表面上看来是谈论秦朝因穷兵黩武而亡国,实际上也是具有普遍意义的分析,还可以理解为对王莽盲目决策征讨匈奴的警示。严尤还从不同角度,具体分析了征讨匈奴无法回避的"五难"。其中任何一个难处,都不是容易解决的。如,严尤分析大规模用兵要保证辎重运送以保障前线供应的难处言:"辎重自随,则轻锐者少,不得疾行,虏徐遁逃,势不能及,幸而逢虏,又累辎重,如遇险阻,衔尾相随,虏要遮前后,危殆不测,此五难也。"严尤还特别强调"大用民力,功不可必立,臣伏忧之"。这篇强谏奏章,至此为止,都是在讨论对匈奴用兵的难处,希望王莽能够择善而从,停止用兵。这位严尤将军似乎太了解王莽的个性了,大兵既出,未见成效,

---

① 《汉书》卷九四下《匈奴传下》,第3823—3824页。

王莽是不可能主动停止军事征伐的，所以，严尤又退而求其次，劝说王莽如果不准备撤兵罢战，就要允许包括严尤所部在内已经到达边境的各部将士，进兵杀敌，不能以大兵压境的优势而无所作为。"今既发兵，宜纵先至者，令臣尤等深入霆击，且以创艾胡虏。"严尤不仅有高明的大局观，而且有敢战之勇。可惜的是，严尤这两个思路的建议，王莽都未曾采纳，其后果，自然可以想见。史书上就留下了如此记载："莽不听尤言，转兵谷如故，天下骚动。""初，北边自宣帝以来，数世不见烟火之警，人民炽盛，牛马布野。及莽挠乱匈奴，与之构难，边民死亡系获，又十二部兵久屯而不出，吏士罢弊，数年之间，北边虚空，野有暴骨矣。"①

王莽以三十万大兵压境，本来是占有军事力量优势的，但是长期屯兵不出，军事优势就无从体现。纵观全局，新莽的军队，少有主动进攻之举，渐渐陷入了被动防御的态势；匈奴军队以机动作战的方式，反而占据了主动权，时而大军寇略，时而小股骚扰。

在匈奴乌珠留单于在位时期，双方在边界地带摆出了对峙的局面，真实的战争冲突是否发生在直道沿线，史书没有明确的记载。但是，在三十万大军以及无数辎重给养由内地调运到北部边境的过程中，直道必定承担了相当比重的运送任务，当可概见。

后来，双方胶着的状态，迎来了新的变局。转机即与中原为敌多年的匈奴首领乌珠留单于逝世，时为王莽始建国五年（13年）。匈奴的用事大臣右骨都侯须卜当，是主张与中原修好的代表性人物，他的妻子就是王昭君的女儿伊墨居次云（又称须卜居次云）。他们夫妻二人都自觉地以王昭君事业的继承者自命，伊墨居次云经常表示应该与中原恢复"和亲"。伊墨居次云素来与咸厚善，注意到咸此前曾经接受王莽颁赐的"孝单于"封号，所以夫妻二人操纵政局，拥立咸为单于，号为乌累若鞮单于。这位被拥立的新单于，本来无意与中原为敌，再加上伊墨居次云、须卜当两位贵族人物提议与中原王朝恢复"和亲"，终使新莽政权与匈奴关

---

① 《汉书》卷九四下《匈奴传下》，第3824—3826页。

系趋向缓和。

回顾自王莽辅政到废汉自立之初的短暂时期内，变幻莫测的历史风云，似乎为王莽处理好中原政权与匈奴之间的关系提供了难得的机遇。王昭君早就是汉匈结好的标志性人物，她的女儿伊墨居次云不仅继承了母亲的文化符号，更与夫君一道在匈奴的高层拥有相当的实权，身边又出现了几位愿意与中原修好的贵族高层人物。从人事格局而言，这是匈奴与中原建立友好关系的极好契机。

在这个背景之下考察苏联考古发掘的一个重要的汉文化宫殿遗址，就会有特别真切的感受。这座"最北方的汉式宫殿"（见图5-1），位于今俄罗斯南西伯利亚地区的米努辛斯克盆地，1940年被发现后不久，就在苏联考古学家C.B.吉谢列夫教授等人的主持之下，进行了考古发掘。最重要的主持人吉谢列夫教授后来在他的著作中，是以"李陵宫"为题，介绍这个重大发现的："1940

图5-1 "最北方的汉式宫殿"复原模型图

（这是苏联学者对考古发掘现场所见加以研究而复原的汉式宫殿模型图，现存米努辛斯克博物馆。笔者孙家洲摄于2017年8月13日）

年夏天在哈卡斯自治州首府阿巴干市以南八公里'力量'集体农庄附近修筑公路，挖掘了一座山岗的边缘，因而发现许多显然是中国起源的各种尺寸和形状的瓦。特别值得注意的是筒瓦（沿屋顶自上而下铺盖底层板瓦之间的接缝）的圆形瓦当。……所有的瓦当都有同样的汉字，是用两块制作相似的印模在泥坯未干时压印出来的。这些瓦当的拓片、摹本和照片，已交由阿列克谢耶夫研究。他断定文字是汉代的，铭文为'天子千秋万岁常乐未央'。根据阿列克谢耶夫的意见，这句话的语法特征也是汉代的典型特征。……1941、1945 和 1946 年苏联科学院物质文化史研究所同哈卡斯研究所、历史博物馆（哈卡斯博物馆和米努辛斯克博物馆）合组的工作队，全面研究了这座岗丘。发掘查明岗丘下面覆盖着一座草泥墙房屋的基址。经仔细考察，发现十六个房间，其中一些中心房间呈方形，面积为 12×12 米，其余的房间从东西两面与之相邻。……根据这些中心房间的四周有带瓦当的瓦出土，应当认为屋顶同大部分中国建筑物一样是四面坡式。房屋中心部分的四周保存着较薄而且可能较矮的外墙。这些墙壁的墙根下面也有带铭文的瓦当出土。据此可以推测外围房间的房顶是单面坡的瓦顶，它的上沿分别与中心房间的四壁相连。可见这座房屋可以复原为典型的中国建筑：平面为长方形，上面盖有四面坡垂檐瓦顶。"①对于苏联考古学家发掘出来的这座汉式宫殿的形制，中国学者最为简洁明了的说法是："关于宫殿建筑的情况，据吉谢列夫说，中央大殿的四周都发现瓦当，足见大殿的屋顶是四斜面的。我们可以想像此大殿为全部建筑物的最高及最大部分，其四周则环绕着较矮的房屋，东南一角虽则为公路基地所掩，但从东北角的布置来推测，当有房屋四间，总计大殿四周的房屋有十九间，连大殿本身共二十间。各房屋互相连属，大殿正门向南，与南面一屋相通，除大殿外，以此屋为最大，其东西宽与大殿相等，似系过厅，

---

① ［苏］吉谢列夫：《南西伯利亚古代史》下册，莫润先译，新疆社会科学院民族研究所1985年版，第79—80页。

即外宾进入的前堂。墙为粘土筑成,厚达二米,地下通暖气的渠道,曲折回环,除通入大殿之外,并达半数以上的房屋。"①屋顶用板瓦及筒瓦覆盖,屋檐有圆形瓦当,上有反印的"天子千秋万岁常乐未央"等吉语,还有汉文化特色鲜明的铜镜多面和铺首等文物出土。其年代应该是在公元前后。这座汉式宫殿出现在如此遥远的匈奴控制的极北之地,确实为历史学家研究那个特定时期的汉匈关系提供了令人拍案称奇的材料。这座宫殿的主人是谁,自然成为学界讨论的问题。苏联学者、该宫殿遗址的发掘者吉谢列夫教授曾经推测是汉武帝时期的名将李陵败降匈奴之后,单于为了安抚李陵的思乡之情而建。郭沫若先生曾经参与讨论。他在《苏联纪行》里面说:"在我的想法,恐怕不会是李陵的住居。馆中所陈列者只有瓦当和铜兽环,这些应该都是中国传去的,北匈奴境内没有可能自行制造。……可能是汉家的公主下嫁时,王室为慰藉她的乡愁,特别建立此屋,以为陪媵的。"②后来,中山大学富有学术传奇的周连宽先生对这个问题做了全新的讨论,他对前两个推论都做了否定:"综上所说,足证阿巴干宫殿遗址决非李陵的故居。""由此可知,谓匈奴单于在远离龙庭五千余里的地方,筑一宫殿以处下嫁为阏氏的汉公主,殊难设想。"周连宽先生推测这个宫殿的真实主人应该具备以下五个条件:"(一)其人可能生当王莽篡位时期,则与瓦当文字相符。(二)其人习尚中国风俗和文化,否则,不至弃其毳幕生活,而愿意住在这样一个中国式的宫殿里面。(三)其人必与汉有特殊密切的关系,否则,汉廷不至帮助他建筑这个宫殿。(四)其时单于必对汉屈节称臣,否则,不至容许宫瓦有颂扬汉天子的吉语。(五)其治庭必在丁零,或距丁零不远。"周先生进一步推论:"根据上文所举五个条件,证以有关史料,我认为最适合于这个宫殿主人的是昭君的长女须

---

① 周连宽:《苏联南西伯利亚所发现的中国式宫殿遗址》,载《考古学报》1956年第4期,第64页。
② 转引自周连宽:《苏联南西伯利亚所发现的中国式宫殿遗址》,载《考古学报》1956年第4期,第55页。

卜居次云，亦称伊墨居次云。"①周先生的推论，有相当的合理性。如果没有新的考古成果出现，足以否定他的推断依据，周先生的观点可以视为定论。也就是说，在现有资料基础上，我们相信这座宫殿的主人，极有可能是王昭君的长女伊墨居次云和她的夫婿须卜当。他们最有可能取得王莽新室政权的支持，并得到时任单于的支持，得以在如此遥远的北方建成这座汉式宫殿。

对于这座"最北方的汉式宫殿"，笔者素有神往之感。2017年8月，笔者与中国人民大学国学院李肖教授、西北大学历史学院史党社教授等好友，一同前往南西伯利亚做实地考察。8月13日，我们一行到达米努辛斯克参观保存"汉式宫殿"出土文物的博物馆。

我们对当地接待方提出了希望实地踏勘宫殿出土地点的要求。（见图5-2）接待方最初表示为难，后来在我们的坚持之下，陪同我们来到了出土地点。据接待方实地告知：在汉式宫殿出土之后，苏联政府为了加强运输能力，抢修了一条道路。这条道路把宫殿

图5-2 "最北方的汉式宫殿"考古遗址所在地留影
（笔者孙家洲身后即为覆盖了宫殿遗址的公路，摄于2017年8月13日）

---

① 周连宽：《苏联南西伯利亚所发现的中国式宫殿遗址》，载《考古学报》1956年第4期，第61、61—62、63页。

遗址完全覆盖。（这个说法与上文转引吉谢列夫"东南一角部分覆盖"之说有所不同）

尽管此次对宫殿遗址的实地踏勘，未能有更直接的发现，但依旧是一次难忘的经历。中国学者对这座"最北方的汉式宫殿"的研究显然很不充分。郭沫若先生是曾经到访博物馆考察所藏文物的，但是否到宫殿遗址所在地尚不得而知；对宫殿的时代和主人做过系统研究的周连宽先生识断过人，但是考虑到他撰写大作时所处环境并不自如，估计他到南西伯利亚现场踏勘的可能性微乎其微。我们这次来去匆匆的实地踏勘，难免留下浮光掠影之憾，但那种亲临现场的感受，以及由此而产生的探讨历史真相的欲望之强烈，是枯坐书斋的人很难享有的。我们一行在现场踏勘所得出的启发是：中国学术界应该更加重视和推进对北亚历史的研究。

回到王莽时期，王昭君女儿伊墨居次云和女婿须卜当在匈奴拥有较高实权，他们有亲近中原的情结，也有推进汉匈关系密切的能力，但是，历史所提供的千载难逢的机遇，却被王莽的荒唐行为所破坏。

天凤元年（14年），伊墨居次云、须卜当派人到西河虎猛县的"制虏塞"下，告知守塞将吏欲见和亲侯。如前所述，和亲侯王歙，是王昭君兄长之子。中部都尉将情况奏闻朝廷。王莽喜出望外，派遣王歙、骑都尉展德侯王飒兄弟二人出使匈奴，王昭君家族的"和亲"符号作用，在这一轮的新匈外交斡旋中，得到了双方的承认与运用。

新室使者前来祝贺单于初立，"赐黄金衣被缯帛"，还编造假消息说单于的侍子登依然健在（实际上已经被王莽公开处死），一时之间赢得了单于的信任与合作。和亲侯王歙借机提出朝廷愿以重金交换前几年叛逃到匈奴的陈良、终带等人。这位新单于悉数答应。于是出现了戏剧性的一幕，匈奴"尽收四人及手杀校尉刀护贼芝音妻子以下二十七人，皆械槛付使者，遣厨唯姑夕王富等四十人送歙、飒。莽作焚如之刑，烧杀陈良等"。在这个回合的外交斡旋中，王莽挣回了"面子"。随即，王莽下令"罢诸将率屯兵，但置游击都尉"，似乎他大兵屯守边境的对策已经获胜、匈奴问题已经解决了一般。但是，建立在谎言蒙骗基础上的"获胜"局面，很快就被现实戳穿。"单于贪莽赂遗，故外不失汉故事，然内利寇掠。"特别是单于的使者从中原返回后，单于得知自己的儿子登早已被王莽处死，怨恨之气无法遏制，指令其部属入境寇略，烽烟不绝。王莽的使者责问单于，对方则以推诿之言应对："乌桓与匈奴无状黠民共为寇入塞，譬如中国有盗贼耳！咸初立持国，威信尚浅，尽力禁止，不敢有二心。"① 如此看来，在表面的"和好"背后，依旧是敌对关系的延续。只是双方军事冲突的规模有所缩小、形式有所变化而已。

在乌累若鞮单于在位时期，匈奴与新莽政权之间的关系相对缓和，军事冲突虽时有发生，但规模都较小。双方都在有意识地避免发生大的战争，匈奴一方发起的进攻，都被他们说成是"非官方"的失控事态。王莽一方，也乐得以此为匈奴寇略的解释，以满足其政治需要。在这种特定氛围下，军事冲突的发生地域应该是较为广泛的，而不是相对集中于某个特定的方向上。如此，在史籍记载不详的情况下，我们只能猜测在直道的北段，也就是中原与匈奴长期对峙的五原郡范围内，应该出现过规模不等的冲突和战争。

王莽天凤五年（18年），乌累若鞮单于病死，弟左贤王舆提与继立，这就是呼都而尸道皋若鞮单于。他在位的时间（18—46年）远超过其兄长。新单于为人刚愎自用，不论是处置匈奴高级贵族，还是处理与中原的关系，都敢于杀戮。对于王莽新室政权而言，这位新继位的单于，是远比其前任更难驾驭的强势对手。偏偏王莽的应对之策，又出现了施展谋略而手法拙劣的问题。新单于继位之后，对王莽新室表达过善意，曾经有遣使奉献之举。王莽却照搬前面的做法，希望借用王昭君女儿伊墨居次云与女婿须卜当在匈奴的影响力来牵制呼都而尸道皋若鞮单于。王莽遣和亲侯王

---

① 《汉书》卷九四下《匈奴传下》，第3827—3828页。

歙至塞下，诱骗伊墨居次云与须卜当及其子至塞下，胁迫他们一家至长安，强拜须卜当为"须卜单于"，欲发兵北上，帮助"须卜单于"争夺大单于之位。对于这种难登大雅之堂的做法，很有政治和军事远见的严尤提出了劝谏，王莽却不加采纳并且罢免了严尤的大司马之职。呼都而尸道皋若鞮单于得知消息，勃然大怒，发兵侵袭。边境沿线，连年烽火不断。王莽新室与匈奴的关系进入严重冲突的阶段。王莽也自知双方关系根本无法缓和，就摆出了与匈奴决战的态势。王莽的军事动员总能搞出一点前所未闻的"名堂"——天凤六年（19年），王莽大募天下丁男、死囚、吏民，组建了号为"猪突""豨勇"的部队，做征伐匈奴的锐卒。又广募有所谓奇技可以攻匈奴者，待以不次之位。但是，王莽的军队未曾对匈奴势力做过有成效的成规模的进攻。

地皇二年（21年），被控制在长安而无法有所作为的须卜当郁郁而终，王莽把庶女嫁其子后安公奢，他依然想出兵辅立奢为匈奴单于。这当然只能是幻想了。本来王昭君的女儿与女婿这支在匈奴内部的力量，是有可能对推进匈奴与中原的关系有所贡献的，但是，王莽的自作聪明和胡乱作为，却把这个特殊家族的作用"归零"了。令人徒叹奈何！

王莽政权在包括边疆问题在内的若干领域推行的非理性政策与措施，导致各方面矛盾激化。不久，以边疆战争为前导，中原腹地的反莽起兵接连发生。最后以"人心思汉"的特殊形态，迅速颠覆王莽政权，称帝于洛阳的刘秀，在十多年南征北伐之后，得以荡平众多割据者，重建东汉政权，一统天下。这就是历史上著名的"光武中兴"。

历史，翻开了新的一页。中原与匈奴的关系将会如何发展？在直道经由的地域范围内，以及更为辽远的北方，双方的军事冲突与战争，又会怎样展开？

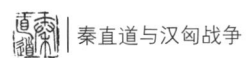

第二节 "光武中兴"时期北部边境的战争

从王莽统治秩序解体至东汉建国的"光武中兴"前期，由于内地政治动荡，割据政权之间战争不断，争夺对中原的控制权成为当务之急，疏忽了北部的边疆防务，匈奴势力乘机越过长城而南下，对内地时常发起掳掠。最值得注意的是：其在与中原汉人的斗争中，匈奴人的政治智慧或者说是斗争的"艺术性"明显提升，居然有意识地与在反莽战争中崛起的北部豪强割据势力彭宠、卢芳等政治军事集团相互勾结，变成了北方割据者的后盾与依靠，导致光武帝刘秀在腾出手来真正经营北部边境的时候，东汉军队竟然是一定程度地与"匈奴代理人"作战。史称："建武初，彭宠反畔于渔阳，单于与共连兵，因复权立卢芳，使入居五原。"① 因此，光武帝刘秀荡平北方割据者的战争，同时就带有对匈奴作战的性质。由于刘秀从事谨慎，极力避免与匈奴发生正面冲突，汉匈"代理人之战"的色彩被刻意淡化。当今的史学研究者，应该对其中的实质性关系，有清醒的认识。

---

① 《后汉书》卷八九《南匈奴列传》，第2940页。

第五章 新莽与两汉之交的南北对峙及直道北端的战争

一、东汉初期极为复杂的北边局势

有一个历史现象，是我们应该注意的：在两汉之交，匈奴统治者在审视汉匈关系时，曾经有过"主客易势"的优越感，即自居于中原统治者之上。这种"政治文化"的自我定位，甚至西汉初期匈奴民族的百代雄主冒顿单于也未曾公开表达过。回顾汉匈交往史，从汉元帝直到王莽当政时，中原的汉人中央政权时常把"呼韩邪款塞入朝"和"王昭君出塞和亲"，作为与匈奴交流的"故事"（汉代的"故事"，有"典故""前例""制度"方面的含义）甚至是君臣名分，以此来表达压制和约束匈奴的一种诉求。而在两汉之交，却出现了另外一种变局：在双方交流中，匈奴单于喜欢谈论"呼韩邪故事"，只是，他们不再以呼韩邪自居，而是要求中原统治者以呼韩邪自处，对匈奴单于克尽君臣名分与义务。更始二年（24年）冬发生了一场"外交礼仪"之争：更始政权自以为是中原新主宰了，于是派出使者前往匈奴申明修好之意，其中的一个重要内容就是按照西汉旧制，给单于玺绶，同时给匈奴其他高级贵族颁发王侯级别的印绶。这是更始政权从"正统所在"的角度出发而做的高明之举，但是，匈奴首领却不愿意再接受西汉旧制了。请看匈奴单于理直气壮的立场声明："匈奴本与汉为兄弟，匈奴中乱，孝宣皇帝辅立呼韩邪单于，故称臣以尊汉。今汉亦大乱，为王莽所篡，匈奴亦出兵击莽，空其边境，令天下骚动思汉，莽卒以败而汉复兴，亦我力也，当复尊我！"[①]如果摆脱"民族主义史学"的羁绊，以超脱的立场来审视单于的观点，不得不说，他的说辞是有其依据的。

在此引用匈奴单于的说辞，更重要的考虑是：匈奴倨傲自大，以凌驾于中原之上的态度来答对东汉使臣，究其原因是两汉之交的中原大乱，导致双方实力对比发生了变化。所以，中原国势的统一与强盛，是中央王朝处理好边疆关系的首要前提。在中原因

---

① 《汉书》卷九四下《匈奴传下》，第3829页。

为政局动乱而处于势弱的历史背景之下,很难设想中央王朝可以在边疆事务中处于主动地位。由此立论,才可以充分理解光武帝刘秀在统一天下之后,为何在处理北边匈奴以及西域事务时,要采取退让的姿态。

对东汉初年,汉匈之间对峙的基本态势,研究匈奴历史的著名专家林幹先生在其代表作《匈奴史》中有俯瞰式分析:"一方面是匈奴奴隶主侵扰势力强大,另一方面则是东汉中央政权初建,中原内地的情况:在政治上是地方割据势力尚未肃清,全国尚未统一;在社会经济上是天下疲弊,海内人口仅剩十之二三,'边陲萧条,没有孑遗';在边防建设上则是'鄣塞破坏,亭坠毁灭'。汉匈双方的这种对比形势,决定了当时东汉政府对于匈奴奴隶主的侵扰,无法在战略上采取积极反攻,而只能采取消极防御的方针和策略。"①

再对东汉政权"开国—统一"的历史做具体考察,不难发现:光武帝刘秀的"中兴",其实是一场艰难的创业。在称帝之后,他耗时十二年,才逐一荡平群雄,真正成为统一之君。其开国过程之艰难,与汉高祖刘邦相比较,有过之而无不及。在开国之初,就要面对来自匈奴的直接和间接的挑战,西域控制权之争,北方割据势力彭宠、卢芳等政治军事集团与刘秀的对峙,都与汉匈之争息息相关。这是理解光武帝统一天下之艰难,经略天下方策之高明,必须注意到的一个问题。从王莽末年开始,匈奴乘机再度崛起。呼都而尸道皋若鞮单于自比西汉前期的冒顿单于,大力进行军事扩张,莎车国以外的西域国家悉数落入其控制之下;在北方的游牧区域内,鲜卑、乌桓等少数民族势力在匈奴的攻击之下不得不选择归附;在游牧区与农耕区并存和过渡地段,匈奴玩弄起政治军事相结合的手段,主动联合彭宠、卢芳等军事割据集团,不断侵扰东汉北部边塞与郡县,时常给东汉政权制造麻烦与威胁。尤其是卢芳集团,完全依赖匈奴给予的大力支持,才得以在五原

---

① 林幹:《匈奴史》,内蒙古人民出版社2007年版,第79页。

郡割地称尊，与东汉政权为敌多年，称之为匈奴的附庸并不为过。对于东汉政权而言，扫平北方的割据与"汉匈为敌"密不可分，经营西域同样与"汉匈为敌"深度相关，这就是刘秀为首的东汉统治集团必须审慎处理的复杂局面。

只有明了这种大格局，我们才可以真正了解光武帝平定彭宠、卢芳两个北边割据集团的历史真相和意义之所在。

二、稳定北方的决胜之战：平定彭宠之叛

汉光武帝刘秀虽然起兵舂陵而开帝业之端，但是他"中兴"事业的根基，却是在河北奠定的。光武兴于河北，实为历史定论。当代学者的几部研究光武帝的专著，对此都有论断，[①]特别是黄留珠先生的《刘秀传》，以一章的篇幅论述刘秀经略河北的发展状况，并且分析了其取得成功的五个方面的原因，其中就包括"刘秀获得了河北地方豪族势力及官僚集团的支持""刘秀成功地争取到幽州突骑为己所用"两条。[②]论证清晰明了，切中肯綮。

在刘秀称帝于鄗（今河北高邑东南）、定都洛阳后不久，作为其大后方的河北之地，却在建武二年（26年）二月发生渔阳太守彭宠起兵造反的变故。彭宠不仅兵围幽州，摆出势将幽州牧朱浮置于死地的态势，而且还自称燕王，又与晚一年造反的涿郡太守张丰连兵，形成了对刘秀统治秩序的严重威胁。这场叛乱一直延续到建武五年（29年）二月，历时四年，才得以侥幸平定。

这场叛乱发生的原因何在？刘秀又为何顾虑重重，没有迅速调集大军对其全力镇压？其中既有对内的政治因素考虑，也有回避与匈奴公开交战的军事因素的考虑。

[①] 张启琛认为：光武帝的河北之行意义重大，"他在这里奠定了帝业的始基，为夺取天下准备了雄厚的力量"（《汉光武帝传》，天津人民出版社1990年版，第34页）。又，刘修明《从崩溃到中兴——两汉的历史转折》（上海古籍出版社1989年版）、张鹤泉《光武帝刘秀传》（黑龙江人民出版社1993年版）、臧嵘《东汉光武帝刘秀大传》（人民教育出版社2002年版），以及安作璋、孟祥才《汉光武帝大传》（中华书局2008年版）等著作对光武经营河北都有相关论述。

[②] 黄留珠：《刘秀传》，人民出版社2003年版，第114页。

（一）彭宠在刘秀初定北方之时发挥过重要的作用

两汉之际，北方幽、冀二州统治权的转移，极富戏剧性。一位卜者出身的王郎，巧借"人心思汉"的社会风潮，假称西汉成帝之子，称帝于邯郸。他任官置守，"分遣将帅，徇下幽、冀"，移檄州郡，号称汉家正统，结果"赵国以北，辽东以西，皆从风而靡"。①一时之间，成为北方人心所向的政治力量。王郎势力的迅速崛起，几乎呈现势不可挡之势。一个有趣的历史场景出现了：当时以更始皇帝使臣之名经营河北的刘秀，本来已经控制了一定的地盘并产生影响，但是，王郎的声望竟然盖过了汉室远支刘秀，迫使刘秀暂避其锋，步步被动。在刘秀携王霸等亲信到达蓟县（今北京西南）时，王郎以重赏购求刘秀首级的文书已经被当地人熟知。因此，王霸奉了刘秀之命在蓟县试图招兵买马之时，受到了市人的嘲笑与摈弃。随即发生了蓟县人响应王郎而起兵的事变，市人群起搜捕刘秀。刘秀只好仓皇逃命，沿途风险频发，甚至有生死决于须臾的危急状况。暂时扭转了危急局面的是坚守信都郡（治今河北冀州）的太守任光和成郡（今河北晋州）的太守邳彤；而真正帮助刘秀逆转大局的，则是两股势力：一是真定王刘扬（从略），二是渔阳太守彭宠和上谷太守耿况。

最早向刘秀提出可以凭借渔阳、上谷两郡之力抗击王郎的，是青年将领耿弇。耿弇是耿况之子，与刘秀一见就倾心归附。刘秀在蓟县进退维谷的时候，一度主张向南撤退，耿弇明确表示反对："今兵从南来，不可南行。渔阳太守彭宠，公之邑人；上谷太守，即弇父也。发此两郡，控弦万骑，邯郸不足虑也。"②耿弇强调彭宠可以结为奥援的理由是，彭宠与刘秀是同乡。这种乡党关系，在乱世之中，确实可以成为政治联盟的感情基础。彭宠，南阳宛人。其父彭宏，西汉哀帝时为渔阳太守，有威名于边塞。彭氏在渔阳一带是大有影响的家族。王莽末年，彭宠与乡人吴汉逃亡至渔阳，

---

① 《后汉书》卷一二《王昌列传》，第492—493页。
② 《后汉书》卷一九《耿弇列传》，第704页。

投奔其父旧时属吏。更始政权建立,派遣谒者韩鸿持节徇北州(特指幽、并二州),赋予"承制得专拜二千石已下"的特权。韩鸿也是南阳宛人,在到达蓟县之后,遇到彭宠、吴汉"并乡闾故人,相见欢甚",随即任命彭宠为偏将军,行渔阳太守事,同时任命吴汉为安乐令。彭宠得以控制渔阳,除了其家世影响,主要就是有任命权力的韩鸿恰恰是他的同乡。出于同样的道理,彭宠与刘秀结交是完全正常的。耿弇劝说刘秀依靠渔阳、上谷两郡而自立,其依据就在于此。

而对彭宠等人而言,是支持处于劣势的刘秀,还是归附势头正盛的王郎,完全可以有不同的选择。因为当时王郎也正在招抚地方实力派,"会王郎诈立,传檄燕、赵,遣将徇渔阳、上谷,急发其兵,北州众多疑惑,欲从之"。[1]在众人狐疑不定的情况下,彭宠的选择,就是决定性的因素。按照《后汉书》相关列传的记载,彭宠决定支持刘秀,是因为内部有吴汉的建议,外部有上谷太守耿况派遣功曹寇恂前来邀约。彭宠在二人的影响下,选择了支持刘秀。

彭宠作为一郡之守,是出动渔阳精兵援救刘秀的最高决策者。"宠乃发步骑三千人,以吴汉行长史,及都尉严宣、护军盖延、狐奴令王梁,与上谷军合而南,及光武于广阿。光武承制封宠建忠侯,赐号大将军。遂围邯郸,宠转粮食,前后不绝。"[2]由此可见,刘秀处于低谷时,彭宠对他的支持是巨大的,也是关键性的。彭宠所派出的四位统兵将领,除了严宣仅此一见,吴汉、盖延、王梁后来都成为辅助刘秀开国的重要人物。两郡精兵与刘秀在广阿相会,使得刘秀的军事力量获得根本性提升,因此,刘秀也报以隆礼重谢,"光武承制封宠建忠侯,赐号大将军",实在是情理之中。并且,在稍后刘秀围攻邯郸的王郎势力时,彭宠供应军粮,为刘秀击败王郎提供了后勤保障。

---

[1] 《后汉书》卷一二《彭宠列传》,第502页。
[2] 《后汉书》卷一二《彭宠列传》,第502页。

因此，在辅佐刘秀初定河北之时，彭宠实际上发挥了非常独特的作用。

（二）彭宠之叛实出于"逼反"

彭宠虽然在刘秀平定河北的过程中发挥了重要作用，然而，我们看到的却是刘秀对待彭宠有刻意怠慢、压抑之嫌。其一，在平定王郎之后，刘秀与彭宠会面时，降低了规格，使得自恃有大功的彭宠很感失望。刘秀与彭宠之间的问题，实在肇端于此。其二，刘秀称帝之后，重用了彭宠的部属，却冷落了彭宠本人。"及即位，吴汉、王梁，宠之所遣，并为三公，而宠独无所加，愈怏怏不得志。叹曰：'我功当为王；但尔者，陛下忘我邪？'"① 彭宠的感叹，自有其道理。吴汉、王梁在追随刘秀征战之后，与刘秀的关系密切起来，而且确实立有军功，从刘秀酬谢功臣的角度来看，重用二人有其合理性；但是对彭宠没有任何奖励甚至于没有安抚性的虚言相加，总不能说是处置得当吧？

那么，刘秀对彭宠的礼遇失常，是一时的思虑不周，还是另有隐情？彭宠造反之后的一个举动，同样值得治史者深思："（彭宠）又自以与耿况俱有重功，而恩赏并薄，数遣使要诱况。况不受，辄斩其使。"② 在彭宠看来，上谷太守耿况同有大功，而且同样蒙受"恩赏并薄"的待遇，耿况也就有造反的理由。尽管耿况没有与彭宠结盟造反，但是，光武帝刘秀对他也有压抑之实。那么，是否应该考虑：刘秀在有意冷落、贬抑彭宠与耿况？

刘秀何以有意贬低彭宠？一方面，可能出于他对彭宠的不信任。在刘秀势力弱小，王郎声势较盛之时，彭宠对刘秀的支持无疑发挥了重要的作用，但是，彭宠似乎自始即带有犹豫之情。在官属皆欲附王郎时，彭宠不能定夺，后在吴汉等人的说动下支持了刘秀，却只派遣吴汉、王梁等南下追随光武，自己镇守渔阳，在刘秀看来可能并非倾心向己。另一方面，彭宠没有直接参与刘

---

① 《后汉书》卷一二《彭宠列传》，第503页。
② 《后汉书》卷一二《彭宠列传》，第503页。

秀对王郎的征伐活动，而是镇守渔阳，直接立下的战功很少，而在刘秀进据中原时，彭宠也未带兵追随，仍坐守河北的大后方——渔阳。光武对其当然是疑忌和防范的，更不用谈论功行赏了。这与吴汉、王梁、耿弇等人不同，他们直接追随光武帝平定王郎，其后又南征北讨，立下卓著战功，当然可以显封。此外，彭宠自负其功，对刘秀的礼遇期望过高，很可能增强刘秀的反感心理。

正是出于对彭宠的不信任，刘秀才选择了自己的心腹之臣——朱浮来担任幽州牧，而州牧的主要职责之一便是对地方郡守的监察。朱浮对刘秀的心思也揣摩得很透彻，他明确自己监察者的身份，因此，与彭宠的不相安自然也是情理中事了。

彭宠发起的渔阳之叛，并非出自彭宠初衷，而是遭受疑忌而被逼造反。从表面看，直接的诱因是幽州牧朱浮与彭宠的矛盾，这是《后汉书》一再强调的原因。"是时北州破散，而渔阳差完，有旧盐铁官，宠转以贸谷，积珍宝，益富强。朱浮与宠不相能，浮数谮构之。建武二年春，诏征宠，宠意浮卖己，上疏愿与浮俱征。又与吴汉、盖延等书，盛言浮枉状，固求同征。帝不许，益以自疑。而其妻素刚，不堪抑屈，固劝无受召。宠又与常所亲信吏计议，皆怀怨于浮，莫有劝行者。帝遣宠从弟子后兰卿喻之，宠因留子后兰卿，遂发兵反，拜署将帅，自将二万余人攻朱浮于蓟，分兵徇广阳、上谷、右北平。"[①] 我们从彭宠上奏愿意与朱浮同时受征来看，彭宠曾经自信地以为，只要同时面见皇帝，就有把握洗刷朱浮强加于己的诬陷之罪。而且，彭宠还分别致信昔日的部属、现在皇帝身边的重臣吴汉、盖延，显然是希望他们二人代为在刘秀面前申明冤情。可惜的是，吴汉、盖延并没有发挥这样的作用。彭宠被"逼反"的详情，《朱浮列传》记载更为详细，而且对朱浮的谴责也更为明显。"浮年少有才能，颇欲厉风迹，收士心，辟召州中名宿涿郡王岑之属，以为从事，及王莽时故吏二千石，皆引置幕府，乃多发诸郡仓谷，廪赡其妻子。渔阳太守彭宠以为

---

① 《后汉书》卷一二《彭宠列传》，第503页。

天下未定，师旅方起，不宜多置官属，以损军实，不从其令。浮性矜急自多，颇有不平，因以峻文诋之；宠亦很强，兼负其功，嫌怨转积。浮密奏宠遣吏迎妻而不迎其母，又受货贿，杀害友人，多聚兵谷，意计难量。宠既积怨，闻之，遂大怒，而举兵攻浮。"①逼反彭宠显然是朱浮处置失当所致。

朱浮对彭宠的排斥、诬告，是他的个人行为，还是与光武帝刘秀有某种关系？种种迹象表明，朱浮的所作所为似有刘秀的暗中授意。若非如此，朱浮也不太可能肆无忌惮地诋毁、诬告彭宠，举奏其过。

值得注意的是，彭宠与朱浮的矛盾公开化之后，刘秀仍然有意袒护朱浮，贬抑彭宠。彭宠要求与朱浮当面对质，刘秀也不予理会。而且，刘秀还故意将朱浮劾奏彭宠的文书漏泄，似乎有意扩大事态。因此，彭宠之叛表面看来是出于朱浮的逼迫，背后却隐藏着更深的原因：刘秀对彭宠的不信任与猜忌。在刘秀的暗中支持和授意下，其心腹朱浮一再逼迫彭宠，事态逐渐扩大，终致彭宠叛乱。可以说，彭宠之叛，从根本上来看是刘秀处置失当造成的。

（三）刘秀平叛"从缓"原因蠡测

在彭宠于建武二年（26年）二月举兵造反之后，刘秀采取的应变之策十分缓慢，表现得顾虑重重。我们来看看刘秀处理整个事件的过程。

首先，迟至建武二年八月，刘秀才派出游击将军邓隆率领一支规模不大的军队救援朱浮，史载："时二郡畔戾，北州忧恐，浮以为天子必自将兵讨之，而但遣游击将军邓隆阴助浮。"②自以为了解刘秀心态的朱浮这次似乎有些失算，他没有预计到光武帝不来亲征，而仅派遣一支小规模部队支援。而"阴助"一词也体现出光武帝的心态，他似乎不愿朝廷公卿知晓此事，扩大事态，似乎顾忌着某方面的影响。可邓隆一战即败。此后刘秀对幽州事务，

---

① 《后汉书》卷三三《朱浮列传》，第1137页。
② 《后汉书》卷三三《朱浮列传》，第1140页。

竟然采取了置之不顾的处理方式。彭宠则从容布局，攻占了右北平、上谷数县。更为复杂的局面出现了：彭宠公开与匈奴势力勾结，"遣使以美女缯彩赂遗匈奴，要结和亲。单于使左南将军七八千骑，往来为游兵以助宠"①。匈奴的数千精骑公开为彭宠助阵，无疑增加了光武帝平叛的难度。

在蓟县形势已相当危急之时，朱浮上书要求光武帝增援，甚至亲征。"浮怀惧，以为帝怠于敌，不能救之，乃上疏曰：'……今彭宠反畔，张丰逆节，以为陛下必弃捐它事，以时灭之。既历时月，寂寞无音。从围城而不救，放逆虏而不讨，臣诚惑之。昔高祖圣武，天下既定，犹身自征伐，未尝宁居。陛下虽兴大业，海内未集，而独逸豫，不顾北垂，百姓遑遑，无所系心，三河、冀州，曷足以传后哉！今秋稼已孰，复为渔阳所掠。张丰狂悖，奸党日增，连年拒守，吏士疲劳，甲胄生虮虱，弓弩不得弛，上下燋心，相望救护，仰希陛下生活之恩。'"朱浮上书表达了自己的预测失误，并请求援助，口气已近于哀求。可面对朱浮的质疑与哀求，光武帝以诏书回报曰："往年赤眉跋扈长安，吾策其无谷必东，果来归降。今度此反虏，势无久全，其中必有内相斩者。今军资未充，故须后麦耳。"其中，"必有内相斩者"的推断只能是光武帝的遁词，而"军资未充"似乎也不能成为理由，当时诸将四处征伐，何以不缺军资呢？看来这也只不过是不愿意大规模出兵征伐渔阳的借口而已。结果，无力守城的朱浮只好弃城逃命，处境极为狼狈。"（朱）浮城中粮尽，人相食。会上谷太守耿况遣骑来救浮，浮乃得遁走。南至良乡，其兵长反遮之，浮恐不得脱，乃下马刺杀其妻，仅以身免"。②彭宠在攻拔蓟县之后，自立为燕王。刘秀没有及早镇压彭宠，在军事上便处于被动的局面。刘秀对其中的利害关系，是了然于胸的。但是，他依旧从缓处置。

建武三年（27年）十月，耿弇向刘秀主动请缨平定彭宠、张

---

① 《后汉书》卷一二《彭宠列传》，第504页。
② 《后汉书》卷三三《朱浮列传》，第1140—1141页。

丰之叛，光武帝"壮其意，乃许之"。直到次年，刘秀才诏耿弇进攻渔阳。然而耿弇属于北州功臣，这一身份殊为敏感，况且他的父亲耿况据上谷，与彭宠一样"恩赏并薄"，他深知刘秀的顾虑，"（弇）自疑，不敢独进，上书求诣洛阳"。光武帝诏书回报，表面上信任不二，可耿氏父子摸透了刘秀的怀疑心态，终究不自安，当耿况要求遣子耿国入侍（实际上是做人质）时，刘秀的态度是"善之，进封况为隃糜侯"。① 看来，刘秀内心是很认同这一做法的，这可以减轻他的怀疑之心。此后，在耿弇、祭遵、刘喜等人的进击下，彭宠逐渐走向灭亡。

从建武二年（26年）叛乱开始，直到建武四年（28年），刘秀才真正着手解决彭宠事件。处事精明的光武帝刘秀，在处置彭宠之叛时，表现得十分迟缓，甚至迹近优柔寡断。从缓处理的原因何解？

诚然，建武二年至三年，对刘秀而言确实是"多事之秋"：与赤眉军争夺关中经历了大败到获胜的转折，还有与其他地方割据势力之间的战争。但是，这并不意味着刘秀没有余力调动军队镇压渔阳彭宠之叛。彭宠叛乱的地域，毕竟是北边之地，其重要性与中原腹地相比稍显逊色。所以，刘秀对彭宠的镇压有所宽缓，从地缘政治的轻重缓急考虑，倒也在情理之中。但是，在很长的一段时间内对彭宠几乎是"放任"不顾，显然还是有"手下留情"的一面。

原因何在？通观全局，至少有以下两个原因，使得光武帝刘秀在处理彭宠之叛时，不得不慎之又慎。

其一，刘秀有意缓和来自舆论的压力：彭宠的政治影响，确实有其特殊性。从籍贯而言，彭宠是南阳宛人，与刘秀、吴汉是同乡。这种同乡之谊，在战乱年代曾经发生过切实有效的作用。从起事地域而言，彭宠是渔阳的地方实力派，他对刘秀立足幽州所起的作用，是刘秀集团上层人物所共知的。刘秀在处理彭宠之叛时，必须顾及舆论的评价。彭宠是公认的功臣，加之其反叛主要由刘秀处置失当所致，也是朝臣周知的事实，如果断然镇压，可能会

---

① 《后汉书》卷一九《耿弇列传》，第707—708页。

受到舆论的质疑和批评。如此分析，从缓处理彭宠之叛，也是刘秀为了笼络河北豪强势力而刻意做出的姿态。当年彭宠控制渔阳，对刘秀经营河北的局势起着举足轻重的作用，刘秀的部下又集结了大批北州人士，甚至是彭宠的旧部，对彭宠的处置如果太过于不留余地，很可能会对他们的心理产生微妙影响。

其二，彭宠在叛汉之初，就援引匈奴势力为其奥援，刘秀不愿意卷入与匈奴的直接军事对抗，也只能放缓平定彭宠的部署和节奏。光武帝曾经有意亲征以平定彭宠之叛，大臣伏湛出面极力谏阻："今京师空匮，资用不足，未能服近而先事边外；且渔阳之地，逼接北狄，黠虏困迫，必求其助。……大军远涉二千余里，士马罢劳，转粮艰阻。今兖、豫、青、冀，中国之都，而寇贼从横，未及从化。渔阳以东，本备边塞，地接外虏，贡税微薄。安平之时，尚资内郡，况今荒耗，岂足先图？而陛下舍近务远，弃易求难，四方疑怪，百姓恐惧，诚臣之所惑也。复愿……以中土为忧念。"[①]光武帝览阅其奏，下定了不亲征幽州的决心。仔细分析伏湛反对光武帝亲征的论据，不外乎两点：一是边远地带的重要性远不及内地，二是强调彭宠在遭遇军事打击形势危急的情况下必定向匈奴求助的危险性。第二项提出的警示，光武帝刘秀必定心领神会。因为西汉初年的历史鉴戒，刘秀是耳熟能详的：当年汉高祖刘邦在开国之后，统兵亲征立国于代北的韩王信，结果被匈奴的主力大军围困于白登山上，身陷困境。从东汉初年的北边形势来看，如果光武帝此时统领大军亲征彭宠，导致彭宠势危而与匈奴联合围攻汉军，那么，重蹈汉高祖覆辙的危险性是确实存在的。所以，伏湛不必把话说透，刘秀就明白其中的深意所在。刘秀不亲统大军征伐渔阳，既是对彭宠的"从缓"处置，也是防范匈奴直接加入幽州战争最稳妥的对策。

仔细审读史料就可以发现：匈奴对彭宠的支持，并不只是名义上的结盟，更有在战场上配合彭宠军队而投入与汉军的战斗。

---

① 《后汉书》卷二六《伏湛列传》，第894—895页。

建武四年（28年），光武帝下诏，命建威大将军耿弇进军渔阳攻打彭宠，同时统兵出征的名将还有建义大将军朱祐、汉忠将军王常等，诸将合力出击，连破敌军十余营。"时征虏将军祭遵屯良乡，骁骑将军刘喜屯阳乡，以拒彭宠。宠遣弟纯将匈奴二千余骑，宠自引兵数万，分为两道以击遵、喜。胡骑经军都，舒袭破其众，斩匈奴两王，宠乃退走。况复与舒攻宠，取军都。"①在这场战斗中，匈奴把两千骑兵直接交给彭宠的弟弟彭纯统领，与彭宠率领的渔阳叛军主力配合作战，夹击汉军。在战斗过程中，汉军将领耿舒袭破匈奴军队，斩杀了两位随军作战的"王"。此役，匈奴不仅派出了二千骑兵，还有两位"王"身在军中，带领其军队服从彭宠之弟的指挥。匈奴对彭宠的配合与支持，力度之大，由此可以想见。

所以，光武帝镇压彭宠之叛而稳定北部边郡，是东汉初年汉匈军事斗争的有机组成部分。

雄踞一方的彭宠起兵叛乱，给刘秀的开国之业带来了很大的冲击。在军事上，汉军的平叛之战也有相当规模的局部战争，这从光武帝所喜爱的名将祭遵的传记中就可以看到：

建武三年（27年），"时涿郡太守张丰执使者举兵反，自称无上大将军，与彭宠连兵。……遵受诏留屯良乡拒彭宠。因遣护军傅玄袭击宠将李豪于潞，大破之，斩首千余级。相拒岁余，数挫其锋，党与多降者"②。傅玄袭击彭宠部将李豪的这场战斗，有"斩首千余级"的战果，其惨烈程度可以想见。

在东汉军队逐渐获得主动权的背景之下，彭宠被其"苍头"（家奴）子密等三人劫持刺杀，子密等人携带彭宠的首级投奔刘秀。这是替刘秀除掉了心腹之患。刘秀在暗自庆幸之余，却将子密等人封为"不义侯"③。刘秀并非在玩弄文字游戏，而是因为他既然标揭"义"

---

① 《后汉书》卷一九《耿弇列传》，第708页。
② 《后汉书》卷二〇《祭遵列传》，第739—740页。
③ 《后汉书》卷一二《彭宠列传》，第505页。

的旗帜，就必须坚持这一原则。如果刘秀迅速镇压彭宠，恐怕难免"不义"之讥，会被认为刻薄少恩。刘秀一直把自己标榜为社会正义的化身，由此则不难体悟刘秀处理彭宠宁可从缓的心理需求。

从缓用兵，在很大程度上也是形势使然。从客观效果而言，刘秀的处理方式有助于争取人心，有利于巩固在河北的统治秩序，为他经略天下创造有利的舆论氛围。更为重要的是，刘秀成功地避免了在亲征彭宠时可能发生的与匈奴的刀兵相见。

由于彭宠叛乱割据之时，曾经与匈奴势力相勾结，所以在彭宠被杀之后，渔阳一带还时常遭受匈奴的侵扰，后仰赖郭伋这样能干的边疆大吏修武设防，才逐渐解除了匈奴入侵的威胁。"彭宠灭，转为渔阳太守。渔阳既离王莽之乱，重以彭宠之败，民多猾恶，寇贼充斥。伋到，……时匈奴数抄郡界，边境苦之。伋整勒士马，设攻守之略，匈奴畏惮远迹，不敢复入塞，民得安业。"①《郭伋列传》中所见此类零散记载，向后世读史者昭示：渔阳等北部边郡的汉匈之战，还曾经在东汉地方军队与匈奴军队之间展开。

三、防御匈奴内侵的关键之战：荡平卢芳政权

秦之九原郡（汉武帝时改为五原郡与朔方郡，其中在五原郡之下，有九原县的建制），以其南北交通枢纽的地理位置，在秦汉时期，一直是中原王朝与匈奴政权集中角力之地。秦始皇在北伐匈奴的战争告捷之后，就增设"九原"郡②，并把支撑北部边防的重大国防工程——"直道"的北端，选定在九原。这两件大事，

---

① 《后汉书》卷三一《郭伋列传》，第1091页。
② 《史记》卷六《秦始皇本纪》记载：二十六年"分天下以为三十六郡"，未详郡名。裴骃《集解》曾有罗列，把九原列为"三十六郡"之一。（第239页）此后考证有异议者甚多。全祖望、王国维、谭其骧等先生均把九原列为"三十六郡"之外。（三位先生之说，略见于马非百《秦集史》《郡县志上》，中华书局1982年版，第586页）劳榦先生考证以为，秦朝"在置三十六郡之后，继续开辟的"，尚有五郡，其中就有"九原"。并且，推定秦朝的"九原"郡的边界，应该大致与汉代的"五原"和"朔方"两郡相当。（参见劳榦：《秦郡的建制及其与汉郡之比较》，见《古代中国的历史与文化》，中华书局2006年版，第356、360页）诸位先生的考订意见，是我们讨论九原问题时应该尊重的。

几乎是以"典型案例"的样式,昭示了"九原"为北边军政重镇的特殊地位。汉武帝元朔二年(前127年),在汉匈展开战略决战的关键时刻,武帝在秦九原郡的地域设置朔方、五原郡,也从一个层面突出了该地战略地位之重要。汉代五原郡在"长城防御体系"中的重要地位不言而喻。五原之地,不仅是征战要冲,汉匈之间许多重要的战役在这里展开,或者由此为发兵之地,而且许多款塞议和活动,也发生在这里。汉朝经略北方的重要支柱——度辽将军也曾经一度以五原为屯驻之地(详见下述)。

因此,判定九原(五原)郡是秦汉时期的北边军政重镇,是毋庸置疑的。此处的"北边",是指汉人连称的"缘边九郡"。颜师古注《汉书》,把"五原"列为九郡之首,或有深意存焉。①

在南北交战时期,九原(五原)属于兵家必争的战略要地,故汉匈双方在该地展开大战的记载,屡见于史册。不妨简单回顾一下汉武帝时期在该地分设五原郡与朔方郡前后的历史,进而认识汉匈在该地"拉锯式"争夺战之残酷。

元朔二年(前127年),"匈奴入上谷、渔阳,杀略吏民千余人。遣将军卫青、李息出云中,至高阙,遂西至符离,获首虏数千级。收河南地,置朔方、五原郡"。五原郡的复置,与汉军的反击战获得大捷直接相关。元鼎五年(前112年),"西羌众十万人反,与匈奴通使,攻故安,围枹罕。匈奴入五原,杀太守"。② 为了加强对匈奴的防御力量,汉廷派出光禄勋徐自为"出五原塞数百里,远者千里,筑城障列亭至卢朐,而使游击将军韩说、长平侯卫伉屯其旁,使强弩都尉路博德筑居延泽上"③。徐自为所筑光禄塞对于抵御匈奴南下肯定发挥过作用,从匈奴军队曾经毁坏其所筑

---

① 《汉书》卷六九《赵充国传》:"本始中,……遣充国将四万骑屯缘边九郡。"对于"九郡"所指,文颖曰:"五原、朔方之属也。"师古曰:"九郡者,五原、朔方、云中、代郡、雁门、定襄、北平、上谷、渔阳也。四万骑分屯之,而充国总统领之。"(第2972页)

② 《汉书》卷六《武帝纪》,第170、188页。

③ 《汉书》卷九四上《匈奴传上》,第3776页。

防御系统不难得到确证。但是，它依然无法从根本上遏制匈奴的南侵。史载："匈奴大入云中、定襄、五原、朔方，杀略数千人，败数二千石而去，行坏光禄所筑亭障。""匈奴入上谷、五原，杀略吏民。其年，匈奴复入五原、酒泉，杀两部都尉。于是汉遣贰师将军七万人出五原，御史大夫商丘成将三万余人出西河，重合侯莽通将四万骑出酒泉千余里。""匈奴三千余骑入五原，略杀数千人，后数万骑南旁塞猎，行攻塞外亭障，略取吏民去。"①

可见，即便是汉王朝在五原设郡之后，匈奴也曾激烈反扑，甚至攻陷郡城、杀太守与都尉等汉廷所置高级军政长官。这里依然是双方交战的前沿。

两汉之交，投依匈奴的割据者卢芳，把都址选在五原郡九原县，自有其道理。

本来，东汉政权立都于洛阳，国家统治重心东移，与秦、西汉立都于关中相比较，对于西北的经营力度明显减弱。北部塞外的匈奴与东汉之间的交通路线，不论是政治方面的朝见与赏赐，还是军事上的进攻与防御，其基本方向也必定东移，雁门关一线成为汉匈交流的第一路径，实在是情理之中的变化。这也就意味着由关中直达九原的南北交通大道——秦直道的作用，势必大大降低。如果以秦直道为视野来审视东汉时期的汉匈之战，其关联度也肯定大大降低。但是，在东汉初年，由于依靠匈奴庇护而割据五原的卢芳政权的存在，东汉政权不得不加强五原郡的军事力量以保证击败卢芳这个匈奴傀儡政权，所以，汉匈之间的战争，就在秦直道北端所在地五原郡反复展开。秦直道对于后世的军事影响力，在光武帝荡平卢芳的战争中，得以彰显。

割据于北方的卢芳，虽然势力弱小，不足以影响全国格局②，但是，他依附于匈奴之下，对北部缘边诸郡的影响，还是不容低

---

① 《汉书》卷九四上《匈奴传上》，第3776、3778、3784页。
② 张启琛著《汉光武帝传》（天津人民出版社1990年版），对卢芳未加论述。黄留珠著《刘秀传》（人民出版社2003年版），把刘秀平定卢芳之战作为一个专题来分析，而且定义为"统一余音"。后者的处理方式，应该是更为妥帖的。

估的。特别是他选定五原为都，成为我们研究东汉初年"秦直道与汉匈战争"问题必须关注的热点所在。

卢芳，字君期，安定郡三水县（今宁夏同心东）人。在王莽统治后期，卢芳有意识地借用"天下咸思汉德"的局面，编造了一个可资凭借的离奇身世："芳由是诈自称武帝曾孙刘文伯。曾祖母匈奴谷蠡浑邪王之姊为武帝皇后，生三子。遭江充之乱，太子诛，皇后坐死，中子次卿亡之长陵，小子回卿逃于左谷。霍将军立次卿，迎回卿。回卿不出，因居左谷，生子孙卿，孙卿生文伯。"① 按照这个身世，卢芳不仅摇身一变成为汉武帝的曾孙，而且还成了汉匈通婚的产物，他居然具备了一半"匈奴血统"！

卢芳所自称的汉武帝曾孙"刘文伯"的身世，无疑是编造而来，而且从中原内地政治斗争的角度来审视，这种编造的手法很是拙劣，经不起推敲。在江充之乱中遇难的皇后是大名鼎鼎的卫子夫，与匈奴女子没有关联。可是卢芳编造的所谓"皇后"竟然是"匈奴谷蠡浑邪王之姊"！但是，从另外一个角度来看，卢芳编造的身世，尽管经不起推敲，却使他与匈奴有了一份特殊的"血统"关系，有利于他借用匈奴势力为其奥援。那么，这种编造，就显得另有深意了。

卢芳趁天下大乱之机，与三水属国的羌胡联合起兵。更始政权控制长安后，任命卢芳为骑都尉，镇抚安定以西的地域。更始政权败亡之后，三水县的地方豪杰共议，推崇卢芳是汉室苗裔、刘氏子孙，"宜承宗庙，乃共立芳为上将军、西平王，使使与西羌、匈奴结和亲"。至此，一个地域性的割据实体，开始形成。卢芳的割据活动，一开始就寻求匈奴的支持。匈奴单于回复："匈奴本与汉约为兄弟。后匈奴中衰，呼韩邪单于归汉，汉为发兵拥护，世世称臣。今汉亦中绝，刘氏来归我，亦当立之，令尊事我。"单于还派出了句林王率领数千骑兵迎接卢芳，卢芳与兄卢禽、弟卢程俱入匈奴之境，匈奴单于遂立卢芳为汉帝。卢芳登基称帝，

---

① 《后汉书》卷一二《卢芳列传》，第505—506页。

第五章　新莽与两汉之交的南北对峙及直道北端的战争

是在匈奴控制区内由单于册封为"汉帝",而且卢芳在称帝之后重返内地时,也由匈奴提供武力保护,史称:"以程为中郎将,将胡骑还入安定。"①从卢芳政权建立的过程来看,它确实是匈奴在北部边塞一手扶立的傀儡政权。匈奴的支持,成为卢芳割据北方的军事支柱。而匈奴乐于支持卢芳,与看重卢芳编造的"匈奴外甥"之后的"身世"或许有关系。

建武初期,卢芳的统治中心,应该还在安定郡一带。到建武五年(29年),"十二月,卢芳自称天子于九原"②。(此处的九原是县名,属五原郡)卢芳定都于五原,大概有两个原因:一是五原郡地处汉匈势力混杂交融地域,他得到匈奴支持,就具备了进可攻、退可守的便利条件,自以为得地利;二是他得到了五原郡豪强人物的拥戴,自以为得人和。请看五原人李兴、随昱是如何结识卢芳并迎接他回归五原而称帝的:"初,五原人李兴、随昱,朔方人田飒,代郡人石鲔、闵堪,各起兵自称将军。建武四年,单于遣无楼且渠王入五原塞,与李兴等和亲,告兴欲令芳还汉地为帝。五年,李兴、闵堪引兵至单于庭迎芳,与俱入塞,都九原县。掠有五原、朔方、云中、定襄、雁门五郡,并置守令,与胡通兵,侵苦北边。"③被匈奴册封为"汉帝"的卢芳得以与李兴等五原豪强结交,是他重返汉地的关键步骤,实际也是匈奴单于的安排。史称:"芳外倚匈奴,内因兴等,故能广略边郡。"④无疑道出了历史真相。

卢芳称帝时机的选择,实在不高明。因为这是汉光武帝"中兴"之业开始显示出王者规模的时候,卢芳于此时称尊,无异于表明与光武帝为敌的姿态。卢芳势力最盛时,盘踞五原、朔方、云中、定襄、雁门等北方五郡之地,又得匈奴奥援,对于逐鹿中原的光武帝而言,实在是潜在的后患。因此,光武帝一旦有机会,就会

---

① 《后汉书》卷一二《卢芳列传》,第506页。
② 《后汉书》卷一上《光武帝纪上》,第40页。
③ 《后汉书》卷一二《卢芳列传》,第506页。
④ 《后汉书》卷八九《南匈奴列传》注引《东观记》,第2940页。

兴兵除掉卢芳。

纵览王莽败亡——光武中兴的历史过程，就会发现，拥兵自重或割地称尊者，多有拥立刘氏子孙或自称刘氏贵胄的事例。卢芳编造的身世，尽管漏洞百出，但是，在两汉之交"天下思汉"的特殊环境之下，居然成为他扩大其影响的有力手段。

卢芳和刘秀，同样使用"汉家贵胄"的旗号以凝聚民望，在逐鹿天下的过程中，最后还要以战争手段来决定输赢。在北方的争夺之中，当割据幽州的彭宠被平定之后，卢芳就成为光武帝刘秀的强敌了。在双方持续多年的长期战争中，卢芳倚仗匈奴、乌桓军事势力的支持，居然与光武帝派来征讨的几支大军对垒经年而一度呈现出胶着状态。

仔细观察东汉政权与卢芳的战争过程，还可以发现一个值得关注的现象：东汉政权的诸多名将在与卢芳的军队交锋时，原来在中原征战时"能征惯战"的形象居然大打折扣，失利战败之事多次发生。似乎卢芳的军队战斗力不容轻视。

建武六年（30年），卢芳的将军贾览统领匈奴的骑兵进攻代郡，东汉的代郡太守刘兴战败被杀。"代郡太守刘兴击卢芳将贾览于高柳，战殁。"① 这位将军贾览，似乎是卢芳部下最为能战的名将，从《后汉书》的记载来看，他曾多次打败汉军的名将。如：建武七年（31年），"诏茂引兵北屯田晋阳、广武，以备胡寇。九年，与雁门太守郭凉击卢芳将尹由于繁畤，芳将贾览率胡骑万余救之，茂战，军败，引入楼烦城。时卢芳据高柳，与匈奴连兵，数寇边民，帝患之"②。"九年，霸与吴汉及横野大将军王常、建义大将军朱祐、破奸将军侯进等五万余人，击卢芳将贾览、闵堪于高柳。匈奴遣骑助芳，汉军遇雨，战不利。吴汉还洛阳，令朱祐屯常山，王常屯涿郡，侯进屯渔阳。玺书拜霸上谷太守，领屯兵如故，捕击胡虏，无拘郡界。明年，霸复与吴汉等四将军六万人出高柳击贾览，

---

① 《后汉书》卷一下《光武帝纪下》，第255页。
② 《后汉书》卷二二《杜茂列传》，第776—777页。

诏霸与渔阳太守陈䜣将兵为诸军锋。匈奴左南将军将数千骑救览，霸等连战于平城下，破之，追出塞，斩首数百级。霸及诸将还入雁门，与骠骑大将军杜茂会攻卢芳将尹由于崞、繁畤，不克。"① 仔细研读这些历史记载，汉军多位高级将领与卢芳的军队作战多有失利的奥妙就会显现出来——匈奴精兵直接参战，是卢芳军队战斗力大增的重要原因。

为了击败卢芳部将贾览，光武帝刘秀把吴汉、冯异等部下名将都投入北方战场，才取得了胜利。"遣大司马吴汉率四将军击卢芳将贾览于高柳，战不利。""十年春正月，大司马吴汉率捕虏将军王霸等五将军击贾览于高柳，匈奴遣骑救览，诸将与战，却之。"②"使异进军义渠，并领北地太守事。青山胡率万余人降异。异又击卢芳将贾览、匈奴薁鞬日逐王，破之。"③ 从战场的名将云集来看，光武帝为了夺取对卢芳之战的胜利，可谓投入极大。

卢芳后来的败亡，固然与汉军的连续征讨有关，也和未能处理好与五原豪强代表人物的关系有关。建武六年（30年），卢芳"以事诛其五原太守李兴兄弟"，而李兴恰恰是一年之前率众迎接卢芳的首要人物。卢芳轻率地诛杀李兴，导致与李兴有同样背景的北方豪强代表人物——朔方太守田飒、云中太守桥扈，对卢芳心生恐惧，背叛卢芳，举郡降汉，光武特令领职如故。后来光武帝派遣大司马吴汉、骠骑大将军杜茂以及王霸、王常、朱祐、侯进等名将多次征讨卢芳，却始终无法获胜。直到建武十二年（36年），卢芳部下大将随昱，借留守九原的机缘，密谋胁迫卢芳降汉。结果，"芳知羽翼外附，心膂内离，遂弃辎重，与十余骑亡入匈奴，其众尽归随昱。昱乃随使者程恂诣阙。拜昱为五原太守，封镌胡侯，昱弟宪武进侯"。④ 随昱的叛卢归汉，从根本上动摇了卢芳的统治基础，是卢芳败亡的根本因素。而随昱恰恰是五原豪强的首领人物，

---

① 《后汉书》卷二〇《王霸列传》，第737页。
② 《后汉书》卷一下《光武帝纪下》，第55、56页。
③ 《后汉书》卷一七《冯异列传》，第650—651页。
④ 《后汉书》卷一二《卢芳列传》，第507页。

也是七年前与李兴共同迎接卢芳入五原称帝的关键性人物。卢芳在战场之上,并未败给汉军;倒是五原豪强的内部倒戈,葬送了卢芳的割据之梦。

因此,我们可以说,卢芳的骤然崛起与颓然败亡,都与五原地方势力的配合与否密切相关。

东汉政权平定卢芳政权的战事,主要是在五原郡和雁门郡的地域内展开的。① 其中五原郡是卢芳立都之处,自然是双方征战的重点所在。五原郡的郡治所在地,就是秦直道的北端终点。在东汉军队征讨卢芳的过程中,双方军队无疑会多次依托直道来调兵遣将。

---

① 关于卢芳战败及逃往匈奴的过程,可以参见《后汉书》卷二二《杜茂列传》的记载:"(建武)十二年,遣谒者段忠将众郡弛刑配茂,镇守北边,因发边卒筑亭候,修烽火,又发委输金帛缯絮供给军士,并赐边民,冠盖相望。茂亦建屯田,驴车转运。先是,雁门人贾丹、霍匡、解胜等为尹由所略,由以为将帅,与共守平城。丹等闻芳败,遂共杀由诣郭凉;凉上状,皆封为列侯,诏送委输金帛赐茂、凉军吏及平城降民。自是卢芳城邑稍稍来降,凉诛其豪右邴氏之属,镇抚羸弱,旬月间雁门且平,芳遂亡入匈奴。"(第777页)

第六章 南北匈奴分裂后的汉匈战争

东汉开国之后，光武帝刘秀有偃武修文之志，致力于稳定中原大局，不愿因经营北部边疆而影响到内地的安宁（弃治西域，也是出于同样的战略考虑）。因此，面对漠北匈奴的日渐强盛，刘秀的东汉政权无力也无意与匈奴展开正面冲突。即便是在平定依凭匈奴庇护的卢芳割据政权之时，东汉政权也在小心翼翼地避免与匈奴发生公开化的大战。

似乎是"天佑东汉"一般，在汉匈对峙的北部边境，突然发生了有利于东汉政权的重大变化——匈奴发生了内讧与分裂。

第一节　匈奴分裂局面的形成

一、大变局：匈奴的内讧与分裂

发生在北方大草原上的这一场大变局，给东汉带来了减缓边境压力，进而乘势用兵的良机，从根本上改变了中原与匈奴之间的关系。

史载：在匈奴贵族高层出现了围绕单于之位争夺的背景之下，"八部大人共议立比为呼韩邪单于，以其大父尝依汉得安，故欲袭其号。于是款五原塞，愿永为蕃蔽，扞御北虏。帝用五官中郎将耿国议，乃许之。其冬，比自立为呼韩邪单于"[1]。在《后汉书·耿国传》中，我们可以看到具体的记载，是耿国力排众议，促成了汉廷接受薁鞬日逐王比在五原塞"款塞称藩"的举动。"是时乌桓、鲜卑屡寇外境，国素有筹策，数言边事，帝器之。及匈奴薁鞬日逐王比自立为呼韩邪单于，款塞称藩，愿扞御北虏。事下公卿。议者皆以为天下初定，中国空虚，夷狄情伪难知，不可许。国独曰：'臣以为宜如孝宣故事受之，令东扞鲜卑，北拒匈奴，率厉四夷，完复边郡，使塞下无晏开之警，万世安宁之策也。'帝从其议，遂立比为南单于。由是乌桓、鲜卑保塞自守，北虏远遁，

---

[1]《后汉书》卷八九《南匈奴列传》，第2942页。

中国少事。"① 这一重大事态的出现，改变了汉匈之间的战略格局，北匈奴虽然与东汉政权保持"敌国"之态，但是，势力大受削弱。而南匈奴则成了依附于汉朝廷之下的部族势力。其中有个带有政治标志性的事件：建武二十六年（50年），汉廷"遣中郎将段郴、副校尉王郁使南单于，立其庭，去五原西部塞八十里"。南匈奴的单于庭一度是由汉使指定而立庭于五原西部塞八十里处。其后才"诏乃听南单于入居云中"。② 后来则转移到美稷县。

对于这个变化的过程，李三谋先生曾经有精辟的概括。转引如下：

> 刘秀夺取政权之初，对匈奴采用守势，大修防御工事，增筑长城，连续于山西中北部和陕北等处，筑起了四道边墙，并皆配备了望塔和发放信号的烽火台。消极的防守并没有挡住匈奴的铁蹄，西北大部分边区陷落，居民逃散，朝廷只能支持以至帮助他们内迁。
>
> 建武二十二年（46年）以后，匈奴地方连年遭灾，赤地千里，草木尽枯，"人畜饥疾，死耗大半，单于畏汉乘其弊，乃遣使诣渔阳求和亲"，暂时停止对边塞的侵扰。此乌桓崛起东方，西击匈奴，使其败而北走，边疆危机有所缓解。紧接着匈奴发生内乱，自损其势。即建武二十四年（48年），呼韩邪的子孙开始了争夺单于位的斗争，右薁鞬日逐王（呼韩邪的长孙，叫比），因愤恨蒲奴单于，便率所属南八部人马四五万之众归服光武帝，与蒲奴单于对抗。他虽接受东汉的保护与辖治，但有相对的半独立性，仍自称呼韩邪单于二世。匈奴则分裂为南北两部。归汉的单于比的势力为南匈奴，被光武帝安置在沿边的北地、朔方、五原、云中、定襄、雁门、代郡境内，单于比本人居于西河郡美稷县（今山西离石县），督饬各分部助汉守卫边土，不时与北匈奴作战。

---

① 《后汉书》卷一九《耿弇列传附耿国传》，第715页。
② 《后汉书》卷八九《南匈奴列传》，第2943页。

第六章　南北匈奴分裂后的汉匈战争

此乃为光武帝利用其内部矛盾，实行以匈制匈之体现。北匈奴虽然依旧独立于汉政权之外，可自感其势力孤单，其嚣张气焰有所收敛，有时也派使者来汉称臣，但不是真正归附，只是一种外交手段而已。依战略的需要，北匈奴曾归还所掳汉人，并连年向东汉朝廷进献贡品，还乞求和亲。①

李三谋先生的这段论述，把南北匈奴分裂之后东汉政权与他们之间的关系的大格局梳理得很是清晰。但是，对于南单于驻地"南庭"美稷县的注文说明，以山西离石县当之，有加以讨论和厘清的必要。美稷县，它既曾经是"使匈奴中郎将"的驻节之地，也是东汉前期南匈奴"南庭"所在地。这里是东汉政权笼络控制南匈奴的基地，也是东汉联合南匈奴出击北匈奴的用兵之所。在东汉时期的汉匈关系中，有其特殊的地理价值。但是，它的地理位置，自魏晋以降已经不可确指。最近若干年学界的讨论，实实在在地推进了对美稷古城位置所在的认识。兹将主要的学术讨论意见，称引如下：

史念海先生的《鄂尔多斯高原东部战国时期秦长城遗迹探索记》一文，成为20世纪80年代重新探索这个历史地理问题的推动力。史念海先生根据古文献的记载和实地踏勘所见，推测汉代的美稷应该在今内蒙古准格尔旗纳林镇北面的"古城"。他说："现在古城附近的形势，恰与《河水注》所说的相合。现在的正川河由准格尔旗东南的五庙梁东南流，直达古城，又绕古城之西，再由古城之南东流。正川河和黄甫川的流向是由西北趋向东南，而流经古城城南之后，接着还是向东流去，再折向东南流。这一点和《河水注》所说的若合符节，似非偶然的雷同。如果这一点不至于乖误，则纳林镇北的古城废墟，似可定为美稷县的遗址。"史先生的推测，出语其实很谨慎："当然，要确定一个古城遗址，

---

① 李三谋：《东汉王朝的边疆经略》，载《中国边疆史地研究》1997年第3期，第21—22页。

应该依靠考古发掘，求得最后的解决，不过，在考古发掘尚未着手之时，似宜再就历史记载推求考核，以征翔实。……以纳林镇北古城作为美稷的遗址可能不会有很大的舛误的。"①史先生的论断问世之后，历史地理学界奉为定论。《中国历史地图集》、《中国文物地图集·内蒙古自治区分册》②等权威的地图集均把两汉时期的美稷故城定位在纳林镇北的古城遗址上。到了2016年，陕西师范大学的在读博士生王兴锋的论文《汉代美稷故城新考》，对前几年的接近学术定论的说法，提出了修改意见。他认为：汉代美稷故城并非今纳林古城，而应是在距之不远的榆树壕古城。他从四个方面进行了论证，其中很有说服力的一条是："榆树壕古城的平面布局符合高级军政机构治城的要求。榆树壕古城分内、外两城。外城南北长500米，东西宽400米，平面呈长方形，是准格尔旗境内面积最大的秦汉古城址。"王兴锋的新出结论是"榆树壕古城位于纳林古城以西约28公里的暖水乡北部。无论就其所在地理位置，还是古城及其附近出土的文物、遗址性质观察，皆可判定为汉代美稷故城"。③考虑到王兴锋的新说与史念海先生的前说，对汉代美稷县城址的认定虽然有所不同，但是，两个古城遗址的距离仅有28公里，都在今内蒙古准格尔旗的范围之内。我们后面讨论到东汉南匈奴"南庭"所在地美稷县的地理位置，以此为据，而不采用山西离石县之说。

我们把这场发生在今蒙古高原上的重大事变，再做回顾和简述如下：建武二十四年（48年），匈奴贵族为争王位发生动乱，导致相互残杀。由此，匈奴分裂成南北二部，南部匈奴人立日逐王比为单于，并复用呼韩邪单于的尊号，意在表达对东汉政权的

---

① 史念海：《鄂尔多斯高原东部战国时期秦长城遗迹探索记》，初发于《考古与文物》1980年第1期。征引自《史念海全集》第3卷，人民出版社2013年版，第563页。
② 谭其骧主编：《中国历史地图集》第2册，中国地图出版社1982年版；国家文物局主编：《中国文物地图集·内蒙古自治区分册》，西安地图出版社2003年版。
③ 王兴锋：《汉代美稷故城新考》，载《中国边疆史地研究》2016年第1期。王兴锋的研究结论，被收入"鄂尔多斯高原历史地理研究"工作简报2016年第1期。全国哲学社会科学规划办公室2017年6月27日在网络上公布。

归附诚意。内附的匈奴部众被东汉政权安置在河套地区，依附东汉自称藩辅。至此，东汉开国过程中，汉匈之间的格局，也就是匈奴居于优势、东汉政权不得不被动应对的状态由此而改观。内附之初，南匈奴一度建庭五原塞（今内蒙古包头）。我们应该联想到的是：这里是秦直道北端之所在，所以，此次影响到全局改观的匈奴分裂之变，以及南匈奴"南庭"建立的过程中，秦直道的道路体系，一定会被东汉政权有效利用。直道默默无语，历史变局历历在目。建武二十五年（49年），南匈奴迁庭于美稷县（今内蒙古准格尔旗西北），东汉政权置使匈奴中郎将率兵驻守，行使监护之责。东汉政权每年赐给内附的南匈奴粮食、丝帛等必需物资，南匈奴配合东汉政府共同展开对北匈奴的军事行动。南匈奴成为东汉政权与北匈奴之间的"缓冲地带"。这个变化的意义，笔者在前面曾经以"天佑东汉"来做概括，前辈著名的历史学大家吕思勉先生早年间就以"天幸"做解。他说："新莽抚御失宜，四夷俱叛。徒集大兵，不能出塞，而蛮夷入犯，且无以遏之，遂至边民荡析离居，障塞破坏，守备空虚，而东汉以凋敝之局承其后，盖岌岌乎其可危矣。然未几即转危为安，抑且威行朔漠，有非前世所敢望者，则匈奴之分裂实为之，不可谓非天幸也。"①随着匈奴的分裂和南匈奴的内附，东汉政权北部边境的重大变化出现了：缘边八郡此前被迫内迁的边民回到了原来的住地，东汉政权在如此广袤之地的统治秩序得到了恢复。请看史家之笔："遣中郎将段郴授南单于玺绶，令入居云中，始置使匈奴中郎将，将兵卫护之。南单于遣子入侍，奉奏诣阙。于是云中、五原、朔方、北地、定襄、雁门、上谷、代八郡民归于本土。遣谒者分将施刑补理城郭。发遣边民在中国者，布还诸县，皆赐以装钱，转输给食。"②这个变化的出现，对于在双方斗争中处于不利地位的东汉政权而言，是何等重要！

---

① 吕思勉：《秦汉史》，上海古籍出版社2005年版，第233页。
② 《后汉书》卷一下《光武帝纪下》，第78页。

自从建武年间南匈奴内附之后，直到汉明帝永平十六年（73年）窦固受命统领大军北伐北匈奴为止，大约二十年的时间，塞北高原地带，局势较为缓和，东汉和南匈奴、北匈奴之间的关系时常有钩心斗角甚至于发生局部战争，但是，东汉政权的优势地位未曾被撼动，三方得以保持着大局的平衡。

在事实上存在着"三方角力"的复杂局面中，东汉政权的应对之策是审时度势、可圈可点的。

在这个期间，包括窦固北伐匈奴获胜之后，在原来的南匈奴控制区之内，出现了一个值得关注和探讨的历史现象：在大局稳定的背景之下，汉匈之间的民族融合，进入了一个快速发展的阶段。在东汉政权占据显著优势的时候，蒙古高原上出现的民族融合，主要表现为南匈奴"汉化"的进程明显加速。考古学的材料，给我们提供了很有说服力的证据。中国人民大学历史学院致力于研究匈奴考古文化的马利清副教授的研究结论，很值得我们关注。她说："南匈奴受到汉朝中央政府的优厚待遇，经济上仰赖汉的援助和赏赐，政治上成为汉朝的一部分。南匈奴中常有因无法适应新的自然环境和社会环境而抵制南单于统治的叛乱，甚至逃亡北匈奴者，同时有更多的北匈奴人因不断的内部斗争和连年的饥疫纷纷南下亡来入塞者，使南匈奴的人口不断扩大，部落形态呈现为族人间的小聚居和与汉人之间的大混居状态。在这样的背景之下，各族间不可避免地发生着对抗、互动交流与融合。……汉王朝恩威并施的统治和行政干预、强制推行的汉化政策无疑是成功的，……从考古资料来看，南匈奴的汉化程度是相当深的，无论从墓葬形制到埋葬制度和随葬品组合、种类已经基本上与汉族无异，很难区分了，……匈奴自身的文化传统已丧失了生存的土壤，只能适应新的自然和社会环境，逐渐改变其生计方式，融入汉文化。这种同化是一种自觉地民族认同，是适应环境变化的自觉行为，也是获得共享资源的现实需要。对归附的南匈奴人来说，汉化是历史的必然。"① 这样的论断，运用大量的考古资料，以宏观的视野，分析了匈奴分裂之后南匈奴人与汉朝统治者之间的关系，特别指出了他们走向汉化的必然性，对于后人了解这一历史过程，有重要的学术借鉴意义。

二、从五原郡制衡南北匈奴看秦直道的作用

直道北端所在地五原郡，在东汉前期与匈奴的军事斗争中，具有极为重要的作用。为了说明这个问题，我们应该以更为开阔的历史眼光来审视五原郡的特殊地位。

东汉前期，匈奴"款塞"的举动，至少有两次发生在五原塞，而且都对战略格局的变化产生了深远的影响。

其一，光武帝建武二十四年（48年）春，匈奴薁鞬日逐王比等匈奴贵族的"款五原塞"之举，直接导致匈奴分裂为南北两部。其过程与影响，已见上述。

其二，汉章帝建初八年（83年），又出现了"北匈奴三木楼訾大人稽留斯等率三万八千人、马二万匹、牛羊十余万，款五原塞降"的重大事件。这无疑是北匈奴内乱与持续衰败的标志。仅仅四年之后，汉章帝章和二年（88年），就出现了南匈奴单于（休兰尸逐侯鞮单于屯屠何）上书汉廷，奏请朝廷出动大军，南匈奴全力参战，以求完全消灭北匈奴的特殊奏章。在这个奏章中，南匈奴的单于完全是以汉廷臣属的身份进言的："臣累世蒙恩，不可胜数。……臣与诸王骨都侯及新降渠帅杂议方略，皆曰宜及北虏分争，出兵讨伐，破北成南，并为一国，令汉家长无北念。……臣伏念先父归汉以来，被蒙覆载，严塞明候，大兵拥护，积四十年。臣等生长汉地，开口仰食，岁时赏赐，动辄亿万，虽垂拱安枕，惭无报效之地。愿发国中及诸部故胡新降精兵，遣左谷蠡王师子、左呼衍日逐王须訾将万骑出朔方，左贤王安国、右大且渠王交勒苏将万骑出居延，期十二月同会虏地。臣将余兵万人屯五原、朔

---

① 马利清：《南匈奴汉化问题研究》，载《国学学刊》2012年第4期。

方塞，以为拒守。臣素愚浅，又兵众单少，不足以防内外。愿遣执金吾耿秉、度辽将军邓鸿及西河、云中、五原、朔方、上郡太守并力而北，令北地、安定太守各屯要害，冀因圣帝威神，一举平定。"① 这个联合作战的方案，从微观来考察，南单于自统精兵，屯守五原、朔方塞，是有战略眼光的安排；而从宏观来考察，则充分表现出南匈奴与汉廷全力合作的诚意，并且很有可操作性。所以，得到了汉朝大臣耿秉的全盘肯定，直接导致窦宪、耿秉等挥军大破匈奴，取得了空前大捷。如果用联系的目光来观察，北匈奴三木楼訾大人稽留斯等贵族的"款五原塞降"，实在是关系到大局变化的一个重要契机。

还有一个很有意思的文化现象，是兼有政治和军事两方面的意义的：五原在征伐要冲、款塞枢机两方面的价值，可以从王莽"托古改制"所改的地名中，得到直观的印证。五原郡境内的东部都尉治所稒阳县，王莽改称"获降"。九原县，王莽改称"成平"。临沃县，王莽改称"振武"。西部都尉治所田辟县，王莽改称"艾虏"。西安阳县，王莽改称"鄣安"。王莽所改的地名，均为"嘉名"，主要指向都是扬威慑敌之意。

五原郡曾经是度辽将军的驻屯之地，对于我们认识该地的重要性，是有价值的。

度辽将军，初置于西汉昭帝时期。名将范明友为首任度辽将军。史载：元凤三年"冬，辽东乌桓反，以中郎将范明友为度辽将军，将北边七郡郡二千骑击之"。据此可知，度辽将军在设置之初，是为了强化对乌桓的镇压功能。因此，其将军名号的由来，也就有了应劭的如此解释："当度辽水往击之，故以度辽为官号。"度辽将军在政治、军事舞台上扮演过重要角色，与一般"杂号将军"实在有别。度辽将军是汉廷经营北方的重要军事支柱，除了镇压辽东乌桓，还多次参加征伐匈奴、开通西域的战争。特别是在昭帝—宣帝之时，首任度辽将军范明友，凭借着战功显赫以及与秉政大

---

① 《后汉书》卷八九《南匈奴列传》，第2952页。

臣霍光的姻亲关系，成为霍氏集团的核心成员之一，参与了朝廷的核心机密。在发起废除已经立为皇帝的昌邑王刘贺的宫廷斗争之中，他是推波助澜的关键人物之一。从联名奏请废黜刘贺的群臣署名顺序来看，他的位置居然排序在前将军、后将军之前，足以说明他是参与了决策的人物。也正因为如此，后来汉宣帝处置霍氏一党，范明友被诛杀，度辽将军一职，也废而不置。

但是，东汉明帝时期，为了加强经营北方边疆的军事力量，其实，更多的是为了扶植和监视南匈奴并威慑北匈奴的需要，朝廷复置度辽将军。

汉明帝永平八年（65年），"初置度辽将军，屯五原曼柏"。查阅《后汉书·南匈奴列传》，我们可以得知汉朝于此时设置度辽将军，有非常复杂的背景：汉朝廷当时一方面表示接受南匈奴的内属，另外又与北匈奴暗中有联系，导致南匈奴的部分上层人物心怀疑虑与怨恨，产生了叛汉北归故土的打算。汉廷派遣越骑司马郑众出使南匈奴，郑众察觉了南北匈奴可能合谋的异动，就上书朝廷，主张"宜更置大将，以防二虏交通"。"由是始置度辽营，以中郎将吴棠行度辽将军事，副校尉来苗、左校尉阎章、右校尉张国将黎阳虎牙营士屯五原曼柏。又遣骑都尉秦彭将兵屯美稷。" 由此可知，复置度辽将军，是汉廷同时控制南北匈奴的重要布局。由几位将军率领"黎阳虎牙营士屯五原曼柏"，更是不同寻常的军事部署，因为黎阳营是当时最为精锐的骑兵部队，当年光武帝刘秀复兴汉室，就借重了这支精骑劲旅。度辽将军统领黎阳营精兵屯驻五原曼柏，构成了对匈奴的有效威慑力量。

又据《耿国传》的记载，了解北方边境事务的耿国，在去世之前，也曾经"上言宜置度辽将军，左右校尉，屯五原以防逃亡"。后来明帝复置度辽将军，也与追思耿国之言有关。"显宗追思国言，后遂置度辽将军，左右校尉，如其议焉。"[①] 由此看来，度辽将军的复置，包括驻屯五原，是明帝集中了耿国、郑众两位名臣的意见，

---

① 《后汉书》卷一九《耿弇列传附耿国传》，第716页。

所做出的重大决策。

度辽将军率精兵屯守五原,所产生的震慑作用,很快就体现出来。不久,朝廷派遣郑众出使北匈奴,他就分析了当时汉朝与南北匈奴之间错综复杂的关系:"南单于久居汉地,具知形势,万分离析,旋为边害。今幸有度辽之众扬威北垂,虽勿报答,不敢为患。"依据郑众的分析,如果没有度辽将军所率精兵的存在,北方的形势发展,很难控制。

《续汉志·百官志一·将军》所载"明帝初置度辽将军,以卫南单于众新降有二心者,后数有不安,遂为常守"①,就是非常准确的历史定评。

诚如何天明先生所言,度辽将军"在两汉北方和东北地区的历史中,曾经发挥了不可忽视的作用"②。担任度辽将军者,多为名臣,有的官员甚至是勋业最著的阶段,就是在度辽将军任职期内。东汉一代见于史籍记载的度辽将军计有:吴棠(中郎将行度辽将军事)、来苗、耿秉(骑都尉行度辽将军)、邓鸿、皇甫棱、朱徽(以执金吾行度辽将军)、庞奋、王彪(行度辽将军)、梁慬、耿夔、邓遵、法度、傅众、庞参、宋汉、耿晔、马续、吴武、陈龟、李膺、种暠、皇甫规、张奂、乔玄、鲜于辅。这份名单,不乏经营边事的名臣名将,可谓将星闪烁,人才济济。他们在度辽将军的任期内,统领精兵,经营北部边事,均是驻节五原郡。五原郡地位之重要,仅此就足以窥其端倪。(见图6-1)

度辽将军和他率领下的精兵,在东汉与匈奴的关系史上,无疑发挥了重要的作用。"其作用的发挥,无疑与驻地五原曼柏的战略位置有密切关系。"这无疑是精到之论。让我们继续参阅青年学者李迎春博士对该问题的分析与论述。他说,度辽营"发挥了隔绝南北匈奴、攻击北匈奴、控制并防范南匈奴的作用"。具

---

① 《后汉书》附入《续汉志·百官志一·将军》,第3564页。
② 何天明:《两汉北方重要建制"度辽将军"探讨》,载《北方文物》1988年第3期。关于东汉度辽将军的研究,参见李大龙《东汉度辽将军述论》,载《内蒙古社会科学》1992年第2期。

第六章　南北匈奴分裂后的汉匈战争

图 6-1　内蒙古包头市麻池古城遗址留影
（麻池古城分为南北两城。一般认为，北城较南城早，与秦直道起点形制、布局相同的三个夯土台基也在北城，北城应为秦直道终点——九原城。它是秦九原郡、汉五原郡的治所。麻池古城的南城则是汉五原郡的五原县城。笔者孙家洲 2017 年 5 月在内蒙古包头市麻池古城考察）

体的论证内容有：

第一，隔绝南北匈奴，使二者不能联合。东汉前期匈奴分裂，南匈奴内附，南北匈奴关系相当紧张，但作为同一民族，二者仍有联合的可能性。即是南单于因最高统治权难与北匈奴达成一致，其他贵族勾结北匈奴甚至叛逃的危险则一直存在……"防二虏交通"点明了度辽营的核心价值。南匈奴单于驻西河美稷，五原曼柏在其正北方，五原郡将南单于庭和北匈奴本土隔离。曼柏与美稷直线距离仅四十千米左右，度辽营完全可以控制住有美稷至匈奴本土的必经之路。

第二，协调、组织北方边境各民族军事力量，抵制北匈奴入侵，并伺机对北匈奴予以沉重打击。度辽营驻地五原郡，居于汉匈边境防线中段……战略位置绝佳。作为东汉北边军事事务主要指挥、协调者的度辽将军驻节于此，确实有利于战争的控制、组织和对紧急情况的快速反应。

第三，在匈奴内乱中，支持亲汉势力，维护南匈奴的安定。由于权力争夺和政见分歧，南匈奴内部的政治斗争时有发生，五原的度辽营与南匈奴驻地咫尺相邻，自然承担了在内乱中支持亲汉势力以维护南匈奴安定的职责。

第四，镇压南匈奴叛乱。整体来说，南匈奴自内附后，对东汉王朝一直比较恭顺，以单于为首的叛乱仅有一次……但东汉中期后，随着单于对属下控制力的下降，一些匈奴贵族也时有叛乱……在镇压这些叛乱的过程中，驻扎于五原曼柏、靠近南匈奴核心地区的度辽将军作为北方军事的组织者一般都发挥了重要作用。①

以上论述，结论非常明晰。笔者顺势而做的强调是：东汉前期的度辽将军和度辽营精兵，充分利用了驻扎五原曼柏的地理优势，在处理汉匈关系时确实发挥了多种作用，可以想见的是，涉及输送兵员和粮饷到达作战地点，或者是用于显示武备力量的场所，就需要交通干道的存在。而贯通五原郡南北的秦直道，一定会被东汉的将领充分利用。由此，我们有理由推测，在东汉前期汉匈之间大小不等的战争中，秦直道应该发挥过军事干道之作用。

---

① 李迎春：《试论东汉前期的汉匈五原地区控制权之争》，见中国秦汉史研究会中共包头市九原区委员会、包头市九原区人民政府合编：《"秦汉时期的九原"学术论坛专家论文集》，内蒙古人民出版社2012年版，第113—115页。

第二节　错综复杂的汉匈战争

一如前文所述，我们可以把匈奴分裂为南北两部之后的汉匈关系，划分为两个阶段。以汉明帝永平十六年（73年）窦固受命统领大军征伐北匈奴为其分界线。前一个阶段，尽管汉匈之间不断有政治角力和局部战争的出现，但是，双方（或者细分为三方）还维持着大局的基本稳定。而进入了后一个阶段，大规模的战争持续多年，东汉政权与南匈奴联合作战，取得了征伐北匈奴的根本性胜利，迫使北匈奴西迁。东汉政权在北方的军事行动取得了完胜，但是，其他的社会矛盾被激化。东汉政权随即也走上了衰败的道路。本节将力图梳理这个复杂的历史过程。

一、汉匈之争的西部战场：西域争夺战

围绕西域控制权的争夺，从西汉开始就是汉匈双方斗争的组成部分。汉人把经营西域看作是"断匈奴右臂"由来已久。王莽统治时期，西域各国断绝了与中原的联系，匈奴势力乘势进入西域，役使诸国。西域诸国逐渐有复通中原借以抗衡匈奴的意愿。东汉政权统一中原之后，是否要恢复西汉对西域的经营，成为一个关系重大的决策。

（一）西域与内地：由"弃治"到"再通"

建武十四年（38年），莎车王贤与鄯善王安联合遣使贡献，表达了西域诸国受匈奴控制和重敛皆愿属汉的意愿，郑重恳请复置西域都护。光武帝刘秀以稳定中原华夏之地的秩序为首要考虑，无意于经营西域，因此拒绝所请。后来，鄯善王在困境之中上书东汉朝廷，表示愿意再度遣子入侍，更请都护。他还明确表示：如果东汉朝廷不派设都护，他们只能选择归附于匈奴之下了。面对这样类似于"最后通牒"式的亲汉请求，光武帝认定当时不具备经营西域的实力，不得不选择放弃。他的回答完全出乎鄯善王的意料："今使者大兵未能得出，如诸国力不从心，东西南北自在也。"① 在失望之后，鄯善、车师等国无奈之下选择了依附匈奴的道路，而得到匈奴支持的莎车王贤更加骄横。这个局面的出现，对东汉政权的长期利益而言，是很不利的。光武帝刘秀在当时的选择，是因为"天下初定，未遑外事"②，实在有他不得已的苦衷。中原的统一刚刚完成数年，北方匈奴威逼的态势不容轻视，光武帝弃治西域，自有他的决策依据。

在总括东汉王朝与西域的关系时，史书上有句名言"自建武至于延光，西域三绝三通"③。其中，延光，是汉安帝的年号。上述光武帝建武年间的事态，就是东汉政权与西域"一绝"的过程。

西域局面改观的契机，依旧来自南北匈奴的分裂。如前所述，建武二十四年（48年），匈奴因为内部权力斗争而分为南北两部。南匈奴依附东汉政权而与北匈奴抗衡，北匈奴为了躲避东汉和南匈奴的联合军事进攻，而选择了向西北方迁徙。如此一来，匈奴在西域的兵力投入比之此前有了大幅度的提升。匈奴对西域的控制能力强化了，就会出现从西域向东汉政权施加压力的趋势。

汉明帝即位之后，就要面对匈奴在西域得手后的军事压力了。

---

① 《后汉书》卷八八《西域传》，第2924页。
② 《后汉书》卷八八《西域传》，第2909页。
③ 《后汉书》卷八八《西域传》，第2912页。

北匈奴胁迫西域各国不断进扰河西四郡之地，攻城略地，杀戮吏民，"北虏乃胁诸国共寇河西郡县，城门昼闭"①。汉明帝认识到，西域事务已经不是"外事"，直接影响到国家的整体统治秩序，不能再以建武年间的思路解决问题。他毅然决策"遵武帝故事，击匈奴，通西域"②，起用"明习边事"的窦固，大举攻伐匈奴，揭开了在西域与北匈奴大战的大幕。永平十六年（73年），汉军出动四路大军，发起进攻。其中窦固、秉忠指挥的军队战功最为显著，他们追击匈奴呼衍王，斩首千余级。呼衍王败走，汉军追至蒲类海（今新疆巴里坤湖）。窦固分留吏士屯守伊吾（今新疆哈密）。窦固因为此战有大功，加位特进。次年，窦固再次受命出玉门击西域，明帝诏耿秉及骑都尉刘张等人转归窦固统一指挥。窦固再次获胜，收服车师。③ 随即，东汉政权重建西域都护府，陈睦被任命为东汉的首任都护。后来扬威于西域的名将耿恭被任命为戊己校尉，驻屯车师后王的金蒲城（今新疆吉木萨尔北），谒者关宠被任命为戊己校尉，驻屯车师前王的柳中城（今新疆鄯善鲁克沁）。戊己校尉在东汉时期的西域经营体系内，具有重要作用。重要官署的复建、屯田吏卒的分部驻守，标志着东汉政权在西域的争夺战中，占据了优势地位。这个过程，就是"三绝三通"之说中"一通"。它是汉明帝改变对西域的战略性布局之后所取得的重大收获。

此后，围绕着对西域控制权的斗争，东汉政权与匈奴之间的斗争，还有若干堪称惊心动魄的曲折过程。笔者不再逐一描述其后的"二绝二通"，而抓住两个环节——班超经营西域；"耿家将"在西域争夺战中的杰出表现，特别是耿恭坚守孤城之战——来呈现当年汉匈在西域之争的历史风云。

（二）纵横西域一汉臣：班超的"定远"之功

班超经营西域的原委，要从永平十六年窦固挥兵征战西域说

---

① 《后汉书》卷八八《西域传》，第2909页。
② 《后汉书》卷二三《窦融列传附窦固传》，第809页。
③ 《后汉书》卷二三《窦融列传附窦固传》，第810页。

起。汉军分路进攻，其中一支独立作战的军队，兵锋直指伊吾。伊吾地理位置重要，是东汉朝廷与匈奴在西域相争必须控制的战略要地。双方展开激战自然是情理之中的事。指挥汉军攻打伊吾的领军将领，就是受窦固器重受聘为"假司马"的班超。班超不负所托，攻克了伊吾。此战获胜之后，汉廷在当地设置了宜禾都尉，率领屯田吏卒屯垦驻守。宜禾都尉的设置与西域都护、戊己校尉的复设，共同标志着汉廷西域统治体系的确立。窦固因班超在实战中表现出来的军政干才，更加信任和赏识他，于是派遣班超出使西域诸国。这次奉命出使，给班超在西域施展才干、安邦定国，提供了一个极好的机会。

班超，字仲升，"为人有大志，不修细节"。他的青年时代，也以文笔之事立身，后来有投笔从戎之举，留下了一句名言："大丈夫无它志略，犹当效傅介子、张骞立功异域，以取封侯，安能久事笔研间乎？"他说到的傅介子、张骞都是西汉时期在西域建功立业的英杰人物。班超的这一感叹，既是自己事功之念的真实表达，更是对明帝重开西域之策的由衷拥护。

班超受命出使诸国之后，再度建立了出人意表的功业。班超率领的使团到达鄯善（原本是西域楼兰国，昭帝时改国名为鄯善），鄯善王广对汉使班超一行原本礼敬甚备，稍后几天却态度遽变，疏远简慢。班超对其部属分析：鄯善王礼意转薄，一定是北虏的使者到来，鄯善王目前对于附汉还是投靠北虏一时狐疑未定，所以心存观望。班超随即机智地从鄯善王派来的接待官员口中坐实了北匈奴使者已经到达的猜测，于是，胆识过人的班超召集了使团全部成员——吏士三十六人，与共饮，他激励自己的随员："不入虎穴，不得虎子。当今之计，独有因夜以火攻虏，使彼不知我多少，必大震怖，可殄尽也。灭此虏，则鄯善破胆，功成事立矣。"夜幕降临，班超率领吏士奔袭北匈奴来使的营地。恰遇当晚大风怒号，班超精心配制兵员，分头设伏，居然把区区三十六人用成四面呼应之势！班超"顺风纵火，前后鼓噪。虏众惊乱，超手格杀三人，

第六章 南北匈奴分裂后的汉匈战争

吏兵斩其使及从士三十余级,余众百许人悉烧死"。在制造了既成事实之后,第二天,班超召见鄯善王广,把北匈奴使者的首级出示给他。鄯善全国上下为之震怖,班超又巧妙地晓告抚慰。在班超的威逼利诱之下,鄯善王只能向汉廷纳子为质。班超向窦固奏报情况,窦固大喜,向朝廷上报班超的功效,并奏请朝廷另外选派使者出使西域各国。

班超再度受命出使西域,以三十六人纵横西域,传为千古佳话。就当时西域的形势而言,东汉政权要在西域恢复有效的统治秩序,首先要控制天山南道。而分居南道东端的鄯善和中西部的于阗(今新疆和田东北)号称为南道的两大国,汉廷只要控制了这两个国家,就可以建立起控制南道诸国乃至整个西域的战略优势。因此,班超出使的第二站就是于阗。当时,于阗王广德新破莎车,称雄于南道,他又与匈奴关系密切,匈奴派出使者"监护"于阗。自以为可以得到北匈奴势力的庇护,这位于阗王广德对汉使班超等人,态度甚为傲慢。班超又以果敢的作风,将于阗王很崇信的"神巫"直接诛杀,送首级于广德。广德极为惊恐,"广德素闻超在鄯善诛灭虏使,大惶恐,即攻杀匈奴使者而降超。超重赐其王以下,因镇抚焉"。[①] 至此,班超借助于窦固大军的后援声威,以三十六人的使团规模,安定了鄯善和于阗两个大国,也就有效地复建了东汉在天山南道的统治秩序。

在完成了控制南道的使命之后,班超又率部北上,解决北道诸国的问题。当时,北道诸国处于北匈奴的控制之下。其中的龟兹国(今新疆阿克苏地区),又是关系到全局的关键所在。国王建是匈奴所封立,他凭借匈奴支持,称雄于北道,出兵攻杀疏勒王,改立龟兹人兜题为疏勒王。如此,疏勒就成为龟兹国的附庸了。疏勒的地理位置很特殊,位于南北二道西端的会合之处,如果不控制疏勒,汉廷在西域腹地的统治体制就很难完全恢复。对此,班超是明了于心的。尽管班超直接指挥的军事力量有限,他却打

[①] 《后汉书》卷四七《班梁列传》,第 1571—1573 页。

定主意：先定疏勒，再收龟兹，由此控制天山北道诸国。

永平十七年（74年），班超取道捷径奔袭疏勒，取得了出其不意的主动地位。新立的国王忠及官属都请杀匈奴所立的前王兜题，班超却不加采纳，为了对龟兹国示以威信，将兜题开释允许他返回龟兹国。班超的下一个目标是笼络龟兹国，他的处置方式自有政治智慧在其内。经过班超的奔袭与变局，疏勒由原来依附于龟兹的国度，变为与龟兹结怨而亲附东汉的西域国家了。

这一年，东汉重开西域，连连得手。就在班超出使风生水起之时，窦固再次出兵玉门关，一举夺回了被匈奴控制的车师（今新疆吐鲁番西北）。联系到前文所说东汉重建西域都护府等重要的军政机构，多个军事要地的屯田机制得以运作起来，西域形势明显是汉家占据了优势。中原与西域的交通完全恢复。

车师地处西域交通的咽喉要道，北匈奴高层痛切感受到车师失陷的影响之巨大，决意夺回这片军事要地。

明帝永平十八年（75年）春季，北单于遣左鹿蠡王率二万精兵进攻并夺取了车师。据地分守的汉军将领耿恭等人各自苦战，但是面对北匈奴主力的全力搏杀，汉军在多个战场失利。极为严重的局面出现了——窦固的大军返回内地不久，柳中城被北匈奴大军围困，守将关宠上书求救，在这紧急关头，偏偏汉明帝于八月间病逝，其子汉章帝继位。在这种特殊的政治背景之下，边境事务无法得到及时的处置，也是很无奈的现实。边将求救甚急，朝廷议而不决，救兵不至，柳中城终于被匈奴攻陷，汉军守将戊己校尉关宠被杀。这是东汉政权在西域之争中，经受的一次重创。

更为严重的事态接踵而至——当年冬季，天山北道有影响力的焉耆、龟兹两国在匈奴的支持下，联合出兵，攻陷都护府，都护陈睦和汉军将士二千多人被杀。车师这时也趁机叛汉，与北匈奴共同围困疏勒城。对东汉政权而言，此时的西域形势严重恶化。刚刚继位不久的年轻的皇帝汉章帝，面对一时无法扭转的败局，在侥幸迎回了苦战数月之久的耿恭残部之后，不愿为了经营西域再用刀兵,于是决策效法其祖父光武帝的做法,废置西域都护与戊己校尉等重要职官,汉军从西域全线撤退。这就意味着中原与西域的交通再度被迫中断。

在这个无奈的困局之下,东汉朝廷下令还在北道苦苦坚持的班超返回内地。回顾当时的形势,自身部众实力有限的班超,是东汉政权在西域的唯一存在了。班超陷入孤立无援的境地。面对龟兹、姑墨多次发兵进攻疏勒的危局,班超坚守槃橐城,与他所扶立的疏勒国王互为声援,创造了"士吏单少,拒守岁余"的奇迹。建初元年(76年),汉章帝"以陈睦新没,恐超单危不能自立,下诏征超"。接到回撤内地的命令之后,班超含悲启程。但是,西域几个心向汉朝的国家和高级贵族发出了挽留汉使的强烈呼声!得知班超等人奉命内还,疏勒举国忧恐。令人感慨的是,疏勒都尉黎弇说:"汉使弃我,我必复为龟兹所灭耳。诚不忍见汉使去。"居然挥刀自刭。班超东归至于阗时,于阗的王侯竟号啕大哭:"依汉使如父母,诚不可去。"①抱住班超的马腿,坚决不肯放行。班超被他们归附汉廷的诚意所感动,更知道这部分西域人的思汉之心可用,他决意留在西域,完成自己原来的志向,于是,他改变原定计划,而毅然返回疏勒。以自己所部有限的力量,在得不到朝廷后援的情况之下,也要继续在西域和北匈奴抗衡而保持汉文化的存在。这种胆略与担当,确实世所罕见!

班超返回疏勒,疏勒就成为班超经营西域的战略基地。班超清醒地意识到,与疏勒相邻姑墨要首先加以收服。此时的姑墨役属于龟兹与匈奴,对其威胁最大。建初三年(78年),班超亲率疏勒、康居、于阗、拘弥(今新疆于田东北)四国之兵一万人,进攻姑墨。班超攻破了姑墨的重镇石城,斩首七百级,迫使姑墨收敛,疏勒一带的严峻形势得到了缓和。班超有意继续用兵,东定龟兹。为了减轻朝廷对于再开西域可能兵连祸结的顾虑,班超特意进献"以夷狄攻夷狄"之计,也就是利用部分西域国家心向

---

① 《后汉书》卷四七《班梁列传》,第1575页。

汉室的有利条件，调动西域当地的兵力和各种资源来开通西域，不必太多耗费中原之力。汉章帝得到班超的奏报，才得知孤陷关外的班超，坚守在西域已经五年，经营活动很有成效，为汉廷恢复在西域的统治打下了有利的基础。汉章帝深为班超感动，决策出兵支援班超。

建初五年（80年）汉章帝任命徐干为假司马，率一千士卒增援班超。四年之后，汉廷又派出八百人的援兵，驰援班超。其后，班超运用巧妙的外交手段，加以军事征伐：在北道，镇压了疏勒王忠的叛乱，挫败了龟兹；在南道，班超巧妙布局，以弱胜强，降服莎车，迫使其归附汉廷，取得了威震西域的效果。南道与中原的交通得以恢复——如此功业，是班超独立经营的成果，汉朝廷对他的支援实在有限。

班超在西域取得的胜利，坚定了东汉朝廷重新开通西域的信心。汉章帝决定出兵征伐匈奴，全力争夺西域。永元元年（89年）到永元三年（91年），东汉派出窦宪统兵，连续三次对北匈奴发起进攻，收复了伊吾和车师。汉军占据了明显的优势。班超所部，在这个期间，又取得了一次稳定西域大局的胜利：永元二年（90年），本来对汉朝态度友好的大月氏王制造借口，与东汉政权公开反目，遣副王谢率七万大军翻越葱岭进攻班超。变生突然，强敌压境，班超部下有人心生畏惧，班超冷静地分析形势，安抚他的部属：月氏兵虽多，但远道而来，粮食运输难以为继。只要汉军坚壁清野，不过十日，月氏大军必然因乏粮而失败。其后的战局变化果然如同班超所料，月氏大军受阻于汉军阵前，很快就陷入军粮告罄的绝境。统兵而来的副王谢无奈遣使向班超谢罪，请求放其大军归国。班超作为一位有大局观的政治家和外交家，他诚恳地向月氏表达善意，月氏大军得以回国。为此，月氏国上下都感念班超的宽厚。此后，与汉朝恢复了和好关系。次年，已经陷入窦宪和班超夹击之下的龟兹，率姑墨等盟友之国，前来归降班超。在战场上完全占据有利地位之后，东汉政权恢复设置西域都护府，班超出任都护。

至此，西域大局已定。到永元六年（94年），班超收服了焉耆等三个地处北道的国家，"西域五十余国悉皆纳质内属焉"。①

永元七年（95年），班超因平定西域之功，受封为"定远侯"，后人称其为"班定远"。晚年的班超，鬓发皆白，思乡情切，上书朝廷，其中有"不敢望到酒泉郡，但愿生入玉门关"的哀切语言，请求朝廷准其还乡。但是，班超的奏章上呈之后，三年没有批复。妹妹班昭不得不再次上书，辞意恳切。汉和帝深为班氏兄妹的奏章感动，下诏征班超回朝。永元十四年（102年）八月，班超回到阔别三十一年的中土，一个月之后便与世长辞，享年七十一岁。

班超逝世之后，由于北匈奴全力反扑，西域再次失守。面对危局，原本生于西域、长于西域的班超少子班勇，继承父业，以"西域长史"的身份，挥兵再出玉门关，经过四年艰苦卓绝的征战，到汉顺帝永建二年（127年），终于将整个塔里木盆地完全收服，完成了再通西域的使命。班勇经略西域的具体过程，此处从略。

山东师范大学的安作璋教授，对班超之功有深入的分析和评判："班超对历史的主要功绩，是恢复了祖国的统一和中西交通。他的成功，主要是依靠了东汉军事力量的强大和西域各族人民希望摆脱匈奴的苛重剥削、奴役而对班超的支持；同时也由于他在政治、军事和外交上所具有的卓越才智；而他在建功立业中所表现出的高贵的精神品质，则是尤为重要的因素。"②

回顾两汉开发和经营西域的曲折过程，西汉有张骞"博望"之业，东汉有班超"定远"之功，前后辉映，功垂千古！

在汉匈之间争夺西域的过程中，北匈奴曾经多次得势而取得了控制权。相比较于东汉的"三绝三通"，从北匈奴的角度而言，则为"三通三绝"。怎样以客观与理性的态度，分析和评价北匈奴对西域的统治，学术界有着认真严肃的新探究。笔者注意到，

---

① 《后汉书》卷四七《班梁列传》，第1582页。
② 安作璋：《论班超（附班勇）》，原载谭其骧主编：《中国历代地理学家评传》，后收入安作璋：《学史集》，中华书局2001年版，第237页。

新疆社科院历史研究所的苗普生研究员最近著文,对匈奴统治西域的得失做了不同角度的评估,关注了其中有五个方面的积极作用。苗普生先生的结论非常明晰:"今天中国的版图是由中华各民族包括已经消失的古代民族共同缔造的,其中,也应该包括匈奴的贡献!"①这样的眼界、胸襟、识断,代表了当下中国历史学家对古代民族与国家问题的新探索。

(三)战神传奇:"耿家将"征战西域

耿氏家族特殊地位的奠定者是两汉之际的名将、光武帝刘秀开国功臣"云台二十八将"之一的耿弇。耿弇的籍贯尽管是扶风茂陵(今陕西兴平东北),但却是从上谷郡(今河北怀来)崛起。耿弇之父耿况在两汉之际出任上谷郡地方官,与耿氏家族成为北方巨族直接相关。《后汉书》卷一九《耿弇列传》除了集中记载耿弇事功,还以"附传"的形式,记载了耿弇之弟耿国、耿国之子耿秉和耿夔、耿国之侄耿恭等耿氏历代名将的征战生涯。作者范晔由衷地感叹:"耿氏自中兴已后迄建安之末,大将军二人,将军九人,卿十三人,尚公主三人,列侯十九人,中郎将、护羌校尉及刺史、二千石数十百人,遂与汉兴衰云。"②"三世为将,道家所忌,而耿氏累叶以功名自终。将其用兵欲以杀止杀乎?何其独能隆也!"③一个名将迭出的家族,与一姓王朝的兴衰相伴始终,东汉"耿家将"是我国历史上罕见的一例。

耿氏在耿弇之后,历代迭出名将,形成了将门"独隆"之势。尤其值得称道的是,耿氏诸将是东汉政府经营西域的砥柱中流。

(1)耿国,字叔虑,耿弇之弟。初入仕途,即得到光武帝刘秀的赏识,历官黄门侍郎、射声校尉、驸马都尉等职。后来,自地方县令入征为五官中郎将。

当时,东汉西、北边境屡有兵患,乌桓、鲜卑以及匈奴时常

---

① 苗普生:《匈奴统治西域述论》,载《西域研究》2016年第2期,第8—9页。
② 《后汉书》卷一九《耿弇列传》,第724页。
③ 《后汉书》卷一九《耿弇列传》,第714页。

举兵南下。面对边患频仍,关注社稷大业的耿国多次上言献计,筹策边事。因此而得到光武帝的器重。建武二十四年(48年),匈奴发生了南北两部的分裂。匈奴薁鞬日逐王比率领所辖南边八部之众,自立为"呼韩邪单于","款塞称藩,愿扞御北虏"。这对于汉王朝而言,本来就是难得的良机,但是,在讨论是否接纳南匈奴归附之时,一批持重的公卿却都表示排拒:"议者皆以为天下初定,中国空虚,夷狄情伪难知,不可许。"耿国独持异议,他说:"臣以为宜如孝宣故事受之,令东扞鲜卑,北拒匈奴,率厉四夷,完复边郡,使塞下无晏开之警,万世安宁之策也。"光武帝采纳了耿国的建议,册立比为南单于。边境形势因此而改观,史称"由是乌桓、鲜卑保塞自守,北虏远遁,中国少事"。① 耿国的这一建策,实在有安邦定国之效。

建武二十七年(51年),耿国晋职为大司农。他又建议设置度辽将军、左右校尉之职,屯守五原以防逃亡。这也是很有远见的安边之策。可惜的是,光武帝未加采纳。汉明帝之时面对北部边境形势的再度紧张,追思耿国的建议,愈发敬重他的远见卓识,于是按照耿国的建议设置了度辽将军、左右校尉,以增强边防力量。此举或可使已经逝世的耿国稍感欣慰。有研究者指出,汉明帝增置度辽将军,"将黎阳虎牙营士屯五原曼柏(今内蒙古东胜东北地)。这一军事设置与使匈奴中郎将一样,都成为常职,对监护南匈奴和防御镇压北方民族起了重要作用"②。

(2)耿秉,字伯初,耿国之子。史称:"有伟体,腰带八围。博通书记,能说《司马兵法》,尤好将帅之略。"耿秉多次上书朝廷讨论兵事,他认定"中国虚费,边陲不宁,其患专在匈奴",进而提出"以战去战"的主张。汉明帝本来有志北伐,暗自欣赏耿秉的见识。永平年间,汉明帝多次宣召耿秉入宫,具体询问其前后所上便宜方略,"遂见亲幸。每公卿会议,常引秉上殿,访

---

① 《后汉书》卷一九《耿弇列传附耿国传》,第715页。
② 田继周:《秦汉民族史》,四川民族出版社1996年版,第126页。

以边事,多简帝心"。① 永平十六年(73年),汉明帝决策分兵四路大举北伐匈奴。时任驸马都尉的耿秉,以其平常的主战主张和世将的背景,被选定为四位统兵将领之一。由于北匈奴的避战,除了奉车都尉窦固有所斩获,耿秉等三位汉将未与匈奴实战,但是作为"主战派",耿秉的声望已经建立起来。

永平十七年(74年)夏,明帝诏令耿秉与窦固共同率领一万四千骑兵,出击西域的车师。耿秉勇于决策,奋力杀敌,很快取得了平定车师的胜利。纵观此役战况,耿秉发挥了决定性的作用。

汉章帝即位之后,继续重用耿秉。先是委以西北经营的重任,耿秉官拜征西将军、度辽将军;后来入征为执金吾,甚见亲重。章和二年(88年),在汉匈大战前夕,耿秉被再度任命为征西将军,辅佐车骑将军窦宪出击北匈奴。战前,内附的南匈奴单于致书汉廷,请求与汉军协同作战,共同攻打北匈奴。其中有"宜及北虏分争,出兵讨伐,破北成南,并为一国,令汉家长无北念"②之说。值得注意的是,南匈奴特别要求汉廷派出耿秉领兵出征,这说明匈奴人对耿秉确实敬畏有加。

汉和帝永元元年(89年),窦宪、耿秉指挥汉军北伐,取得了大破北匈奴的辉煌大捷。

史称:耿秉"性勇壮而简易于事,军行常自被甲在前,休止不结营部,然远斥候,明要誓,有警,军陈立成,士卒皆乐为死"。就统兵作战的风格而言,耿秉最接近于西汉名将李广。尤为难能可贵的是,耿秉在边境任职多年,在处理与边境民族的关系时,颇以诚信相待,由此博得了当地各民族的拥戴。以至于耿秉去世之时,发生了极为感人的一幕:"匈奴闻秉卒,举国号哭,或至犁面流血。"③

(3)耿夔,字定公,耿国之子。汉和帝永元元年,耿夔参加

---

① 《后汉书》卷一九《耿弇列传附耿秉传》,第716页。
② 《后汉书》卷八九《南匈奴列传》,第2952页。
③ 《后汉书》卷一九《耿弇列传附耿秉传》,第718页。

了车骑将军窦宪出击北匈奴之战,以功晋职为骑都尉。永元三年(91年),窦宪复出河西,与北匈奴争夺对西域的控制权。耿夔以大将军左校尉的身份,参与了金微山之战。战况参见下节所述。耿夔对取得此役获胜贡献颇大。随后,发生了北单于之弟左鹿蠡王於除鞬自立为单于的事件,率其八部二万余人,迁居蒲类海,遣使款塞。窦宪奏请朝廷,主张遣使册封於除鞬为单于,按照与南单于相同的规格对待。朝廷在讨论此事时,司徒袁安等人均不同意窦宪的主张,以为承认於除鞬为单于,可能危及汉家朝廷与南匈奴的关系。但在窦宪的坚持之下,汉和帝依然采纳了窦宪的方策。随后朝廷派遣耿夔为使者,主持了向於除鞬颁发单于印绶的仪式。

因此,和帝时期的东汉政权经营西北,耿夔实为核心人物之一。

(4)耿恭,字伯宗,是耿国之侄。史载,其父耿广去世较早,耿恭"少孤。慷慨多大略,有将帅才",也是耿氏诸将中,经营西域声望最为显赫的名将。

汉明帝永平十七年(74年),是东汉朝廷努力复通西域的关键一年。奉车都尉窦固、驸马都尉耿秉、骑都尉刘张三位将军率兵出征,显示了朝廷的决心。骑都尉刘张受命出击车师,奏请以耿恭为司马。在破降车师之后,东汉政权恢复设置西域都护、戊己校尉之职。耿恭出任戊己校尉,由此成为汉家经营西域的重要人物之一。此后,面对北匈奴的激烈反扑,耿恭以其聪明才智,顽强地坚守在西域腹地的疏勒城,成为汉家统治在西域存在的象征。特别是他在外无援兵的情况之下,坐守孤城,独抗百倍于自己的强敌,时间长达七个月,创造了在绝境条件下以弱胜强的战争奇迹,更是赢得了朝野上下的尊重。

当北匈奴全力进攻耿恭驻地金蒲城之时,耿恭乘城搏战,以毒药涂敷于箭上。公开告知匈奴人:"汉家箭神,其中疮者必有异。"随即发强弩射之,"虏中矢者,视创皆沸,遂大惊。会天暴风雨,随雨击之,杀伤甚众。匈奴震怖,相谓曰:'汉兵神,真可畏也!'

遂解去"。① 后来耿恭退守疏勒孤城，艰苦卓绝的守御战开始了。

这座孤城之旁的涧水对坚守孤城的汉军将士而言无异于是生命线，匈奴人同样懂得这一道理，在城外断绝了水源。耿恭"于城中穿井十五丈不得水，吏士渴乏，笮马粪汁而饮之"。汉兵面临全军断水的绝境。也许下述历史谜案后人永远无法破解：耿恭"乃整衣服向井再拜，为吏士祷。有顷，水泉奔出，众皆称万岁。乃令吏士扬水以示虏。虏出不意，以为神明，遂引去"。②

当时，西域的总体形势相当严峻，焉耆、龟兹联军攻杀西域都护陈睦，北匈奴围困汉将关宠于柳中。恰逢汉明帝去世，朝廷一时无暇顾及西域事务，救兵不至。车师也再度叛汉，与北匈奴共同进攻耿恭。在力量对比悬殊的情况之下，耿恭激励部属坚守抗敌。被围数月，"食尽穷困，乃煮铠弩，食其筋革。恭与士推诚同死生，故皆无二心"。耿恭的部下仅余数十人。匈奴单于深知耿恭已陷入困境，以封以王位、赐予美女的诱惑招降他，耿恭不为所动，并且设计手刃匈奴的使者。"单于大怒，更益兵围恭，不能下。"③

汉章帝即位之后，决策拔救坚守西域的汉军将士，派遣征西将军耿秉屯酒泉，全权负责救援行动；遣秦彭、王蒙、皇甫援等将军征发张掖、酒泉、敦煌三郡及鄯善国的军兵，出击西域。汉军迭经苦战，击退北匈奴，车师复降。等到援军到达疏勒时，守军都有绝境重生之感，"开门，共相持涕泣"。在耿恭及其部属撤退途中，匈奴还派兵追杀，汉军不得不"且战且行"。在撤离疏勒时尚有二十六人，到达玉门关之时，竟然只有十三人了。这些身历百战的幸存者"衣屦穿决，形容枯槁"。凡是见到他们惨烈之状的人，无不为之感动。中郎将郑众上疏朝廷："耿恭以单兵固守孤城，当匈奴之冲，对数万之众，连月逾年，心力困尽。

---

① 《后汉书》卷一九《耿弇列传附耿恭传》，第720页。
② 《后汉书》卷一九《耿弇列传附耿恭传》，第721页。
③ 《后汉书》卷一九《耿弇列传附耿恭传》，第721页。

凿山为井，煮弩为粮，出于万死无一生之望。前后杀伤丑虏数千百计，卒全忠勇，不为大汉耻。"等到耿恭返回洛阳，名臣鲍昱上奏，称赞耿恭"节过苏武"，力言应该予以重赏。①《后汉书》的作者范晔更是感慨再三："览耿恭疏勒之事，喟然不觉涕之无从。嗟哉，义重于生，以至是乎！"②这些观点，不仅代表了一时舆论，也体现了青史定论。

综览东汉重开西域、征伐匈奴的全过程，耿氏诸将所发挥的作用，是极为重要的。他们与班超、窦固、窦宪，共同构成了东汉政权经营西北的英雄谱系。

由于古今地名多有变化，东汉时期的耿恭所坚守的疏勒城，具体是在新疆的什么位置，长期以来没有确切的定论。2014年9—10月，新疆文物考古研究所的考古队伍，来到了昌吉回族自治州奇台县半截沟镇，对一座被当地人称作"石城子"的地方进行了考古发掘，到2016年春季，这个遗址被确认为就是汉代的疏勒城。（见图6-2）这是新疆地区汉代考古的重大收获，也为我们研究耿恭苦战疏勒提供了难得的实体资料。石城子遗址，位于奇台县半

图6-2 石城子遗址

（位于新疆奇台县的石城子遗址，是2016年被确认的汉代疏勒城所在。名将耿恭曾经在此凭险坚守，力抗强敌）

---

① 《后汉书》卷一九《耿弇列传附耿恭传》，第722—723页。
② 《后汉书》卷一九《耿弇列传附耿恭传》，第724页。

截沟镇麻沟梁村东北、河坝沿村南的麻沟梁上。平面为不甚规则的长方形,东西长约260米,南北长约380米,面积约8000平方米。城墙破坏严重,仅残存西、北两段墙体。它背靠天山,城东和城南面临峡谷,地势极为险峻。城外建有环壕,与深涧天险相配合,易守难攻,其军事防御功能很强。①

学术界很重视对这个考古遗址的研究。北京大学教授赵化成先生认为,疏勒城的地位在中国古代历史上是十分重要的,能找到它难能可贵。它是中原王朝对西域有效管理的最好证明。中国社科院考古研究所研究员白云翔先生说,从城内发掘的文物看,对研究中原王朝对西域的有效管辖很有意义。特别要提到的是,我们总说新疆是中西文化交流的交汇点,但说得多的是西来文化对我们的影响,今天我们看到的却是完全的中原文化对西域的影响。②笔者有幸,于2016年11月19日,与参加新疆师大一个会

图6-3 疏勒城遗址留影
(2016年11月19日,笔者孙家洲登临奇台县疏勒城遗址,凭吊耿恭镇守的古城)

---

① 参见《新疆"石城子"被证实为汉代疏勒城》,new.ts.cn/content/2015-03/19/content_11117617.htm,2015年3月19日。
② 王瑟:《探寻汉代疏勒城》,载《中国文化报》2016年11月17日第7版。

议的多位先生一道，登临这处被确认为汉代疏勒城的遗址。当时，正值大雪之后，在冰雕般的世界里，凭吊两千年前的耿恭创造了战争奇迹的孤城遗址，站立于古城墙基之上，俯视脚下深不可测的深涧峭壁，似乎当年的金戈铁马，隐约可见……寒风彻骨，敬重之情愈益凝重！（见图6-3）

二、汉匈决战与"燕然纪功"

南北匈奴的分裂，确实给东汉政权的北部边策提供了缓和压力进而解决问题的良机。但是，这并不意味着进入得心应手的阶段，三方面之间的斗争过程，有时候还是相当复杂和充满变局的。从大格局、大方向而言，南匈奴依附于东汉政权与北匈奴抗衡，以求得自身的安全保障，汉朝征伐北匈奴的每次战争，南匈奴都以盟友或者是臣属的身份派出军队参战，是东汉军队要借重的军事力量；但是，在某些特殊的环境之下，南匈奴的某些高层贵族人物也曾经给东汉政权制造过叛逃出塞甚至是叛乱等麻烦。对此类问题，我们姑且不做讨论。与之相关的另外一个问题，却是我们不该忽略的——为了打击北匈奴而笼络南匈奴为我所用，东汉政权付出了昂贵的经济代价，每年都要给予南匈奴巨额费用。《后汉纪·孝和皇帝纪》有明确记载："汉故事，供给南单于费值岁一亿九千余万。今北虏弥远，其费过倍，是所以空尽天下也。"①其结论"是所以空尽天下也"之说，是出于老成谋国之说，里面含有多少无奈和沉重！因此，不论是为了确保北部边境安全，还是为了减轻巨额的财政支出，都关涉到东汉政权的根本利益，都需要以军事征伐的手段，来彻底解决北方的匈奴问题。

东汉朝廷深知与北匈奴决战，不能一蹴而就，必须经历长期而艰难的征伐过程。简要回顾汉匈之战的主要线索是：

汉明帝时期面对北匈奴的不断侵扰，汉廷不得不下决心进行反击。永平十五年（72年），奉车都尉窦固等统率大军，征伐北

---

① 袁宏：《后汉纪·孝和皇帝纪上卷》，张烈点校，中华书局2002年版，第256页。

匈奴，标志着汉政府从战略防御转向了战略进攻。汉章帝时，北匈奴国力衰耗，内外交困。在与汉军的对峙中多有失利。特别是出现了北匈奴内部离心离德的问题，有几批北匈奴人叛离其国，入塞降汉。北匈奴势力强大之时，曾经多方奴役其北部和东部的丁零、鲜卑等民族，而匈奴势力衰微的局势开始显露之后，这些民族也抓住机遇而进攻北匈奴，多次大获全胜。同时，西域诸国也在汉廷的鼓动和诱导之下，选择了"亲汉"的方向，努力摆脱北匈奴的控制。北匈奴承受着多方面的打击，元气大伤，颓势屡显。请看如下历史记载：元和二年（85年）正月，"北匈奴大人车利、涿兵等亡来入塞，凡七十三辈。时北虏衰耗，党众离畔，南部攻其前，丁零寇其后，鲜卑击其左，西域侵其右，不复自立，乃远引而去"。章和元年（87年），"鲜卑入左地击北匈奴，大破之，斩优留单于，取其匈奴皮而还。北庭大乱，屈兰、储卑、胡都须等五十八部，口二十万，胜兵八千人，诣云中、五原、朔方、北地降"。① 仅仅依据这两个年份的记录来看，一则是一年之内居然有七十三批人归降东汉，一则是二十万人口、八千手持兵器的将士归降东汉，北匈奴实力的减耗与人心的离散，是非常明显的。不难得出基本结论：经过汉明帝到汉章帝的持续用兵，东汉政权已经取得对于北匈奴的优势地位。

本来已经占得先机的东汉政权，又一次得到了天赐良机——北匈奴天灾人祸同步发生，导致势力严重受损。章和二年（88年），"时北虏大乱，加以饥蝗，降者前后而至。……骨都侯等复共立单于异母兄右贤王为单于，其人以兄弟争立，并各离散"。当年七月，南匈奴单于屯屠何奏请汉廷，提议共同出击北匈奴，以彻底消灭北匈奴。南单于屯屠何的用兵奏请，是以宣示感恩和发誓尽忠于汉廷开其端的："臣累世蒙恩，不可胜数。……臣与诸王骨都侯及新降渠帅杂议方略，皆曰宜及北虏分争，出兵讨伐，破北成南，并为一国，令汉家长无北念。……臣伏念先父归汉以来，

---

① 《后汉书》卷八九《南匈奴列传》，第 2950—2951 页。

被蒙覆载,严塞明候,大兵拥护,积四十年。臣等生长汉地,开口仰食,岁时赏赐,动辄亿万,虽垂拱安枕,惭无报效之地。"南单于屯屠何进一步提出具体的用兵方案:他愿意征发国中及诸部落旧部和最新投降的精兵,派遣左谷蠡王师子、左呼衍日逐王须訾统领万骑大军从朔方出征,派遣左贤王安国、右大且渠王交勒苏统领万骑从居延出征,约定在十二月间会师于北匈奴腹地。南单于本人统领所余兵力一万人屯守五原、朔方塞,以保持后方的稳定。屯屠何出于必胜的考虑,顾虑南匈奴自身"兵众单少,不足以防内外",希望汉廷派出大将统领雄兵参战,南单于甚至于提出了希望派出的汉军将领以及出兵的边郡"愿遣执金吾耿秉、度辽将军邓鸿及西河、云中、五原、朔方、上郡太守并力而北,令北地、安定太守各屯要害",[①] 希望此役可以一举平定北匈奴。由南匈奴完成对匈奴全境的统一,为汉家朝廷彻底消弭北部边患。应该说,南单于屯屠何的用兵建议方案是通盘考虑、成算在胸的。

南单于屯屠何向东汉朝廷提议共同出兵消灭北匈奴,恰逢汉章帝去世,继位的汉和帝年幼,由其母亲窦太后临朝执政。窦太后见到南单于的上书后,她征询执金吾耿秉的意见。耿秉慷慨作答,极力赞成这一方案。他说:武帝时就欲臣服匈奴,"未遇天时,事遂无成。宣帝之世,会呼韩来降,故边人获安,中外为一,生人休息六十余年。及王莽篡位,变更其号,耗扰不止,单于乃畔。光武受命,复怀纳之,缘边坏郡得以还复。乌桓、鲜卑咸胁归义,威镇四夷,其效如此。今幸遭天授,北虏分争,以夷伐夷,国家之利,宜可听许"。[②] 作为主战将领,耿秉明确表态自己世受国恩,领兵征讨国家大患北匈奴是本分所在。

窦太后深为耿秉的分析所打动,决策采纳其议,下令明年出击匈奴,并任命其兄窦宪与耿秉做征伐大军的主要将帅。不料此事却引起以司徒袁安为首的朝臣重臣的激烈反对:"安与太尉宋由、

---

① 《后汉书》卷八九《南匈奴列传》,第 2951—2952 页。
② 《后汉书》卷八九《南匈奴列传》,第 2953 页。

司空任隗及九卿诣朝堂上书谏，以为匈奴不犯边塞，而无故劳师远涉，损费国用，徼功万里，非社稷之计。"窦太后在恼怒之下，对这样一批重臣的坚决反对，蛮横地扣压上奏文书而不予理睬。在窦太后盛怒以对的高压面前，太尉宋由惧怕，不敢坚持复署谏议，多数朝臣也逐渐停止了对出兵征讨的反对意见。唯独司徒袁安与司空任隗这两位德高望重的大臣，"守正不移，至免冠朝堂固争者十上。太后不听，众皆为之危惧，安正色自若"。① 袁安是正色立朝的社稷大臣，他为什么在大规模征伐北匈奴的问题上，不顾窦太后的决断而坚决反对？其中的原因，值得深思。袁安坚持己见，至少有两个原因，是不难想见的：其一，袁安可能担心兵连祸结，影响到中原的稳定，波及东汉政权安危；其二，袁安可能担心大军由窦宪统领，加大了窦宪的权威，容易造成其势力在朝廷独大的局面，造就权臣专权的困境。因为窦宪早有贪腐的劣迹，又有贪恋权力的丑行，加之依仗窦太后是其妹妹，已经表现出欺压朝臣的倾向。袁安作为老成持重的国家重臣，对征伐北匈奴可能产生的内部危机，事先加以防范，原本在情理之中。

尽管有朝廷重臣的极力反对，拥有临朝称制大权的窦太后却不为所动，确定了征讨北匈奴的决策。这个决策，对于汉朝廷而言，后来产生了两个结果：一是取得了战胜北匈奴的军事胜利；二是袁安的担忧成为现实——窦氏专权对东汉朝廷的内政带来了很负面的影响。我们分别加以探讨。

在窦太后的决策之下，东汉朝廷同意了南单于屯屠何之请，下令出动大兵与南匈奴联合作战，讨伐北匈奴。汉和帝永元元年（89年）六月，窦宪被封拜为车骑将军，以最高指挥官的身份统领大军北伐，执金吾耿秉受命为副将。朝廷征发北军五校、黎阳、雍营等中央军队的精锐和沿边十二郡骑兵及羌、胡属兵，分为三路出塞，以优势兵力对北匈奴发起进攻。

东汉军队和南匈奴联军的实战布局，在南单于屯屠何所提方

---

① 《后汉书》卷四五《袁张韩周列传》，第1519页。

案的基础之上，做了部分调整，具体的进军部署是：窦宪与耿秉各自统领四千精骑合计八千之众，与南匈奴左谷蠡王师子所率领的一万骑兵会合，从朔方鸡鹿塞出兵北伐；南单于屯屠何亲自统领一万骑兵从满夷谷（今内蒙古包头北）出兵北伐，度辽将军邓鸿率羌胡八千骑兵与南匈奴左贤王安国率领的一万骑兵会合，从稒阳塞（今内蒙古包头北昆都仑河沿岸）出兵北伐。三支大军约定各自进军，而在涿邪山会师。① 如果我们留意南单于屯屠何原本的用兵提案与汉廷调整之后的实际用兵方略之间的对比，应该发现一个最大的调整是：南单于屯屠何不得坐镇后方了，而是被东汉朝廷用作一路大军的统兵将领，直接参与北伐。东汉朝廷对南单于借重和防范之心兼有的布局，不难理解。

此外，这次实际的进军路线，三支大军中的两支是从今内蒙古包头市出征，也就是从秦直道北端所在的位置投入战争。注意秦直道北端所在，是本书讨论汉匈战争时很注意的思考切入点。这次导致汉军大胜、北匈奴被迫迁徙而消亡的大战，是在北匈奴的腹地和极北之地展开的，就其战场的地理位置而言，似乎与秦直道无关，但是，当我们细读南单于的用兵方略时，看到其中关键的一句话——"臣将余兵万人屯五原、朔方塞，以为拒守"②，再联系到后来汉廷的实际用兵部署，就该意识到此战的地理形势：南匈奴军队与汉军相互配合的战略后方，就是五原郡与朔方塞。而秦直道的北端，就在五原郡的治所。那么，东汉大军出内地北征，至少有一部分兵力的调动与后勤给养的输送，最有可能利用秦直道这条南北大通道。这是顺理成章的事情。秦直道与此战的内在联系，也就可以想见了。

战争双方的实力对比悬殊，东汉朝廷又是周密部署，北匈奴大败而逃的结果，就在预料之中了。窦宪分别调遣副校尉阎盘、司马耿夔、耿谭等汉军将领，分别统御南匈奴参战的左谷蠡王师

---

① 参见《后汉书》卷二三《窦融列传附窦宪传》，第814页。
② 《后汉书》卷八九《南匈奴列传》，第2952页。

子、右呼衍王须訾等贵族人物,"精骑万余,与北单于战于稽落山,大破之,虏众崩溃,单于遁走,追击诸部,遂临私渠比鞮海。斩名王已下万三千级,获生口马牛羊橐驼百余万头。于是温犊须、日逐、温吾、夫渠王柳鞮等八十一部率众降者,前后二十余万人"。①此战,北匈奴大败而四处逃遁,窦宪又率大军一路追击,再次大破北匈奴诸部,获得了丰厚的战果。稽落山,位于今蒙古国境内,是阿尔泰山东段北面的一支;私渠比鞮海,位于今蒙古国乌布苏泊。这场大战的决胜之地,是汉军前所未及之地。

窦宪、耿秉作为指挥此次作战的汉军高级将帅,自然意气风发。他们登临远离汉塞三千余里的燕然山,"刻石勒功,纪汉威德",于是就诞生了纪胜颂德的名篇《封燕然山铭》。这篇大作,出自随军参战的大学者班固(时任窦宪的幕府中护军)的手笔。班固奉命而作,铭文被刻于石崖上,成为记载这场汉匈大战的重要摩崖文献。原文录出如下:

> 惟永元元年秋七月,有汉元舅曰车骑将军窦宪,寅亮圣明,登翼王室,纳于大麓,惟清缉熙。乃与执金吾耿秉,述职巡御,理兵于朔方。鹰扬之校,螭虎之士,爰该六师,暨南单于、东乌桓、西戎氐羌侯王君长之群,骁骑三万。元戎轻武,长毂四分,云辎蔽路,万有三千余乘。勒以八阵,莅以威神,玄甲耀日,朱旗绛天。遂陵高阙,下鸡鹿,经碛卤,绝大漠,斩温禺以衅鼓,血尸逐以染锷。然后四校横徂,星流彗埽,萧条万里,野无遗寇。于是域灭区单,反旆而旋,考传验图,穷览其山川。遂逾涿邪,跨安侯,乘燕然,蹑冒顿之区落,焚老上之龙庭。上以摅高、文之宿愤,光祖宗之玄灵;下以安固后嗣,恢拓境宇,振大汉之天声。兹所谓一劳而久逸,暂费而永宁者也。乃遂封山刊石,昭铭上德。其辞曰:
>
> 铄王师兮征荒裔,剿凶虐兮截海外,夐其邈兮亘地界,

---

① 《后汉书》卷二三《窦融列传附窦宪传》,第814页。

封神丘兮建隆嵑，熙帝载兮振万世。①

这篇《封燕然山铭》的雄文，极力赞扬窦宪与耿秉的敢战之勇，褒奖他们统领"鹰扬之校，螭虎之士"，远道奔袭，历尽艰难，破除险阻，"陵高阙，下鸡塞，经碛卤，绝大漠"，终于取得了显赫战功，"蹑冒顿之区落，焚老上之龙庭"。赞颂此役影响深远，不仅可以"安固后嗣，恢拓境宇，振大汉之天声"，还可以收到"一劳而久逸，暂费而永宁"的效果。虽然文辞或有铺张，但是就基本的历史事实来看，所说无误。

此役对北匈奴的打击，是极为严重的。北匈奴的作战主力损失殆尽，直接导致其在漠北的统治体系濒临崩溃。其后，北单于被迫西迁。这对匈奴而言，就是噩梦。回顾汉匈之间长达三百年的战争，汉军此役获胜，无疑是取得了战略大决战的完胜。

一如上述，《封燕然山铭》有重要的历史纪实意义，但《封燕然山铭》刻在了哪里，却成了千古之谜。中国、蒙古国、俄罗斯、日本等国考古学家探寻多年，始终未揭开。最新的考古调查结果，出现在 2017 年的盛夏。

2017 年 7 月底，中国内蒙古大学蒙古学研究中心与蒙古国成吉思汗大学成立联合考察队，成功辨识了一处摩崖的铭文，揭开了这一千古之谜。经过确认的这处摩崖，位置在蒙古国中戈壁省稍微靠西南的地方，刻在杭爱山一个支脉 Inil Hairhan 的向西南突出的红褐色岩石上（北纬 45°10′403″，东经 104°33′147″，海拔 1488 米）。

简述这一重要发现的过程：内蒙古大学齐木德道尔吉教授、延安大学的高建国博士，应蒙古国成吉思汗大学邀请，于 2017 年 7 月 27 日前往蒙古国，对摩崖进行实地踏察。中蒙合作，组成六人的考察队（考察队中方二人：齐木德道尔吉、高建国；蒙方四人：蒙古国成吉思汗大学校长喇呼苏荣博士、著名史学家巴拉吉尼玛

---

① 《后汉书》卷二三《窦融列传附窦宪传》，第 815 页、817 页。从南朝时期编订的《昭明文选》开始，班固所撰写的这篇摩崖铭文，被冠以《封燕然山铭》的雄名而流传于世。

教授、国家电视台资深记者玛西巴图、巴拉吉尼玛教授之子特穆勒）。7月30日，考察队完成了对该摩崖石刻的拓片、照相等工作，并对石刻文字做了仔细核对和辨识，最终确认该摩崖石刻共20行，可辨认字迹224字，占《后汉书》所记铭文296字的四分之三；并最终确定该摩崖石刻即为东汉永元元年（89年）班固所作的《封燕然山铭》。（见图6-4）

对于这个重要的发现，齐木德道尔吉教授在提交的最新报告中，有如下表述：

> 该摩崖石刻的发现，对中国北方民族乃至整个中国古代史的研究具有重要的意义。这是人类历史的确切记载，从学术研究上讲，它具有史料学的价值。从地理位置上看，当时北匈奴的核心地带位于此处，具有历史地理学上的价值。该摩崖石刻的发现，对北匈奴如何消失的这一历史悬案，也有了确切的地理路径信息。由于历史上中国北方匈奴、突厥、鲜卑、蒙古等游牧民族纷纷登上历史舞台，在地名等传承上由不同语言形成不同记写，造成北方诸多历史地理信息无法准确还原。本次考古可以确

图6-4 班固撰文的《封燕然山铭》摩崖石刻
（经中蒙两国的大学联合考察队的现场考察与铭文研读，于2017年7月正式予以确认）

认燕然山的位置坐标,也可认定燕然山以及其他山水名称是匈奴语。东汉时期的文物、文献流传至今的极其稀少。摩崖石刻与《后汉书》中的记载有一定的差别,从而有很高的文献学的价值。围绕这一铭文,可以推动对古代北方民族史、民族关系史等诸多领域的深入研究。

因古代没有经纬度的概念,燕然山原来也是很大一片山脉。铭文的成功辨识,将会澄清国内外一直沿用的"燕然山"即今蒙古国杭爱山的说法。铭文发现的地方,地处燕然山余脉,与传统认识虽有偏差,确也属于大杭爱山脉。①

在取得了空前的大捷之后,窦宪班师还朝,途中驻节于五原重镇,继续处理战后事宜。窦宪不失时机地扩大此战的政治影响,派遣军司马吴汜、梁讽二人,奉金帛若干赠送北单于,宣明国威,又以大兵复出为其后盾,希望可以招降北单于。当时,北匈奴内部陷入混乱,吴汜、梁讽二人所到之处,辄加招降,前后有万余人归附。吴汜、梁讽与北单于在西海(今俄罗斯境内的巴尔喀什湖)会面,"宣国威信,致以诏赐,单于稽首拜受"。梁讽趁机劝说北单于"宜修呼韩邪故事,保国安人之福。单于喜悦,即将其众与讽俱还",招降北匈奴的大胆设计,似乎有圆满完成的可能性。但是,中途有变,北单于听闻汉军已入塞,就改变了亲身入朝的承诺,改遣其弟右温禺鞬王奉贡入侍,随梁讽诣阙。恰在此时,南单于从漠北之地给窦宪送来了一份重礼——一尊古鼎,是容量五斗的大鼎,其上铭文"仲山甫鼎,其万年子子孙孙永保用"。

---

① 《专家报告》,内蒙古大学蒙古学研究中心第6期(总第38期)2017年8月26日。笔者在撰写此书的定稿阶段,得知中蒙两国大学联合考察团2017年7月发现和确认的《封燕然山铭》摩崖石刻的消息,十分关注。在得知内蒙古大学的齐木德道尔吉教授于8月25日在中国蒙古史学术研讨会上做相关专题报告的消息之后,我拜托中国人民大学国学院的乌云毕力格教授出面,向齐木德道尔吉教授转达申请,希望得到此次考察报告的定稿文本。9月初,齐木德道尔吉教授就给笔者寄来了报告的全文。由此笔者在撰写这一最新发现时,得到了最权威的资料来源的支持。本节所述摩崖考察的过程及其具体位置所在的描述文字,也是根据这份《专家报告》写出。在此,对齐木德道尔吉教授的无私帮助表示由衷的感谢!同时也对好友乌云毕力格教授致谢。

仲山甫，是西周后期的名臣，是"宣王中兴"的重要辅弼人物，《诗经·大雅·烝民》一诗，保留了颂扬仲山甫道德功业的若干内容。此鼎的历史价值之重要性，不难想见；更何况，它经历了沦落北方大漠之后又被南单于进献给统军征伐的汉军统帅，这在汉家君臣心目中的现实政治意义又是何等重大！南匈奴单于的这一举动，显然有一个政治目的在内：不希望汉家朝廷与北匈奴之间出现媾和的可能性。窦宪当然懂得南单于的用心，同时，因为北单于不自身来朝，窦宪据此判定北单于缺乏内附的诚意而很为恼火，就决定推进与南匈奴的关系而中断招降北匈奴的原定计划，窦宪把这个有特殊意义的重礼古鼎送呈朝廷，并奏请朝廷遣归北匈奴单于的侍弟右温禺鞮王。北匈奴在稽落山之战惨败之后，迫于当时形势而向东汉朝廷的第一次请和努力归于失败。汉和帝下诏"使中郎将持节即五原拜宪大将军"①，这个重大活动的举办地，再一次证明了五原郡在汉匈大决战过程中不失为汉军的战略重镇，直道的交通干道作用，也就隐隐显示出来。

永元二年（90年）五月，窦宪派出精兵，攻克北匈奴控制下的伊吾，有效地支持了班超在西域的活动。班超利用这个有利形势，击降月氏副王统领的七万大军，迫使月氏向汉廷岁奉贡献（详见前述），汉廷在西域的优势地位由此得以确立，而北匈奴对西域的控制，由此而解体。七月，大将军窦宪受命统率大军出镇凉州，侍中邓叠以"行征西将军事"的名分为副帅。东汉政权摆出了再次大举征讨的态势。此时的北单于见汉遣还其弟，意识到形势的严峻，于是主动向汉廷第二次遣使请和。北单于派遣车谐储王等人达到居延塞求和，"欲入朝见，愿请大使"，此时的北匈奴表现出了相当的诚意，窦宪上奏朝廷同意，遣大将军中护军班固以"行中郎将"的身份，与司马梁讽前往迎接北单于内附。北单于的归汉之路再次被南匈奴所破坏——南单于的军队，在部分汉军的配合之下，突然奔袭北单于的所在地，北匈奴因为是在等候议和汉

---

① 《后汉书》卷二三《窦融列传附窦宪传》，第817页。

使的阶段,未曾严密设防,事出意外,被南匈奴所破,北单于本人身负重伤而遁走。北匈奴八千多人被杀,一千多人被俘,连北单于的阏氏与儿女多人都被俘获,北匈奴的核心部再次受到重创。前来迎接北单于的汉使班固和梁讽无法找到北单于,只好无功而返。南匈奴居中"搅局",破坏了汉朝与北匈奴之间第二次的议和行动。北匈奴被南匈奴击败的局面,使得窦宪认定北匈奴势力微弱,不再考虑先前议和劝降的预案,改为下决心攻灭北匈奴。

永元三年(91年)二月,窦宪指挥汉军对北匈奴发起了致命一击,右校尉耿夔、司马任尚、赵博等人挥兵进攻,把北匈奴的首脑部围困在金微山(今西伯利亚境内的阿尔泰山),此时的北匈奴军事实力早已经无法与汉军抗衡,在优势汉军的攻击之下,全军溃散。史称"大破之,克获甚众。北单于逃走,不知所在"。[1] 统兵参与金微山之战的汉军将领,以耿夔的知名度最高,也以他的战功最为显赫"将精骑八百,出居延塞,直奔北单于廷,于金微山斩阏氏、名王已下五千余级,单于与数骑脱亡,尽获其匈奴珍宝财畜,去塞五千余里而还,自汉出师所未尝至也"[2]。经此一役,耿夔成为东汉"耿家将"中与耿恭并称于当世的名将。

金微山之战,东汉北伐军队的主力,出塞远征五千余里,是汉匈战争三百年间汉军出塞用兵路程最远的一次,会战之处,是汉军此前未曾涉足的地方,也是汉匈最后一次大会战。北匈奴作为一个政权实体,在金微山之战后,就从中国的历史记载中消失不见了。在北单于逃遁、踪迹不明的情况下,其弟左鹿蠡王於除鞬自立为单于,他率领八部二万余人(其部众人数有不同说法,根据《南匈奴列传》的记载则是"数千人"),回归蒲类海暂居,向东汉朝廷遣使款塞,也就是表达归顺的诚意。汉朝任命耿夔为中郎将,持节卫护新立的於除鞬单于归汉。[3] 对于如何安顿前来内

---

[1] 《后汉书》卷二三《窦融列传附窦宪传》,第818页。
[2] 《后汉书》卷一九《耿弇列传附耿夔传》,第718页。
[3] 《后汉书》卷一九《耿弇列传附耿夔传》,第719页。

附的北匈奴残部，东汉朝廷高层有不同的处置方案，经过激烈的辩论之后，汉朝廷采纳了窦宪的建议：册立於除鞬为北单于。永元四年（92年），"遣耿夔即授玺绶，赐玉剑四具，羽盖一驷，使中郎将任尚持节卫护屯伊吾，如南单于故事"。此番册立北单于的仪式，是由耿夔代表东汉政权而主持的，於除鞬和他的部众被安顿在伊吾居住，使匈奴中郎将任尚统领汉兵在此监管和保护，东汉朝廷沿用管理南匈奴的办法统治他们。第二年，就发生了於除鞬单于叛汉北逃的事变，和帝"遣将兵长史王辅以千余骑与任尚共追诱将还斩之，破灭其众"。① 北匈奴的残余势力至此也被消灭。

根据《后汉书》的记载，金微山之战，北单于遁走之后，下落不明。据后世学者研究，北单于的残部被迫向遥远的西方一再迁徙，后来辗转进入欧洲大陆，在伏尔加河流域定居下来。他们或许是4世纪前叶活动于伏尔加河流域的匈人的祖先。

指挥汉军彻底击溃了北匈奴的东汉大将军窦宪的军事指挥才能是不必质疑的。关于窦宪的历史评价，台湾三军大学编著的《中国历代战争史》的论断，很值得我们借鉴："窦宪在用兵上最成功之处约有两端：（一）选挑东汉北边诸郡最精良之精骑，组成机动之打击部队，与统一指挥。（二）作战目标选定正确，始终以北单于为打击目标。而北单于乃北匈奴重心所在，重心破碎，则北匈奴自随之灭亡。"② 但是，在东汉的政治史上，他的形象多有负面的记录。包括窦宪得以成为和帝时期征伐北匈奴的领兵统帅，也有不光明的内幕。

窦宪是开国功臣窦融的曾孙，其妹妹被立为章帝皇后，窦宪又具备外戚的身份。他的仕途也曾经一帆风顺，但是，他窃弄权柄更兼贪得无厌，竟然发展到强夺明帝之女沁水公主的园田若干。此事败露之后，章帝大为震怒，痛斥窦宪为"腐鼠"，对窦宪加

---

① 《后汉书》卷八九《南匈奴列传》，第2954页。
② 台湾三军大学编著:《中国历代战争史》第3册，中信出版社2012年版，第358页。

以整肃。① 章帝逝世后和帝以幼年继位，窦太后临朝称制，成为事实上的最高统治者。窦宪以太后之兄的关系，得以在政治上东山再起。窦宪参与机要，权势熏天。后来窦宪发展到派遣刺客将窦太后的情夫杀害，导致兄妹反目为仇。窦太后将窦宪囚禁，有意严惩。窦宪在恐惧之中，得知汉廷与北匈奴的关系告急，为了逃避被诛的命运，就上书自请领兵出击匈奴以赎死。窦太后当时也要倚重这位能干的兄长为国效力，也为自己分忧，于是窦宪成为征讨北匈奴的全军统帅。

经过连续多年的征战，北匈奴被汉军所灭，原本是负罪出征的窦宪借助于军功盖世而恢复了权力和威望，窦宪重新掌握了朝廷大权，朝位排序，位在太傅之下、三公之上。窦宪得意忘形，与年岁渐长的汉和帝的矛盾日渐加重。在正直立朝不向窦氏俯首的司徒袁安病逝之后，窦宪更是无所顾忌，居然胆大妄为到密谋废黜汉和帝。不料，年轻的汉和帝却有政治斗争的手腕，他利用内侍宦官的力量，先下手为强，将窦太后软禁内宫，控制了窦宪及其党羽，最后迫使窦宪兄弟自杀。窦宪虽有大破北匈奴的赫赫战功，却落得如此下场。窦宪由窃弄权柄发展到密谋废立，触犯政治大忌，落得身败名裂的下场，算是咎由自取。令人感叹的是，当年跟随在窦宪身边，参与征讨北匈奴而立有大功的一批名将名臣，如："耿家将"的耿恭、耿夔都受牵连而被夺爵免官；深得窦宪器重的大学者、《汉书》的作者、《封燕然山铭》的撰写者班固被逮捕下狱，后来被仇家害死于狱中。难免令人观史而唏嘘不止了！

在北匈奴被迫西迁而消逝之后，东汉政权的北部边境得以大致安定下来，但是，南匈奴与汉王朝之间的军事冲突，也时常出现。所以，汉匈之间的军事斗争，还在延续。仅举一例，来说明这种复杂局面的存在：

汉桓帝永寿元年（155年），南匈奴左薁鞬台耆、且渠伯德等

---

① 《后汉书》卷二三《窦融列传附窦宪传》，第812页。

七千余人公然发起叛乱，起兵进攻美稷，东羌也全部起兵与之呼应。当时，刚刚到任的安定属国都尉张奂，所率的驻防将士仅有二百多人，敌强我弱的力量对比，十分明显。张奂听闻南匈奴和东羌联合叛乱，就指挥部属勒兵而出正面迎敌。"军吏以为力不敌，叩头争止之。"张奂不为众人的畏敌情绪所动，坚持主动出击，他领兵进屯长城，凭险据守，又收集兵士，派遣部将王卫招诱东羌，乘势控制了龟兹，使发起叛乱的南匈奴无法与东羌联络。周围各部族的诸豪首领人物，相率与张奂结好，"共击薁鞬等，连战破之。伯德惶恐，将其众降，郡界以宁"。① 张奂此次成功地平定了南匈奴的叛乱，实在是有赖于他的杰出军事才干，似乎也有某种侥幸的因素在其中发挥着作用。这次南匈奴高层发动的叛乱，居然有七千人之众参与，进攻的美稷又是东汉朝廷经营北部边疆的军事重镇，其危害性之大，是不言而喻的。由此看来，对南匈奴的控制，实在是不可大意的。张奂平定南匈奴的战事，由美稷开始，也是一个很值得关注的事情——回顾前文所述，美稷县与五原郡，同为东汉时期汉匈之战的重点所在和兵家必争之地。历史，在这里再一次显示出它的神秘莫测。

汉匈之间，大规模的战争结束之后，如何处理好北部边疆的事务，是东汉王朝不敢掉以轻心的问题。一旦朝廷对北部边防无力掌控了，也就是汉家王朝的统治体制开始陷入动荡的时刻了。汉末直到西晋时期，南匈奴入塞而居，成为影响中原大局的一个问题，匈奴成为纵横中原的"五胡"之一，由此翻开了历史沉重和血腥的一页。

---

① 《后汉书》卷六五《皇甫张段列传》，第 2138 页。

后　记

　　《秦直道与汉匈战争》这部书稿，经过多年的思考、考察、撰写、修订，终于完成。我们在交稿之日，有如释重负之感。再赘述数语，向我们的读者，说说心里话。

　　书名，包括两个关键词——"秦直道"和"汉匈战争"。

　　秦直道，是秦王朝构筑的高等级国防道路，是沟通关中地区与北部军事重镇九原郡的交通要道。开通这条国防大道，是为了支撑和保障秦朝在北方扩疆拓土、驻兵卫边。为建成这条国防大道，秦王朝付出了巨大的人力、物力。为此，历史学家司马迁曾经在《史记·蒙恬列传》文末，给予了犀利的批判。此后两千多年间，秦直道在历史研究中被淡化甚至被遗忘。进入 20 世纪 70 年代之后，秦直道及其研究的沉寂局面被打破。以考察秦直道的走向与具体路经之地为契机，历史地理学家、探险家、考古学家、历史学家、文学家等不同领域有探索精神的人们，不约而同参与其中。进入 21 世纪之后，关注秦直道的势头得以延续并有新的发展。陕西省考古研究院张在明研究员主持的秦直道（富县段）考古发掘项目，以高票当选"2009年度全国十大考古新发现"。中国社会科学出版社2010年7月出版的《中国考古学·秦汉卷》（中国社会科学院考古研究所编著，刘庆柱、白云翔主编），从考古学角度，对秦直道勘察与研究的重要成果，做了详细的介绍。以上两项标志性成果，体现了考古学界对秦直道问题的高度重视。由此进一步推进了社会舆论的持续关注。

汉匈战争，是秦汉史研究中使用频率很高的专业术语。本书以其为书名一部分，其实是一种"缩略语"式表达，用来指代起源于战国后期，包含秦朝、西汉、王莽"新室"、东汉四个不同历史时期，中原政权与北方匈奴政权之间的战争全过程。持续长达数百年的汉匈战争，内涵复杂，局势多变，英雄辈出，影响深远。

我们两位作者，之所以把"秦直道"和"汉匈战争"这两个学术概念，置于同一个研究平台之上，除缘于多年的学术兴趣和著述积累之外，更重要的一个原因是：我们共同参加了2013年8月由陕西师范大学出版总社组织的"探秘秦直道"的考察活动。这次带有探险性质的实地考察活动，组织者是陕西师范大学侯海英副编审，学术负责人是中国人民大学国学院教授、中国秦汉史研究会会长王子今先生（他也是我们这套书的主编）。参与其中的有考古、历史地理、古代史、历史文献、军事史、文化史等不同研究领域的专家学者二十余人。让我们很感动的是：当时因为心脏病而住院的张在明先生，不顾医生的劝阻，抱病到达现场，连续多日，在关键路段给我们做现场介绍和讲解。这种"拼命三郎"的精神，对在场所有人都有感召和激励作用。我们的实地考察，持续了十多天。这个主要成员在五十岁以上的考察队，冒着酷暑，

后　记

实地行进在子午岭上、关隘之下、密林之中，经历过车陷泥泞之中的无奈，也遭遇过小分队迷失方向并失去联络的困境，更多的是唯有实地考察才能领悟的收获！结合这次探险式考察活动的见闻，完成这部《秦直道与汉匈战争》，就是我们二人的责任和义务，当然，更是一种幸运。

在撰写本书的过程中，我们还会情不自禁地翻看四年前秦直道考察及其他考察的照片，借此重温当时的场景与感悟。出于和读者共同分享秦直道不同场景之现状的初衷，也请读者见证我们的探索与努力，现特意精选出几幅有代表性的照片置于书中，希望读者喜欢。

以"秦直道"为视野来写秦汉与匈奴的战争全局，是有相当难度的。我们始终以认真负责的态度从事写作，希望同读者分享研究心得。我们更重视吸收学界的研究成果，致力于把最新的重大考古发现纳入我们的研究结论之内。除了参加"探秘秦直道"的实地考察活动，我们还利用各种机会，分别到相关地区做考察，并把持续多年的考察所得汇入书稿中。

本书的篇章结构，由我们二人共同商定；具体写作，分章执笔。前四章由宋超撰写，后两章由孙家洲完成。

尽管我们做了努力，但是，由于水平所限等原因，本书的谋篇布局以及文字表达一定还有不尽如人意之处，诚恳地希望得到读者朋友的指正。

在此，我们还要表达衷心的感谢——感谢陕西师范大学出版总社组织了2013年的"探秘秦直道"考察活动，感谢主持了这次考察活动的王子今教授和侯海英副编审，感谢扶病出行的张在明教授，感谢参加考察的各位先生！还要感谢为了本书顺利出版付出了许多心血的陕西师范大学出版总社的各位朋友，特别是编辑赵荣芳女士，她的细心、周到、督促有方、对作者疑似"拖延症患者"的体谅与宽容——共同构成了我们努力"按时完稿"的精神动力，再谢，三谢！

宋　超　孙家洲

2017年10月于北京